新世纪高职高专
经济管理类课程规划教材

新编财政与金融

XINBIAN CAIZHENG YU JINRONG

（第四版）

新世纪高职高专教材编审委员会 组编

主 编 苏艳丽 余 谦

副主编 刘庄珍 赵晓丽 韩 君

大连理工大学出版社

DALIAN UNIVERSITY OF TECHNOLOGY PRESS

图书在版编目(CIP)数据

新编财政与金融 / 苏艳丽，余谦主编. —4 版. — 大连：大连理工大学出版社，2012.8(2014.1 重印)

新世纪高职高专经济管理类课程规划教材

ISBN 978-7-5611-2154-2

Ⅰ. 新… Ⅱ. ①苏… ②余… Ⅲ. 财政金融—高等学校：技术学院—教材 Ⅳ. F8

中国版本图书馆 CIP 数据核字(2002)第 050839 号

大连理工大学出版社出版

地址：大连市软件园路 80 号　邮政编码：116023

发行：0411-84708842　邮购：0411-84703636　传真：0411-84701466

E-mail：dutp@dutp.cn　　URL：http://www.dutp.cn

丹东新东方彩色包装印刷有限公司印刷　　大连理工大学出版社发行

幅面尺寸：185mm×260mm　　印张：16.75　　字数：375 千字

印数：74001～75500

2002 年 8 月第 1 版　　　　2012 年 8 月第 4 版

2014 年 1 月第 16 次印刷

责任编辑：李作鹏　　　　　　　责任校对：董珺璞

封面设计：张　莹

ISBN 978-7-5611-2154-2　　　　　　定　价：33.80 元

总　序

　　我们已经进入了一个新的充满机遇与挑战的时代,我们已经跨入了21世纪的门槛。

　　20世纪与21世纪之交的中国,高等教育体制正经历着一场缓慢而深刻的革命,我们正在对传统的普通高等教育的培养目标与社会发展的现实需要不相适应的现状作历史性的反思与变革的尝试。

　　20世纪最后的几年里,高等职业教育的迅速崛起,是影响高等教育体制变革的一件大事。在短短的几年时间里,普通中专教育、普通高专教育全面转轨,以高等职业教育为主导的各种形式的培养应用型人才的教育发展到与普通高等教育等量齐观的地步,其来势之迅猛,发人深省。

　　无论是正在缓慢变革着的普通高等教育,还是迅速推进着的培养应用型人才的高职教育,都向我们提出了一个同样的严肃问题:中国的高等教育为谁服务,是为教育发展自身,还是为包括教育在内的大千社会? 答案肯定而且唯一,那就是教育也置身其中的现实社会。

　　由此又引发出高等教育的目的问题。既然教育必须服务于社会,它就必须按照不同领域的社会需要来完成自己的教育过程。换言之,教育资源必须按照社会划分的各个专业(行业)领域(岗位群)的需要实施配置,这就是我们长期以来明乎其理而疏于力行的学以致用问题,这就是我们长期以来未能给予足够关注的教育目的问题。

　　众所周知,整个社会由其发展所需要的不同部门构成,包括公共管理部门如国家机构、基础建设部门如教育研究机构和各种实业部门如工业部门、商业部门,等等。每一个部门又可作更为具体的划分,直至同它所需要的各种专门人才相对应。教育如果不能按照实际需要完成各种专门人才培养的目标,就不能很好地完成社会分工所赋予它的使命,而教育作为社会分工的一种独立存在就应受到质疑(在市场经济条件下尤其如此)。可以断言,按照社会的各种不同需要培养各种直接有用人才,是教育体制变革的终极目的。

　　随着教育体制变革的进一步深入,高等院校的设置是否会同社会对人才类型的不同需要一一对应,我们姑且不论。但高等教育走应用型人才培养的道路和走研究型(也是一种特殊应用)人才培养的道路,学生们根据自己的偏好各取所需,始终是一个理性运行的社会状态下高等教育正常发展的途径。

　　高等职业教育的崛起,既是高等教育体制变革的结果,也是高等教育体制变革的一个阶段性表征。它的进一步发展,必将极大地推进中国教育体制变革的进程。作为一种应用型人才培养的教育,它从专科层次起步,进而应用本科教育、应用硕士教育、应用博士教育……当应用型人才培养的渠道贯通之时,也许就是我们迎接中国教育体制变革的成功之日。从这一意义上说,高等职业教育的崛起,正是在为必然会取得最后成功的教育体制变革奠基。

　　高等职业教育还刚刚开始自己发展道路的探索过程,它要全面达到应用型人才培养的正常理性发展状态,直至可以和现存的(同时也正处在变革分化过程中的)研究型人才培养的教育并驾齐驱,还需要假以时日;还需要政府教育主管部门的大力推进,需要人才需求市场的进一步完善发育,尤其需要高职教学单位及其直接相关部门肯于做长期的坚忍不拔的努力。新世纪高职高专教材编审委员会就是由全国100余所高职高专院校和出版单位组成的旨在以推动高职高专教材建设来推进高等职业教育这一变革过程的联盟共同体。

　　在宏观层面上,这个联盟始终会以推动高职高专教材的特色建设为己任,始终会从高职高专教学单位实际教学需要出发,以其对高职教育发展的前瞻性的总体把握,以其纵览全国高职高专教材市场需求的广阔视野,以其创新的理念与创新的运作模式,通过不断深化的教材建设过程,总结高职高专教学成果,探索高职高专教材建设规律。

　　在微观层面上,我们将充分依托众多高职高专院校联盟的互补优势和丰裕的人才资源优势,从每一个专业领域、每一种教材入手,突破传统的片面追求理论体系严整性的意识限制,努力凸现高职教育职业能力培养的本质特征,在不断构建特色教材建设体系的过程中,逐步形成自己的品牌优势。

　　新世纪高职高专教材编审委员会在推进高职高专教材建设事业的过程中,始终得到了各级教育主管部门以及各相关院校相关部门的热忱支持和积极参与,对此我们谨致深深谢意,也希望一切关注、参与高职教育发展的同道朋友,在共同推动高职教育发展、进而推动高等教育体制变革的进程中,和我们携手并肩,共同担负起这一具有开拓性挑战意义的历史重任。

新世纪高职高专教材编审委员会

2001 年 8 月 18 日

前言

《新编财政与金融》(第四版)是新世纪高职高专教材编审委员会组编的经济管理类课程规划教材之一。在深入学习2006年教育部高教司《关于全面提高高等职业教育教学质量的若干意见》(教高〔2006〕第16号文件)并领会文件精神的基础上,广泛听取各高职高专院校教师的反馈意见,按照编委会教材建设的创新理念,对《新编财政与金融》(第三版)教材进行了全面、系统的修订与改进。

选用本教材的院校的教师普遍认为,第三版的编写风格独特鲜明,重点突出,思路清晰明了,财政、金融数据翔实准确,很好地满足了高职高专教学的要求,无论对入门者还是提高者都是极其有益的。所以,本版仍然沿袭了第三版的编写风格,在内容上略做改进和完善。修订后的教材具有如下特点:

1. 内容适度、够用、新颖。本教材力求与高职高专院校的培养目标一致,以培养学生的应用能力为主线,将基础理论部分控制在最基本的范围内,选用最新的数据资料,说明当前我国财政、金融体制改革的新思路、新举措和发展趋势。使学生在掌握基本理论的同时,能够读懂财政金融新闻,对当前财政金融政策的实施具备独立思考和判断的能力。

2. 强化理论与实践相结合。本教材在每一章的前面增加了"章前引例"模块,引出相关理论内容与技能要求;以阅读资料的形式反映近期国内外最新的财政与金融政策、法规和制度,使抽象的理论形象化和生动化;文中配有要求学生在课堂上根据所学内容思考的问题,进一步加深学生对财政、金融政策的领悟,提高学习效率;配合学生的自学需要,编写了本章小结、重要概念、基本训练(包括单选题、多选题、判断题等)和案例分析,培养学生的应用能力、实践能力和创新能力。

3. 集实用性、易学性于一体。本教材适当调整了编写内容与结构,如精简各章中的理论阐述内容,对于大量生涩的名词概念,改正面阐述为实例渗透,使之与基础理论的配合更为紧密。既让初学者不至于一开始就因大量的专业术语而对学习失去兴趣或产生畏惧心理;又让教师在讲授中操作自如,轻松地引导学生入门,提高其学习兴趣与应用能力。

《新编财政与金融》(第四版)由沈阳师范大学职业技术学院

苏艳丽、湖北咸宁职业技术学院余谦任主编,河北政法职业学院刘庄珍和赵晓丽、沈阳师范大学职业技术学院韩君任副主编。具体编写分工如下:苏艳丽编写第5、6、7章;余谦编写第8、9章;刘庄珍编写第1、4章;赵晓丽编写第2章;韩君编写第3章。苏艳丽负责全书的统稿、修改、补充、总纂和定稿工作。

在本教材的编写过程中,编者参阅了大量文献,并引用了其中的一些资料,恕不一一详尽注明,仅在书后参考文献中列出,在此向相关文献作者致以谢意。

由于编者水平所限,书中难免存在不足,敬请广大读者批评指正,并将意见及时反馈给我们,以便更好地完善本教材。

所有意见和建议请发往:dutpgz@163.com
欢迎访问我们的网站:http://www.dutpbook.com
联系电话:0411-84708445　84708462

编　者
2012 年 8 月

目录

第一章

市场经济与公共财政

章前引例

财政部副部长王军于 2011 年 3 月 9 日在"深化医药卫生体制改革"记者会上透露，2009 年—2011 年全国财政投向医疗卫生体制改革的资金已经达到了 11 342 亿元，远超出此前 8 500 亿元的预计。但仍有部分委员认为，我国医疗卫生事业的总投入仍然严重不足，在资金的投向和效率上也需要改进。

王军透露，中央财政的投入主要向保基本、保基层和建机制倾斜。其中，给新农合（新型农村合作医疗制度）提标、给城市居民医保提标共计花费 2 300 亿元，占中央财政整个医疗卫生支出的 50% 以上；支持基层医疗卫生机构软硬件建设，支持实施基本药物制度、取消药品加成上三年投入将超过 1 100 亿元，占比 24%；在公共卫生方面投入 900 亿元，占比 20%。医疗卫生投入占整个财政支出的比重已经从 2008 年的 4.57% 提高到 2011 年的 5.35%；占中央财政支出的比重则从 2008 年的 2.28% 提高到 2011 年的 3.18%。

尽管如此，但在部分全国政协委员看来，这个数字与实际的需要仍然存在相当大的距离。

"这三年财政投入的力度肯定不能算大，因为本来的基数比较低。我国人均所有卫生费用（包括防疫、住院等）加在一块去年是 1 200 元，与之相比，美国是 6 000 美元，英国是 7 000 英镑，政府在医疗卫生事业中的总投入严重不足。"全国政协委员、南京医科大学教授黄峻对《经济参考报》记者表示。

全国政协委员董协良认为，农村最基础的医疗保障系统已经形成，但是很多时候没有把钱花到点子上。"有些基层的设备、床位已经到位了，但是有些设备居然都没有打开过，都生锈了。"他认为，对于基层医院来说，人才的投入才是第一位的。应把有限的资金用于培养人才上，通过一系列人才培训计划把人才在一定时期内留在基层。

（资料来源：中国医改财政投入向保基本与建机制倾斜. 吴黎华等. 经济参考报. 2011 年 3 月 10 日）

在日常生活中，我们经常通过新闻媒体，听到或看到国家或政府通过财政向某灾区投入救援资金，向某贫困地区投入义务教育和基础医疗资金，在某地区投入资金进行基础工程项目建设等内容报道。其实,大部分人只是注重了国家或政府投入多少资金的问题,并不十分关注也不清楚"财政"这一概念以及与其相关联的内容。通过本章的学习,你将了解财政的基本知识,掌握财政的基本概念、特征与职能;熟悉公共财政和公共产品的含义、特征和意义;了解市场经济与公共财政的关系,认识公共财政在现代经济生活中的地位和作用,为以后深入学习与财政相关的知识打好基础。

第一节　财政的概念与特征

一、财政的一般概念

一般而言,财政是指以国家或政府为主体的收支分配活动。这个定义描述出历史各阶段中各种国家的财政的一般性。而在历史的进程中不同的历史阶段,不同社会制度的国家,甚至同一国家在不同经济体制下,又表现出各自的财政特殊性。为了对财政的概念有完整性的认识,在此,我们把财政在不同情况下的特殊性进行归纳,见表1-1。

表 1-1　　　　　　　　　　　财政类型对照表

经济形态或体制类型		财政类型	财政活动的性质
自然经济		家计财政	满足个人或私人(君主)需要
商品经济	计划经济体制	生产财政	满足国家实现政治、经济职能的需要
	市场经济体制	公共财政	满足社会公共需要

二、财政的基本特征

财政是一种分配形式。这种分配不同于日常经济生活中的初次分配形式。财政与国家之间,存在着同生死、共存亡的密切联系。在财政分配过程中,始终体现着国家的意志。因此,财政分配同其他分配相比就有着自己的明显特征。具体表现在以下三个方面:

1.财政分配的主体

不同分配形式的分配主体是不相同的,财政分配的主体是国家或政府。国家或政府在财政分配中居于主导地位。表现在以下几个方面:(1)国家或政府进行财政分配的前提是剩余产品,凭借的是政治权力,决定着财政分配的范围。(2)国家或政府在财政分配活动中是组织者和支配者,处于主导地位,表现出财政分配的强制性和无偿性。(3)只有国家或政府才能在全社会范围内进行集中性的财政分配,把集中的财力进行统筹安排,以此实现其职能。(4)财政分配是国家或政府依据立法机关制定的相关法律进行的。如税法、预算法等。

2.财政收入的价值构成

财政分配的对象是社会产品,主要是剩余产品中的一部分。按照我们对社会产品的分析,全部社会产品由补偿生产资料(C)部分、劳动者个人收入(V)部分以及剩余产品价值(M)部分所组成。从财政实际运行的情况看,财政收入包含剩余产品价值(M),也包含劳动者个人收入(V)。就全部收入而言,我国财政分配的对象主要是剩余产品价值(M)部分,随着经济的发展,劳动者个人收入(V)部分对财政分配的影响将增大。

3.财政分配的目的

　　财政分配的目的是保证国家实现其职能。国家职能体现了国家的性质与统治者的意志，无论在何种社会形态下，财政分配总是围绕着实现国家职能的目的来进行的。在市场经济条件下，财政分配的目的直接表现为满足社会公共需要，即满足为社会提供安全环境、维持公共秩序、保护公民基本权利和创造经济发展的社会条件等方面的需要，见表1-2。

表1-2　　　　　　　　　　　　　　　公共需要与承担主体

社会公共需要的类型	社会公共需要的层次	政府服务的项目	经费负担的主体
完全的社会公共需要	第一层次	国防、外交、公安、司法、行政管理、普通教育、卫生保健、基础科学研究、生态环境保护等	财政
准社会公共需要	第二层次	专业教育、医疗机构、社会保险、抚恤救济、价格补贴等	财政、企业、居民
视同社会公共需要	第三层次	邮政、电信、交通、供气、电力、大江大河治理、大型农田水利设施等	财政、企业

　　综上所述，财政的概念表述为：财政是以国家为主体，通过政府收支活动，集中一部分社会资源，用于履行国家或政府职能和满足社会公共需要的经济活动。

　　课堂思考：（1）初次分配与财政分配有什么区别？

　　　　　　　　（2）为什么财政分配对象主要是剩余产品价值（M）？

📱阅读资料 1-1

财政与财政学

　　财政是一种经济行为或经济现象，这种经济行为和经济现象的主体是国家或政府。从起源上考察，财政是伴随国家的产生而产生的。人类社会随着生产力的不断提高，出现私有财产，社会分裂为阶级才产生了国家。国家一旦产生，就必须从社会分配中占有一部分国民收入来维持国家机构的存在并保证实现其职能，于是才产生财政这种特殊的经济行为和经济现象。马克思、恩格斯对财政与国家的关系都有明确的论证："为了维持这种公共权力，就需要公民缴纳费用——捐税……随着文明时代的向前进展，甚至捐税也不够了，国家就发行期票，借债，即发行公债"，"赋税是政府机器的经济基础"。

　　被恩格斯誉为创建了财政学的亚当·斯密所著的《国民财富的性质和原因的研究》一书，其中专门论述财政问题的第五篇冠之以"论君主或国家的收入"的标题，另一本被誉为具有里程碑意义的约翰·穆勒所著的《政治经济学原理》一书，其中专门论述财政问题的第五篇的标题是"政府的影响"。财政首先是作为经济范畴被人们加以研究的，所以财政学是一门经济学科，是经济学的一个分支。但是，经济与政治本来就是不可分的，而财政这种经济行为或经济现象的一个重要特点，是它与政治的关系更为紧密，其主要原因就在于财政是一种国家（或政府）的经济行为，财政学则是一门名副其实的政治经济学。综观当今西方国家的财政学，也都是十分重视财政与国家或政府的关系，甚至将财政学等同于"政府经济学"或"公共部门经济学"。

自 20 世纪 60 年代以来,人们将政府经济活动视为与市场经济相对应的一个特殊的经济领域加强研究力度,特别是从政治角度研究政府经济活动的特殊规律性,从而协调政府与市场的关系,促进经济的稳定增长。

（资料来源：陈共.《财政学》(第六版).中国人民大学出版社,2010 年 12 月）

第二节　市场经济与公共财政

一、市场经济

(一)市场经济的基本内涵

市场经济是指社会资源的配置由市场起主导作用的经济。或者说,它是以市场机制为基础来配置社会资源的经济运行方式。市场机制由价格机制、供求机制和竞争机制所组成。在这三个机制的共同作用下,实现优胜劣汰,使社会资源流入经济效益高的部门,从而实现社会经济效益的最大化。

市场作为资源配置的主要机制,有利于促进生产和消费的及时协调,推动技术的进步和社会经济的发展,提高资源的利用效率。但是,市场的资源配置功能不是万能的,市场机制也有其自身固有的缺陷。

(二)市场缺陷的表现

市场缺陷也称市场失灵,是指市场无法有效率地分配商品和劳务的情况。对于非公共物品而言由于市场垄断和价格扭曲,或对于公共物品而言由于信息不对称和外部性等原因,导致资源配置无效或低效。市场缺陷具体表现在以下方面:

1. 收入与财富分配不公

在市场经济状态下,初次分配是按投入要素及遵循资本与效率的原则进行分配的。一方面是资本与效率的原则存在着"马太效应"(强者愈强、弱者愈弱的现象),资本拥有越多在竞争中越有利,效率提高的可能性也越大;另一方面,雇佣者对其雇员的剥削,使一些人更趋于贫困,造成了收入与财富分配的进一步拉大。经济学中通常用基尼系数来衡量和表示收入分配的相对平等或相对不平等的程度。在一般情况下,基尼系数的值总是在 0 和 1 之间。基尼系数的值越小,表明收入分配越趋向平等;反之,其数值越接近 1,则表明收入分配不平等的程度越大。

2. 外部效应问题

外部效应是指某个经济主体的活动所产生的影响不表现在其自身的成本和收益上,而是会给其他的经济主体带来好处或者坏处。外部效应包括正外部效应和负外部效应。教育、研发、扶贫、环境保护、自然保护、养蜂和经营果园等是具有正外部效应的典型。不遵守交通秩序,在公共休息、学习或工作场所制造噪声,不遵守公共卫生,不爱护公共设施(如践踏花园、草地),环境污染,过度开发自然资源(如过度放牧、竭泽而渔、大规模砍伐森林)等是具有负外部效应的典型。

3. 失业问题

失业是市场机制作用的主要后果。从微观方面看,当资本为追求规模经营,提高生产效率时,劳动力被机器排斥。从宏观方面看,市场经济运行的周期变化,对劳动力需求的不稳定性,也需要有产业后备军的存在,以满足生产高涨时对新增劳动力的需要。劳动者的失业从宏观与微观两个方面满足了市场机制运行的需要,但失业的存在不仅对社会与经济的稳定不利,而且也不符合资本追求日益扩张的市场与消费的需要。

4. 不能提供公共物品或公共服务

现代经济理论认为,社会的经济部门分为私人部门(由居民和企业构成)和公共部门(由各级政府构成)两部分。私人部门提供的产品或劳务,称为私人物品;公共部门提供的产品或劳务,称为公共物品,即公共品。对公共品这一概念,应明确以下几点:

(1)公共品是与私人物品相对应的。私人物品由私人生产,通过购买享用,如皮鞋、冰激凌;公共品则主要由公共部门提供,如公路、广播、治安等。

(2)公共品消费具有非排他性。即一个人对公共品进行消费时既不会妨碍其他人同时消费该公共品,也不会减少他人消费该公共品的数量和质量。因社会无法在技术上阻止不付费的人也消费、受益;或者虽然在技术上可以阻止不付费的人也消费、受益,但这种阻止的费用太昂贵,有违经济原则,这样就具有非排他性,如国防、环境保护等。而私人物品,如衣服等,消费者付钱后,他人就不能随意使用。

(3)公共品取得具有非竞争性。消费者增加不会引起公共品成本的增加。这种非竞争性的物品应由政府向全社会提供。

(4)公共品提供不以营利为目的。公共品不以营利为目的,只追求社会效益和社会福利最大化;而私人物品的提供则是追求利润最大化。

在公共品中,消费的非排他性和非竞争性是最重要的。

在实际生活中,我们将社会产品按消费用途分成三类:私人品、纯公共品和准公共品。纯公共品指完全具备非排他性与非竞争性的社会产品;准公共品也称混合品,是只具备上述两个特征中的一个,而另一个表现不充分的社会产品。由于这三类社会产品性质特征不同,决定了其生产方式与提供方式的区别。

5. 垄断的存在

垄断指少数大资本家为了共同控制某个或若干个部门的生产、销售和经营活动,以获取高额垄断利润为目的而实行的一种联合。垄断者在市场上,能够随意调节价格与产量(不能同时调节)。

市场机制作用的发挥,是以充分的市场竞争为前提条件的。但当生产集中于一个或少数几个大企业,市场价格由一个或少数几个大企业所控制时,就会出现垄断。垄断形成的原因主要有:(1)企业实现了对某种产品生产所需的关键资源供给的控制,从而使其他企业无法进入该领域生产同类产品。(2)拥有了生产某种产品的专利权,使得该企业可以在一定时间内独家生产该种产品。(3)自然垄断。某些行业的技术条件决定了只有在产量很高或生产规模巨大的条件下,才能取得生产的规模效益。这不仅需要巨额投资,而且一旦实现最优生产规模,其产量就可以满足市场的需要,从而形成进入壁垒,其他企业难以再进入该行业。(4)政府对某些行业实行准入制度也是导致垄断的重要原因。(5)市场竞争本身的发展会导致生产集中,而生产集中发展到一定程度,也会形成垄断。

垄断一旦形成,市场的竞争性就会减弱,从而使市场配置资源的有效性受到一定的限制。这主要表现在:(1)垄断企业可以在一定程度上控制产量和价格,使市场机制作用的发挥受到一定程度的限制。(2)垄断企业为获得最大利润,其产品的价格会高于竞争条件下的价格,产品的产量也会低于竞争条件下的产量,这意味着生产不足和资源配置的低效率。(3)垄断利润的存在是以消费者收益的相对减少为代价的,这必然又会导致分配不公。(4)在垄断条件下,由于垄断企业缺乏竞争的外部压力,其经济效率必然低于竞争条件下的经济效率。由此可见,垄断的产生,会在一定程度上限制市场机制的作用,使资源无法得到最优配置。

从现实来看,垄断主要存在于电信、供水、供电、稀缺资源等行业中。

6. 信息不灵

市场竞争是以生产者与消费者都能取得充分的信息为前提的。但在市场经济体制下,一方面生产决策与消费决策同属于私人行为,这种分散、个别的决策难以全面、准确地把握市场信息,另一方面买者或卖者都有可能垄断信息。一旦生产者和消费者不具备充分的市场信息,或依靠市场获取的信息不足时,将产生由于信息不灵或信息不足而导致的市场失灵、竞争失效。鉴于此,政府应提供充分的市场信息,如供求情况、价格变化趋势等。

7. 经济波动与失衡

在市场经济体制下,市场机制自发调节存在盲目性,社会总供给与总需求不一定能够达到最佳的动态平衡。这是由于市场价格对产品供求状况的反映存在滞后效应,只有当生产大量过剩,供给远远大于需求时,价格才会下跌,企业才会改变投资方向,而此时已经造成了经济过剩、通货膨胀和经济波动。这种经济波动和失衡会给生产者和消费者带来一定损失,社会经济发展也会受到不利的影响和干扰。

总之,人们预期的是市场机制使资源合理配置、提高资源的利用率,使社会经济效益最大化,但市场竞争并非尽善尽美,而是存在多种缺陷。因此,它在客观上就要求政府财政介入市场进行调控和干预,以弥补市场自身的缺陷,解决私人和企业不愿或不能经营的投资额大而回报率低、社会效益明显的产业或设施;解决私人和市场不能为个人所面临的许多风险提供担保;干预和调节资本市场缺陷等,促进社会经济的协调发展。

二、公共财政

(一)公共财政的概念

社会公共需要论认为,财政是国家为了满足社会公共需要而表现的人力、物力和财力的分配活动,该理论强调财政是为满足社会公共需要而形成的社会集中化分配关系。

公共财政就是国家把从纳税人手中获得的税收收入用于政府公共活动的支出,以保证国家的安全,实现国家经济的均衡发展,促进社会公平。其实质就是要体现广大公众利益的要求,进而使具体的财政收支合理化。

那么,什么是公共财政呢?简单地讲,公共财政是指国家(政府)集中一部分社会资源,用于为市场提供公共产品和服务,满足社会公共需要的分配活动或经济行为。

(二)公共财政的基本特征

公共财政是适应市场经济发展客观要求的一种比较普遍的财政模式,它是市场经济体制下弥补市场缺陷的国家财政。

1. 公共财政是弥补市场失灵的财政

市场经济体制下,财政必须且主要在市场机制无法影响的领域内发挥作用,致力于充分协调不完全竞争领域内的经济活动。通过提供公共产品和服务来满足社会成员共同需要,加强市场信息沟通,消除外部经济负面效应,促进充分就业,协调效率与公平之间的矛盾,从而弥补市场失灵。

2. 公共财政是为市场主体提供一致性服务的财政

财政活动直接作用于包括企业、个人和金融机构在内的各市场主体,影响其行为。为维护市场的公平和公正,财政必须一视同仁地对待所有的市场主体。政府制定的财政政策和制度对所有市场主体都要保持一致性,不应有亲疏之分。否则,不但不能弥补市场机制的缺陷,反而会加大市场失灵。

3. 公共财政是非营利性的财政

在市场经济条件下,政府作为社会管理者,财政支出的动机不能是取得相应的回报或利润,而是通过满足社会公共需要的活动,为市场的有序运转提供必要的制度保证和物质基础。财政收支活动具有强制性和无偿性的特点,适合于在非营利性领域中实施资源配置。因此,公共财政主要在非营利性领域内活动,特别是在企业与政府共同介入的领域中,非营利性特征往往界定政府的参与程度。例如,高速公路修建中,政府通过无偿财政投资或补贴方式投入部分资金,会使参与投资的企业更容易获得平均利润。财政活动不仅为社会公众提供公共服务,也为市场机制运作提供支持和协调。

4. 公共财政是法制化的财政

公共财政古已有之,财政的"公共性"是与生俱来的。公共财政以满足社会公共需要为基本出发点,财政分配活动涉及全体社会成员的切身利益。为使这一分配行为公平、公正,必须依靠法制进行规范。政府在预算和税收过程中要依法,每个纳税主体要遵法、守法并应有强烈的监督意识,使政府的财政收支行为规范化,为社会成员提供公共物品和服务事项。政府在法制的前提下维护社会经济活动秩序,为持续稳定的经济发展创造良好的环境。

课堂思考: (1)公共物品与私人物品的区别是什么?

(2)为什么说财政的"公共性"是与生俱来的?

阅读资料 1-2

中国公共财政建设指标体系

公共财政这个字眼,毕竟是在中国市场化改革的进程中走入我们视野的。既然我们已经确立社会主义市场经济体制的改革目标,并步入了通向建成完善的社会主义市场经济体制目标的新阶段,那么,将公共财政建设指标体系建构在社会主义市场经济体制的背景之下,便是当然的选择。

在整个建设指标体系中:

(1)基础环境建设层面指标的安排。如政府干预度——政府对于经济社会生活的介入程度,非营利化——财政收支追求公共利益极大化的状况,收支集中度——财政收支管理的规范化状况。

（2）制度框架建设层面指标的设计。如财政法治化——财政收支活动适用法律法规的约束状况，财政民主化——民主财政的建设状况，分权规范度——财政体制建设的规范状况。

（3）运行绩效建设层面的指标。如均等化——公共服务的效益覆盖和成本分担状况，可持续性——财政在促进经济社会可持续发展及其自身的可持续运行状况，绩效改善度——政府为社会公众提供公共物品和服务的效果。

（4）立足于经济全球化的背景，包括有开放条件下的公共财政建设层面的指标。如财政国际化——财政活动融入国际潮流并在国际公共物品和服务的供给、国际财税协作等方面发挥作用的状况。

上述几个方面结合起来，一个以公共性为基本线索的中国公共财政建设指标体系的总体框架就是："一条主线、三项职能、四个层面、十大指标"，也可以简称为"1＋3＋4＋10"体系。所谓"一条主线"，即指中国公共财政建设指标体系是以公共性——满足社会公共需要为灵魂并以此作为贯穿始终的基本线索。所谓"三项职能"，即指中国公共财政建设指标体系是按照资源配置、收入分配和经济稳定等三项职能，作为基本定位。所谓"四个层面"，即指中国公共财政建设指标体系覆盖了基础环境建设、制度框架建设、运行绩效建设和开放条件下的公共财政建设等四个层面的内容。所谓"十大指标"，即指中国公共财政建设指标体系由十大一级指标构成，包括政府干预度、非营利化、收支集中度、财政法治化、财政民主化、分权规范度、均等化、可持续性、绩效改善度和财政国际化。

（资料来源：高培勇.中国经济时报.2007 年 7 月 30 日）

第三节　财政的职能

财政职能是由财政的本质决定的，是财政在社会再生产活动中所具有的功能。在我国确立的社会主义市场经济体制下，从财政宏观调控的角度看，可以把财政职能概括为四个方面，即：资源配置职能、收入分配职能、稳定经济职能、监督管理职能。

一、资源配置职能

1.资源配置职能的含义和形式

资源配置职能是对现有的人力、物力、财力等生产要素的配置，实现资源结构的合理化，使其得到最大的效用，获得最大的经济和社会效益。

实现资源配置是财政的职能之一，是最基本的职能。在这里我们不能把"资源"简单地理解为通常所说的自然资源，例如水资源、矿产资源、森林资源等。在财政的资源配置职能中的"资源"具有广义性，是指用来生产商品和劳务的投入物，即生产要素。它包含两大类，一类是人力资源，也就是各种形式的劳动力；另一类是非人力资源，包括土地、矿产等自然资源和厂房、设备等经济资源。

资源的基本特征是具有稀缺性，无法满足人们的全部需要。因此，在客观上就要求人们在利用资源的过程中进行合理安排。但是，在市场经济体制下，存在着市场失灵，市场自发形成的配置不可能实现最优状态。由此需要政府通过财政手段介入或干预,引导资源的流向,把有限的资源形成一定的资产结构、产业结构、技术结构以及地区结构,弥补市场的失灵和缺陷,最终实现全社会资源配置的最优效率状态。

2.资源配置职能的范围

财政资源配置职能的范围取决于政府职能范围。经济体制不同,财政参与资源配置的范围也不同。市场经济体制下,市场发挥基础性资源配置作用,政府对经济活动的直接参与范围相对小一些,财政资源配置的范围,一是市场配置失效而社会又需要的公共产品和服务方面,如外交、国防、治安、行政管理、教育、卫生、科技、环保、大型公共设施、基础设施及公共资源管理;二是对外部效应的干预,如控制并治理废水、废气、废料等环境污染,实施森林保护和城市绿化等;三是介入自然垄断行业,如城市供水、供电、供气和公共交通等;四是对短缺资源进行保护和配置。

3.资源配置职能的手段

实现资源配置职能的手段主要包括:(1)调整财政收入占国内生产总值的比重,用来调节社会资源在政府部门和非政府部门之间的配置;(2)调整财政支出结构来调节公共部门的资源配置;(3)通过资金分配及相关政策的制定来调节非政府部门的资源配置,特别是按国家发展战略和规划引导非政府部门资金投向,鼓励支持基础设施和重点项目建设;(4)调整改进财政体制,正确处理中央与地方的财政关系,既满足地方发展经济的需求,又保证国家宏观调控所需财力,使资源的总体配置和区域配置相互协调。

二、收入分配职能

1.收入分配职能的含义

财政的收入分配职能是政府为了实现公平分配的目标,对市场经济体制下形成的收入分配格局予以调整的职责和功能。

财政收入分配职能的目标是实现公平分配,而公平分配包含经济公平和社会公平两个层次。经济公平是市场经济的内在要求,强调的是初次分配中要素投入和要素收入相对称,它是在平等竞争的环境下由等价交换来实现的。例如,在个人收入分配上,实行按劳分配,即个人的劳动投入与劳动报酬相对称。这既是效率原则,又是公平原则。但在市场经济条件下,由于各经济主体和个人所提供的要素不同、资源的稀缺程度不同以及受各种非竞争因素的干扰,各经济主体和个人获得的收入出现较大的差距,在收入上甚至同要素及劳动投入极不对称,由于过分的分化必然涉及社会公平问题。社会公平是指将收入差距维持在现阶段社会各阶层居民能接受的合理范围内。我们强调的是在分配过程中或结果的公平,而不是平均,即收入与投入要素的对称性。平均不等于公平,在分配的过程中强调平均就违背了效率原则,甚至与社会公平相背离。

2.收入分配职能的范围

财政执行收入分配职能,首先要界定市场分配与财政分配的界限,各司其职。具体来说:(1)凡属市场分配范围,如企业职工工资、企业利润、租金收入、红利收入、股息收入等,应由市场机制调节,财政不直接介入,更不应替代;(2)凡属财政分配范畴,财政应尽力做到公平分配。就目前而言,一是要规范工资制度,对公务员及预算拨款事业单位职工,应根据经济发展状况,参照企业职工平均工资确定工资标准,并将所有工资性收入纳入工资总额,取消明贴暗补,提高收入透明度,实现个人消费货币化,取消变相实物工资;二是对医疗保健、社会福利等社会保障资金,财政应履行集中分配职责,通过各种转移支付形式使社会成员得以维持起码的生活水平和福利水平。

3.实现收入分配职能的手段

财政实现收入分配职能的手段主要有税收、转移支付和公共支出。(1)税收是对全社会收入分配进行强制性调节的分配形式,是财政界定初次分配与再分配的最常用手段。其中,个人所得税、财产税、遗产税和赠与税等都是调节个人收入和财产的基本手段;(2)转移支付是将资金直接分配给特定地区的单位和个人,有明确受益对象和范围的直接性收入分配调节方式,其具体形式包括专项拨款、各种补贴、补助和社会保障支出;(3)公共支出主要通过提供公共物品和福利,改善工作生活环境,提高社会整体收入水平,其受益对象范围广泛,亦可间接调整收入分配结构。

三、稳定经济职能

1.稳定经济职能的含义

财政的资源配置职能与收入分配职能是财政在微观经济领域里应发挥的作用,而稳定经济职能则是财政在宏观经济领域中的作用。与上述两个职能相比较,它表现这一职能的重点不是资源在公共需要与私人需要之间的配置,而是维持高水平的资源利用与币值的稳定。在市场经济中,实现充分就业、稳定物价水平、平衡国际收支是财政的稳定经济职能的三个方面。要保证社会经济的正常运转,保持经济稳定发展,就必须采取相机抉择政策,即根据经济形势的变化,及时变动财政收入政策。如积极的财政政策、消极的财政政策、稳健的财政政策以及扩张的财政政策。同时采用"自动稳定"装置,以不变应万变,减缓经济的波动。

2.经济调控手段

财政主要通过财政政策的调整实现经济稳定增长:(1)改变政府采购数量,影响社会总需求和总供给关系,使经济发展保持平稳。其中,减少商品和劳务采购数量,会减少总需求,抑制经济过快增长;增加商品和劳务采购数量,会扩大总需求,刺激经济发展;(2)改变政府转移支付数量。经济繁荣时,政府减少用于福利补贴方面的支出,可减少总需求;经济萧条时,提高各类补贴或补助,可扩大总需求;(3)调整税收。经济萧条时,政府减少税种或降低税率,会刺激总需求;经济过热时,政府增加税种或提高税率,会削减总需求。

四、监督管理职能

财政监督管理职能是指财政在履行资源配置、收入分配和经济调控职能的基础上,对国民经济各方面活动进行综合反映和制约的功能。市场经济条件下,一方面,利益主体多元化会导致经济决策具有分散性特点,经济活动具有自发性、排他性特点;另一方面,为维护国家和人民根本利益,必须保证政令统一,客观上要求财政发挥监督管理作用。具体来说:

（1）通过对宏观经济运行指标进行监测、跟踪，及时反馈信息，为宏观调控提供决策依据。

（2）通过建立健全财政、税收、财务和会计法规，对微观经济运行进行监督管理，规范经济秩序，创造公平的竞争环境。

（3）通过对国有资产运营的监督管理，实现国有资产的保值增值。

（4）通过对财政工作自身的监督管理，不断提高财政管理水平，增强财政分配效应。

课堂思考：（1）为什么在经济萧条时政府要减少税种或降低税率？

（2）收入分配职能中如何处理好公平与效率之间的关系？

阅读资料 1-3

西藏经济建设实现跨越式发展

新华网北京 2011 年 7 月 11 日电：国务院新闻办 11 日发表的《西藏和平解放 60 年》白皮书指出，和平解放前，西藏经济长期停滞不前，百业凋零，民不聊生。和平解放以来，西藏走上了跨越式发展的道路。

白皮书指出，为推动西藏经济社会发展，中央政府根据西藏经济社会发展的实际，制定了许多特殊优惠政策，涉及金融、财税、投资、基础设施建设、产业发展、农牧业和农牧区、环保、教育、卫生、科技、文化、体育等各个方面，并在财力、物力、人力上给予大力支持和帮助。

白皮书说，中央财政没有从西藏拿走一分钱，反而不断加大对西藏的财政转移支付力度，1952—2010 年中央对西藏的财力补助达 3 000 亿元，年均增长 22.4％。60 年来，中央对西藏的直接投资超过 1 600 多亿元，在不同时期相继安排了 43 项、62 项、117 项、188 项等一大批关系西藏长远发展和人民生活的重大工程项目，相继建成了公路、铁路、机场、通信、能源等一批重点基础设施，极大地改善了西藏的基础设施和人民生产生活条件。

据统计，1994—2010 年，对口援藏省市、中央国家机关及中央企业分 6 批共支援西藏经济社会建设项目 4 393 个，总投资 133 亿元，共选派 4 742 名优秀干部支援西藏。

白皮书说，在中央政府的大力扶持和全国各地支援下，西藏经济实现了历史性跨越。据统计，1994 年以来，西藏地区生产总值连续 18 年达到两位数增长，年均增速达 12％。"十一五"期间（2006—2010 年），西藏地区生产总值先后跨上 300 亿元、400 亿元、500 亿元三大台阶。2010 年，西藏自治区人均生产总值为 17 319 元，地方财政一般预算收入达到 36.65 亿元，连续 8 年保持 20％以上的增长率。

（资料来源：陈菲，李菲. 新华网 http://news.xinhuanet.com/. 2011 年 7 月 11 日）

本章小结

1. 市场经济体制下，社会资源的配置以市场为主导，政府只在市场有缺陷的领域介入。市场机制在收入与财富分配、提供公共品、满足外部效应、失业、垄断、市场信息不充分、收入分配不公平等问题上存在缺陷，使得政府必须参与资源配置。

2. 财政分配的主体是国家。国家在财政分配中居于主导地位。财政分配的对象是社会产品的一部分,最主要的是剩余产品,分配的目的主要是满足社会公共需要。

3.公共财政是指政府集中一部分社会资源,用于为市场提供公共产品和服务,满足社会公共需要的分配活动或经济行为。公共财政的基本特征是弥补市场失灵、为市场主体提供一致性服务、非营利性、法制化财政。

4.财政的职能主要是资源配置职能、收入分配职能、稳定经济职能、监督管理职能。

重要概念

财政　公共产品　市场缺陷　公共财政　外部效应　资源配置职能　收入分配职能
稳定经济职能　监督管理职能

基本训练

一、单选题

1.财政是以(　　)为主导进行的分配。

A.国有企业　　　　　B.国家　　　　　C.社会团体　　　　　D.银行

2.财政具有收入分配的职能,但是下列选项中(　　)不属于财政收入分配的范畴。

A.机关职工的工资调整　　　　　　　B.国有企业职工的工资调整

C.离退休人员的工资调整　　　　　　D.部队官兵的津贴调整

3.财政调节收入分配的途径是(　　)。

A.按劳分配　　　　　　　　　　　B.平均分配

C.税收与转移支付　　　　　　　　D.社会救济

4.公共财政提供一致性服务是为了(　　)。

A.弥补市场失灵　　　　　　　　　B.维护市场公正与公平

C.界定政府的参与程度　　　　　　D.加强法制

5.市场机制存在缺陷,但下列各项中,(　　)不属于市场机制的缺陷。

A.不完全竞争　　　　　　　　　　B.就业不充分

C.物价不稳定　　　　　　　　　　D.不能提供公共产品

6.某化工厂在其生产的过程中,向附近的河流排放了大量的污水,并因此导致附近的粮食大幅度减产,但该厂却不对农民进行相应的补偿,这种现象的存在通常被称为(　　)。

A.正外部性　　　　　　　　　　　B.负外部性

C.外部经济　　　　　　　　　　　D.外部影响

7.有关资料显示,1988年中国、印度、泰国和韩国的基尼系数分别为 0.38、0.42、0.47、0.36,在上述四个国家中,你认为收入分配最平等的国家是(　　)。

A.中国　　　　　　B.韩国　　　　　　C.泰国　　　　　　D.印度

8.与市场经济相适应的财政类型是(　　)。

A.生产建设财政　　　　　　　　　B.计划财政

C. 企业财务　　　　　　　　　　　D. 公共财政

9. 以国家或政府为主体的收支分配活动是（　　）。

　　A. 金融　　　　　B. 财政　　　　　C. 个人分配　　　　　D. 公司财务

10. 在财政转移支付制度设计上，必须考虑区域间和城乡间的发展差距，这体现公共财政（　　）的特征。

　　A. 公平性　　　　　B. 非营利性　　　　　C. 法制性　　　　　D. 效益性

11. 财政分配的目的是（　　）。

　　A. 保证国家实现其职能的需要

　　B. 为了满足人民群众不断增长的物质和文化生活水平的需要

　　C. 消除收入分配不公

　　D. 促进经济的稳定增长

12. 财政职能中的最基本职能是（　　）。

　　A. 资源配置职能　　　　　　　　　B. 促进经济稳定的职能

　　C. 分配职能　　　　　　　　　　　D. 经济发展职能

13. 从财政分配的实际情况来考察，财政分配的对象是（　　）。

　　A. 社会产品的全部　　　　　　　　B. 剩余产品的全部

　　C. 剩余产品的一部分　　　　　　　D. 社会产品的一部分

二、多选题

1. 市场失灵表现在许多方面，主要有（　　）。

　　A. 不能提供公共产品　　　　　　　B. 不能消除负外部效应

　　C. 不完全竞争　　　　　　　　　　D. 收入分配不公

2. 公共产品具有以下特征（　　）。

　　A. 效用的不可分割性　　　　　　　B. 通过市场的等价交换性

　　C. 消费的非排他性　　　　　　　　D. 提供目的的非营利性

3. 市场经济条件下政府财政的职能是（　　）。

　　A. 资源配置职能　　　　　　　　　B. 收入分配职能

　　C. 制定价格职能　　　　　　　　　D. 宏观调控职能

4. 财政属于（　　）。

　　A. 满足社会公共需要的分配　　　　B. 国家为主导的分配关系

　　C. 国家与纳税人之间的商品关系　　D. 一种生产力

5. 初次分配和再分配分别保证（　　）。

　　A. 公平　　　　　B. 效率　　　　　C. 富裕　　　　　D. 安全

6. 市场机制中存在的被称为"市场失灵"的固有缺陷包括（　　）。

　　A. 垄断　　　　　B. 外部效应　　　　　C. 公共产品　　　　　D. 私人产品

7. 在市场经济中影响个人收入的多与少的因素是（　　）。

　　A. 个人天赋　　　　　　　　　　　B. 受教育的程度

　　C. 投入资本数量　　　　　　　　　D. 政策限制

三、判断题

1.财政与人类社会同时产生。　　　　　　　　　　　　　　　　　　　　（　　）

2.在发达国家的市场经济中,市场机制的发展已经克服了自身的种种缺陷,市场失灵现象不复存在。　　　　　　　　　　　　　　　　　　　　　　　　　　（　　）

3.不具有竞争性和排他性的物品通常称为纯公共物品。　　　　　　　　（　　）

4.市场经济的财政收支活动具备严格的法制管理。　　　　　　　　　　（　　）

5.财政分配的目的是保证国家实现职能的需要,这种需要属于社会保障需要。

　　　　　　　　　　　　　　　　　　　　　　　　　　　　　　　　　（　　）

6.垄断企业可以在一定程度上控制产量和价格,从而使市场失灵。　　　（　　）

7.“资源”不是用来生产商品和劳务的投入物。　　　　　　　　　　　　（　　）

案例分析

“十一五”的 5 年,是社会保障体系建设不断突破的 5 年,制度上的“空白点”成为改革攻坚的“着力点”。

此前,农民有新农合,城镇职工能参加职工医保,但“一老一小”——城镇儿童、未曾就业老人的医疗需求却缺少相应的制度安排。2007 年年初,城镇居民基本医疗保险试点启动,医保大门向 2 亿非从业城镇居民敞开。

2009 年国庆节前夕,新农保试点在全国 27 个省区 320 个首批试点县和 4 个直辖市启动。到 2010 年春节,短短 4 个月间,全国已有 1 500 万农村老人领到了 55 元的基础养老金。这是一个了不起的突破。我国农民在 60 岁后首次享受到国家普惠式的养老保障,农民在实现“种地不交税、上学不付费、看病不太贵”后,又实现了“养老不犯愁”。

基本医疗保险在各项社会保险中第一个实现了制度上的“全覆盖”。到 2009 年年底,包括新农合在内的我国基本医疗保险制度已覆盖超过 12 亿人口。

值得一提的是,在养老金“年年涨”的过程中,国家根据实际情况向具有高级职称的企业退休科技人员、新中国成立前参加工作的老工人、1953 年年底以前参加工作的企业退休人员、原工商业者这四部分人员共约 600 万人予以倾斜,其中全国近百万高级职称企业退休科技人员月均养老金从 2005 年的 976 元增加到 2010 年的 2 000 元,有效地调节了收入差距。

社保待遇提高的背后,是国家强大的资金支持。“十一五”期间,中央财政对社会保障的投入力度不断增加,从 2006 年的 2010 亿元提高到了 2010 年的 3 185 亿元。仅 2010 年提高养老金标准,中央财政就补助中西部省份 236 亿元;2010 年各级财政对城镇居民医保的补助标准提高到每人每年不低于 120 元,其中中央财政对中西部地区按人均 60 元给予了补助;新农保的基础养老金部分,中央财政对中西部地区更是全额补助。如此力度,真正体现了“共享发展成果”的执政理念。

请根据上述资料分析:

“十一五”期间,中央财政对社会保障的投入力度不断增加,社会保障制度的建立逐步完善,正深刻地改变着人们的生活,其中财政发挥了哪些作用?

第二章

财政收入

章前引例

针对目前公众对于民生支出感受存在差异的问题,财政部表示,我国人均财政收入和支出水平很低,是导致这一问题的第一大原因。

财政部称,民生保障和福利水平与人均财政收入和支出水平密切相关。目前,我国财政提供的公共产品和服务与广大人民群众的期望还有一定差距,主要是因为我国人均财政收入和支出水平很低。

财政部表示,2010 年我国公共财政收入达到 83 102 亿元,然而,我国人口多,人均财政收入水平排名世界百位之后。按照 IMF 口径计算,2010 年美国、日本、德国、法国、意大利和英国的人均财政收入水平均在 14 000 美元以上,而我国人均财政收入按当年平均汇率折算为 1 166 美元,仅为上述国家人均财政收入的 8% 左右。

（资料来源:赵鹏.中国人均财政收入 1 166 美元,仅为部分发达国家的 8%.京华时报.2011 年 10 月 15 日)

我们在第一章中已经明确,"一般而言,财政是指以国家或政府为主体的收支分配活动"。那么,财政收入就是这个分配活动的基本阶段,是一个组织收入、筹集资金的过程。它不仅仅是财政支出的起始点,而且也是贯彻政府意图的手段。在市场经济体制下,税收作为财政收入的主要来源,既涉及财政资金收入规模又涉及纳税人的切身利益。除税收以外,财政收入还涉及公产收入和罚没等。有关财政收入的一些理论和政策性问题日益成为财经部门和学术界广泛探讨的热点。因为税收反映了纳税人与政府之间的交换关系,因此,我们在本章中将其列为重点和难点。

通过本章的学习,你将了解财政收入的形式和影响财政收入规模的因素;掌握税收要素、分类、原则、负担和转嫁等基本原理;理解国债的功能、规模、偿还和国有资产收益的有关理论;通过你对财政收入基本理论的认识,达到能够初步分析经济现象和经济问题的目的。

第一节　财政收入概述

一、财政收入的含义

财政收入,是指政府为履行其职能、实施公共政策和提供公共物品与服务需要而集中的一切资金的总和。财政收入表现为政府部门在一定时期内(一般为一个财政年度)所取得的货币收入。财政收入是衡量一国政府财力的重要指标,政府在社会经济活动中提供公共物品和服务的范围和数量,在很大程度上决定于财政收入的充裕状况。

从动态角度理解,财政收入是在集中财政资金的过程中形成的特定财政分配关系,是财政分配活动的首要阶段。从静态角度看,财政收入就表现为一定量的货币资金,是用货币表现的一定量的社会产品价值。

二、财政收入的取得形式

财政收入的取得形式是指政府取得财政收入的具体方式,现阶段主要有以下几种:

1. 税收收入

税收收入是政府取得财政收入的最直接、最主要的形式。税收收入占各国财政收入的比重一般都在90%左右。税收是财政发展史上最早出现的财政范畴,它具有强制性、无偿性和固定性的特征,使其在筹集财政资金方面具有其他收入不可替代的重要作用,是国家取得财政收入的最佳形式,也是政府调节经济运行、优化资源配置和调节收入分配的重要杠杆。

2. 国有资产收益

国有资产收益是指政府凭借其所拥有的资产而取得的利润、租金、股息、红利和资金占用费等收入的总称。它曾是奴隶社会和封建社会财政收入的主要形式,现阶段许多国家保留这种形式,不再是单纯出于财政目的,而主要用于提高国家干预经济的能力,促进国有资产的合理有效使用。国有资产收益虽然在国家财政收入中不占主要地位,但在国家的经济政策中,仍发挥着重要作用。

3. 债务收入

债务收入是政府以信用方式从国内、国外取得的借款收入,它是一种特殊的财政范畴,也是一种特殊的信用范畴,兼有财政与信用两种属性。现阶段,债务收入被大部分国家所采用,成为政府财政收入的又一重要形式,它已经不再单纯用于弥补财政赤字,而且还是政府调节经济的重要手段。

4. 收费收入

政府收费包括规费和使用费两种。前者指政府部门为公民个人或单位提供某种特定服务或实施特定行政管理所收取的工本费和手续费。如工商执照费、商标注册费、户口证书费、结婚证书费、商品检验费等。后者指政府部门对其所提供的公共设施的使用者按一定标准收取的费用。如路桥费、城市水资源费、排污费、公园参观门票等。收费收入具有不确定性的特点,不宜作为政府财政收入的主要形式。

5. 其他收入

其他收入包括各种罚没收入、公产收入、专项收入等。罚没收入是指工商、税务、海关、公安、司法等国家机关和经济管理部门按规定处理的罚款和没收品收入以及各部门、各单位依法处理追回的赃款和赃物的变价收入。公产收入是指国有山林、芦苇等公产的产品收入，政府部门主管的公房和其他公产的租赁收入以及公产的变价收入等。专项收入是指国家为特定公共项目运营需要收取的费用、基金等。

收费与其他收入虽然在财政收入中所占比重不大，数量有限，但却具有项目多、政策性强的特点，加强对其管理，有利于促进经济的稳定发展。

三、财政收入的组织原则

财政收入的组织原则是组织财政收入所依据的基本法则，它关系到正确处理国家、企业、个人三者之间的利益关系，关系到社会经济发展和居民生活水平的提高。在组织财政收入时，必须把握好以下原则：

1. 发展经济、广开财源原则

发展经济、广开财源是指在组织财政收入时必须从发展经济的角度出发，扩大财政收入的来源。只有扩大经济发展规模，加快经济发展速度，提高经济效益，才能为财政收入开辟丰富的财源。因此，财政收入的规模和增长速度，取决于国民经济发展的规模、速度与资金积累水平。从长远来看，财政部门在筹集资金时，必须着力优化资源配置，加强企业经营管理，提高经济效益，增加财政收入。所以，发展经济、广开财源是组织财政收入的首要原则。

2. 兼顾三者和两级利益原则

兼顾三者利益是指在组织财政收入时，应兼顾国家、企业和个人的物质利益，正确处理好这个分配关系。国家代表居民的根本利益，承担着增强国家实力、保卫国家安全的重任，必须有足够的财力满足需要。而国家财政收入的增加，必须依靠企业生产的不断扩大，同时生产力水平的提高又与劳动者个人的生产积极性直接相关。处理好三者关系，关系到经济持续稳定发展和保障国家财政收入稳定增加。

兼顾两级利益是指在组织财政收入时，应兼顾中央和地方的利益关系。按目前的财政管理体制，国家财政由中央预算和地方预算构成两级财政，两级财政有各自的具体职能，也形成各自的利益关系，在组织财政收入时也应兼顾两级利益关系。

3. 合理负担原则

合理负担原则是现代税收征管工作应贯彻的一条基本原则，是指在组织财政收入时，按纳税人收入的多少，采取不同的征收比例，实行负担能力强的多负担，负担能力弱的少负担，尽量做到负担公平合理。国家在组织财政收入时，既要确保实现国家职能筹集必要的资金，还要依据客观情况的差异，对不同地区、不同产业、不同企业实行区别对待、合理分配的原则。

4. 公平与效率兼顾原则

财政收入的公平是指国家在组织财政收入时，要使各个收入交纳者承受的负担与其经济状况相适应，并使各个交纳者之间的负担水平保持均衡。其公平包括横向公平和纵向公平两方面,横向公平是经济能力或收入相同的社会成员应当向国家交纳数额相同的收入;纵向公平是经济能力或收入不同的社会成员应当向国家交纳数额不同的收入。财政收入的公平原则对调节收入分配不公,弥补市场运作的缺陷,维护社会稳定有积极的作用。

财政收入中的效率包括两方面内容:一是指税收等征管工作本身的效率,即以尽可能少的费用投入获得尽可能多的财政收入,财政收入的征管成本越低,效率越高;二是指财政收入要有利于提高经济效率和经济效益,以促进资源优化配置,实现更高层次的效率。

课堂思考:如何理解财政收入原则中公平的含义?现阶段应如何更好地体现这一原则?

四、财政收入的规模

(一)财政收入规模的衡量指标

衡量财政收入规模的指标有绝对量指标和相对量指标。绝对量是指一定时期内(从统计的角度,时间通常为一年)财政收入的实际货币数量。如2010年我国的财政收入为83 080亿元,比2009年的68 518亿元增加了15 562亿元。相对量是指一定时期的财政收入与有关经济指标的比率,通常用财政收入占国内生产总值(GDP)的比重来表示。我国2010年财政收入占GDP的比重为26%,2006年至2010年五年间,全国财政收入累计约30万亿元,比上一个五年增加13万亿元,年均增长20%左右。相对量指标综合体现了政府占有和支配社会资源的份额,反映了政府调控经济运行和影响社会资源分配的地位和力度。具体数据见图2-1。

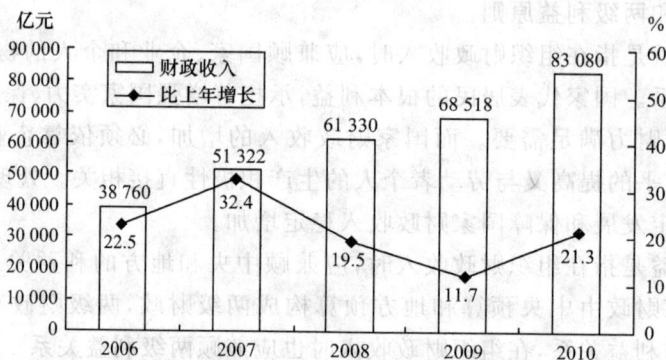

图2-1 2006—2010年我国财政收入的规模

(二)影响财政收入规模的因素

财政收入的规模,从绝对量看,并不是越多越好;从相对量看,也不是越高越好。实际上,财政收入的规模不是由政府的主观意愿所决定的,而是受各种客观因素的影响和制约。

1.经济发展水平是决定性因素

生产发展规模和商品流通规模以及劳动生产率水平对财政收入具有决定性影响。通俗地说,经济发展与财政收入之间是根与叶、源与流的关系。

经济发展水平从总体上反映着一个国家社会产品的丰富程度和经济效益的高低,它是影响财政收入规模的一个根本性因素,对财政收入的绝对规模来说更是如此。因为财政收入来源于对社会产品的分配,在其他条件不变的前提下,财政收入会随着社会产品总量的增长而提高。1978 年全年国内生产总值为 3 629 亿元,财政收入为 1 132.26 亿元;2010 年全年国内生产总值为 397 983 亿元,财政收入为 83 080 亿元。由此可见,财政收入规模与其所依赖的经济规模和发达程度存在着显著的正相关关系,见表 2-1。

表 2-1　　　　　　　我国财政收入规模增长变化趋势　　　　　单位:亿元

年　份	财政收入	财政收入占 GDP 比重%
2005	31 649	17.3
2006	39 373	18.8
2007	51 322	19.2
2008	61 330	21.1
2009	68 518	23.3
2010	83 080	26.2

资料来源:《2010 年中国统计年鉴》

2.技术水平是重要因素

一定的经济发展水平总是靠一定的技术水平来维系的。随着社会工业化、信息化的进步,科技对经济增长的贡献越来越大,对财政收入的影响也日益加深。这种影响首先表现为技术进步会带来生产速度的加快、新产品开发能力的加强和生产质量的提高。因此,GDP 的规模也不断扩大,财政分配的物质基础也越来越丰富。其次,技术水平的进步,必然带来物质消耗的降低,产品中新增价值的比重提高得更快,整个社会的资源利用效率更高。由于财政收入主要建立在剩余产品价值的基础上,所以技术进步的幅度越大,对财政收入的贡献也越大。据国际上一些经济学家测算,在发达国家经济增长的诸因素中,技术进步的贡献率已从 20 世纪初的 5.2%,上升到 50 年代的 40%,70 年代进一步上升到 60% 以上,其中美国和日本等发达国家高达 80% 左右。20 世纪 90 年代以来,我国科技水平有了较快的发展,在某些领域甚至达到了世界领先水平。如农业科技进步对农业的贡献率已由新中国成立初期的 20% 上升到了现在的 42%。

3.收入分配政策的影响

如果说经济增长决定了财政赖以存在的物质基础,并对财政收入规模形成了根本性约束,那么政府参与社会产品分配的政策倾向则进一步确定了财政收入的水平。

一般来说,实行计划经济体制的国家,政府在资源配置和收入分配上起主导作用,并会采取相应的收入分配政策使政府在一定的国民收入中掌握和支配较大的份额,从而有较大的财政收入规模。例如前苏联、东欧国家以及改革开放前的中国。而实行市场经济体制的国家,政府活动定位于满足公共需要,市场机制在资源配置及收入决定中发挥基础性作用,收入分配政策的选择和实施以弥补市场缺陷为主,财政收入规模就相对较小。

即使在经济发展水平相当的国家,由于政治、社会、经济制度等方面的差别,也会造成财政收入规模的差异。因为不同的制度对政府职能和作用的要求不同,必然影响财政在整个国民收入分配中的份额。

此外,在国家基本制度制约下的产权制度、企业制度以及劳动工资制度等都会对财政分配政策和收入制度产生影响,从而引起财政收入绝对规模和相对规模的变动。

如我国在计划经济时期,国有企业没有独立的经济利益,其创造的利润要全部上交政府的财政。居民个人的收入则完全依靠企事业单位发放的工资,基本上没有工资以外的其他收入。1960年,财政收入占GDP的比重达历史最高水平,为47%。1978年之后,我国的经济改革率先在分配领域进行突破,分配政策的重心从高度上开始下移。为了增加居民的个人收入,大幅度提高了农产品的收购价格,为城镇职工连续增加工资,推行奖金制度。为了促使国有企业向具有独立经济利益的法人实体转轨,陆续对企业实行了企业基金制度、利润留成制度、利改税、企业承包责任制等一系列改革措施,其核心就是通过减税让利,增强企业自身的经营能力。新的分配政策实施的结果,1993年,财政收入占GDP的比重为12.6%。1994年,市场经济体制的建立使国家进行了包括财政体制、税收体制在内的新一轮经济体制改革。考虑到政府应该承担的不断加大的宏观调控功能,改革的重要任务就是改变财政收入占GDP的比重以及中央财政收入占财政收入比重过低的局面。2010年财政收入占GDP的比重为26%。从国际看,发达国家财政收入占GDP的比重一般为30%~40%,发展中国家一般为20%~30%。所以,目前我国财政收入并非过高,绝大部分国内生产总值留在企业和民间分配。

4. 财政管理水平的影响

在经济增长水平、政府分配政策等既定的前提下,管理的水平也对财政收入规模有较大影响。现实的财政收入规模如何还取决于具体的管理制度,即能否实现应收尽收,最大限度地减少收入的流失,并做到保护财源,创造财源。

5. 其他因素

(1)价格因素。由于财政收入是在一定价格体系下形成的货币收入,价格水平及比价关系的变化必然会影响财政收入规模。在经济发展水平、财政分配制度以及其他因素保持不变的条件下,价格水平的上涨会使以货币形式表现的财政收入增加,价格下降则使财政收入减少,这实际上是由价格水平的上涨或下跌引起的财政收入虚增或虚减。此外,当商品的比价关系向有利于高税商品变动时,财政收入会有更快增长,反之,则会降低财政收入的份额。

(2)特定时期的社会政治环境因素。特定时期的社会政治状况也会引起财政收入规模的变化。如在发生内外战争时,国家必须动员各种财力以稳固政权或维护国家利益,因而财政收入规模会急剧扩大。

课堂思考:如何理解经济发展水平对财政收入规模的决定性影响?

阅读资料 2-1

2010年全国财政收入情况

2010年,全国财政预算执行情况良好,财政收入较快增长,各项重点支出得到较好保障。1~12月累计全国财政收入83 080亿元,比上年增加14 562亿元,增长21.3%。全国财政收入主要项目情况如下:

1. 国内增值税21 092亿元,比上年增加2 611亿元,增长14.1%。主要是受工业生产增长较快和工业品出厂价格上涨等因素的带动。

2.国内消费税 6 072 亿元,比上年增加 1 310 亿元,增长 27.5％。主要是 2009 年成品油税费改革和提高烟产品消费税税率,2010 年前几个月有翘尾增收因素,以及汽车销量大幅增长带动消费税增加。

3.营业税 11 158 亿元,比上年增加 2 144 亿元,增长 23.8％。主要是固定资产投资平稳较快增长等因素带动相关行业营业税增长。

4.企业所得税 12 843 亿元,比上年增加 1 306 亿元,增长 11.3％。主要是受企业利润恢复性增长等因素的影响。

5.个人所得税 4 837 亿元,比上年增加 888 亿元,增长 22.5％。主要是受居民收入增加以及加强征管等因素的影响。

6.进口货物增值税、消费税 10 487 亿元,比上年增加 2 758 亿元,增长 35.7％;关税 2 027 亿元,比上年增加 544 亿元,增长 36.6％。增幅高,主要受 2009 年一般贸易进口基数较低(下降 6.7％),2010 年一般贸易进口快速恢复(增长 43.7％)的影响。

7.出口退税 7 327 亿元,比上年多退 841 亿元,增长 13％,账务上相应冲减财政收入。

8.车辆购置税 1 792 亿元,比上年增加 628 亿元,增长 54％。增幅高,主要是受全年汽车销量大幅增长 32.4％,以及对 1.6 升及以下小排量乘用车由减按 5％调至减按 7.5％征收车辆购置税的影响。

9.非税收入 9 878 亿元,比上年增加 881 亿元,增长 9.8％。主要是按有关规定,将部分原实行预算外专户管理的行政事业性收费纳入预算管理。

全国财政收入增长较快的主要原因:一是经济较快增长为财政收入增长奠定了税源基础;二是价格水平上涨;三是全年汽车旺销带动车辆购置税、汽车消费税等大幅增长;四是 2009 年全国财政收入增长 11.7％,基数相对较低,相应抬高了 2010 年收入增幅。各项收入中,增长较快、比预算超收较多的主要是进口货物增值税、消费税、关税、国内消费税、车辆购置税等。

(资料来源:中华人民共和国财政部网站 http://gks.mof.gov.cn/.2011 年 1 月 20 日)

第二节　税收收入

一、税收的概念与作用

(一)税收的概念

税收是国家为满足社会公共需要,实现其职能,凭借政治权力,按照法律规定,强制地、无偿地取得财政收入的一种形式。

在许多国家,财政收入的 90％以上要靠税收来保证,以至于可以近似地用税收收入分析来观察整个财政收入的状况。税收作为一种主要的财政收入形式,其特征,也称税收三性,主要表现在以下三个方面:

1.强制性

税收的强制性是指国家征税是凭借国家政治权力,通过法律或法令对税收征纳双方的权利和义务进行制约,任何单位和个人都不得违抗,否则就要受到法律的制裁。

税收的强制性包括两个方面：一是税收分配关系的建立具有强制性,是通过立法程序确定的,国家依法征税,纳税人依法纳税;二是税收征收过程具有强制性,其法律保障是税法。

2.无偿性

税收的无偿性是指国家征税以后,税款即为国家所有,不再直接归还给纳税人,也不向纳税人直接支付任何代价或报酬。但必须指出,税收无偿性也是相对的,因为从个别的纳税人来说,纳税后并未直接获得任何报酬,即税收不具有偿还性。但是若从财政活动的整体来考察,税收的无偿性与财政支出的无偿性是并存的,这又反映出有偿性的一面,即所谓的"取之于民,用之于民"。

3.固定性

税收的固定性是指国家在征税前就以法律或法规的形式预先规定了征税的标准,包括征税对象、征收的数额或比例等,并只能按预定的标准征收。纳税人只要取得了应当纳税的收入,或发生了应当纳税的行为,或拥有了应当纳税的财产,必须按规定标准纳税。同样,征税机关也只能按规定标准征税,不得随意更改这个标准。

税收的固定性强调的是税收征纳要按法律规定的标准进行,这个法定的标准必须有一定的稳定性,表现为时间上具有一定的连续性。但也并非一成不变,而是随着社会经济条件的变化在必要时进行更新,使其更为科学、合理。

税收的上述三个形式特征是个统一体,是共同构成税收区别于其他财政收入形式的标志。判断一种财政收入形式是不是税收,主要是看其是否同时具备这三个特征。凡同时具备这三个特征的,无论叫什么名称,都是税收;如果不同时具备这三个特征,即便名称是税,实质上也不是税收。

(二)税收的作用

作为一个古老的财政范畴,税收是人类社会发展到一定历史阶段的产物,它是在生产力和生产关系发展到一定水平,出现了剩余产品,产生了私有制和阶级后,随着国家的产生而同时产生的。现在不同社会制度的国家普遍采用税收形式筹集财政收入,这表明税收在满足国家实现职能方面具有独特优势,占有重要地位。

在市场经济条件下,根据政府与市场的分工定位,政府提供公共物品,市场提供私人物品。政府提供公共物品的资金来源也只能主要依赖于税收。因此可以认为,市场经济中的税收是人们为享受公共物品所支付的价格。从现代市场经济背景分析,税收的作用主要体现在以下两个方面:

1.组织财政收入

为了维护国家机器的正常运转以及促进国民经济健康发展,必须筹集大量的资金,即组织国家财政收入。由于税收具有强制性、无偿性、固定性三大特征,政府可以把分散在社会成员(单位和个人)手中的一部分社会经济资源集中起来,由政府支配,为国家满足社会公共需要,履行其职能提供物质基础。针对我国税费并存(政府收费)的宏观分配格局,今后一段时期,我国实施费改税改革,一个重要的目的就是要逐步提高税收占国民生产总值的比重,惩治偷逃税款的行为,防止税款流失,以保障财政收入。

2.调节经济

我国建立和发展社会主义市场经济体制,一个重要的改革目标,就是从过去国家用行政手段直接管理经济,向主要运用法律、经济的手段宏观调控经济转变。税收作为国家宏观调控的重要手段,通过制定税法,以法律的形式确定国家与纳税人之间的利益分配关系,调节社会成员收入分配和财富占有状况,解决分配不公问题;调整产业结构和社会资源的优化配置,使之符合国家的宏观经济政策;同时,使经营单位和个人的税收负担公平,鼓励平等竞争,为市场经济的发展创造良好的条件。例如,2004年针对东北老工业基地实施的消费型增值税改革,对东北地区的技术改造和更新发挥了积极的作用。

(三)我国现行的税种

1994年税制改革之后,我国的税种由37个缩减至2010年的18个。具体包括:增值税、消费税、营业税、企业所得税、个人所得税、资源税、城镇土地使用税、房产税、城市维护建设税、耕地占用税、土地增值税、车辆购置税、车船税、印花税、契税、烟叶税、关税、船舶吨税。其中,关税和船舶吨税由海关征收。因此,目前税务部门征收的税种只有16个。

阅读资料 2-2

财经观察:政府收入迈入"十万亿时代"

国家税务总局日前发布数据显示,2010年,全国税收收入完成77 390亿元(扣除出口退税后为70 062亿元,不包括关税、船舶吨税、耕地占用税和契税)。数据显示,税务部门负责组织的税收收入完成66 862亿元,增长20.8%;海关代征进口税收完成10 528亿元,增长35.9%。记者注意到,从2004年至2010年,除了2009年税收同比增长9.8%外,其余年份税收总收入同比增长均2倍于同年GDP增速。

税收增长与GDP增长之间究竟怎样的比例才更为合理,财政部税政司曾撰文指出,税收增长和GDP增长并不存在直接的、量的对应关系。在经济发展的不同阶段,税收的增长速度可能高于GDP的增长速度,也可能低于GDP的增长速度。文章曾预测,和2005—2007年的经济增长相比,自2009年之后一两年,主要税种的税基,都会低于同期GDP增速;国家为保增长而采取的减税政策也将直接影响税收增长,从而会使2009年起两到三年的税收增长和1994—1996年一样低于GDP增长。

仅仅一年时间,税收增速便已达GDP增速的两倍。对于其中的原因,昨日,南开大学经济学院副教授马蔡琛在接受《国际金融报》记者采访时分析认为,这其中有一些客观的因素存在,比如税制的设计、2010年政府加强了税收征管等。但另一点更值得关注的是,与GDP增速的统计不同,税收增速包含有物价上涨的因素在其中,而2010年恰恰是通货膨胀比较严重的一年。

(资料来源:黄晶华.国际金融报.2011年01月11日)

二、税收原则

税收作为以国家为主体的特定分配关系,在具体征收过程中,一部分社会资源从企业和个人那里转移到政府部门,既增加了国家的财力,也对经济运行和社会发展产生了影响。这既有积极影响,也有消极影响。一般情况下,政府总是希望发挥税收的积极作用,减少或避免消极影响。因此,制定国家税收法律制度和政策时必须依照整体上协调一致的基本准则,这种基本准则就是税收原则。我国目前的税收原则包括以下三个方面:

1.财政收入原则

强调税收政策和制度必须以保证财政收入的取得,为政府履行职能提供物质基础为核心。财政收入原则的具体内容是足额、稳定和适度。

所谓足额是指税收收入要能满足政府各项基本支出需要,其中包括政府机构运转需要的支出、政府提供社会公共产品需要的支出、政府实施宏观调控和促进社会发展需要的支出等。因此,保证财政收入占到全国国内生产总值的合理比重,是衡量足额与否的重要指标。同时,为满足中央政府实施宏观调控的需要,提高中央财政在全国财政收入中的比重,以保证中央政府掌握必要财力,亦是体现足额要求的内容。

所谓稳定是指税收规模相对稳定,年度间不宜剧烈波动,选择税种、确定税制时要注重税基的广度和征收的普遍性,把能够与经济发展同步增长的税种作为主要税种,一次性或偶然性税源不宜作为税制设计的重点。

所谓适度是指要取之有度,不能征税过头,否则不仅伤害企业和个人生产经营的积极性,也会影响将来财政收入的增长,影响国家的长远利益。贯彻税收的财政收入原则,在税制设计上应采取宽税基、低税率的原则。

2.效率原则

效率原则是指税收征收活动要尽可能避免对经济产生负面影响。政府对企业和个人征税,不仅是集中一部分收入和财富,也是经济资源的转移和重新配置,既可能提高经济效率,也可能导致效率损失。市场经济体制下,税收的目的是改善资源配置,弥补市场缺陷,提高经济效率。所以在贯彻税收的效率原则时,应使税收征收活动更有利于优化经济结构,在选择税种、确定税基、制定税率时,要注意依据各行各业各地区的特点制定相应政策,设计合理的税制方案。

3.公平原则

公平原则指税收对个人收入的调节和再分配要公平合理。公平分配是社会稳定的基石。税收对收入分配的调节合理与否,不仅是经济问题,更是社会政治问题。税收公平的基本含义是指,应当以能力标准来衡量税负水平,按照个人纳税能力征税,税负水平与收入水平保持合理关系,使纳税能力较强的个人承担较多纳税义务,纳税能力较弱的个人承担较少纳税义务。

三、税收要素

税法是税收制度的核心,税收要素是税法构成要素的组成部分,这些要素包括纳税人,征税对象,税率,纳税环节,纳税期限,附加、加成和减免,违章处理等。

(一)纳税人

纳税人亦称纳税主体,它是指税法规定的直接负有纳税义务的单位和个人。纳税人既有自然人,也有法人。所谓自然人,一般是指公民或居民个人。所谓法人,是指依法成立并能独立行使法定权利和承担法定义务的企业或社会组织。一般来说,法人纳税人大多是企业单位、事业单位、社会团体。

与纳税人相关的一个概念是负税人。负税人是指最终负担税款的单位和个人,是一个经济学分析概念。在税收负担不能转嫁的条件下,纳税人与负税人是一致的;在税收负担可以转嫁的条件下,纳税人与负税人是分离的。

(二)征税对象

征税对象亦称课税对象或征税客体,它是指税法规定的征税标的物。征税对象的确定是解决对纳税人何种经营活动征税的问题,明确征税与不征税的界限,也是税法的基本要素之一。它是一种税区别于另一种税的主要标志。与征税对象相关的一个术语是税目。由于有些税种的征税对象比较笼统,为了满足征税的需要,还必须把征税对象具体化,与征税对象有关的两个概念:

1.税源

税源是指税收的经济来源或最终出处。有的税种课税对象与税源是一致的,如所得税,税源与课税对象都是纳税人的所得;有的税种课税对象与税源不一致,如财产税的课税对象是纳税人的财产,而税源往往是纳税人的收入。课税对象解决对什么东西征税的问题,税源则表明纳税人的负担能力。

2.税目

税目是课税对象的具体化,它规定着征税的具体依据。其作用有两个方面:一是明确征税范围,二是解决对课税对象的归类。

(三)税率

税率是应纳税额与征税对象数额之间的比例,是对征税对象的征收比例或征收额度。税率是计算税额的尺度,也是衡量税负轻重与否的重要标志。我国现行税率大致可分为以下四种:

1.比例税率

比例税率,是对同一征税对象不论数额大小,都按同一比例课征。我国的增值税、营业税、城建税、所得税等采用的都是比例税率。

比例税率在具体运用上可分为以下几种:①行业比例税率。即按不同行业规定不同的税率,同一行业采用同一税率。②产品比例税率。即对不同产品规定不同税率,同一产品采用同一税率。③地区差别比例税率。即对不同地区实行不同税率。④幅度比例税率。即中央在制定税法时只规定一个幅度税率,各地可在此幅度内,根据本地区实际情况,选择、确定一个比例作为本地适用税率。

2.定额税率

定额税率是税率的一种特殊形式。它不是按照征税对象规定征收比例,而是按照征税对象的计量单位规定固定税额,所以又称固定税额,目前我国的资源税、城镇土地使用税、车船使用税等采用的就是定额税率。

定额税率在具体运用上又分为以下几种:①地区差别税额。即为了照顾不同地区的自然资源、生产水平和赢利水平的差别,根据各地区经济发展的不同情况分别制定的不同税额。②幅度税额。即中央只规定一个税额幅度,由各地根据本地区实际情况,在中央规定的幅度内,确定一个执行数。③分类分级税额。把征税对象划分为若干个类别和等级,对各类各级由低到高规定相应的税额,等级高的税额高,等级低的税额低,具有累进税的性质。

3.超额累进税率

根据征税对象的大小,规定若干个等级,每个等级对应一个税率,其税率水平随着征税对象数量等级的增加而递增,全部征税对象可能适用几个不同级次的税率,将征税对象的各部分按照相应级次的税率分别计算税额,然后合并相加为应纳税额。目前采用这种税率的有个人所得税。

4.超率累进税率

即以征税对象数额的相对率划分若干级距,分别规定相应的差别税率,相对率每超过一个级距的,对超过部分就按高一级税率计算征收。目前采用这种税率的是土地增值税。

课堂思考:比较各种税率的异同,分析它们对计算税额会产生什么影响。

(四)纳税环节

主要指纳税对象从生产到消费的流转过程中应当缴纳税款的环节。如所得税在分配环节纳税,增值税在生产和流通环节都纳税等。

(五)纳税期限

是指纳税人按照规定缴纳税款的期限。比如企业所得税在月份终了或季度终了后的15日内预缴,年度终了后的4个月内汇算清缴,多退少补。

(六)附加、加成和减免

纳税人负担的轻重主要是通过税率的高低来调节的,但除此之外,还可以通过附加、加成和减免等措施来调整。

1.附加和加成是加重纳税人负担的措施

附加是地方政府在正税之外,附加征收一部分税款。通常把按国家税法规定的税率征收的税款称为正税,而把正税以外征收的附加称为副税。加成是对特定纳税人的一种加税的措施,有时为了实现某种限制政策或调节措施,对特定的纳税人实行加成征税。加一成等于加正税税额的10%,加二成等于加正税税额的20%,以此类推。

2.减税、免税、起征点和免征额是减轻纳税人负担的措施

减税、免税,亦称税收优惠,减税是对应纳税额少征一部分税款;免税是对应纳税额全部免征。减税免税是对某些纳税义务人和征税对象给予鼓励和照顾的一种措施。减税免税的类型有一次性减税免税、一定期限的减税免税、困难照顾型减税免税、扶持发展型减税免税等。把减税免税作为税收制度的构成要素之一,是因为国家的税收制度是根据一般情况制定的,具有普遍性,不能照顾不同地区、部门、单位的特殊情况。设置减税免税,可以把税收的严肃性和必要的灵活性结合起来,体现因地制宜和因事制宜的原则,从而更好地贯彻税收政策。

起征点是税法规定的课税对象开始征税时应达到的一定数额。课税对象未达到起征点的不征税;但达到起征点时,全部课税对象都征税。免征点是指课税对象中免于征税的数额。

税法具有严肃性,而税收制度中关于附加、加成和减免税的有关规定则把税收的法律严肃性和必要的灵活性密切地结合起来。

课堂思考:试分析附加、加成和减免税带给纳税人的不同影响。

（七）违章处理

是对纳税人违反税法行为的处置。它对维护国家税法的强制性和严肃性有重要意义。纳税人的违章行为通常包括偷税、抗税、漏税、欠税等不同情况。偷税是指纳税人有意识地采取隐瞒收入、多列支出等非法手段达到不缴或少缴税款的违法行为。抗税是指纳税人对抗国家税法、拒绝纳税的违法行为。漏税是指纳税人由于不熟悉税法而未缴或少缴税款的违章行为。欠税即拖欠税款，是指纳税人不按规定期限缴纳税款的违章行为。偷税和抗税属于违法犯罪行为；而漏税和欠税则属于一般违章行为，不构成犯罪。

对纳税人的违章行为，可以根据情节轻重的不同，分别采取以下方式进行处理：批评教育、强行扣款、加收滞纳金、罚款、追究刑事责任等。

四、税收分类

税收种类很多，名称各异，可以根据不同的标准进行多种形式的分类。

（一）按征税对象的性质分类

按征税对象的性质可将税收分为流转税、所得税、财产税、资源税和行为税五类。这种分类最能反映现代税制结构，因而也是各国常用的主要税收分类方法。

（1）流转税是以商品交换和提供劳务为前提，以商品流转额和非商品流转额为征税对象，以商品的销售额或营业额为计算税款的依据，包括增值税、营业税、消费税、关税等。这是我国最主要的税种。

（2）所得税是以纳税人的各种收益所得为征税对象，主要有企业所得税和个人所得税。其特点是直接调节纳税人收入，发挥公平税负、调整分配关系的作用。这是我国的第二大税种。

（3）财产税是以纳税人拥有的财产数量或财产价值为征税对象。我国目前的房产税、车船使用税等属于此类。

（4）资源税是为了保护和合理使用国家的自然资源和某些社会资源而课征的税。我国现行的资源税、城镇土地使用税等税种属于这类税收。

（5）行为税是以纳税人的某些特定行为为征税对象。我国目前的印花税、契税等属于这类税收。

我国2005—2010年主要税种税收收入情况一览表见表2-2。

表2-2　　　　　　我国2005—2010年主要税种税收收入情况一览表　　　　单位：亿元

年　份	增值税	营业税	消费税	关税	企业所得税	合　计
2005	10 792	4 232	1 633	1 066	5 343	23 066
2006	12 784	5 128	1 885	1 141	7 039	27 977
2007	15 475	6 580	2 206	1 431	8 776	34 468
2008	17 997	7 626	2 568	1 769	11 173	41 133
2009	18 481	9 014	4 762	1 483	11 537	45 277
2010	21 092	11 158	6 072	2 027	12 843	53 192

资料来源：《2010年中国统计年鉴》

（二）按征税标准分类

按照征税标准分类，可将税收划分为从量税和从价税。国家征税时，必须按照一定标准对征税对象的数量加以计量：一是以实物量为征税标准；二是以货币量即以价格为征税标准。采用前一种方法的税种称为从量税，采用后一种方法的税种称为从价税。从量税的税额随征税对象实物量的变化而变化，不受价格影响，在商品经济不发达时期曾被普遍采用。在现代市场经济条件下，只宜在少数税种上采用。中国目前的资源税、城镇土地使用税、耕地占用税、车船使用税等属于从量税。从价税的税额随征税对象的价格变化发生同向变化，收入弹性大，能适应价格引导资源配置的市场经济的要求，便于贯彻税收政策和增加税收收入，因而被多数税种采用。

（三）按税收管理权限分类

以税收管理权限为标准，全部税种可划分为中央税、地方税、中央地方共享税。

中央税属于中央政府财政收入，由国家税务局征收管理，如关税、消费税、车辆购置税；地方税属于各级地方政府的财政收入，由地方税务局负责管理，如土地使用税、房产税等；中央与地方共享税属于中央政府和地方政府的共同收入，如增值税（不含进口环节由海关代征的部分，中央政府分享75%，地方政府分享25%）、所得税等。

（四）按税收与价格的关系分类

1. 价内税

凡在征税对象的价格之中包含有税款的税，称为价内税。如我国现行的消费税、营业税等。价内税的税款是作为征税对象的商品或劳务的价格的有机组成部分，该税款需随商品交换价值的实现方可收回。并且，随着商品流转环节的增加会出现"税上加税"的重复征税问题。

2. 价外税

凡税款独立于征税对象的价格之外的税，称为价外税，如我国现行的增值税、关税。价外税比价内税更容易实现税负转嫁，且一般不存在重复征税问题。

课堂思考：区分按照不同依据对税收的不同分类内容的异同。

五、税负转嫁

税负转嫁是指在商品交换过程中，纳税人通过提高销售价格或压低购进价格的方法，将税负转嫁给购买者或供应者的一种经济现象。它具有以下三个特征：①与价格升降紧密联系；②它是各经济主体之间税负的再分配，也是经济利益的一种再分配，其结果必导致纳税人与负税人不一致；③是纳税人的一般行为倾向，即是纳税人的主动行为。

税负转嫁方式主要有前转、后转、混转、旁转、消转、税收资本化等方式。

1. 前转

前转指纳税人将其所纳税款顺着商品流转方向，通过提高商品价格的办法，转嫁给商品的购买者或最终消费者负担。前转是卖方将税负转嫁给买方负担，通常通过提高商品售价的办法来实现。由于前转是顺着商品流转顺序从生产到零售再到消费的，因而也叫顺转。前转的过程可能是一次，也可能经过多次，前转顺利与否要受到商品供求弹性的制约。税负前转实现的基本前提条件是课税商品的需求弹性小于供给弹性。当需求弹性大时，转嫁较难进行；供给弹性大时，转嫁容易进行。

2.后转

后转即纳税人将其所纳税款逆商品流转的方向,以压低购进商品价格的办法,向后转移给商品的提供者。税负后转实现的前提条件是供给方提供的商品需求弹性较大,而供给弹性较小。在有些情况下,尽管已实现了税负前转,但也仍会再发生后转的现象。

3.混转

混转又叫散转,是指纳税人将自己缴纳的税款分散转嫁给多方负担。混转是在税款不能完全向前顺转,又不能完全向后逆转时采用。严格地说,混转并不是一种独立的税负转嫁方式,而是前转与后转等的结合。

4.旁转

旁转是指纳税人将税负转嫁给商品购买者和供应者以外的其他人负担。例如纳税人用压低运输价格的办法将某课税对象的税负转嫁给运输者负担。

5.消转

消转是指纳税人用降低课税品成本的办法使税负在新增利润中求得抵补的转嫁方式。即纳税人在不提高售价的前提下,以改进生产技术、提高工作效率、节约原材料、降低生产成本,从而将所缴纳的税款在所增利润中求得补偿。因为它既不是提高价格的前转,也不是压低价格的后转,而是通过改善经营管理、提高劳动生产率等措施降低成本增加利润,使税负从中得到抵消,所以称之为消转。

6.税收资本化

税收资本化,亦称"赋税折入资本"、"赋税资本化"、"税负资本化",它是税负转嫁的一种特殊方式。即纳税人以压低资本品购买价格的方法将所购资本品可预见的未来应纳税款,从所购资本品的价格中作一次扣除,从而将未来应纳税款全部或部分转嫁给资本品出卖者。

课堂思考:试分析税负转嫁的实质。

第三节　国有资产收益

一、国有资产的概念

国有资产的概念有广义和狭义之分。广义的国有资产是指国家所拥有的全部资产,主要包括:国家以投资形式形成的经营性国有资产,国家向行政事业单位拨款形成的非经营性国有资产,国家依法拥有的土地、森林、河流、海洋、矿藏等自然资源。狭义的国有资产是指法律上确定为国家所有,并能为国家直接提供经济收益的各种经济资源的总和。在具体内容方面,狭义的国有资产专门是指经营性国有资产,通常包括国家投资形成的国有企业资产,国有控股企业的国家控股性资产,国有持股企业的国家持有的股份资产和从行政事业单位中转化过来的经营性资产。本章从广义角度介绍国有资产收益。

二、国有资产收益的形式

国有资产收益是国家凭借其拥有的国有资产所有权取得的收益。随着国有资产经营

方式的多样化,国有资产收益形式也呈现了多样化趋势。目前,我国国有资产收益形式主要有以下几类:

(一)国有资产的经营性收入

我国经营性国有资产收入形式,主要取决于国有资产经营方式,从目前来看,主要包括利润、租金、股息和红利几种类型。

1.利润

利润是我国国有资产收益最常见的形式,主要适用于国有独资企业和实行承包经营的国有企业。

2.租金

租金是出租方将资产出租给承租人进行经营活动所得到的一种收益。这种形式主要适用于实行租赁经营方式的国有企业。在国有资产的租赁方式下,国家在一定时期内让渡了国有资产的使用权和经营权,必然要求承租者对国家的这种让渡进行价值补偿。这种价值补偿数量的多少主要取决于出租国有资产的资产价值、出租国有资产的级差收益能力等因素。

3.股息和红利

股息和红利是一种股权收益,是按照控股者或持股者所占股份的多少分配给股东的利息和利润。对于实行股份制经营的国有资产,股息和红利是国家作为股东,凭借其拥有的股权参与股份公司资产经营收益分配取得的收入。

(二)国有产权转让收入

国有产权转让收入,是指通过对国有资产所有权和国有资产使用权的转让获得的收入。

1.国有资产所有权转让收入

国家通过对国有资产所有权的转让、拍卖、兼并等方式所形成的收入。随着我国对一般竞争领域的小型国有工商企业的转让和拍卖以及对一般竞争领域的大中型股份制企业国有股权的转让,我国必然会形成一定数量的国有资产所有权转让收入。

2.国有资产使用权转让收入

国家通过对国有资产使用权转让而取得的国有资产使用权转让收入,也是国有资产收入的组成部分。如国有土地使用权转让收益,矿藏资源开采权转让收益,山林、草地、河流开发权使用收益,森林采伐权使用收益以及其他国有资产使用权转让收益,都构成国有资产使用权转让收入。

📟 阅读资料 2-3

最大分配改革:国有资产收益补民生

"十二五"规划纲要草案提出,将扩大国有资本收益上交范围,逐步提高国有资本收益上交比例,新增部分主要用于社会保障等民生支出。这一规划引起了两会(人民代表大会和政治协商会议)代表委员们的热烈讨论。

2010年,全国国有企业实现利润1.9870万亿元,央企利润总额就达到1.1315万亿元。根据国资委测算,只上交了国有资本收益预计约600亿元,即使加上地方国企,上交的红利也大约只有5%,仅仅达到了国有资本收益收取比例规定的最低标准,即一般性竞争企业的红利上交水平。

扩大国有资本收益上交范围和比例,新增部分主要用于社会保障等民生支出,是有益的矫正,实际上也是收入分配改革系统工程中最大、最易见效的一部分。说其最大,是因为收入分配改革意味着重新分蛋糕,即经济资源和利益的重新划分。说其最易见效,是指在现有管理体系下,国企行为方式的调整,通过行政手段即可完成。

国企收益新增部分主要用于社会保障等民生支出,意味着这样的思路:一方面还是要保持国企的超强营利能力,既保持其纳税能力,又能起到中国企业在全球市场中竞争的表率作用;另一方面也要逐步还原其全民所有性质。无论国有资本收益上交比例上调多少,这都是一个现实的可操作思路,都意味着国企利润向民生的转移。这也是国企存在的根本意义所在。

(资料来源:徐立凡.京华时报.2011年3月8日)

第四节 债务收入

一、国债的性质与功能

1.债务收入的概念

债务收入是指中央政府作为债务人在国内外发行债券或借款所形成的财政收入。在信用经济高度发达的今天,举债是十分普遍的社会现象。一般称政府举借的债务为公债。公债包括国债和地方债。国债是指中央政府在国内外发行的债券或向外国政府、国际组织和银行借款所形成的国家债务。在我国,由于目前不允许地方政府举债,所以可以把国债视同公债。目前我国债务收入不包括在财政收入统计范围,而是作为弥补财政赤字的手段。由于习惯将债务收入称为国债,下面将从国债的角度进行分析。

2.国债的性质

(1)国债是一个特殊的财政范畴

国债是一种非经常性财政收入。发行国债实际上是筹集资金,意味着政府可支配资金的增加。但国债的发行必须遵循信用原则,债券或借款到期不仅要还本,而且还要支付一定的利息。国债具有偿还性,是一种预期的财政支出,这一特点和无偿性的税收是不同的。国债还具有认购上的自愿性,除极少数强制国债外,人们是否认购、认购多少,完全由自己决定,这也与强制课征的税收明显不同。

(2)国债是一个特殊的债务范畴

国债是公债,它与私债的本质区别在于发行的依据或担保物不同。私债是以私人信用为依据。由于作为私人信用保障的私人收入和财产的有限性,其信用基础相对薄弱,从而对债权人来说其风险较大。国债则不同,国债发行的依据是国家信用,而国家信用的基础又是国家的主权和资源。因此,由政府以国家主权和资源作为承担国债偿还责任的基础,其安全性是最高的,俗称"金边债券"。

(3)国债是一个特殊的金融范畴

国债发行,不仅为国民经济发展提供了大量建设资金,也在一定程度上满足了社会各类投资者。如有利于中央银行公开市场业务操作,增加了单位和个人投资理财的品种等。

3.国债的功能

(1)弥补财政赤字

一般来说,政府弥补财政赤字通常有三种方式:一是增加税收;二是向银行借款或透支;三是向社会发债。增税取决于国民经济运行状况以及企业和居民收入水平,过度征税,"竭泽而渔"会影响经济正常增长,很多情况下不宜采用。向中央银行借款或透支会增加货币供给,容易引发或加剧通货膨胀。包括我国在内的世界各国都通过法律禁止采取向银行透支方式弥补财政赤字。发行国债是将不属于国家支配的社会资金在一定时期内让渡给国家使用,是对社会财力的调整和再分配,在不改变社会资金存量的情况下,既可弥补财政收不抵支的差额,又不会引发通货膨胀。发行国债弥补财政赤字,平衡财政收支,已经成为我国国债的基本功能。自1998年以来,我国实施积极财政政策的过程中,大量发行国债,用于扩大内需,支持经济增长。另外,国库资金由于临时性或季节性原因出现暂时周转性缺口时也可发行国债调剂,以维持财政正常运转。国债是市场经济体制下财政政策的重要工具。当然,也不能把国债视为医治财政赤字的灵丹妙药。因为:第一,财政赤字过大,形成债台高筑,还本付息的压力又会进一步加大财政赤字,互为因果,最终会导致财政收支的恶性循环。第二,社会闲置资金是有限的,政府集中过多,将会减少民间部门可借贷资金的供给,或提高民间部门的投资成本,产生"排挤效应"。

(2)动员闲置社会资源,筹集建设资金

发行国债可将社会上部分消费资金和临时性闲散资金有效地集中到政府手中,按国家发展战略和宏观政策意图重新配置,使其由消费领域转向生产领域,由私人领域转向公共领域,由民间领域转向国家重点投资领域,促进经济结构调整优化,弥补市场机制的缺陷与不足。随着市场经济体制的日益完善和现代企业制度的建立,经营性生产建设资金主要由企业通过自身积累和金融市场筹集,国债资金主要用于非经营性项目建设。适量发债,增加公共投资支出,可直接形成社会有效需求,维持经济增长。国债是政府调控宏观经济的重要手段。

(3)具有连接财政政策和货币政策的功能

货币政策与财政政策同属重要的宏观调控工具。货币政策主要通过调节存款准备金率、再贴现率和公开市场业务来调控货币流通量。其中,公开市场业务是中央银行最常用的货币政策工具,其交易对象主要是国债。

我国政府自1981年恢复发行国债,迄今已经有30多年的历史。这30多年里,国债发行规模不断扩大,由20世纪80年代初每年发行几十亿元,到2010年发行1.86万亿元;国债品种有了较多的增加,不断扩大的国债发行规模,为中央银行公开市场业务操作提供了方便,有利于活跃和稳定金融市场,保证财政政策和货币政策的有效实施。

课堂思考:结合实际,思考现阶段国债的重要作用。

二、国债的种类

由于举债对象、举债方式和举债目的的不同,国债种类繁多,划分方法也不尽相同,主要有以下几种分类方法:

1.按应债资金来源分为内债和外债

内债是国家在本国国内举借的各种债务,应债资金来源于本国自然人和法人,其发行

和偿还一般使用本国货币;外债是国家向外国政府、银行、国际金融组织和联合国各基金组织举借的、由国家财政"统借统还"的借款以及在国际金融市场上发行的外币债券,其发行和偿还一般使用外币。2010 年中央财政国债余额情况表见表 2-3。

表 2-3 　　　　　　　　**2010 年中央财政国债余额情况表**　　　　　单位:亿元

项　目	预算数	执行数
一、2008 年末国债余额实际数		53 271.54
内债余额		52 799.32
外债余额		472.22
二、2009 年末国债余额限额	62 708.35	
三、2009 年国债发行额		16 280.66
内债发行额		16 209.02
外债发行额		71.64
四、2009 年国债还本额		9 323.92
内债还本额		9 271.39
外债还本额		52.53
五、2009 年末国债余额实际数		60 237.68
内债余额		59 736.95
外债余额		500.73
六、2010 年中央财政赤字	8 500	
七、2010 年末国债余额限额	71 208.35	

资料来源:中华人民共和国财政部网站 http://gks.mof.gov.cn/

2.按偿还期限分为短期国债、中期国债、长期国债

长短期限是相对而言的。一般将一年期以内的称为短期国债,十年期以上的称为长期国债,介于两者之间的称为中期国债。永久国债是指没有规定还本期限,只规定按时付息的国债。短期国债主要用于调剂国库资金的周转,其流动性较强。中长期国债则可用于长期投资,流动性较差。以往我国国债绝大多数为三年和五年中期国债。为满足不同的筹资需要,实现宏观调控目标,近年来我国国债品种日益丰富,期限呈现多样化,先后发行三个月、半年、一年、二年、三年、五年、七年、十年和三十年等多种期限国债,实现国债长、中、短各种期限兼有,期限结构丰富合理的局面。

3.按发行凭证分为凭证式国债和记账式国债

(1)凭证式国债是指国债承销机构付给购买者的收款凭证,1994 年开始发行,针对个人投资者,可以记名、挂失,不能上市流通,从投资者购买之日起开始计息。购买凭证式国债后如需变现,可以到原购买网点提前兑取,除偿还本金外,还可按实际持有天数及相应的利率档次计付利息。对于提前兑取的凭证式国债,经办网点还可以二次卖出。

(2)记账式国债是指国债承销机构利用电子账户通过电脑系统完成国债发行、交易及兑付的全过程。它是世界各国政府债券市场的主要形式。1995 年我国首次发行,发行结束后即可上市流通。可以记名、挂失,安全性好,发行成本低,发行时间短,发行效率较高,交易手续简便。发行对象主要是单位或购买数量较大的个人。近年来,记账式国债发行份额有逐年增大的趋势。

4.按流通与否分为可流通国债与不可流通国债

可流通国债是指发行期过后可在证券市场上自由交易的国债,如近年来我国大量发

行的记账式国债。不可流通国债是指发行时规定不能进入市场流通,只能按规定时间兑付的国债,如我国近年发行的凭证式国债。

三、国债的规模

国债规模是指国债的最高额度或国债的适度规模。衡量和表示国债规模是否适度取决于如下因素:一是认购人的应债能力;二是国家的偿债能力;三是国债的使用效益。一般来说,国债是否适度由以下几个指标来衡量:

1.债务负担率

债务负担率是指国债余额占当年 GDP 的比率。一般认为,国债负担率低于 60%,国民经济是可以承受的,没有超过认购人总体的应债能力,表现为国债发行过程比较顺利。

2.债务依存度

债务依存度是指当年国债发行额占当年财政支出的比重。债务依存度反映财政支出对国债资金的依赖程度,也可以间接反映政府的偿债能力,该指标的国际警戒线为 25%。

3.债务偿债率

债务偿债率是指当年的国债还本付息额占当年财政收入的比重。偿债率可以直接反映政府偿债能力的大小,一般认为,该指标不超过 10% 为正常。

我国 2007—2011 年国债规模的相关指标见表 2-4。

表 2-4	我国 2007—2011 年国债规模的相关指标		
年　份	债务负担率%	债务依存度%	债务偿债率%
2007	20.9	47.21	12.73
2008	17.72	13.66	13.36
2009	16.69	21.87	13.61
2010	17.89	20.90	12.68

资料来源:《2010 年中国统计年鉴》

课堂思考:依据国债规模的衡量指标,分析我国现阶段国债规模的现状和存在的问题。

四、国债的偿还方式

目前我国国债的偿还方式大体上分为:抽签分次偿还、到期一次偿还、转期偿还和提前偿还四种方式。

(1)抽签分次偿还法,是指在国债偿还期内,政府分年度确定一定的偿还比例,通过按债券号码抽签对号方式偿付本息,直至偿还期结束全部国债券中签偿清为止。这种偿还方式的优点是可以均衡每个年度的财政付息额,在一定程度上缓解了国债清偿过于集中的财政支付压力,有利于财政平衡。抽签分次偿还法的主要弊端是银行办理还本付息手续过于繁琐。如果国债购买者手持未中签债券期限过长,不利于调动投资者的积极性。

(2)到期一次偿还法,是指国债到期日一次还清本息。我国 1995 年以后,政府向居民个人发行的国库券,以及向单位、各种基金、金融机构和公民个人发行的国家重点建设债券、国家建设债券和保值公债等,在发行时就规定了债券到期一次还本付息。到期一次偿还法的优点是,政府清偿债务期限明确,便于投资者选择,银行操作简单,方便群众。不足之处在于发行这类债券,若政府发行债券的期限搭配不合理,容易造成财政集中支付的巨大压力,影响社会经济正常运行。

（3）转期偿还法,是指为了解决国债到期财政资金短缺与债务清偿集中支付的困难,政府采用发行新债来偿还原有到期国债本息,以避免国债支付高峰冲击财政平衡。这种偿还方式,虽然在一定程度上起到了缓解财政支付资金不足的压力,但如果过多使用就会给财政带来沉重的偿债负担,而且不利于维护"金边债券"的信誉。

（4）提前偿还法,是指国债尚未到期,财政资金充裕,政府就可以按照规定,提前偿还债务。

此外,在西方市场经济发达国家,还实行了市场购销偿还法。即政府在国债市场上,通过中央银行的公开市场业务,根据市场行情,用高于、等于或低于国债券票面本息之和的价格,适时购进国债券,转为政府所持有,不再出售,以达到偿还债务的目的。

五、国债偿还的资金来源

（1）通过预算列支。政府将每年的国债偿还数额作为财政支出的一个项目列入当年支出预算,由正常的财政收入保证国债的偿还。

（2）动用财政盈余。在预算执行结果有盈余时,动用这种盈余来偿付当年到期国债的本息。

（3）设立偿债基金。政府预算设置专项基金用于偿还国债,每年从财政收入中拨付专款设立基金,专门用于偿还国债。

（4）借新债还旧债。政府通过发行新债券,作为还旧债的资金来源。实质是债务期限的延长。

阅读资料 2-4

债券市场资金面持续宽松 国债市场再现攀升格局

在市场资金面持续宽松的拉动下,国债市场再现攀升格局,国债和企债指数双双高位震荡。分析人士指出,近期国内债券市场持续升温,宏观面和资金面都对债市形成支撑,二季度债市仍有望在震荡中延续上行格局。

数据显示,国债指数高位盘整,不断刷新冲高纪录,周五上证国债指数收于 127.63 点,较上上周上涨了 0.04 点,全周共成交了 8.81 亿元,成交量较上周略有萎缩。上交所企债市场也步步走高,周五上证企债指数收于 144.69 点,较上上周上涨了 0.10 点,共成交 31.50 亿元。

从大的背景看,受日本地震及核泄漏、利比亚局势影响,股市震荡等因素影响,近期我国债券市场受到避险资金追捧,避险资金不断涌入债券市场,信贷控制迫使银行闲余资金转战债券市场,激发配置热情。预计节后资金面将继续维持较为宽裕的局面,市场利率或将小幅下降。

券商普遍认为,从目前情况看,我国通胀形势仍较为严峻,受翘尾因素回升及输入性通胀压力的增加,3 月份 CPI 或将突破 5%。这也意味着市场紧缩预期还会延续,市场或将再度进入加息敏感期。不过,由于近期宏观面和资金面都对债市形成支持,二季度债市有望继续回暖。但鉴于国内通胀控制仍需加强,因此国债收益率下降幅度不会很明显。短期看,债券市场仍以高位震荡调整的走势为主。

（资料来源:韩洁,徐蕊,高立.新华网 http://news.xinhuanet.com.2011 年 4 月 2 日）

本章小结

1. 财政收入是指政府为履行其职能、实施公共政策和提供公共物品与服务需要而集中的一切资金的总和,是政府从事经济活动的物质基础。财政收入的形式主要有税收收入、国有资产收益、债务收入和其他收入。财政收入原则是发展经济、广开财源原则,兼顾国家、企业和个人以及中央与地方利益原则,合理负担原则,公平与效率兼顾原则。影响财政收入规模的因素有经济发展水平、技术水平、分配政策和财政管理水平。

2. 税收是财政收入的主要形式。税收具有强制性、无偿性、固定性特征。我国目前的税收原则包括财政收入原则、效率和公平原则。税收要素包括纳税人、征税对象、税率、纳税环节、纳税期限、附加、加成和减免、违章处理等,税负转嫁方式主要有前转、后转、混转、旁转、消转、税收资本化等方式。

3. 国有资产收益是国家凭借其拥有的国有资产所有权取得的收益。目前,我国国有资产收益形式主要包括利润、租金、股息和红利及国有产权转让收入。

4. 债务收入是指中央政府作为债务人在国内外发行债券或借款所形成的财政收入。国债是指中央政府在国内外发行的债券或向外国政府、国际组织和银行借款所形成的国家债务。国债具有弥补财政赤字、筹集建设资金和连接财政政策和货币政策的功能。国债是否适度由债务负担率、债务依存度、债务偿债率指标来衡量。

重要概念

财政收入　税收收入　税收负担　纳税人　征税对象　税率　税负转嫁　税源税目　起征点　免征额　国债　债务负担率　债务依存度　债务偿债率

基本训练

一、单选题

1. 制约财政收入规模的根本性因素是(　　)。
A. 税率标准　　　　　　　　B. 纳税人数量
C. 经济发展水平　　　　　　D. 居民收入水平

2. 国家的财政收入是(　　)。
A. 国家通过税收形式而取得的资金
B. 国有企业上缴的利润
C. 国家以服务费、罚款、没收等形式取得的收入
D. 国家通过一定的形式和渠道集中起来的资金

3. 由于国债风险小,偿还有保证,通常被称为(　　)。
A. 保险债券　　　B. 保值债券　　　C. 金边债券　　　D. 银边债券

4. 我国税收收入中的主体税种是(　　)。
A. 所得税　　　　B. 流转税　　　　C. 资源税　　　　D. 财产税

5.国家依据所有权取得的收入是(　　　)。

A.税收　　　　　　B.债务收入　　　　C.国有资产收入　　D.其他收入

6.财政收入的横向公平的含义是(　　　)。

A.具有不同纳税能力的人缴纳相同的税收

B.具有相同纳税能力的人缴纳相同的税收

C.经济成分不同,但缴纳的税款相同

D.经营方式相同,但缴纳的税款不同

7.将税种划分为(　　　),是按税负转嫁与否进行的划分。

A.流转税、所得税和财产税　　　　　B.直接税与间接税

C.中央税与地方税　　　　　　　　　D.从量税与从价税

8.增加财政收入的根本途径是(　　　)。

A.增加生产　　　　　　　　　　　　B.提高税率

C.厉行节约　　　　　　　　　　　　D.增加企业收入

9.罚款是政府的一种(　　　)收费。

A.专项筹集性　　　　　　　　　　　B.事业服务性

C.行政管理性　　　　　　　　　　　D.行为特许性

10.将税收划分为中央税和地方税的分类标准是(　　　)。

A.税收缴纳　　　　　　　　　　　　B.课税标准

C.税收管理权限　　　　　　　　　　D.税收与价格的关系

二、多选题

1.目前我国财政收入的形式主要有(　　　)。

A.税收　　　　　　B.国有资产收入　　C.债务收入　　　　D.其他收入

2.税收的形式特征包括(　　　)。

A.强制性　　　　　B.无偿性　　　　　C.固定性　　　　　D.稳定性

3.国债偿还的资金来源有(　　　)。

A.预算列支　　　　　　　　　　　　B.借新债还旧债

C.财政盈余　　　　　　　　　　　　D.偿债基金

4.下列属于流转税的税种是(　　　)。

A.增值税　　　　　B.消费税　　　　　C.房产税　　　　　D.资源税

5.凭证式国债是我国近年来国债发行的一种主要形式,其特点是(　　　)。

A.属于实物国债　　　　　　　　　　B.发行对象是居民个人

C.可挂失　　　　　　　　　　　　　D.只能在原购买网点兑现

6.税负转嫁的方式有(　　　)。

A.前转　　　　　　B.后转　　　　　　C.混转　　　　　　D.消转

7.我国的经营性国有资产收入形式有(　　　)。

A.利息　　　　　　B.租金　　　　　　C.利润　　　　　　D.股利

8.与税收相比较,公债所具有的不同特点是(　　　)。

A.强制性　　　　　B.自愿性　　　　　C.无偿性　　　　　D.有偿性

三、判断题

1.国家取得的财政收入越多,企业和个人的收益也就越多。　　　　(　　　)

2. 区别税种的最主要标志是征税对象。（　　）

3. 税负转嫁的前转方式是指向生产的前一环节转嫁，即通过压低进价等方式转嫁给上游厂家。（　　）

4. 我国目前的记账式国债是不可流通国债。（　　）

5. 预算列支是国债偿还的资金来源之一。（　　）

6. 国有资产经营收益是财政收入的主要形式。（　　）

7. 财政收入是国家凭借政治权力而取得的收入，在经济和社会发展中发挥着重要作用，所以国家财政收入越多越好。（　　）

8. 减税免税是对某些纳税义务人和征税对象给予鼓励和照顾的一种措施。（　　）

案例分析

自 2008 年席卷全球的金融危机爆发以来，中国政府先后推出多项结构性减税政策。经过反危机的政策操作，中国经济已经有了回升向好的趋势，然而整体经济形势仍然面临着极大的不确定性。在后金融危机时代的众多的不确定性之中，企业应如何把握？高培勇博士建议企业的管理者，在观察中国经济的走势时，不要逐个税种一把抓，而要重点关注其中的大势。

第一大税是占 44% 的增值税，增值税在 2009 年已经完成了改革的一个步骤，企业也因此获得了实际的减税好处。2010 年，增值税将面对的下一个改革任务是扩围，就是要对商品和服务的流转系统统一征收增值税，取消营业税，把增值税的征收范围扩大到所有的商品和服务范围。

第二是企业所得税，企业所得税的减税效应，企业已经体会得很充分了。两法合并的改革减轻了企业所得税的税负，这由三部分构成：第一是主体部分，第二是税法的实施细则，第三是相关配套措施。作为税费改革的依据，2010 年在相关配套措施方面将会继续深入完善。

第三是营业税，占 13%。营业税的改革前景在转变经济增长方式的前提之下得到了进一步确认，那就是统一归并到增值税。但是也遇到了几方面的问题，主要是财政收入体系的安全和现行分税制财政体制的改革问题。

第四是个人所得税，占到全部财政收入的 7%。目前个人所得税是处在改革的十字路口，就是正在寻求一种综合的改革路径。现在我们是不算账就征税，但是考虑到不同收益群体的差异，考虑到子女教育费用、医疗费用的差异等，就要求在征收个人所得税的时候先算账、后征税，而算账的过程就是加总求和一个人所有收入，然后实行综合征收的税制。

第五是消费税，虽然占比 6%，但是在中国的税费体制当中地位非常特殊，主要表现在它不是一个独立的税种，而是附加税。其征收对象主要是两类，一是奢侈品，二是与节能减排以及与政府政策相关的一部分产品，比如燃油税。这个税种在实践当中作用非常显著，比如车购税带给整个汽车销售量的刺激力度非常大。2010 年这个税种还会得到更大范围的运用，其税负还有进一步上调的空间。

依据以上资料，根据税收原理，分析目前我国税收政策的基本特点。

第三章

财政支出

2010 年全国财政支出 89 874.16 亿元,比 2009 年增加 13 574.23 亿元,增长 17.8%。

2010 年全国财政用于与人民群众生活直接相关的教育、医疗卫生、社会保障和就业、保障性住房、文化体育方面的民生支出合计 29 256.19 亿元,比上年增长 21.1%,占全国财政支出的 32.6%。与民生密切相关的支出还包括农林水利、交通运输、环境保护、城乡社区事务、科学技术、商业服务等事务、国土资源气象事务、粮油物资储备、地震灾后恢复重建等方面,这些支出合计达到 30 345.63 亿元,占全国财政支出的 33.8%。2010 年民生支出合计达到 59 601.82 亿元,占全国财政支出的 2/3。此外,还有 1/3 的全国财政支出,主要用于一般公共服务、公共安全、国防、外交以及资源勘探电力信息、国债利息、金融监管等支出,这些方面的支出是公共财政必须予以保障的,也是满足人民群众生产生活需要的必然要求。

2010 年全国财政用于"三农"的支出合计 24 213.4 亿元,比上年增加 4 170.8 亿元,增长 20.8%。中央财政用于"三农"的支出 8 579.7 亿元,增长 18.3%;地方各级财政"三农"支出 23 375.9 亿元,增长 20.9%。全国"三农"支出中,支持农业生产支出比上年增长 20.9%,支持农村社会事业发展增长 22.7%,对农民补贴支出增长 2.6%;对农产品流通环节补贴支出增长 22.2%。

需要说明的是,民生和"三农"支出不是单独的预算科目,为更清楚地说明有关情况,将与民生和"三农"相关的支出项目综合反映出来,因而存在一些交叉重复。

(资料来源:中华人民共和国财政部网站 http://gks.mof.gov.cn.2011 年 8 月 3 日)

"一粥一饭,当思来之不易;半丝半缕,恒念物力维艰。"作为国家的"管家"和"账房",财政部门不仅要把政府有限的财政资金花在那些该花的地方,还要管好钱袋子,保证人民的"血汗钱"用得安全、高效。那么,怎样才能管好国家的钱袋子呢?

通过本章的学习,你将了解财政支出的基本理论,掌握购买性支出和转移性支出的含义、内容和经济意义,了解目前我国各项财政支出的现状和发展趋势,能够联系实际地分析一些与财政支出相关的经济现象。

第一节 财政支出概述

一、财政支出的含义

如果说财政收入是财政支出的基础,是财政分配活动的第一阶段,那么财政支出就是财政收入的归宿,是财政分配活动的第二阶段。

财政支出又称预算支出,是政府对已经集中的财政收入,按照一定的方式和渠道,有计划地进行再分配的活动,包括对这些财政资金的安排、供应、使用和管理的全过程。政府作为社会的组织者和管理者,在为市场提供公共服务的过程中,必然直接或间接地发生各种费用,这些费用就表现为财政支出。它反映了国家的政策,规定了政府活动的范围和方向,是政府履行其职能必不可少的财力保证;它能够调节和引导市场对资源的合理配置和有效利用,调控经济运行的规模和结构,促进国民经济持续、协调、稳定增长。

二、财政支出的分类

为了正确区分财政支出的性质和用途,便于合理地安排和有效地使用财政资金,并进行严格的管理监督,有必要对财政支出进行科学的分类。

财政支出的项目繁多,各种支出的性质、目的等不同,其分类的标准亦不统一。

(一)按财政支出的经济性质分类

按经济性质划分财政支出,主要看财政支出是否直接形成购买力,即是否与商品和劳务相交换为标准,通常将财政支出分为购买性支出和转移性支出。

1.购买性支出

购买性支出是指政府购买商品和劳务的支出,包括购买进行日常政务活动所需或用于国家投资所需的商品和劳务的支出。购买性支出直接表现为政府购买商品和劳务的活动,政府支出获得了等价性补偿,即财政一手付出了资金,另一手相应地获得了商品与服务的所有权。在这种性质的支出安排中,政府如同其他经济主体一样,在从事等价交换活动,体现的是政府的市场性再分配活动。

2.转移性支出

转移性支出是政府财政资金单方面的、无偿转移的支付,即通过财政支出将财政资金向公民或经济主体进行单方面的无偿支付,它不存在任何交换的问题,体现的是政府的非市场性再分配活动。

这种按经济性质进行的分类具有较强的经济分析意义。

虽然各种财政支出无一例外地表现为资金从政府手中的流出,但不同性质的财政支出对国民经济的影响是存在差异的。购买性支出主要影响的是社会资源配置。在市场经济条件下,政府的购买性支出是政府将掌握的资金,在市场上与其他经济主体提供的商品和劳务进行等价交换,因而对资源配置结构即经济结构产生影响,是直接配置资源。同时,它也直接成为一种有效需求,其支出的大小必然对生产、就业以及社会总需求产生直接而重要的影响。转移性支出对经济的影响主要体现在收入分配上。它是资金使用权的转移,是资金从政府无偿转移到特定人群手中,财政活动是直接对收入分配产生影响,政府并没有配置这部分资源。其支出规模和对象不同,所形成的收入分配格局也不同。

因此,在财政支出总额中,购买性支出所占的比重大些,财政活动对生产和就业的直接影响就大些,财政配置资源的职能较强;反之,转移性支出所占的比重大些,财政活动执行收入分配的职能较强。

课堂思考:购买性支出与转移性支出有何异同?

(二)按财政支出在社会再生产中的作用分类

1.补偿性支出

补偿性支出是用于补偿生产过程中消耗掉的生产资料方面的支出。该项支出在经济体制改革之前,曾是我国财政支出的重要内容。但目前,属于补偿性支出的项目,只剩下企业挖潜改造支出一项。

2.消费性支出

消费性支出是财政用于社会共同消费方面的支出。属于消费性支出的项目,主要包括文教科学卫生事业、抚恤和社会救济费、行政管理费、国防费等项支出。

3.积累性支出

积累性支出是财政直接增加社会物质财富及国家物资储备的支出,包括基本建设支出、流动资金支出、国家物资储备支出、生产性支农支出等项。

(三)按财政支出的功能分类

财政支出的功能分类就是按政府的各职能活动所需支出的分类,是各国财政支出管理最常采用的一种分类方法,各国政府在编制财政支出预算时也大致采用类似的分类方法。当然,各国的情况有所不同,在分类的项目和包括的内容上也不可能完全相同。

国际货币基金组织的《政府财政统计手册》,对财政支出按政府职能不同大体上可划分为一般公务、国防、公共秩序与安全、教育、卫生、社会福利、住房与通信、文化娱乐与宗教、能源、农业、工业、交通运输、其他经济活动和其他支出等项目。

2007年,我国开始正式按此支出分类统计财政支出,我国财政支出分为23类、170多款、1100多项。"类"级科目综合反映政府的职能活动;"款"级科目反映为完成某项政府职能所进行的某一方面的工作;"项"级科目反映为完成某一方面的工作所发生的具体支出事项。2010年我国财政支出主要项目见表3-1。

表 3-1　　　　　　　　2010 年我国财政支出主要项目　　　　　　　单位:亿元

项　　目	预算数	决算数	决算数为预算数的%	决算数为上年决算数的%
一、一般公共服务	8 577.22	9 337.16	108.9	114.4
二、外交	282.76	269.22	95.2	107.3
三、国防	5 321.15	5 333.37	100.2	107.7
四、公共安全	5 140.07	5 517.70	107.3	116.3
五、教育	11 856.75	12 550.02	105.8	120.2
六、科学技术	3 039.52	3 250.18	106.9	118.4
七、文化体育与传媒	1 456.96	1 542.70	105.9	110.7
八、社会保障和就业	8 346.29	9 130.62	109.4	120.0
九、医疗卫生	4 439.31	4 804.18	108.2	120.3
十、环境保护	2 164.62	2 441.98	112.8	126.3

（续表）

项 目	预算数	决算数	决算数为预算数的％	决算数为上年决算数的％
十一、城乡社区事务	5 250.98	5 987.38	114.0	121.4
十二、农林水事务	7 525.95	8 129.58	108.0	121.0
十三、交通运输	5 356.03	5 488.47	102.5	118.1
十四、资源勘探电力信息等事务	3 006.11	3 485.03	115.9	121.0
十五、商业服务业等事务	1 027.92	1 413.14	137.5	153.0
十六、金融监管等事务	573.74	637.04	111.0	69.9
十七、地震灾后恢复重建	1 193.03	1 132.54	94.9	96.4
十八、国土资源气象等事务	1 029.82	1 330.39	129.2	132.7
十九、住房保障	1 890.58	2 376.88	125.7	131.8
二十、粮油物资储备管理事务	1 633.71	1 171.96	71.7	90.5
廿一、预备费	1 040.00			
廿二、国债利息	1 728.79	1 844.24	106.7	123.7
廿三、其他	2 648.69	2 700.38	102.0	117.4
全国公共财政支出	84 530.00	89 874.16	106.3	117.8

资料来源：中华人民共和国财政部网站 http://gks.mof.gov.cn

三、我国财政支出的原则与重点

（一）我国财政支出的原则

（1）依法理财。依法理财就是把财政资金管理纳入法制轨道，严格依法行政，杜绝财政资金分配上的随意性。

（2）科学理财。科学理财就是用科学的方法进行管理，使国家的钱花得合理、有效。

（3）阳光理财。阳光理财就是提高财政资金使用和管理的透明度，便于社会监督。

近年来，我国财政部门积极"自我革命"，下大力气推行部门预算、国库集中收付、政府采购、收支两条线、政府收支分类等改革。实施金财工程，加强财政监督，严格依法理财，积极推行绩效考核试点，从源头上、机制上防止腐败，提高财政资金使用的安全性、规范性和有效性。

（二）我国财政支出的重点

根据 2011 年中央财政预算安排，支出方面，优化财政支出结构，加大对"三农"、教育、医疗卫生、社会保障和就业、保障性安居工程、节能环保以及欠发达地区的支持力度，切实保障和改善民生，仍需要进一步加大财政投入，具体内容如下：

（1）全面落实国家中长期教育改革和发展规划纲要要求，加大教育投入力度，提高教育资金使用效率。

（2）大力支持医药卫生体制改革，提高医疗服务和保障水平。

（3）加大保障性安居工程投入力度，推进公共租赁房、廉租房建设和农村危房及各类棚户区改造。

（4）支持加快建立覆盖城乡居民的社会保障体系，进一步扩大新型农村社会养老保险试点范围，并将试点地区城镇无收入居民纳入保障范围。

（5）加强农业农村基础设施建设，大力推进农田水利建设、中小河流治理、小型病险水库除险加固、山洪灾害防治等，切实改善农村生产生活条件。

（6）支持节能减排和科技创新，促进经济结构调整和发展方式转变。

四、财政支出的规模分析

财政支出规模是满足社会公共需要的程度，它是依据一定的因素和方法来确定的。财政支出规模从一个财政年度来考察，即为当年的财政支出总额；若从连续的财政年度来考察，则表现为财政支出的增长趋势。

（一）财政支出规模的衡量指标

财政支出规模是指在一个财政年度内所安排的财政支出数量。它可以用绝对数表示，也可以用相对数来反映。

财政支出的绝对量，就是一个财政年度内安排的财政支出的实际数量。如中央财政支出总量、地方财政支出总量。财政支出的绝对量可以直观地反映政府在一个财政年度内的财政支出规模，体现了财政支出总量与宏观经济运行的相互关系，方便对财政支出进行各年度的比较，找出变化的原因、存在的不足和解决问题的办法。但要科学地研究财政支出的规模，仅看财政支出的绝对量是不够的，更重要的是看财政支出的相对量。

财政支出的相对量，就是一个财政年度内财政支出总量占国内生产总值或国民收入的比重。财政支出的相对量反映了在一个财政年度内财政配置资源的数量，体现了财政活动的规模和政府在国民经济运行中的地位及重要程度。通过对年度间、国别间进行比较，对一国的政治、经济、社会等方面的影响进行分析，可以对财政支出规模的合理性及增长趋势作出客观的判断。

财政支出的相对规模在不同的国家是有所不同的，即使在同一国家的不同历史发展时期，也有较大的变化。从我国的情况看，经济体制改革前，财政支出占 GDP 的比重是较高的（1978 年为 30.9%），从 1978 年到 1995 年（1995 年为 11.6%），呈递减趋势，这是由当时的计划经济体制所决定的，计划经济实行"统收统支"制度，财政支出占 GDP 的比重必然较高；改革开放后，为调动微观经济主体的积极性，促使国民经济快速发展，国家财政让利放权，财政支出占 GDP 的比重必然下降。目前我国财政支出占 GDP 的比重见表 3-2。

表 3-2 　　　　　　　　　　　我国财政支出规模　　　　　　　　　　单位：亿元

年　份	财政支出额	财政支出增长速度%	GDP 额	财政支出占GDP 的比重%
2001	18 902.58	19.0	109 655.2	17.24
2002	22 053.15	16.7	120 332.7	18.33
2003	24 649.95	11.8	135 822.8	18.14
2004	28 486.89	15.6	159 878.3	17.81
2005	33 930.28	19.1	184 937.4	18.35
2006	40 422.73	19.1	216 314.4	18.68
2007	49 781.35	23.2	265 810.3	18.73
2008	62 592.66	25.7	314 045.4	19.93
2009	76 299.93	21.9	340 506.9	22.40
2010	89 874.16	17.8	401 202.0	22.40

资料来源：《2010 年中国统计年鉴》

由表 3-2 可以看出,2001～2010 年财政支出占 GDP 的比重从 17.24％提高到了 22.40％。这种增长具体体现在以下两个方面:

第一,财政支出的绝对数快速增长。改革开放以来,随着经济发展和财政收入水平的提高,财政支出的绝对数增长较快,2010 年达到 89874.16 亿元,比 2001 年的 18 902.58 亿元增加了 70 971.58 亿元,增长了 3.75 倍。

第二,财政支出占 GDP 的比重持续增长。在财政支出绝对数量不断增加的同时,其占 GDP 的比重也持续增长,这说明一方面在市场化进程中,传统的在国家财政范围内履行的政府职能正逐步削弱;另一方面在原有的国家财政范围之外的新的政府职能,如社会保障职能、社区建设职能等得到了大幅度的加强,这种变化与市场经济在中国的发展是相适应的。

(二)影响财政支出规模的因素

影响财政支出规模的因素是多方面的,通过上述分析,结合当今各国的现实情况,可将其概括为以下几个方面:

1. 经济因素

经济因素即经济发展水平和经济体制的类型。经济规模决定财政支出规模,经济发展、生产力水平提高,财政支出规模也相应增大。一国的经济体制对财政支出规模也有很大影响,一般来说,实行计划经济体制的国家,政府向经济建设领域延伸过多,职能范围比实行市场经济体制国家的政府职能范围宽,因而财政支出占 GDP 的比重较高,其财政支出规模较大。

即使经济体制相同,但各国由于实行不同福利制度而导致的差异,也对财政支出规模产生影响。例如,同是市场经济体制的美国和瑞典,由于瑞典实行高福利政策,所以其政府支出占 GDP 比重远远高于美国。

2. 政治因素

政治因素对财政支出规模的影响主要表现在:一是政局是否稳定;二是政体结构的行政效率;三是机构设置是否科学。政治因素主要包括社会政治局面的稳定状况、政治体制结构及政府工作效率、政府活动范围等。当一个国家发生战争或出现重大自然灾害等情况时,财政支出规模将超常扩大。从整体结构看,一般情况下权力集中的单一制国家,其财政支出占国内生产总值比重高一些,相反会低一些。从政府工作效率看,如果工作效率高,则用于政府运转的经费开支会相对低一些,反之就要相对高一些。从政府活动范围看,随着社会发展和人民生活水平的提高,社会对公共物品和服务的需求会越来越多、质量要求也会越来越高,使政府提供公共物品和服务的范围不断扩大,相应带动了财政支出规模的日益增长。

3. 政府职能

从某种程度上说,财政支出是政府活动的资金来源,也是政府活动的直接成本。政府职能是影响财政支出规模的最直接因素。因此,政府职能的大小及其侧重点,决定了财政支出的规模和结构。

从我国情况看,新中国成立 50 多年来,经济管理体制和政府职能从 20 世纪 70 年代末发生了根本性变革。在此之前,国家注重经济职能的实现,政府几乎调动全部资源直接从事各种生产活动,财政支出大量用于经济建设。在此之后,随着改革开放、社会主义市场经济体制的逐步建立,政府正在逐步减少资源配置的份额,财政用于经济建设方面的支出比例不断降低,用于社会管理、收入分配方面的支出不断增加。

4. 社会因素

人口、教育、卫生、社会救济、城乡差距等社会性因素在一定程度上影响着财政支出规模。在发展中国家人口基数大、增长快,相应的教育、保健以及救济贫困人口的支出压力便大;而在一些发达国家人口出现老龄化问题,公众要求改善社会生活质量等,也会对财政支出提出新的需求。

第二节 购买性支出

购买性支出又称消耗性支出,是指政府按照等价交换的原则在市场上购买商品和劳务,以便向公众提供各种公关品或公共服务的支出。它包括两部分:一是社会消费性支出,即购买各级政府进行日常政务活动所需的商品和劳务的支出,如国防支出、行政管理支出、文教科卫支出等;二是投资性支出,即各级政府用于公共投资的支出,如基础设施、基础产业等方面的投资拨款。二者虽同属购买性支出,但存在明显差异。最大的不同在于支出项目的发生能否形成资产。前者是非生产的消费性支出,其使用不形成任何资产;后者是生产的消费性支出,其使用形成资产。

一、社会公共消费支出

(一)行政管理支出

行政管理支出是国家财政用于国家权力机关、行政机关(包括党派、社会团体)和外事机构行使其职能所需的费用支出。它属于社会消费性支出,虽不直接创造物质财富,但它是保证国家行使职能的物质条件,对我国国家政权的巩固、社会秩序的稳定、对外开放的深化、国民经济的发展等都具有重要意义。行政管理支出的主要内容包括:

(1)行政支出,包括行政机关经费、行政业务费、干部培训费和其他行政经费;

(2)公检法支出,包括公安司法检察机关经费、业务费、警校司法学校经费等;

(3)外交支出,包括驻外机构经费、出国费、外宾招待费、国际组织会费等。

行政管理支出是实现国家基本职能所必需的费用,但它又具有非生产性的特点,所以在实践中应本着保证完成国家政治经济任务的前提下,厉行节约经费支出,管好这笔经费。从我国的情况看,我国行政管理支出要合理、适度,不能超越社会经济发展水平,更不能超越国家财政的承受能力。首先,要精简机构,转变政府职能。按照"精简、统一、高效"的原则积极推进政府机构改革,消除由于机构设置过多,造成人浮于事,职责不清,办事效率低的缺陷。这样,不仅可以减少国家财政在行政管理费用方面的支出,而且能确保政府职能的真正转变。其次,要严格财务管理制度,加强对社会集团购买力的管理与控制,认真执行行政费用开支标准,控制不合理支出。最后,要认真贯彻执行预算法、严格预算管理,强化预算的约束力。

（二）国防支出

国防支出是国家财政用于国防建设和武装力量方面的费用,包括国防费、国防科研事业费、民兵建设费和防空经费等。

国防在防御外来侵略、保卫国家安全和领土完整方面,具有不可替代的重要作用。因此必须合理安排国防支出的规模。

(1)安排国防支出要考虑国际政治局势变化。

(2)安排国防支出要考虑国家财力的因素。在经济建设时期,国家应将有限的资源主要用于经济建设项目的投资,适当控制国防支出费用。从长远来看,这也有利于国防建设,因为国防建设是以经济建设为基础的。

(3)安排国防支出要考虑国防支出的投向。随着经济发展和科技进步,军队武器装备水平的不断提高,高科技武器装备的研制、采购费用所占比例应上升,国防支出结构应反映这一规律,才能在国防支出总额一定的情况下,提高国防的整体效益。

（三）社会公共事业支出

社会公共事业支出是国家财政用于科学、教育、文化、卫生、体育等事业上的支出,也简称为科教文卫事业费,它属于社会消费性支出。

社会公共事业支出是政府为了实现社会管理职能,满足社会公共需要,通过政府预算安排的用于各种公共事业部门的资金支出。公共事业虽不直接创造物质财富,但它是社会发展、人类进步所不可缺少的。据有关专家测算,20 世纪 70 年代以来,发达国家劳动生产率的提高,有 60％～80％ 归功于采用了先进的科学技术。因此,要求社会在安排国民收入的用途时,全面考虑生产的当前需要和未来发展的需要,切实保证文教科卫支出占有一个适当的比例,且这个比例应随经济发展而逐步提高。

社会公共事业支出包括国家财政用于社会公共事业部门的经常性支出,即支付这些单位工作人员的工资和公用经费。不包括这些部门由财政拨付的基本建设支出、科技三项费用等投资支出。社会公共事业支出包括内容很多,具体主要包括科学事业费、教育事业费、文化事业费、卫生事业费、体育事业费、通信广播事业费等。这些支出内容按用途不同可以划分为人员经费支出和公用经费支出。

1.人员经费支出

此支出主要用于文教、科学、卫生等单位的工资、补助工资、职工福利费、离退休人员费用、人民助学金等开支项目。

2.公用经费支出

此支出用于解决文教、科学、卫生等事业单位为完成事业计划所需的各项费用开支,主要包括公务费、设备购置费、修缮费和业务费。

社会公共事业支出的资金来源原则上由财政和各经济主体共同承担。下面按这一标准具体分析:

(1)从教育支出的资金来源分析。一般认为,教育是可以由微观主体提供的,需要接受教育的人可以通过花钱"买"到这种服务。所以,教育支出可以不必都由政府予以满足,但随着我国社会主义制度的建立,人们享受到了广泛的教育权利,加之教育对国民经济发展的促进作用,义务教育就成为一种社会公共需要。然而教育作为一种社会公共需要不同于人们对安全和秩序的需要,教育所提供的利益是内在化和私人化的,专业教育尤其如此。所以教育是一种准社会公共需要,其资金来源应是多方面的。在国家财力不足、广大群众收入水平日趋提高的情况下,全社会用于发展教育的经费,应由政府和接受教育的人以及从教育中得益的经济实体共同承担。文化事业也如此。

(2)从科学研究支出的资金来源分析。科学研究可以由个人或某一集团共同完成,其研究成果一般也可以有偿转让,但基础研究成果转让十分困难。所以基础研究成果的经费应当由政府承担,而那些可以通过市场交换来弥补其成本的科学研究可以由微观经济主体承担其经费。

(3)从医疗卫生支出的资金来源分析。医疗服务可以由政府提供,也可以由私人提供,不管谁提供都可以进入市场交换,而且医疗服务的利益完全是私人化的。所以,医疗服务并不一定要政府出资提供。而卫生服务,私人不可能也不愿意提供这项服务,这项服务也不可能进入市场,且卫生服务的利益由社会公众无差别地享受,因此卫生服务应由政府出资提供。

二、公共投资支出

公共投资支出又称财政投资支出,它是政府财政用于各种公共性质项目的资金支出。投资与经济增长关系密切,政府为促进经济增长往往利用财政投资来拉动,以调节经济运行。

财政投资在全社会投资中所占比重不大,并不意味着财政投资微不足道。财政投资能弥补市场调节的不足,更可以通过财政投资乘数来引导和制约社会投资的投资总量和投资结构。所以,随着投资格局和投资主体的变化,政府必须注意宏观调控方式的变化。

(一)公共投资的特点

公共投资支出是社会总投资的一个特殊组成部分。按照投资主体来划分,社会总投资可以分为公共投资和私人投资两个部分。公共投资有如下特点:

(1)公共投资的主体是政府,一般其投资能力和承担风险的能力都较强。

(2)公共投资目的的社会效益性。政府居于宏观调控的主体地位,公共投资一般不单纯从经济效益角度来安排投资,公共投资可以是微利甚至是无利的,但建成后的项目可以极大地提高国民经济的整体效益。

(3)公共投资项目的大型化和长远性。政府财力雄厚,且资金来源大多数是无偿的,可以投资于大型项目和长期项目,这是非政府部门的投资力所不能及的。

(4)公共投资的宏观调控性。公共投资是政府调控经济运行的重要手段。公共投资可以配合国家调控经济运行,可以满足确保国民经济协调、稳定发展的需要。

(二)公共投资的范围

市场经济条件下,市场机制在资源配置中发挥基础性作用。政府投资作为一种非市场的投资行为,虽然可以弥补市场缺陷,促进资源有效配置,但不可过分夸大公共投资的作用。否则会造成政府对市场的过度干预,甚至会窒息市场活力。可见公共投资必须有确定的范围。

1. 社会基础设施和公用基础设施投资领域

社会基础设施是一国在科学技术研究和开发方面，以及教育和公共卫生等社会发展方面的基础设施。政府在此方面投资可以提高社会成员的整体素质，保证经济增长的质量和效率，促进社会的全面进步。

公用基础设施是一国经济发展的外部环境所必需的基础设施，如道路、供水、供电、通信等。政府对公用基础设施进行投资对于促进经济增长，提高人民生活水平必不可少。发展中国家普遍存在基础设施发展滞后的问题。

2. 经济基础产业投资领域

经济基础产业大都是关系国计民生的重要产业，是经济增长必不可少的因素，如能源、基本原材料、交通等。这类产业具有资本密集程度高、投资大、建设周期长、投资回收慢等特点，因此非政府投资主体一般不愿意主动进行投资。若没有公共投资支出的支持，经济基础产业很难迅速发展，这必然会影响整个社会经济的稳定增长。所以，政府应介入此产业的投资，同时运用政策鼓励和吸引其他社会资金共同投资。

3. 高新技术产业投资以及重要能源和稀缺资源的开发领域

投资是经济发展的动力，是经济增长的主要因素。但公共投资的范围要多大才算合理，显然没有绝对的答案，就是同一个国家在不同历史发展阶段也是不一样的。一般而言，实行市场经济体制的国家与实行计划经济体制的国家相比，公共投资在全社会投资总额中所占比重要小些，一般不进入具有市场竞争性的行业。经济发达的国家，公共投资在全社会投资总额中所占比重也会小些。发展中国家由于市场存在更多的缺陷和不足，因而政府投资的范围比发达国家要宽些。

三、政府采购支出

（一）政府采购与政府采购制度

政府采购又称公共采购，是指各级政府及其所属机构为履行职能的需要，在财政的监督下，按照法定的程序和方式从国内外市场上购买所需产品和服务的活动。显然，政府采购属于购买性支出。政府采购支出是政府为进行这种公共采购所做的支出。

政府采购不仅仅是指具体的采购过程，而是采购政策、采购程序、采购过程、采购管理的总称。合理运用政府采购可以提高购买性财政支出的效益。

政府采购制度作为财政制度的一个重要组成部分，是对政府采购活动加以规范的政策、法规、制度的总称。

（二）政府采购制度的特征

1. 采购活动具有公开性、公正性和竞争性

政府采购一般规模大，对象广，因而由财政部门成立专门的政府采购管理机构，按照公开、公平、公正的原则以招标、竞标的方式进行采购和供应。各供货单位之间公平竞争，所以又被称为"阳光下的交易"。

2. 采购制度具有规范性、政策性

政府采购活动通常是由政府采购法来规范的，按一定的采购方式和程序运作，同时还要受到严格的管理与监督。因政府采购对整个国民经济有着直接的影响，因而同时具有政策性。

3.采购的资金来源具有公共性

政府采购的资金来源主要是财政性资金,即政府财政拨款,它是公共资金,这有别于私人采购。

4.政府采购行为的非营利性

政府采购是为了满足社会公共需要进行的政府支出活动,主要体现为政府各部门的公用事业费和财政投资支出。

(三)我国建立政府采购制度的意义

(1)建立政府采购制度是建立和完善社会主义市场经济机制的必然要求,有利于促进市场经济的公平竞争,促进全国统一大市场的形成,可以更好地弥补市场缺陷。

(2)有利于加强财政监督,提高财政资金使用效率。政府采购制度能够有效地节约资金,主要是因为引入了竞争机制,它一般通过公开招标制度选择供货商,以获得价廉物美的产品和劳务。

(3)有利于加强财政宏观调控的功能。根据社会经济运行状况,采用灵活而有弹性的政府采购制度,实现社会总供求的平衡。当经济过热、需求过旺时,政府推迟采购或压缩采购规模,减少总需求,实现供求平衡;相反,当经济过冷、需求不足时,政府提前采购或扩大采购规模,增加总需求,实现供求平衡。

📱阅读资料 3-1

"短命工程"暴露政府投资管理缺失

"楼歪歪"、"桥垮垮"、"地陷陷"……近年来"短命工程"频出让人心惊胆战。2001年8月,河南鹤壁市七个安居小区出现"豆腐渣"工程。这七个小区均属于河南鹤壁矿区采煤沉陷区综合治理工程,规划总投资超过9亿元,居民们2007年入住后就开始陆续出现渗水漏雨、楼体地基下沉、地下室墙体裂缝等问题。居民们猜测,安居小区成"短命工程"另有缘由——鹤壁市发改委副主任徐有增身兼沉陷区综合治理办公室主任、沉陷区治理置业有限公司董事长。"一手是政府权力,一手是企业利益,群众极易受损。"统计显示,该公司因房屋超面积就已多收3亿多元,再加上政府比原计划多投入1.2亿元,整个工程应收资金超过13亿元。

这与今年7月发生在安徽安庆市太湖县的情况颇为相似——安徽安庆市太湖县最大的拆迁安置小区自去年年底以来,50多户居民房屋陆续出现裂缝和渗水等现象,质量问题严重。村民们认为,这是地基没打稳、偷工减料导致的。

此前,出现在云南的"史上最短命公路"也引发了社会关注。玉溪市新平县城至三江口二级公路试通车的第二天就发生坍塌事故,造成人员死伤。

再往前追溯,类似的事情频现:2009年南京汉中门大桥出现多条裂缝……多个事件表明,住房、公路、铁路、大桥等事关民生的工程领域,"短命工程"屡屡发生且频次不减。这样的"短命工程"危害极大,不仅给群众的生命财产安全带来了威胁和伤害,更严重损害了政府形象和公信力,"短命工程"必须引起政府有关部门的高度重视和警惕。

(资料来源:王研.经济参考报.2011年9月22日)

第三节　转移性支出

转移性支出是指政府单方面把一部分收入的所有权无偿转移出去的支出,包括各种社会保障支出、各项财政补贴支出、债务利息支出、捐赠支出等。这类支出的发生虽没有消耗社会资源,但显示了政府在公平收入分配方面的作用。

一、社会保障支出

社会保障是指政府向丧失劳动能力、失去就业机会以及遇到其他不幸事故而面临生活困难的公民,提供基本生活保障,是依法进行的国民收入再分配活动。

社会保障是现代国家和文明社会的标志,也是现代社会中的一种制度化的安全措施,它起源于资本主义社会。

社会保障支出是政府用于社会保障方面的财政支出,它的规模和大小与一国的社会保障制度密切相关,社会保障制度不同,相应的社会保障支出也不同。

(一)现代社会保障制度的基本体系

社会保障制度,是法律规定的、按照确定的规则经常实施的社会保障政策和措施体系。

它的起源最早可追溯到欧洲中世纪世俗和宗教的慈善事业。由于经济发展水平、历史文化传统、政府的有关政策取向等的复杂多样,迄今各国建立的社会保障制度并没有也难以形成统一模式。市场经济成熟国家的社会保障体系一般包括社会保险、社会救济、社会福利、社会优抚等。

1.社会保险

社会保险是指以国家立法形式强制实施,以解除劳动者在遭受年老、疾病、伤残、失业、死亡等特殊事件时的后顾之忧为目的,并采取由受益者与雇佣单位等共同供款以实现受保障者权利与义务相结合的一种社会保障制度。包括养老保险、失业保险、医疗保险、工伤保险、生育保险。社会保险具有互济性、强制性、社会性、福利性的特点。

2.社会救济

社会救济是指国家和社会对贫困人口与遭受自然灾害等不幸事故的人所构成的社会弱势群体提供钱款、物资接济和扶助的一种社会保障制度。包括灾害救济、贫困救济和其他针对社会弱势群体的辅助措施。

(1)保障对象:社会保险这道安全网保护不了的人群,即无收入、无生活来源以及虽有收入但因遭受意外事故或收入较低而无法维持生活的人们。

(2)社会福利的经费其保障目标是维持人们的最低生活需要,其经费来源以政府一般性税收为主,以社会团体或个人提供捐赠为辅。

3.社会福利

社会福利是由国家和社会团体通过社会化的福利设施和有关福利津贴,以满足社会成员的生活服务需要并促使其生活质量得到改善的一种社会保障制度。它包括:

(1)政府或社会团体兴办的以全体社会成员为受益对象的公共福利事业。如教育、科学、环境保护等设施。

(2)主要是政府或社会团体为残废者、孤儿、生活无着的老人等具有特殊需要而又无力自理的人举办的专门性福利事业。如养老院、孤儿院、疗养院、盲聋哑儿学校等。

(3)主要是政府为照顾一定地区或一定范围的居民对部分必要生活资料的需要而采取的局部性或选择性的福利设施。如对寒区居民给予冬季取暖补贴、为低收入居民提供廉价住房。

(4)社会福利的经费主要来自政府预算拨款。

4.社会优抚

社会优抚是指国家财政在军人退役或在战场上牺牲、伤残时,对其家属和本人的一种生活补助和优待照顾。它属于社会保障的特殊构成部分。

(二)社会保障支出的主要内容

目前,我国财政用于社会保障的支出包括政府一般预算和政府基金预算中的社会保险基金预算两个方面。

1.一般预算安排的社会保障支出

(1)抚恤和社会福利救济费,包括牺牲病故抚恤费、伤残抚恤费、烈军属和复员退伍军人生活补助费、退伍军人安置费、优抚事业单位经费、城乡生活无依无靠的老弱孤寡残疾者的救济费和补助费。

(2)社会保障补助支出,包括特大自然灾害救济补助费和特大自然灾害灾后重建补助费以及用于解决灾民吃、穿、住等困难的救济费和发生自然灾害时的抢救、转移、安置、治病等费用的自然灾害救济事业费,还包括行政事业单位离退休经费、全国社会保障专用基金。

2.政府基金预算中的社会保险基金预算安排的社会保障支出

社会保障支出包括养老保险支出、医疗保险支出、失业保险支出、工伤保险支出、女工生育保险支出。

我国的社会保障制度是新中国成立以后从零起步的。经过多年的努力,中国特色社会保障框架体系已初步建立:基本养老、基本医疗、失业、工伤、生育五项社会保险制度基本建立并逐步完善,以最低生活保障为重点的城乡社会救助体系基本形成,各项社会保障覆盖范围不断扩大,保障水平稳步提高。但从总体上看,我国社会保障体系还不完善。主要问题是:城乡社会保障发展不平衡,广大农村地区严重滞后;一些基本保障制度覆盖面比较窄,基金统筹层次低,保障水平不高。尤其是农民、农民工、被征地农民、城市无业人员和城乡残疾人等群体的社会保障问题比较突出。为此,必须加快完善社会保障体系的建设。

到2020年,要实现"覆盖城乡居民的社会保障体系基本建立,人人享有基本生活保障"的目标,是一项浩大的民生工程。要重点把握好以下几方面:

(1)继续完善城镇基本养老保险制度,逐步做实个人账户,加快覆盖包括农民工在内的城镇各类劳动者。改革机关事业单位退休金制度,大力发展企业年金和职业年金。

(2)健全城乡居民最低生活保障制度,做到应保尽保,并稳步提高保障标准。

(3)加快制度整合,逐步实现基本社会保障制度的统一和城乡衔接。要加快建立全国统一的社会保障社会化服务体系,实现社会保障关系跨地区转移接续。健全社会保障管理信息系统,建立个人终身社会保障号,并尽快实现全国联网。

(4)加大财政性社会保障投入,重点向农民、农民工、被征地农民、城市无业人员和城乡残疾人等特殊困难人群倾斜。

(5)要加快扩大社会保障覆盖面,加强基金征缴,增加缴费收入,强化基金监管。

(三)社会保障基金的筹集模式

世界各国社会保障制度尽管不尽相同,但归纳起来,可分为现收现付式、完全基金式和部分基金式三种模式。

1.现收现付式

现收现付式是指以近期横向收付平衡原则为指导,用一个时期正在工作的一代人的缴费来支付已经退休的一代人的养老金。如图 3-1 所示。

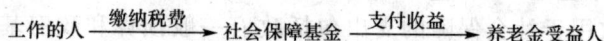

工作的人 ──缴纳税费──→ 社会保障基金 ──支付收益──→ 养老金受益人

图 3-1　现收现付式

现收现付式的优点是简便易行,费率调整灵活,社会共济性强,基本上不存在基金受投资风险影响的问题。由于现收现付式没有长远的规划,事先也没有必要的储备积累,因而在未来保障费用急剧增长的情况下,会造成保障费率的大幅提高,加剧对筹资对象的负担风险和社会保障基金的支付危机。从长期看,老龄化趋势明显会增加年轻一代的负担。

2.完全基金式

完全基金式是一种以远期纵向收付平衡原则为指导的筹资方式,其特征是建立个人账户,使退休金直接来源于社会成员本身的储蓄积累。如图 3-2 所示。

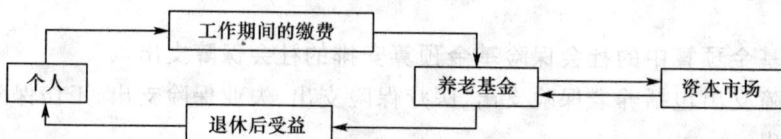

图 3-2　完全基金式

实行完全基金式的好处体现为:首先,它能够缓解养老保障制度所受到的人口老龄化的冲击,避免了现收现付所需要缴纳的税费的增加。其次,它完全靠劳动者本人融资,没有收入再分配的功能,不会造成政府额外的财政负担。再次,由于每个成员都有明确的个人账户,对自己所缴的费用有充分的权益,不会期待政府的补助和津贴,因此这一模式不会扭曲个人的工作和储蓄行为。最后,该模式会产生更多的储蓄,有助于资本积累。缺点是基金很容易受通货膨胀的威胁,不具有社会共济功能等。

3.部分基金式

部分基金式是对前两种方式的综合运用,每年的保障资金收入,部分用于现收现付的社会保险支出,部分用于建立社会保险储备基金。

部分基金式是边积累边支出的方式。这种方式多为养老保险所采用,初期费率低一些,以后逐步提高。实行部分基金式,既避免了完全基金式可能造成大量基金贬值或当初征集基金时费率太高对用人单位和劳动者带来的压力,又避免了现收现付式频繁调整费率而使政策、法规规范力减弱的负效应。但其收费率的确定有一定的难度,筹集到的资金在满足现实需要后,究竟要留多少以适应未来的需要将很难确定。如果费率过高,会给筹资对象带来不必要的负担;过低,又可能满足不了未来支出的需要。

课堂思考:我国筹集社会保障基金应选择哪种方式?

阅读资料 3-2

精心描绘我国社会保障战略蓝图

"中国社会保障改革与发展战略研究"是 2007 年 5 月开始实施的社会保障研究重大战略项目。这项研究由中国人民大学郑功成教授担任总负责人,由数十位专家组成 1 个核心组和 30 多个子项目课题组进行有总有分的研究,先后有数百位学者和官员参与研讨。经过近 4 年的不懈努力,形成了 4 卷本的最终研究成果——《中国社会保障改革与发展战略》(总论卷、养老保险卷、医疗保障卷、救助与福利卷),描绘出我国社会保障到本世纪中叶的发展战略蓝图。2020 年我国社会保障体系建设如图 3-3 所示。

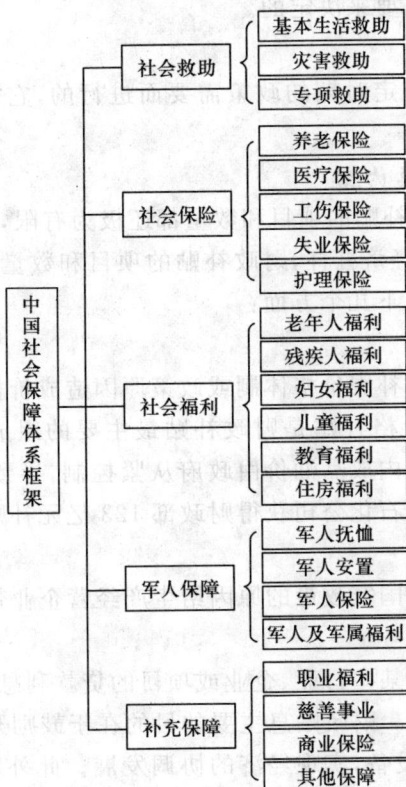

图 3-3　2020 年我国社会保障体系建设图

(资料来源:张怡恬.人民网 http://politics.people.com.cn/.2011 年 2 月 24 日)

二、财政补贴支出

财政补贴是政府为了实现特定的政治、经济和社会目标,在一定时期内,对某些特殊的产业、部门、地区、企业或事项给予的补助和津贴。从本质上说,它属于一种转移支付,属于国民收入的再分配,即不同经济利益主体之间的利益分配,通过财政补贴使一部分经济主体的收入增加了,但社会价值总量并没有任何增加。

（一）财政补贴的特点

1.政策性

财政补贴的依据是国家在一定时期的政策目标。其规模、结构、期限等都必须服从政府的政策需要,体现了较强的政策性。

2.灵活性

财政补贴的对象具有针对性,补贴的支付具有直接性,它是国家可以掌握的一个灵活的经济杠杆。同时也可以根据国家的政治经济形势的变化和国家政策的需要适时地修正、调整和更新财政补贴的规模和结构。

3.可控性

财政补贴的对象、规模、结构,以及在哪个环节补贴、何时取消补贴等具体内容都是由财政部门根据国家的政策需要来决定的。

4.时效性

财政补贴是根据国家一定时期的政策需要而进行的,它需要不断地修正、更新和调整。

（二）财政补贴的主要内容

1978年以前,我国财政补贴的项目和数量都还极为有限,以后,随着经济体制改革的深入,作为配合改革的重要经济杠杆,财政补贴的项目和数量有了大幅度的提高。目前,我国的财政补贴主要包括以下几个方面:

1.价格补贴

价格补贴是国家为了弥补因价格体制或政策原因造成价格过低而给生产经营企业带来的损失所给予的补贴。价格补贴是财政补贴最主要的组成部分。如2008年5月25日,因国际油价大幅上涨,境内成品油价由政府从紧控制,导致中石化成品油与原油价格倒挂,炼油业务严重亏损,中石化公司获得财政部123亿元补贴。

2.政策性亏损补贴

政策性亏损补贴是由于国家政策的原因给生产经营企业带来损失而进行的补贴。

3.财政贴息

财政贴息是国家财政对某些行业、企业或项目的贷款利息,在一定的期限内按利息的全部或一定比例给予的补助。财政贴息主要的目的在于鼓励开发高新技术产品或名特优产品,引进国外先进的技术设备,实现经济的协调发展。此外,目前我国指定由商业银行针对贫困大学生发放的助学贷款也采取财政贴息的方式,在校期间的贷款利息将全部由财政补贴,毕业后再全部自付。

4.福利补贴

福利补贴是财政直接给予职工和居民的各种福利性的生活补贴。

财政补贴是调节国民经济和社会生活的重要杠杆。运用财政补贴特别是价格补贴,能够保持市场销售价格的基本稳定;保证城乡居民的基本生活水平;有利于合理分配国民收入;有利于合理利用和开发资源。如果财政补贴范围过广、项目过多,也会扭曲比价关系,削弱价格作为经济杠杆的作用,妨碍正确核算成本和效益,掩盖企业的经营性亏损,不利于促使企业改善经营管理;如果补贴数额过大,超越国家财力所能,就会成为国家财政的沉重负担,影响经济建设规模,阻滞经济发展速度。

在市场经济体制下,必须合理确定财政补贴的范围,适时调整财政补贴的标准,不断加强财政补贴的管理,有效改进财政补贴的方式,使财政补贴真正有效地发挥调节作用。

三、其他转移性支出

转移性支出中除了社会保障支出和财政补贴支出这两大部分外,还有其他一些支出项目,主要有援外支出、债务利息支出和其他支出。虽然它们所占的比例并不大,但也有其特殊的作用。

1. 援外支出

援外支出是指财政用于援助其他国家或地区或国际组织的各种支出。它在不直接形成国内商品和劳务的需求时,具有转移性支出的性质。在当今世界,国与国之间的政治经济联系日益密切,对外交流日益增加,援外支出对于加快本国经济发展、维护世界和平,都具有重要意义。如同接受外援一样,国家很自然地要对外提供或大或小的援助。作为发展中国家,我国的援外支出能力有限,在援外上应量力而行,同时要注意对外援助的方式与效果。

2. 债务利息支出

债务利息支出是指政府财政用于偿还国内外借款的利息支出。国家债务的利息支出,并不对国内资源和要素(商品和劳务)形成直接的需求压力,从这个意义上说,财政的债务利息支出具有转移性支出的性质。

本章小结

1. 财政支出是政府对已经集中的财政收入进行有计划的再分配活动。财政支出是财政分配的第二阶段,它反映了国家的政策,规定了政府活动的范围和方向,是政府履行其职能必不可少的财力保证,也是政府调控国民经济的重要手段。

2. 财政支出可按经济性质支出、社会再生产中的作用和支出功能进行分类,不同的分类具有不同的经济意义。

3. 我国财政支出的原则是依法理财、科学理财和阳光理财。财政工作的重点是保障改善民生,支持"三农",促进教育、医疗卫生、社会保障等事业的发展。

4. 衡量财政支出规模的指标有绝对指标和相对指标。

5. 购买性支出包括社会公共消费支出和公共投资支出。社会公共消费支出中包括行政管理支出、国防支出、社会公共事业支出。转移性支出包括社会保障支出、财政补贴等。

重要概念

财政支出 购买性支出 政府采购 转移性支出 社会保障 财政补贴 社会基础

设施　公用基础设施　社会保险　社会救济　社会福利　社会优抚

基本训练

一、单选题

1.社会保障支出包括(　　)支出。

A.抚恤　　　　　　　　B.教育　　　　　　　　C.科技　　　　　　　　D.农业

2.下列财政支出中,属于社会公共消费支出的是(　　)。

A.挖潜改造支出　　　　　　　　　　　B.财政贴息

C.行政管理支出　　　　　　　　　　　D.支农支出

3.政府投资性支出属于(　　)。

A.转移性支出　　　　　　　　　　　　B.高风险性支出

C.购买性支出　　　　　　　　　　　　D.高收益性支出

4.购买性支出占较大比重的财政支出结构反映出政府财政履行(　　)的职能较强。

A.收入分配　　　　　　　　　　　　　B.资源配置

C.行政管理　　　　　　　　　　　　　D.国防教育

5.按财政支出的经济性质分类,政府单方面的、无偿的资金支付属于(　　)。

A.购买性支出　　　　　　　　　　　　B.转移性支出

C.补偿性支出　　　　　　　　　　　　D.积累性支出

6.下面哪个行业是基础产业(　　)。

A.能源业　　　　　　　　　　　　　　B.服装业

C.建筑业　　　　　　　　　　　　　　D.金融业

7.在市场经济制度下,财政投资主要用于(　　)。

A.重要的社会投资　　　　　　　　　　B.重要的生产项目投资

C.非生产性部门的投资　　　　　　　　D.重要的公共工程和基础设施项目

8.社会消费性支出属于(　　)。

A.购买性支出　　　　　　　　　　　　B.转移性支出

C.社会保障支出　　　　　　　　　　　D.专项支出

9.社会保障是保障公民的(　　)。

A.福利权利　　　　　　　　　　　　　B.享受权利

C.生存权利　　　　　　　　　　　　　D.消费权利

10.我国财政支出原则中的阳光理财含义是(　　)。

A.依法管理财政资金　　　　　　　　　B.财政资金使用与管理的透明度

C.科学管理财政资金　　　　　　　　　D.财政资金的合理使用

11.下列关于文教科学卫生支出的表述中,正确的是(　　)。

A.教育属于公共产品,其支出应全部由财政承担

B.公共卫生支出应由财政承担

C.应用科学研究的经费应由财政提供

D.医疗服务支出应由财政承担

12.下列关于公共投资的表述正确的是(　　　)。

A.完全是无偿拨款

B.应侧重项目的经济效益

C.政府可以投资大型项目

D.政府投资的资金来源都是无偿取得的

13.政府投资主要应该投向(　　　)。

A.国有企业　　　　　　　　　B.有赢利的部门

C.社会基础设施　　　　　　　D.加工工业

二、多选题

1.从财政的职能角度看,财政支出一般执行哪些职能(　　　)。

A.行政管理　　　　　　　　　B.公共服务

C.资源配置　　　　　　　　　D.收入分配

2.影响财政支出规模的主要因素是(　　　)。

A.经济性因素　　　　　　　　B.支出结构

C.社会性因素　　　　　　　　D.法律性因素

3.转移性支出主要包括(　　　)。

A.补助支出　　　　　　　　　B.捐赠支出

C.债务利息支出　　　　　　　D.行政管理支出

4.下列各项支出中属于财政补贴支出的有(　　　)。

A.价格补贴　　　　　　　　　B.困难救济

C.财政贴息　　　　　　　　　D.政策性亏损补贴

5.财政支出按经济性质分类,一般分为(　　　)。

A.积累性支出　　　　　　　　B.消费性支出

C.购买性支出　　　　　　　　D.转移性支出

E.补偿性支出

6.政府采购主要包括以下特点(　　　)。

A.采购行为非营利性　　　　　B.非公开性

C.公平性　　　　　　　　　　D.规范性

7.下列属于社会公共消费支出的有(　　　)。

A.行政管理支出　　　　　　　B.国防支出

C.文教科卫支出　　　　　　　D.社会保障支出

E.基础设施投资

8.社会保障包括(　　　)。

A.社会保险　　　　　　　　　B.社会救济

C.法律援助　　　　　　　　　D.社会优抚

9.社会保障基金的筹集模式有(　　　)。

A.储蓄式　　　　　　　　　　B.现收现付式

C.部分基金式　　　　　　　　　　　　D.完全基金式

10.我国行政管理费支出包括(　　)。

A.国防事业费　　　　　　　　　　　　B.司法检察支出

C.外交支出　　　　　　　　　　　　　D.高等教育支出

11.公用经费包括(　　)。

A.设备购置费　　　　　　　　　　　　B.离退休人员费用

C.业务费　　　　　　　　　　　　　　D.修缮费

12.公共投资具有的特点是(　　)。

A.强调投资的经济效益

B.财力雄厚

C.可以从事经济效益一般但社会效益好的项目

D.可以投资大型项目

三、判断题

1.财政支出是财政分配的第二阶段,反映了国家的政策、政府活动的范围和方向。

(　　)

2.社会福利事业费是财政用于解决城乡人民生活困难的支出。(　　)

3.财政补贴支出具有很强的政策性,是国家调节经济的一种经济杠杆。(　　)

4.现代社会保障制度的核心内容是社会救济。(　　)

5.社会保障制度的核心内容是社会保险。(　　)

6.购买性支出的收入再分配职能较强,转移性支出的资源配置职能较强。(　　)

7.对教育支出的性质分析表明应当由政府提供全部的教育经费。(　　)

8.行政国防支出属于政府的转移性支出。(　　)

9.政府采购的目的是为了实现政府职能和公共利益。(　　)

10.基础产业是指具有显著的竞争性特点的产业部门。(　　)

案例分析

《青海省价格调节基金征收使用管理办法》于2011年9月1日起正式施行。宁夏回族自治区政府日前也表示,将安排4 000万元价格调节基金对影响物价涨幅的重点产品进行限价补贴。湖北省近日则宣布,全省将于10月1日起正式实施价格调节基金管理办法,即向企事业单位和个体工商户征收其部分收入,在粮油副食品等基本生活必需品价格出现波动异常时,用于向生产经营者或困难群众进行补贴以及储备重要商品。

在此之前,北京市也表示,正在研究并有望年底前建立价格调节基金,发挥其在政府价格政策补偿等方面的作用。

地市一级的更多。近一周内就有江苏宿迁市、广东佛山市等宣布启用价格调节基金。广州市则已开始实施价格调节基金管理规定,并明确所征集的专项资金用于平抑、调节与人民群众生产、生活密切相关的重要商品价格异常波动。

根据资料分析:为什么各地重启价格调节基金?

第四章

政府预算

章前引例

2011 年我国发展面临的形势仍然极其复杂。从财政看,收支矛盾依然比较突出。2011 年财政收入增幅将比上年有所回落,财政支出压力很大。

2011 年公共财政预算安排,中央财政收入 45 860 亿元,比 2010 年执行数(下同)增长 8%。从中央预算稳定调节基金调入 1 500 亿元,合计收入总量为 47 360 亿元。中央财政支出总量 54 360 亿元,增长 12.5%。

根据地方预算初步安排情况,地方财政收入合计 81 170 亿元,地方财政支出 83 170 亿元,收支相抵,差额 2 000 亿元,国务院同意由财政部代理发行地方政府债券弥补,并列入省级预算管理。地方财政收支安排以同级人民代表大会批准的预算为准。

汇总中央预算和地方预算安排,全国财政收入 89 720 亿元,增长 8%,加上从中央预算稳定调节基金调入的 1 500 亿元,可安排的收入总量为 91 220 亿元;全国财政支出 100 220 亿元,增长 11.9%。全国财政收支差额 9 000 亿元,占 GDP 的比重由 2010 年的 2.5% 下降到 2% 左右。

2011 年中央财政用在与人民群众生活直接相关的教育、医疗卫生、社会保障和就业、住房保障、文化方面的支出安排合计 10 509.92 亿元,增长 18.1%。农业水利、交通运输和环境保护等支出也与民生密切相关,中央财政对地方的税收返还和一般性转移支付大部分也将用于保障和改善民生,民生支出合计将占中央财政支出的 2/3 左右。中央财政用于"三农"(农业、农村、农民)的支出安排合计 9 884.5 亿元,增长 15.2%。中央基建投资安排合计 3 826 亿元。

全国政府性基金收入总量为 26 611.9 亿元;全国政府性基金支出 2 611.9 亿元,下降 18.3%。中央企业国有资本经营预算收入 844.39 亿元,增长 51.1%。加上上年结转收入 14.17 亿元,可安排的预算支出 858.65 亿元。

(资料来源:中华人民共和国财政部网站 http://gks.mof.gov.cn/.2011 年 3 月 5 日)

预算是指所有的人,包括法人和自然人,如政府、社会团体、企业、事业单位、其他一切组织以及家庭与个人,在一定期间(年、季、月)的收支计划。私人预算花费自己的钱,注重效率,受到资金强有力的约束;而政府官员通过政府预算花费国家(公民)的钱,注重业绩,会千方百计加大和争取预算。每个公民都希望政府真正对我们负责,政府的钱是我们的,政府要做的事情必须对我们有用,可以让我们过得更幸福。而我们过得幸福不幸福和政府怎么收钱、怎么花钱关系重大。政府要负责,最后要落实到财政上,财政管的是国家"日子"的收支大账。为此,公民要关心预算,要看政府的钱是怎么收的、怎么花的,知道谁从政府这里得到了好处、谁承担了责任等。

那么政府预算究竟是什么?我们将通过本章的学习,掌握政府预算的内涵与原则、预算管理体制原则,分税制的内容。认识政府预算在经济发展中的作用,理解政府预算如何编制与执行、资金如何管理、分税制运行的成效与存在的问题等内容。

第一节 政府预算概述

一、政府预算的含义

政府预算是指经法定程序审核批准的具有法律效力的政府年度财政收支计划,是实现财政职能的基本手段,反映国家的施政方针和社会经济政策,规定政府活动的范围和方向。

政府预算从产生到发展为现实的政府预算,无论从形式上还是内容上都已发生了很大的变化,其内涵不断地得以扩充。政府预算作为一个国家年度财政收支计划,从形式上看,它是按照一定标准将政府财政收支分门别类地反映在一个收支对照表中;从内容上看,它是对政府年度财政收支的规模和结构所做的安排,表明政府在财政年度内计划从事的主要工作及其成本,政府又如何为这些成本筹集资金。另外,政府预算与一般经济计划不同的是,预算的成立与执行结果都要经过立法机关审查批准,成为具有法律效力的文件。

政府预算是政府调节宏观经济和弥补市场缺陷的重要工具。在市场经济条件下,当市场难以保持自身均衡发展时,政府可以根据市场经济运行状况,选择适当的预算总量或结构政策,用预算手段去弥补市场缺陷,谋求经济的稳定增长。

二、政府预算的原则

政府预算的原则是指国家选择预算形式和体系应遵循的指导思想,也就是制定政府财政收支计划的方针,即完整性、统一性、真实性、年度性、公开性和法定性。

1. 完整性

政府预算必须包括政府所有的财政收入和支出内容,以便全面反映政府的财政活动。所有法律准许的政府财政活动,都要在预算中清楚地列出,不应另设其他的财政收支账目;政府所有的财政活动都不能脱离预算管理,非政府交易活动必须排除在外。

2. 统一性

在分级财政体制中,各级政府都应编制统一的预算,其中所包含的预算收入和预算支出,都要按统一科目、统一口径和统一程序计算和全额编列,不允许只列收支相抵后的余额,也不应另立临时的预算。预算收支分类要详尽、准确,便于分类管理、控制和审查其效率。

3.真实性

预算收支数额必须真实可靠,有充分而确实的依据,预算数应尽量准确地反映可能出现的结果,保证预算得到真实可靠的执行,不允许虚列冒估。预算编制既要考虑到可能存在的各种非确定性因素,还要建立应付突发事件的机制。

4.年度性

政府预算的编制和执行都要有时间上的界定,即预算收支的起讫时间通常为一年(365 天),称为预算年度。国家必须按照法定预算年度编制预算。政府预算要反映全年的财政收支活动,不允许将不属于本年度财政收支的内容列入本年度政府预算中。预算年度有历年制和跨年制两种。历年制是从每年的 1 月 1 日起至同年的 12 月 31 日止为一个预算年度,世界上大多数国家均采用此形式。我国预算年度也是历年制。跨年制是从每年某月某日至下一年相应日期的前一日止,中间经历 12 个月,但要跨两个年份。如英国、日本、加拿大等国家的预算年度是从每年 4 月 1 日始至下一年度 3 月 31 日止;澳大利亚、巴基斯坦、埃及等从 7 月 1 日始至次年 6 月 30 日止,美国、泰国、尼泊尔等从 10 月 1 日始至次年 9 月 30 日作为一个预算年度。在预算年度内,预算工作程序通常包括预算编制、审查批准、执行和决算评估等环节,各环节在年度内依次递进,在年度间循环往复。

5.公开性

政府预算反映着政府的活动范围、方向和政策,与公众的切身利益紧密相关。因此,政府预算的内容及其执行情况必须明确并采取一定的形式公布,使公众了解预算、参与预算、审查和监督财政收支情况。同时,政府预算收支计划的制定、执行以及决算的过程也应向公众公开。

6.法定性

政府预算不同于一般意义上的预算,一般意义上的预算由当事人自行决定即可,而政府预算的编制和确定都必须依照一定的法律程序进行,由国家权力机关批准。政府编制的预算未经一定的法律程序之前,只能称草案。只有经过权力机关批准后,预算才得以成立,成为具有法律效力的文件,执行机关必须照此执行,非经法定程序,不得改变。

三、政府预算的功能

1.政府预算是财政收支的重要手段

通过预算的编制,事先进行预测,一方面,通过税收、公产收入、借债等手段把分散在部门、企业、个人手中的一部分国民收入集中起来形成财政收入,为满足各项公共需要奠定物质基础;另一方面,通过财政支出的安排,维持国家机构运转,利用资源配置的手段,促进社会经济发展,提高人民生活水平。

2.反映国家的活动范围和方向

预算上的一收一支,绝不仅仅是数字的排列,它必然要反映在国家的各项活动上。从预算的收入安排上看,每一笔收入都必须落实到项目上,在某一个收入项目上征多少收入,减多少收入,能反映出国家的政策取向。从支出安排上看,国家对哪些方面增加投入,反映出国家鼓励哪些方面的发展。如2011年,我国着力优化财政支出结构,增加"三农"、欠发达地区、民生、社会事业、结构调整、科技创新等重点支出。

3.有利于公民参与国家事务的管理

对预算的讨论决定和对预算执行的监督是公民参与国家事务管理的重要体现。预算草案编出后要送权力机关进行审查,经其批准后预算才能成立。倘若预算草案不符合公民的意愿,权力机关有权进行修改,有权不予批准。国家权力机关对预算的批准,实质上是对政府工作安排的批准,体现权力机关授权政府可以做哪些事。当预算经国家权力机关批准后,其执行还要受到权力机关的监督。政府在年度终了要向权力机关报告执行结果,权力机关对执行结果还要进行审查,并决定是否批准。

4.有利于政府活动的有序进行

由于预算对政府一年要做哪些事,做某件事要给多少钱都事先做出了安排,在新的年度开始后,征收部门按法律规定组织收入,财政部门按预算拨付资金,相关职能部门得到资金后按事先安排开展工作。这样就能有利于政府及其部门对所要做的事情能早做准备,按计划开展工作,避免工作的盲目性。

5.有利于国家进行宏观经济调控

在市场经济中,政府预算具有"稳定器"和"调节器"的功能,是国家进行宏观经济调控的重要杠杆。预算调控主要从三个方面实现:一是调节社会总供求,总量调控是宏观调控的主要内容,预算收支直接或间接影响社会总供求,预算收入规模影响部门的产出和需求水平,预算支出则构成社会需求的一部分,并制约供给水平。因此,通过调整预算收支规模及对应关系来影响社会总供求关系,使之实现平衡。二是调节经济结构,支持"瓶颈"产业的发展可以促进生产要素的合理配置,优化经济结构,提高经济效益。三是促进社会公平,包括通过预算管理体制的合理设计正确处理中央和地方、地方和地方之间的关系,合理分配财力,缩小地区之间的经济差距;通过税收和支出调节城乡之间、地区之间、行业之间的利益关系,缓解分配上的矛盾;通过社会保障的安排做到老有所养、病有所治、难有所帮,促进社会和谐。

📖 阅读资料 4-1

怎样理解"政府预算"与"国家预算"两个概念

在我国,政府预算与国家预算这两词常是混用的,这两词相同之处在于同为"预算"。

现代文献中,西方一般多用政府预算一词,也很少有关于政府预算与国家预算区别的专门论述。这样,对于政府预算还是国家预算这一问题的讨论,在某种程度上带有一定的中国特色:

(1)与我国独特的改革路径有关。我国的经济体制改革,其根本性的内容是规范政府与市场的关系。我国的市场经济的构建道路不同于西方,是从计划经济转化而来的,是政府直接推动的结果。而西方的市场经济是从自然经济历经数百年演化而来的,有一种自然转变的韵味。这样,我国的改革就需要建立一套规范与制度去指导改革,以避免失误。而西方的市场经济经过数百年的演化,其中的矛盾已在此过程中逐步得到解决。

(2)与我国政治制度结构有关。全国人民代表大会是中国最高国家权力机关和唯一的立法机关,在我国政权体系中处于最高地位,政府只是这一权力机关的执行部门。这样,我国的政治制度结构不同于西方"三权分立"的架构(立法权、行政权和司法权相互独立,互相制衡),主张和使用国家预算的概念在很大程度上是成立的。但是,如上所述,市场经济与分税制财政体制下,理论应该反映在指导实践上,采用政府预算的概念能够更好地服务于改革实践与理论要求,也能够更好地体现加强人大对政府活动的约束与监督作用。

(资料来源:齐银昌.前沿.2006.3)

四、政府预算的分类

(一)以编制形式为依据分为单式预算和复式预算

单式预算,指国家财政收支计划通过统一的一个计划表格来反映,即将预算年度内所有预算收支不按经济性质将其列入一张统一的预算表格内,是传统的预算形式。

复式预算,指国家财政收支计划通过两个或两个以上的计划表格来反映。复式预算是将同一预算年度的全部财政收入和支出按性质划分,分别编成两个或者两个以上的收支对照表,以特定的预算收入来源保证特定的预算支出,并使二者有稳定的对应关系。

单式预算的优点是形式上完整、统一、简洁,缺点是已经不能适应日益扩充的财政收支内容;复式预算具有一定的科学性,在改善预算管理方面具有积极的意义。但复式预算打破了预算的完整性,总体反映功能比较弱,编制难度较大,需要较高的预算管理水平。

各国编制复式预算的做法不一,但典型的复式预算是将预算分为经常预算和资本预算。经常预算是满足国家经常性开支需要的预算,其支出主要是用于文教、行政、国防等方面,其收入主要是税收;资本预算是综合反映建设资金的来源与运用的预算,其支出主要用于公共工程投资,其收入主要是债务收入。

(二)以编制方法为依据分为增量预算和零基预算

增量预算,指财政收支计划指标是在以前财政年度的基础上,按新的财政年度的经济发展情况加以调整之后确定的。

零基预算,指不考虑过去的预算项目和收支水平,以零为基点编制的预算。零基预算的基本特征是不受以往预算安排和预算执行情况的影响,一切预算收支都建立在成本效益分析的基础上,根据需要和可能来编制预算。

在我国,零基预算的基本做法是:一是要掌握准确的信息资料,对单位的人员编制、人员结构、工资水平以及工作性质、设备配备所需资金规模等都要了解清楚,在平时就要建立单位情况数据库,未经法定程序,不得随意变动;二是要确定各项开支定额,这是编制零基预算的基本要求;三是要根据事业需要和客观实际情况,对各个预算项目逐个分析,按照效益原则,分清轻重缓急,确定预算支出项目和数额。

零基预算能克服我国长期沿用的"基数加增长"的预算编制方式的不足,不受既成事实的影响,一切都从合理性和可能性出发。实行零基预算是细化预算、提前编制预算的前提。

(三)以预算收支平衡状况为依据分为差额预算和平衡预算

平衡预算是指预算收入基本等于预算支出的预算。实际工作中,略有结余或略有赤字的预算通常也被视为平衡预算。差额预算是指预算收入大于或小于预算支出的预算。需说明的是,这里所指的差额预算是指收支差额较大的预算。具体有两种情况:一是收入大于支出的盈余预算;二是支出大于收入的赤字预算。

(四)以预算管理层次为依据分为中央预算和地方预算

中央预算是指中央政府的预算,由中央各部门预算、中央对地方税收返还和转移支付、地方向中央上解收入等组成。省以下各级政府预算称为地方预算,地方预算是指地方各级政府预算,包括本级各部门的预算、上级对下级政府税收返还和转移支付、向上级政府上解收入等。地方预算负有组织实现大部分政府预算收入的重要任务,在政府预算中居于基础地位。

五、政府预算体系

在分级政府管理的国家,政府预算的体系和国家政权结构相一致,实行有一级政府即有一级财政收支活动主体,也就应有一级预算,从而也就产生了政府预算体系。

我国政府预算体系是按照一级政权设立一级预算的原则建立的。我国宪法规定,政府机构由全国人民代表大会、国务院、地方各级人民代表大会和各级人民政府组成。与政权结构相适应,并同时结合我国行政区域的划分,我国实行一级政府一级预算,设立中央,省、自治区、直辖市,设区的市、自治州,县、自治县、不设区的市、市辖区,乡、民族乡、镇五级预算。不具备设立预算条件的乡、民族乡、镇,经省、自治区、直辖市政府确定,可以暂不设立预算。国务院编制中央预算草案,并由全国人民代表大会批准后执行。地方各级政府编制本级预算草案,并由同级人民代表大会批准后执行。如图 4-1 所示。

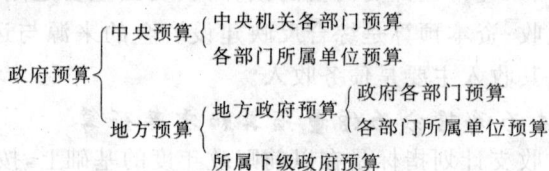

图 4-1 我国政府预算体系

目前我国各级政府预算由公共财政预算、政府性基金预算、国有资本经营预算共同构成。政府各类收入反映政府以行政权力和国有资产所有者身份集中社会资源的规模和份额,都应纳入政府预算体系管理。完整的政府预算体系包括公共财政预算、国有资本经营预算、政府性基金预算以及社会保障预算。

(1)公共财政预算是指政府凭借国家政治权力,以社会管理者身份筹集以税收为主体的财政收入,用于保障和改善民生、维持国家行政职能正常运转、保障国家安全等方面的收支预算。

(2)政府性基金预算是指国家通过向社会征收以及出让土地、发行彩票等方式取得政府性基金收入,专项用于支持特定基础设施建设和社会事业发展而发生的收支预算。政府性基金预算的管理原则是:以收定支,专款专用,结余结转下年继续使用。根据《2009 年政府收支分类科目》确定的收支范围,政府性基金主要包括:三峡工程建设基金、中央农网还贷资金、铁路建设基金、港口建设费、民航机场管理建设费、新增建设用地土地有偿使用费、大中型水库移民后期扶持基金、中央财政外汇经营基金财务收入、彩票公益金等 43 项。

（3）国有资本经营预算是指国家以所有者身份依法取得国有资本收益，并对所得收益进行分配而发生的各项收支预算，是政府预算的重要组成部分。国有资本经营预算支出按照当年预算收入规模安排，不列赤字。国有资本经营预算收入主要包括从国家出资企业取得的利润、股利、股息和国有产权（股权）转让收入、清算收入等，支出主要用于对重要企业补充资本金和弥补一些国有企业的改革成本等。2008 年开始实施中央国有资本经营预算，试行范围为国资委所监管的企业、中国烟草总公司和中国邮政集团公司，以后还将逐步扩大范围。

（4）社会保障预算是指政府通过社会保险缴费、政府公共预算安排等方式取得收入，专项用于社会保障支出的收支预算。从 2010 年起在全国试编社会保险基金预算。

上述四类预算并非完全独立，而是有机衔接的整体。要按照各自功能和定位，科学设置政府预算。将应当统筹安排使用的资金统一纳入公共财政预算；将具有专款专用性质且不宜纳入公共财政预算管理的资金纳入政府性基金预算；将国家以所有者身份依法取得的国有资本经营收益，并对所得收益进行分配而发生的各项收支统筹纳入国有资本经营预算；将通过一般性税收、社会保障费（税）及其他渠道筹集和安排的，专门用于社会保障的各项收支纳入社会保障预算，目前重点试编社会保险基金预算。

公共财政预算是国家预算体系的基础，政府性基金预算、国有资本经营预算和社会保障预算相对独立，各预算可进行适当调剂。

六、我国的预算编制、执行和决算

（一）预算编制的程序

政府预算从提出到批准是按照立法程序进行的。因此，政府预算是有法律执行效力的计划。我国现行的预算编制实行自上而下、自下而上、上下结合、逐级汇总的"二上二下"的编制程序。首先在部门编制预算建议数的基础上，财政部门会同有预算分配权的部门审核预算建议数后下达预算控制数；然后部门再根据预算控制数编制本部门预算报送财政部门；财政部门根据人代会批准的本级政府预算草案批复部门预算。

预算一经最终审批后，即成为有法律效力的文件。各级政府就必须根据预算对所属的公共部门拨款，公共部门根据拨款完成其相应的政府职能。在预算形成与执行的过程中，财政部门是编制预算、预算拨款和预算监督的政府职能机构。

具体编制的方法有：系数法、定额法、比例法、基数法、综合法。

（二）预算执行

预算执行是整个预算工作程序的中心环节，包括预算收入入库、预算资金支付拨付、动用预备费以及预算调整，这些工作都必须按照法律和有关规定的程序进行。各级预算由本级政府组织执行，具体工作由本级财政部门负责。

预算收入征收部门，必须依法及时、足额征收应征收的预算收入。有预算收入上缴任务的部门和单位，必须依照法规，将应上缴的预算资金及时、足额地上缴国库。

各级政府财政部门必须依照法律和规定及时、定额地拨付预算支出资金，并加强管理和监督。

各级政府预算预备费的动用,由本级政府财政部门提出方案,报本级政府决定。各级政府预算周转金由本级政府财政部门管理,用于预算执行中的资金周转,不准挪作他用。

预算调整是预算执行的一项重要程序。预算调整是指经过批准的各级预算,在执行中因特殊情况需要增加支出或者减少收入,使总支出超过总收入或使原举借债务的数额增加的部分改变,从而组织预算新的平衡。预算调整必须经各级人民代表大会常务委员会的审查和批准;未经批准,不得调整预算。

(三)国家决算

国家决算是整个预算工作程序的总结和终结,是政府预算管理的最终环节。决算草案由各级政府、各部门、各单位,在每一预算年度终了后按国务院规定的时间编制,具体事项由国务院财政部门部署。决算草案的审批和预算草案的审批程序相同。各级政府决算批准后,财政部门要向本级各部门批复决算,地方各级政府还应将经批准的决算报上一级政府备案。

作为政府预算是有周期性的,我国的预算周期包括四个阶段:预算编制、批准、执行、决算编制和审批。也即是我国预算从开始编制到同级人大审批了决算编制之后才算是一个周期。我国的财政年度为12个月,从每年的1月1日起至同年的12月31日止。但是预算周期一般是跨越这个财政年度的。因为在财政年度结束之后,仍然需要时间汇总去年预算执行的情况,既要对预算执行情况进行审计,又要编制决算,并对决算进行审批。通常情况下,一直要到下一个财政年度的中期左右,审计工作和决算才能编制出来,再报同级人大审批。

七、部门预算

(一)部门预算的含义

部门预算就是一个部门一本预算,由政府各部门编制,经财政部门审核后由人民代表大会审议通过,是反映部门所有收入和支出的预算。

(二)部门预算的内容

(1)在编制范围上,部门预算涵盖了部门或单位的所有收入和支出。部门预算既包括部门预算内资金收支,又包括各项预算外资金收支、经营收支以及其他收支;既包括部门一般预算收支,还包括政府性基金收支。各种收支要全部按规定格式和标准统一汇总编入一本部门预算,全面反映一个部门或单位各项资金的使用方向和具体使用内容。

(2)在编制程序上,部门预算是由基层预算单位编制,逐级汇总形成的。开始编制时,由基层预算单位根据本单位承担的工作任务、部门发展规划及年度工作计划测算编制,并经逐级上报、审核,按单位或部门汇总形成。部门预算既细化了具体预算单位和项目,又保持了按预算科目划分的各项支出功能。经单位或部门汇总后的预算,既反映本部门所有财政性收支的总额,还反映各单位和项目具体收支的构成情况,以及按功能分类的支出构成情况。

(3)在基本框架上,部门预算由一般预算和基金预算组成。在一般预算和基金预算两类预算下,又分为收入预算和支出预算。

①一般预算收入包括财政预算拨款、行政单位预算外资金、事业收入、事业单位经营

收入、其他收入。财政预算拨款收入,是指财政部门拨款形成的部门的收入;行政单位预算外资金,是指行政单位为履行行政职能,依据国家法律、法规或有关规章收取或提取,纳入财政预算外专户管理或者按规定程序批准留用的财政性收入;事业收入,是指从事专业业务取得的收入。

②一般预算支出包括基本支出和项目支出。基本支出,是指行政事业单位为保证其机构正常运转和完成其日常工作任务所必需的支出,包括人员支出和日常公用支出,基本支出定额编制预算;项目支出,是指行政事业单位为完成特定工作或事业发展而发生的支出,包括基本建设项目支出、行政事业性项目支出和其他项目支出。

(三)编制部门预算的意义

编制部门预算,细化了预算编制,增强了预算的统一性和完整性;实现了预算统一批复,缩短了预算批复时间;提高了预算编制的科学性和预算执行的规范性;有利于人大审查、监督政府预算。

课堂思考:(1)预算和财政之间的关系;(2)政府预算和决算的关系。

阅读资料 4-2

2010 年中央和地方预算执行情况

(一)公共财政预算执行情况

全国财政收入 83 080.32 亿元,比 2009 年(下同)增长 21.3%。加上预算安排从中央预算稳定调节基金调入的 100 亿元,使用的收入总量为 83 180.32 亿元。全国财政支出 89 575.38 亿元,增长 17.4%。加上补充中央预算稳定调节基金的 2 248 亿元和地方财政结转下年支出的 1 356.94 亿元,支出总量为 93 180.32 亿元。全国财政收支总量相抵,差额为 10 000 亿元。

其中:中央财政收入 42 470.52 亿元,完成预算的 111.6%,增长 18.3%。加上从中央预算稳定调节基金调入的 100 亿元,使用的收入总量为 42 570.52 亿元。中央财政支出 48 322.52 亿元,完成预算的 103.6%,增长 10.3%。地方本级收入 40 609.8 亿元,加上中央对地方税收返还和转移支付收入 32 349.63 亿元,地方财政收入总量为 72 959.43 亿元,增长 19.3%。地方财政支出 73 602.49 亿元,增长 20.6%,加上结转下年支出 1 356.94 亿元,支出总量为 74 959.43 亿元。收支总量相抵,差额为 2 000 亿元,经国务院同意由财政部代理发行地方政府债券弥补。

(二)政府性基金预算执行情况

2010 年全国政府性基金收入 35 781.94 亿元,全国政府性基金支出 32 582.64 亿元。中央政府性基金收入 3 175.57 亿元,完成预算的 124.3%。中央政府性基金支出 3 016.75 亿元,完成预算的 94%。地方政府性基金本级收入 32 606.37 亿元,完成预算的 201.9%。其中:国有土地使用权出让收入 29 109.94 亿元,完成预算的 213.2%。地方政府性基金支出 30 298.59 亿元,完成预算的 175%。其中:国有土地使用权出让收入安排的支出 26 975.79 亿元。

(三)中央国有资本经营预算执行情况

2010 年收取中央企业国有资本收益 558.7 亿元,完成预算的 132.7%。中央国有资本经营支出 563.43 亿元。

（四）积极的财政政策实施情况

提高城乡居民收入，扩大居民消费需求；安排使用好政府公共投资，优化投资结构；落实结构性减税政策，引导企业投资和居民消费。

（资料来源：中华人民共和国财政部网站 http://gks.mof.gov.cn.2011 年 3 月 5 日）

第二节　预算管理体制

一、预算管理体制的概念

广义的预算管理体制，包括狭义的预算管理体制、税收管理体制、国有独资公司、文教行政事业、基本建设财政管理体制。狭义的预算管理体制是指确定中央和地方以及各地方政府之间的分配关系的根本制度。

预算管理体制是处理中央财政和地方财政以及地方财政各级之间的财政关系的根本制度，其核心是各级预算主体的独立自主程度以及集权和分权的关系问题。预算管理体制是政府预算编制、执行、决算以及实施预算监督的制度依据和法律依据，是财政管理体制的主导环节。

二、建立预算管理体制的基本原则

一般来说，在市场经济条件下，建立预算管理体制应遵循公开性、均衡性和效率性三个原则。

1. 公开性原则

预算管理体制的公开性原则是指各级政府间的财政关系应以制度或法规形式加以规定，并公之于众，使这种财政关系的动作具有预见性、透明度和明确的依据，减少随意性。

2. 均衡性原则

预算管理体制的均衡性原则是指各级政府的财权财力划分应相对平衡。一般来说，均衡性原则包括中央与地方政府财政关系的纵向均衡和地方政府间财政关系的横向均衡。

3. 效率性原则

确定预算管理体制时遵循的效率性原则是指各级政府财政职权的配置和收支关系的划分，应有利于提高公共资源管理和使用以及财政对社会经济活动进行调节的效果。从中央与地方政府间财政关系的基本内容看，这里的效率性原则包括收入划分效率、支出划分效率和转移支付效率三个方面。

我国预算管理体制的基本原则是统一领导、分级管理、责权结合。实行统一领导是由我国的政治制度和经济制度决定的，表现在预算管理体制上，就是涉及全国的财政方针、政策必须由中央统一制定，主要财力必须由中央统一支配，以保证国家在政治上的集中统一，经济上的合理布局和重点发展。分级管理是因为我国是一个幅员辽阔的多民族国家，各地区在经济、文化、自然环境上存在差异性，很多事情要由各级政府因地制宜地去办理。同时，由于很大一部分财政资金的筹集与分配由地方和部门组织实施。在社会主义市场经济条件下,中央的集权与地方分权在根本利益上是一致的,统一领导和分级管理相辅相成,以促进整个国民经济平衡、健康地发展。

在统一领导、分级管理的基础上,强调责权结合就是要求各级政府在自己的财政财力范围之内履行工作职责,这个工作职责就是事权。换言之,有多大的财权就应该办多大的事情,要做到财权与事权的统一,这是各级政府实现政治、经济职能的保证。

📖 阅读资料 4-3

"其他支出"丈量从公开到透明之遥

尽管中央部门和陕西、广西等地方近期陆续公开了 2011 年预算,且今年预算公开的范围和深度进一步加大——北京市已经公布公车支出资金,但大多数被认为"不适宜"公开的预算条目仍隐藏在名为"其他支出"的大类里,其中包括政府人员工资以及行政成本等。(2011 年 4 月 11 日《济南日报》)

"其他支出"在预算资金总额中占比过高,成为所有二十几个类别中数一数二的大支出,难免让人浮想联翩。一些地方政府这样做,一是为了人大审议时好通过,因为人大代表还普遍不善于"看不懂的预算就否决它";二是为了方便年中财政资金在科目间流转,"其他支出"资金数额越多,花钱的自由度就越大。

"其他支出"数额庞大的预算公开,虽然也叫公开,公众却看不到具体的支出用途,自然也无从进行评议和监督,于是预算公开沦为一种实质意义很小的虚幻公开,公众不能详细看到政府如何花钱,更无法知道这些钱都做了些什么事情。

一些地方政府将所谓"不宜公开"的支出纳入"其他支出"隐藏,仍是那种"政府预算属于机密"心态的遗留。某种意义上,当下的政府预算公开主要意义是在"破冰",而从现在的预算公开到真正的预算透明,仍然需要一个从量变到质变的过程。"其他支出"为我们丈量出来的,正是政府预算从"公开"到"透明"的遥远距离。

被动的、基于要求的预算公开,缺少了应有的主动和诚意:完成规定的任务是主要目的,让公众知道如何花钱并不在公开目的之列;而真正可称之为透明的预算,其公开应该是主动的、积极的、自觉的、饱含诚意的,目的是要让纳税人看懂政府如何花钱,从而消除对政府乱花钱的焦虑和猜忌,增强政府的公信力。

透明的政府预算,非但不会有意将资金隐藏进"其他支出",反而害怕公众看不懂预算。就像香港特区政府那样,通过文字、数据配合大量插图、表格、漫画的方式,让财政预算不仅能够读懂,而且尽量读得有趣,纳税人缴纳的每一分钱花在哪里都能找到详细数据。此外,也不是预算出炉之后再仅仅公布完事,而是在制定过程中就不断向社会咨询互动,通过政府部门的解释说明、媒体的充分报道、专业人士的解读、社会民众的质询,让所有问题都能清晰明了。

如果说在预算公开的"破冰"阶段,民众最大的需求就是公开,哪怕"为公开而公开"亦是莫大进步;那么,当预算公开逐渐成为一种常态要求之后,接下来就得考虑如何规范政府预算公开。说到底,预算公开只是形式上的起步,预算透明才是实质上的追求;唯有当"预算如何公开"拥有一个明确规范,隐藏真相的"其他支出"才会无处可藏。

(资料来源:舒圣祥.郑州晚报.2011 年 4 月 12 日)

三、预算管理体制的内容

预算管理体制的根本任务是通过划分预算收支范围和规定预算管理职权,促使各级政府明确各自的责、权、利,发挥各级政府理财积极性,促进国民经济和社会事业的发展。预算管理体制的内容主要包括:

(1)确定预算管理主体和级次,一般是一级政权即构成一级预算管理主体;我国的政权机构分为五级,相应的预算管理主体也分为中央、省、市、县、乡五级。

(2)预算收支范围的划分,即明确国家财力在中央与地方及地方各级政府之间如何分配,这是预算管理体制的核心内容。在财力总量一定的前提下,如何划分收支范围直接决定一级财政拥有财力的多少。为提高资源配置效率,调动中央和地方两方面积极性,收支范围划分往往按照"统筹兼顾,全面安排"、"事权与财权相统一"、"收支挂钩,权责结合"等原则来确定。

(3)预算管理权限的划分,即确定各级人民代表大会、各级人大常委会和各级政府在预算的编制、审批、执行、监督等方面拥有的权限和应负的责任。1994 年颁布的《预算法》对不同政权机构赋予不同的预算管理职权,主要内容包括:

①各级人民代表大会主要负责审查批准本级总预算草案及本级总预算执行情况的报告等。

②各级人大常委会主要负责监督本级总预算草案以及本级预算的调整方案和本级决算等。

③各级政府主要负责编制本级预算、决算草案,向本级人民代表大会作本级总预算草案的报告;汇总下一级政府报送的预算并报本级人大常委会备案;组织本级总预算的执行;决定本级预算预备费的动用;编制本级预算的调整方案;监督本级各部门和下级政府的预算执行等。

④各级财政部门主要负责具体编制本级预算、决算草案;具体组织预算的执行;具体编制本级预算的调整方案;定期向本级政府以及上一级政府的财政部门报告本级总预算的执行情况等。

(4)预算调整制度和方法。在预算执行中,当社会经济情况发生变化,特别是发生不可预知的情况时,往往需要对已批准的预算或是对已经确定的各级政府的收支范围进行必要的调整。为避免这些调整的随意性和主观性,需要规定相应的制度或调整、批准程序。一般由财政部门提出并编制预算调整方案,经同级人大常委会审查批准后方可执行,并报上一级政府备案。

预算管理体制的实质是正确界定各级预算主体独立自主的程度,正确处理预算资金分配和管理上集权与分权、集中与分散的关系。集权与分权不能作抽象的判断,必须针对具体情况而定。在国家财力有限的前提下,预算资金分配是集中还是分散,取决于多方面因素。国家财力和财权分配上集权与分权、集中与分散关系的调节,要依据当时经济建设和社会发展的需要。

我国是社会主义公有制国家,各级政府在根本利益上一致,中央与地方关系主要是分工关系。财力集中一些,便于开发重要资源,建设重点项目,解决"瓶颈"制约,满足社会的共同需要;财力分散一些,便于发挥地方积极性和主动性,因地制宜地发展地方经济,满足地方各方面需要。

四、我国预算管理体制的历史演变

国家财力、财权分配关系的调节,一般是通过预算管理体制的调整来实现的。从新中国成立到1993年,我国预算管理体制的演变经历了三个阶段,实行的预算体制大体可分为三种形式。

(一)统收统支体制

也称高度集中的预算管理体制,是1950—1952年国民经济恢复时期实行的预算管理体制。其基本特征是:财力、财权高度集中于中央,地方组织的一切收入全部逐级上缴中央,地方一切开支由中央核定,逐级拨款,年终地方结余全部交还中央,费用开支标准、预决算和会计制度等统一由中央制定,地方只能照章执行,财权很小。除新中国成立初期之外,在三年调整时期(1963—1965年)和"文化大革命"的部分年份里也实行过这种体制。这种体制适合特定的历史条件,但不能长期运用。

(二)统一领导、分级管理体制

我国在1953—1979年间基本实行这种体制,其主要特征是:

(1)中央统一制定预算政策和预算制度,地方按预算级次实行分级管理;

(2)主要税种的立法权、调整权、减免权集中于中央,各级收入分为固定收入和比例分成收入,由地方统一组织征收,分别入库;

(3)由中央按照企事业行政隶属关系确定地方预算的支出范围;

(4)由中央统一进行地区间的调剂,收大于支的主要做法是由中央核定地方收支指标,全部收入分为各级固定收入和比例分成收入,凡收大于支的地方上解收入,凡支大于收的地方由中央补助。

(三)划分收支、分级包干体制

1980年开始实行"划分收支、分级包干"体制,简称财政包干体制。财政包干体制对原来的体制有重大的突破,是我国预算管理体制的一次重大改革,主要表现在地方预算初步成为责、权、利相结合的相对独立的一级预算主体。经过几次调整,1988年形成了对不同地区实行六种不同的包干方法:收入递增包干、总额分成、总额分成加增长分成、上解额递增包干、定额上解、定额补助。

财政包干体制的主要特征是:在总额分成的基础上对增收或超收部分加大地方留成比例,通过多收多留的激励机制鼓励地方特别是富裕地区增收的积极性,从而保证全国财政收入的不断增长。但是,随着经济体制改革的深化和经济的快速增长,越来越明显地暴露出财政包干体制的弊端:

(1)中央收入占全部收入的比重日趋下降,1990年为33.8%,1993年下降为22%。

(2)各地方为了地方利益,都热衷于利润大、见效快的加工工业的投资,加剧了当时的经济过热现象。

(3)重复建设严重,地区产业结构趋于相同,地区间相互封锁,盲目竞争。

(4)地区间贫富差距拉大。

(5)各地区的包干方法多种多样,缺乏规范性。

1994年以来,我国实行"分级分税预算管理体制"。

五、分级分税预算管理体制(以下简称"分税制")

(一)分税制的含义

分税制是在划分事权基础上将国家的全部税种在中央政府和地方政府之间进行划分,以此确定中央财政和地方财政的收入范围。其实质是根据中央政府和地方政府的事权确定其相应的财权,通过税种的划分形成中央和地方的收入体制。

分税制是实行市场经济体制的国家普遍采取的一种预算管理体制,包括三层含义:

(1)分事。按照一定时期政治体制和经济体制的要求,划分各级政府社会管理和经济管理权限,并以此为依据确定各级政府的预算支出范围。

(2)分税。在划分事权和支出范围的基础上,按照事权和财权相统一的原则,在中央和地方政府之间划分税种,以确定中央和地方的收入来源。

(3)分管。在分事和分税的基础上实行分级财政管理,建立中央和地方两级税收征管体系和金库体系,分别负责中央和地方的税收征管和收入入库管理。

(二)分税制的主要特点

(1)一级政权,一级预算主体,各级预算相对独立,自求平衡。

(2)在明确市场经济中政府职能的前提下划分各级政府职责(即事权)范围,在此基础上划分各级预算支出职责(即财权)范围。由于各级政府的职责分工明确,各级预算的重点和层次分明,除国防费和行政管理费外,中央预算以社会福利、社会保障和经济发展为主,地方预算以文教、卫生保健和市政建设为主。对各级政府的投资职责也有明确分工,或由中央、地方分别承担,或由地方承担中央给予补助,或由中央和地方联合投资。

(3)收入划分实行分税制。在收入划分比例上中央预算居主导地位,保证中央的调控权和调控力度。在税收划分方法上,有的按税种划分,各级预算都有本级的主体税种,大宗收入的税种(如所得税)归中央,地方税种主要是收入弹性小的销售税和财产税;有的对同一税种按不同税率分配,并通过中央的基础税率限制地方税率;有的实行分成或共享制,即属于中央的税种按一定比例分给地方,或者属于地方的税种按一定比例分给中央,双方共享。分设国税局和地税局,分税、分管与分征相结合。

(4)预算调节制度,即转移支付制度。预算调节制度是分级预算管理体制的重要组成部分。由于分级预算管理体制的原因,上下级预算主体间、同级预算主体间的收支规模不对称,转移支付制度就是均衡各级预算主体间收支规模不对称的预算调节制度。预算调节制度,有纵向调节(或纵向转移)和横向调节(或横向转移)两种形式。纵向调节的典型做法是补助金制度,中央从地方征收国税,同时对每个地方给予补助,实行双向调节。补助金分为无条件补助、有条件补助和专项补助。横向调节是地方对地方的补助,比如北京对内蒙古、全国各省对西藏的固定援藏项目都是横向转移支付。横向调节一般可以分为两类:一是利益补偿。比如一个地方修建水库,下游获得灌溉利益的地区需要向承担水库修建的地方支付一笔款项,补偿修建成本。二是援助性款项。比如,全国各省对西藏的援助资金。

横向调节是由"富地"直接向"穷地"转移支付,实行地区间的互助式调节,不再通过中央预算。

(三)我国现行分税制的主要内容

1.中央与地方的事权和支出划分

根据现行中央政府与地方政府事权的划分,中央财政主要承担国家安全、外交和中央国家机关运转所需经费,调整国民经济结构、协调地区发展、实施宏观调控所必需的支出以及由中央直接管理的事业发展支出。具体包括:国防费、武警经费、外交和援外支出、中央级行政管理费、中央统管的基本建设投资、中央直属企业的技术改造和新产品研制费、地质勘探费、由中央财政安排的支农支出、由中央负担的国内外债务的还本付息支出,以及中央本级负担的公检法支出和文化、教育、卫生、科学等各项事业费支出。

地方财政主要承担本地区政权机关运转所需支出以及本地区经济、事业发展所需支出。包括地方行政管理费、公检法经费、民兵事业费、地方统筹安排的基本建设投资、地方企业的技术改造和新产品研制经费、农业支出、城市维护和建设经费、地方文化、教育、卫生等各项事业费以及其他支出。

2.中央与地方的收入划分

根据事权与财权相结合的原则,按税种划分中央与地方的收入:将维护国家权益、实施宏观调控所必需的税种划为中央税;将同经济发展直接相关的税种划为中央与地方共享税;将适合地方征管的税种划为地方税,并充实地方税税种,增加地方税收入。

具体划分如下:

(1)中央固定收入:关税,海关代征的消费税和增值税,消费税,铁道部门、各银行总行、各保险公司总公司等集中交纳的收入(包括营业税、利润和城市维护建设税),未纳入共享范围的中央企业所得税、中央企业上交的利润等。

(2)地方固定收入:营业税(不含铁道部门、各银行总行、各保险公司总公司集中交纳的营业税),地方企业上交利润,城镇土地使用税,城市维护建设税(不含铁道部门、各银行总行、各保险公司总公司集中交纳的部分),房产税,车船使用税,印花税,耕地占用税,契税,烟叶税,土地增值税,国有土地有偿使用收入等。

(3)中央与地方共享收入包括:增值税中央分享75%,地方分享25%;纳入共享范围的企业所得税和个人所得税中央分享60%,地方分享40%;资源税按不同的资源品种划分,海洋石油资源税为中央收入,其余资源税为地方收入;证券交易印花税中央分享97%,地方(上海、深圳)分享3%。

3.实施分税制财政体制的相关措施

(1)建立税收返还制度。实行分税制后,大部分税收收入由中央财政掌握,为保证地方的既得利益,实现新体制的平稳过渡,建立中央财政对地方财政的税收返还制度。该制度的基本内容主要有两部分:

一是核定税收返还基数。分税制财政体制的各项基数,均以1993年的实际数字为计算依据。即以1993年地方实际收入以及税制改革后中央和地方收入划分情况确定1993年中央从地方净上划的收入数额,以此作为中央对地方的税收返还基数。

二是确定税收返还递增率。1994年以后,税收返还额在1993年基础上逐年递增,递增率按各地区增值税和消费税增长率 1：0.3 的系数确定,即地方两税每增长 1%,中央财政对地方返还 0.3%。如果 1994 年以后地方上划中央收入达不到 1993 年的基数,则相应扣减中央对该地方的税收返还基数。

(2)建立转移支付制度。为调节实施分税制后各地财政中的不平衡状况,解决困难地区的财政困难,1995 年起建立转移支付制度,由中央财政每年安排一部分资金用于转移支付。这一制度的原则:一是保留地方的既得利益;二是在兼顾公平与效率的基础上,转移支付有所侧重,重点是缓解地方的突出问题,并向少数民族地区适当倾斜;三是中央财政对地方转移支付的财力主要来自财政收入的增量。转移支付额由客观因素转移支付额和政策性转移支付额组成,前者主要是指由于各种客观因素造成地方实际财力低于地方标准支出的差额,后者主要是对少数民族地区的照顾。具体办法是:按因素法核定各地的标准支出数额,凡地方标准收入能够满足标准支出需要的,中央财政不再转移支付。对地方标准收入不能满足标准支出需要,且通过增收仍不能解决困难的,其财力缺口由中央财政通过转移支付进行补助。转移支付的具体方式分为一般均衡拨款和专项拨款两种。一般均衡拨款是指中央政府不指定专门用途,由地方政府自主决定使用,主要解决地区间财政不平衡问题的拨款;专项拨款是指由中央政府指定用途,针对具体项目进行的拨款。

(3)设置中央和地方两套税务机构。为保证分税制财政体制的顺利实施,确保中央财政和地方财政的收入,国家决定设立国家税务局和地方税务局两套机构,对中央和地方的税收分别征收。这是我国税收管理体制的一项重大改革。设立两套机构后,国家税务局负责中央税和共享税的征收,实行国家税务总局垂直领导的管理体制。地方税务局负责地方税的征收,省级地方税务局实行地方政府和国家税务总局双重领导,以地方政府领导为主的管理体制,省以下的地方税务局则由省级地方税务局垂直领导。

(四)分税制运行的成效

(1)调动了各方面积极性,国家财政实力显著增强。1994 年的财税改革较好地处理了国家与企业、个人的分配关系,规范了中央与地方的分配关系,充分调动了各级政府促进经济发展、加强税收征管、依法组织收入的积极性。我国财政收入保持了较快增长势头,财政实力不断壮大。1993—2009 年,全国财政收入由 4 349 亿元增加到 68 518.3 亿元,增长了 15 倍,年均增速高达 18.8%;全国财政收入占国内生产总值的比重则由 12.3% 提高到 20.1%。分中央和地方看,1994—2009 年中央财政收入年均增长 18.2%(1994 年为基期),地方财政收入年均增长 19.3%,实现了中央和地方财政收入增长的"双赢"。

(2)中央调控能力增强,促进了地区协调发展。实施分税制财政体制后,逐步建立了中央财政收入稳定增长的机制,为提高中央本级收入占全国财政收入的比重提供了必要条件。1993—2009 年,中央本级收入占全国财政收入的比重由 22% 提高到 52.4%,大大增强了中央财政财力再分配能力,中央财政对地方转移支付快速增长,为中央均衡地区间财力差异提供了财力保障。1994—2009 年,中央对地方转移支付总额由 590 亿元增加到 23 677 亿元,增长了 39 倍。地方本级支出来源于中央财政转移支付的比例由 14.6% 上升到 38.8%。

(3)推动经济结构调整,一定程度上抑制了盲目投资。一般而言,地方政府承担着促进当地就业、改善民生等重要职责,发展经济是地方政府实现这些目标最主要的手段,财政收入只是一个"中间体",不是地方政府的终极目标。在 1993 年设计分税制财政管理体制时,已考虑到减少财政增收与地方经济发展的关联程度,将烟、酒等商品的消费税全部划归中央,将增值税的"大头"划归中央(中央 75%、地方 25%),所得税收入分享改革也遵循了这一思路(中央 60%、地方 40%),从制度安排上削弱一些地方粗放发展加工业和盲目投资上项目(包括小烟厂、小酒厂)的冲动。从近些年来地方经济发展情况看,产业结构和发展方式都有所调整和转变,各级政府的理财思路也发生了积极变化,根据本地区实际,寻找新的经济增长点,培植新财源,努力促进经济社会协调发展。

(4)强化了地方财政的预算约束,增强了地方加强收支管理的主动性和自主性。分税制财政体制建立健全了分级预算制度,明确了各级地方政府的收入和支出范围,强化了地方财政的预算约束,提高了地方坚持财政收支平衡、注重收支管理的主动性和自主性,财政资金筹集和分配比较规范。

(五)分税制运行中存在的问题

1.事权和支出范围越位

目前实施的分税制没有重新界定政府职能,各级政府事权维持不甚明确的格局,存在越位与错位的现象,事权的错位与越位导致财政支出范围的错位与越位。

2.部分财政收入划分不合理

税收收入没有严格划分为中央税、地方税、共享税并依此确定应属何级财政收入,存在按企业隶属关系划分企业所得税的不规范做法。一些应为中央税的税种,如所得税,被定为地方税。地方各级政府间按税种划分收入未落实。

3.地方税收体系不健全

目前,地方税种除营业税、所得税外,均为小额税种,县、乡级财政无稳定的税收来源,收入不稳定。地方税种的管理权限高度集中在中央,地方对地方税种的管理权限过小。

4.省以下分税制财政管理体制不够完善

主要是地方各级政府间较少实行按事权划分财政收支的分权式财政管理体制。县级财政没有独立的税种收入,财政收入无保障。

5.转移支付不规范

我国现行转移支付制度存在一些缺陷:政府间财政资金分配因保留包干制下的上解、补助办法,基本格局未变;采用基数法实行税收返还不合理;中央对地方专项补助发放的条件、程序、使用管理无法可依;地方政府之间如何转移支付不明确。

本章小结

1.政府预算是指经法定程序审核批准的具有法律效力的政府年度财政收支计划。预算的原则有完整性、统一性、真实性、年度性、法定性和公开性。政府预算具有反映各级政府部门活动范围和目标,并具有监督控制政府部门收支情况的功能。

2.政府预算的编制形式有单式预算和复式预算;编制方法有增量预算和零基预算。

3.我国预算体系由中央预算和地方预算组成,地方预算由省、市、县和乡镇预算组成,现行的预算编制实行自上而下,自下而上相结合,逐级汇总的程序。各级预算由本级政府组织执行,具体工作由本级财政部门负责。

4.预算管理体制是中央和地方政府之间以及地方各级政府之间划分预算收支范围和管理权限的根本制度。市场经济条件下,建立预算管理体制应遵循公开性、均衡性和效率性原则。我国预算管理体制的基本原则是统一领导、分级管理、责权结合。预算管理体制的内容包括确定预算管理主体和级次,预算收支范围与管理权限的划分,预算调整制度和方法。

5.分税制是在"分权、分税、分征和分管"的形式下形成中央政府和地方政府的收支体制、收入范围,从而表现出各自的事权。

重要概念

政府预算　复式预算　零基预算　部门预算　预算管理体制　分税制

基本训练

一、单选题

1.我国各级政府预算的审批机关是（　　　）。

A.各级政府　　　　　　　　　　　B.各级财政机关

C.各级人大　　　　　　　　　　　D.各级纪检机关

2.我国各级政府预算的具体执行机关是（　　　）。

A.各级政府　　　　　　　　　　　B.各级财政机关

C.各级人大　　　　　　　　　　　D.各级纪检机关

3.目前属于我国中央财政固定收入的税种是（　　　）。

A.增值税　　　　　　　　　　　　B.消费税

C.个人所得税　　　　　　　　　　D.土地增值税

4.我国预算年度的起讫时间为（　　　）。

A.1月1日～12月31日　　　　　　B.4月1日～3月31日

C.10月1日～9月30日　　　　　　D.7月1日～6月30日

5.我国分税制体制开始实行的时间是（　　　）。

A.1990年　　　　　　　　　　　　B.1992年

C.1994年　　　　　　　　　　　　D.1995年

6.资本预算的主要来源是（　　　）。

A.税收　　　　　　　　　　　　　B.国债

C.国有资产经营收益　　　　　　　D.专项收入

7.具有法律规定和制度保证的、经法定程序审核批准的政府年度收支计划,是（　　　）。

A.政府预算　　　　　　　　　　　B.企业财务计划

C.信贷计划   D.社会发展计划

8.要求政府的所有财政收支都要反映在预算中,不得隐瞒、造假账,不得有预算以外的财政收支,这是预算的(　　)原则。

A.公开性   B.真实性

C.完整性   D.统一性

9.我国具体的预算体系由(　　)组成。

A.中央和地方两级预算   B.中央、省、市三级预算

C.中央、省、市、县四级预算   D.中央、省、市、县、乡五级预算

10.(　　)是政府预算执行的总结,反映年度政府预算收支的最终结果。

A.政府预算   B.政府决算

C.单式预算   D.复式预算

二、多选题

1.按照现行分税制体制,下列选项中,(　　)属于中央预算的固定收入。

A.进口环节增值税   B.消费税

C.营业税   D.关税

2.按照我国分税制体制的规定,下列选项中,(　　)属于地方固定收入。

A.铁路运输部门缴纳的所得税收入   B.交通部门缴纳的营业税收入

C.国有商业银行缴纳的城镇土地使用税收入   D.省属企业缴纳的企业所得税收入

3.在分税制体制中,将国家的财政收入划分为(　　)。

A.中央固定收入   B.地方转移支付收入

C.地方固定收入   D.中央与地方共享收入

4.下列选项中,(　　)是可以由地方预算承担的。

A.国内外债务还本付息   B.文教卫生事业支出

C.行政管理支出   D.国家物资储备支出

5.下列各项中,(　　)是专门由中央预算承担的。

A.国防支出   B.行政管理支出

C.国内外债务还本付息支出   D.国家物资储备支出

6.我国预算周期包括(　　)。

A.预算准备   B.预算编制

C.预算审议批准   D.预算执行

7.部门预算中的一般预算支出包括(　　)。

A.基本支出   B.项目支出

C.建设支出   D.资本支出

8.以预算形式差别为依据,政府预算可分为(　　)。

A.增量预算   B.复式预算

C.单式预算   D.零基预算

三、判断题

1.我国目前政府预算是按复式预算形式编制的。   (　　)

2.在我国,有一级政府,相应设一级预算。 （　　）

3.我国政府预算调整由各级财政部门决定。 （　　）

4.现行分税制规定,企业所得税属于共享税。 （　　）

5.现行分税制规定,金融保险的营业税属于中央收入。 （　　）

6.预算管理体制是规定中央与地方政府预算收支范围和预算管理职权的根本制度。

（　　）

7.我国的国家税务局只负责中央税的征收与管理工作。 （　　）

8.分税制是实行计划经济体制的国家普遍采取的一种预算体制。 （　　）

9.我国的省级地方税务局实行地方政府领导。 （　　）

10.在预算形成与执行的过程中,财政部门是编制预算、预算拨款和预算监督的政府
职能机构。 （　　）

11.我国省以下的地方税务局由省级地方税务局垂直领导。 （　　）

12.现行分税制规定,增值税中央政府分享75%,地方政府分享25%。 （　　）

案例分析

　　2010年11月,国务院发布关于全面加强法治政府建设的意见,要求坚持以公开为原则,不公开为例外,凡是不涉及国家秘密、商业秘密和个人隐私的政府信息,都要向社会公开。加大主动公开力度,重点推进财政预算、公共资源配置、重大项目建设批准和实施、社会公益事业建设等领域的政府信息公开。

　　2010年"两会"期间,温家宝总理在政府工作报告中明确提出,要加快实行财政预算公开,让人民知道政府花了多少钱,办了什么事,并提出"三公"经费原则上零增长。

　　3月23日,国务院常务会议决定,今年6月向全国人大常委会报告中央财政决算时,将中央本级"三公"经费支出情况纳入报告内容,并向社会公开,接受社会监督。

　　5月4日召开的国务院常务会议,对进一步推进财政预算公开工作进行了研究部署,明确中央财政2010年度行政经费支出决算总额和"三公"经费决算总额,经全国人大常委会批准后公开,并要求中央各部门公开本部门2010年度"三公"经费决算数和2011年度"三公"经费预算情况。

　　6月30日,全国人大常委会经表决批准了2010年中央决算。之后,财政部首次公布了中央有关部门"三公"经费的总数目:2010年中央行政单位、事业单位和其他单位用财政拨款开支的"三公"经费支出合计94.7亿元,其中出国(境)经费17.73亿元,车辆购置及运行费61.69亿元,公务接待费15.28亿元;中央行政单位(含参照公务员法管理的事业单位)履行行政管理职责、维持机关运行开支的行政经费合计887.1亿元。

　　截至8月1日,已有90多家中央部门公布了2010年财政拨款开支的"三公"经费支出决算和2011年预算情况。"三公"经费是指用财政拨款开支的出国(境)费、车辆购置及运行费、公务接待费。

　　根据资料分析,公布2010年财政拨款开支的"三公"经费支出具有哪些意义？还存在哪些问题？

第五章

金融概述

章前引例

2011年7月6日晚间，中国人民银行宣布今年以来第三次加息：自7月7日起上调金融机构人民币存贷款基准利率，其中一年期存贷款基准利率分别上调0.25个百分点，一年期存款和贷款利率分别上升至3.5%和6.56%。加息后，与房贷息息相关的5年期以上基准利率突破了7%的历史心理高位。业内人士认为，在房地产市场走低的情况下，此次加息对楼市的影响较大，尤其是将进一步影响入市购房的刚性需求，房价下降将更为明显。

经济学家巴曙松认为，自2010年2月以来，随着CPI走高，我国经济进入了持续的负利率状态，居民储蓄难以保值增值，纷纷流出银行体系，进一步加大了通胀压力。在市场普遍预计6月份CPI将再创新高的背景下，加息释放出抑制通胀仍是当前宏观政策首要目标的信号；加息有利于校正负利率状态，稳定银行体系资金，缩小官方利率与市场利率的差距；加息可以抑制大企业的资金需求，从而挤出一部分信贷，扩大对中小企业的信贷供给，减轻其融资压力。

也有专家认为，加息"靴子"落地或有利于股市反弹延续，投资者应该有合理预期。下半年CPI虽有高位回落的可能，但仍然会在一定的高位徘徊，负利率的状况依然会维持，股市资金面的压力也不会得到根本性扭转。前期造成市场下跌的因素还没有完全消除，因此对股市未来走势也不应过于乐观。

（资料来源：田俊荣等.本轮加息周期已接近尾声.人民日报.2011年7月7日）

市场经济是商品和货币经济，生产活动和商品流通都要靠资金流通的顺畅来保证。没有资金的融通活动——金融，一切都无从谈起。金融，不仅构成了现代经济的核心，而且走入了百姓的日常生活。街头巷尾，人们谈论着存贷款利率的调整、股市的涨跌、理财产品的选择、外汇的牌价、债券与基金、期货与期权、货币政策、通货膨胀、金融市场调控等热点问题。似乎在转瞬之间，学习和掌握一定的金融知识，已经成为大众生存的一个必备条件。

通过本章的学习，你将了解金融的基本范畴，知道货币的职能和我国现行的货币制度,由货币借贷产生的信用形式及信用工具,利率与利息的计算,金融机构体系的构成等内容,认识金融在现代市场经济中的重要地位,增强金融意识,为后续金融知识的掌握打好基础。

第一节　金融的基本范畴

一、金融的概念

从文字上看,"金"指货币资金,"融"指融通活动,连在一起就是货币资金的融通活动。简单地说,金融就是钱和钱相关的那些业务。一般而言,金融是货币流通和信用活动以及与之相联系的经济活动的总称。广义的金融泛指一切与信用货币的发行、保管、兑换、结算、融通有关的经济活动,甚至包括金银的买卖;狭义的金融专指信用货币的融通。其中,融通的对象为货币或资金;融通的方式采用有借有还的信用方式;融通的机构主要为银行及非银行金融机构;融通的场所则是金融市场;融通的价格为利息或利率。

众所周知,企业经营离不开存款、贷款、结算等金融业务;政府职能的行使也需要资金,一方面要贷款和发行政府债券筹资,另一方面又要有人替它管账、理财;每个家庭的储蓄、投资、消费等都与资金有关,大宗消费还要使用消费信贷。金融家不会凭空将钱变多,人们通过金融只是把钱从一些人的手上转到另一些人的手上,钱本身不会变多或变少,但结果却是,一些人获利,一些人赔钱。在金融体系日益发达的市场经济中,小到一家一户,大到政府,金融广泛渗透到社会经济和人们生活的每个领域,可谓是无处不在,我们每个人的命运无不与之息息相关。

二、金融的产生与发展

金融与商品经济是密不可分的。金融是商品货币关系发展的必然产物,伴随着商品货币关系的发展而发展。

首先,从物物交换中产生了作为一般等价物的货币,解决了商品供求双方在时间、空间上不一致而导致的交换受阻问题,这是金融产生的基础。

其次,在一个社会的某一时期,人们的收入和支出不会完全平衡。一部分人因收入大于支出而成为资金盈余者,手中的资金处于闲置状态;同时,另一部分人因支出大于收入而成为资金短缺者,有好的项目却找不到资金。通过借贷活动产生了信用,使资金从没有投资机会的人那里流向有投资机会的人手中。正是信用这种方式使借贷活动逐渐规范,多种融资形式出现,使金融关系从萌芽发展到清晰化、明朗化。

再者,为进一步解决交换中货币的地区差异问题,产生了货币兑换和货币经营业,从替人保管货币发展到了替人办理结算和放款,从而产生了信用机构——银行,这标志着专门的金融机构诞生。随着资金融通规模的不断扩大,资金融通方式也日益多样化,金融得到了进一步的发展,表现为金融机构数量和种类的不断增加和金融市场的不断完善。

20世纪80年代以来,世界金融业发生了巨大而深刻的变化,出现了新的发展趋势,如金融产品多样化、金融服务扩大化、金融体系多元化、金融信息化、金融全球化、金融自由化等变化。随着互联网的发展,电子货币和网络金融涌现,使世界金融业发展到前所未有的高度。金融的高度发展和自由化使金融风险越来越大,不时引发金融危机和金融动荡。如 1995 年的墨西哥金融危机、1997 年的东南亚金融危机、2001 年的阿根廷金融危机及 2008 年的美国次贷危机引发的金融海啸等,都对国际经济的发展带来了巨大影响。

三、金融的分类

(一)按照资金融通的运行机制划分为宏观金融和微观金融

宏观金融研究货币和宏观意义上的金融系统运转。其内容包括:货币需求与货币供给、通货膨胀与通货紧缩、货币政策、外汇与国际收支、国际金融市场与国际资本流动、国际货币体系等。

微观金融研究微观层面上的金融市场和金融机构以及个人投资的问题。其内容包括:金融市场、金融中介机构、公司财务、投资组合理论等。

(二)按照资金融通的方式划分为直接金融和间接金融

直接金融也称直接融资,是指货币资金供给者和货币资金需求者之间直接发生的信用关系,即资金供求双方不与金融中介机构直接构成债权债务关系的资金融通方式。例如,企业、政府或个人所签署的商业票据、公债、企业债券、股票以及抵押契约等作为金融工具的交易方式,都属于直接金融范畴。

间接金融也称间接融资,是指货币资金供给者与货币资金需求者之间的资金融通通过各种金融中介机构来进行,资金供求双方通过中介机构并构成与中介机构的债权债务关系的资金融通方式。例如,以银行等金融机构为媒介,通过发行银行券、存款单、银行票据和保险单等金融工具的融资方式,都属于间接金融范畴。如图 5-1 所示。

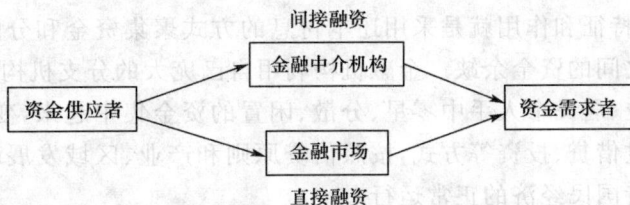

图 5-1　资金融通方式

(三)按照资金融通的目的划分为政策性金融、商业性金融和合作金融

政策性金融,其目的不是为了追求金融机构自身的利润,而是为了弥补市场的缺陷,在商业性金融不愿意介入的领域起拾遗补缺的作用。如我国国家开发银行、中国进出口银行和中国农业发展银行的融资活动就属于政策性金融。

商业性金融,是以商业利益为经营目标的金融活动,或者是以利润最大化为目标的融资活动。如商业银行、保险公司、证券公司、信托投资公司等的融资活动就属于商业性金融。

合作金融,是以互助合作为目的的融资活动,主要是为了解决互助组织成员的融资需求。如我国农村资金互助社的融资活动就是为了解决互助组织成员的融资需求。

（四）按照融资活动是否由政府主导划分为官方金融和民间金融

官方金融是由政府批准并进行监管，或由政府主导、被政府承认的融资活动。

民间金融是民间自发进行的融资活动。在国外的文献中，大多界定为"非正式金融"，是指在政府批准并进行监管的金融活动之外所存在的游离于现行制度法规边缘的金融行为。

课堂思考：我国现存的民间金融形式有哪些？

（五）按照金融活动的地理范围划分为国内金融和国际金融

国内金融，即由一国国内的资金供求双方直接或间接进行的融资活动，其参加者都是国内居民，融资活动的标的物也是本国货币。

国际金融，即跨越国界的融资活动，其参加者属于不同国家的居民，而且使用的货币也可能是境外货币。

四、金融在市场经济中的地位与作用

在现代经济生活中，货币资金是沟通整个社会经济生活的命脉和媒介，一切经济活动都离不开货币资金的运动。首先，企业一天也离不开存、贷、结算等金融业务，否则，生产和商品流通就可能停滞；其次，政府同样要融通资金，要利用金融机构为其理财，还要依靠金融来完成其部分重要的宏观调控职能；再次，个人也离不开金融，每个家庭都要储蓄、投资和消费，这些都要借助于金融机构为其服务。因此，经济学家们往往把货币资金比喻为现代经济的血液。金融已经渗透到社会经济生活的方方面面，发挥越来越重要的作用。金融是国民经济的重要调节器，是发展经济的重要杠杆，处于现代经济的核心地位。

1. 金融是资金运动的"信用中介"

金融的最基本特征和作用就是采用还本付息的方式聚集资金和分配资金，调节企事业单位、城乡居民之间的资金余缺。金融机构利用自己庞大的分支机构和良好信誉，把机关团体、企事业单位、居民个人手中零星、分散、闲置的资金集中起来，变成高效、稳定、长期的资金来源，通过借贷、投资等方式，按照信贷原则和产业、区域发展政策，又投入到急需资金的部门，支持国民经济的正常运行。

2. 引导资金流向，提高资金使用效率

金融系统通过信用方式，以各种金融工具为调节杠杆，来引导社会资金的合理流动，引导资金流入符合国家产业政策、质量好、市场广、效益优的经济部门。同时，通过金融价格杠杆和金融机构的信贷管理，促使工商企业努力提高经营管理水平，加强产品开发和市场开拓，节约资金，加速资金周转，提高资金的使用效率。

3. 金融是调节国民经济的重要杠杆

由于金融活动渗透到社会再生产的全过程，与各行业、各地区、各单位的经济活动息息相关。因此，它可以灵敏、及时、全面地反映社会经济活动的状况，提供各种信息，为微观经济活动和宏观经济决策提供重要依据。同时，借助于价格、税收、信贷、利率、汇率等经济杠杆，通过金融政策的放松或紧缩，可以调节社会资金的供求关系，从而调控社会总供给和总需求的关系，进一步可以调整经济结构。金融调控的主要目标是要保证社会总供求的平衡，稳定货币和价格，平衡国际收支，促进经济持续、稳定、协调发展。

4.加强国际经济交流与合作

在经济全球化和经济自由化高度发达的今天,金融与经济更加密不可分,金融业也出现了金融全球化、金融自由化的发展趋势。各国各地区的经济紧密联系在一起,一国经济发展无法离开他国经济的发展。政府、企业和个人都可到国际市场上去投资和融资,从而促进了世界各国的经济交流。同时,为了协调国际经济发展和应付国际金融风险,各国必须加强协调和合作,协调彼此的利益关系,共同打击跨国犯罪,促进世界经济的共同发展。

金融具有积极作用的同时,也有其消极作用。这是因为金融业是一个风险很大的行业。随着金融业的迅速发展,巨额资金在国内外的迅速流动,加之政治、经济和市场的变化,使金融业潜伏着很大的风险。金融风险种类很多,有支付能力不足的流动性风险,有利率、汇率变化的市场风险,有经营不善、资不抵债的经营风险,有政局变化、社会动荡的国家风险等。如果不能及时有效地防范和化解这些风险,就会酿成大祸,危及国民经济和社会稳定。

第二节　货币与货币制度

货币是商品生产和商品交换发展到一定程度的产物。从社会发展来看,当生产力极度低下,人们的劳动成果仅能维持生存而无剩余时,是不存在商品交换的。随着生产力的发展,尤其是社会分工的出现,生产效率得到提高,出现了剩余产品,这为劳动产品的交换提供了条件,被交换的产品就成为商品。在货币出现之前,商品的交换采取物物交换的形式进行。当商品交换愈发频繁,以物易物的形式在空间和时间上已经不能满足生活需求。因此,从商品世界中自然分离出一种特殊商品,固定地作为商品交换的媒介,它后来被称为"一般等价物"。此时,这种商品就已经具有了"货币"的属性。之所以人们最终选择了金银而不是其他的物品作为货币,是因为金银本身所具有的天然的物质属性,与其他的物品相比具有无可比拟的优势,如不易腐烂、价值适中等,最适宜充当货币材料,即一般等价物的角色。

一、货币的本质

货币是固定充当一般等价物的特殊商品,并能反映一定的社会关系。

1.货币是商品

货币首先是商品,它与商品世界的其他商品一样,都是人类劳动的产品,是价值和使用价值的统一体。正因为货币和其他一切商品具有共同的特征,即都是用于交换的人类劳动的产品,它才能在商品交换的长期发展中被逐渐分离出来,成为不同于一般商品的特殊商品,即货币。

2.货币是特殊的商品

货币是商品,它是从商品世界中分离出来的、与其他一切商品相对立的特殊商品。货币不同于其他商品的特殊性,就在于它具有一般等价物的特性,它是表现和衡量一切商品价值的材料,具有与其他一切商品直接相交换的能力,成为一般的交换手段。

在世界各国的货币发展史上,充当一般等价物的商品有很多,如牲畜、布帛、贵金属等,但它们都不是货币,因为它们只是在局部范围内临时性地发挥一般等价物的作用;而货币则是固定充当一般等价物的商品,是在一个国家或地区市场范围内长期发挥一般等价物作用的特殊商品。

3. 货币是生产关系的反映

固定充当一般等价物的货币是商品经济社会中生产关系的体现,即反映产品由不同的所有者所生产、占有,并通过等价交换实现人与人之间联系的生产关系。

二、货币形式的发展

货币自产生以来,其形式随着社会生产力的发展和社会的进步而不断地发生着变化,经历着由低级到高级不断演变的过程。

1. 实物货币

实物货币是以自然界存在的某种物品或人们生产的某种物品来充当货币。它是人类历史上最古老的一种货币形式,谷物、农具、贝壳、布帛、牛羊等都充当过货币。实物货币的主要特征是作为货币用途的价值与作为商品用途的价值相等。但是,实物货币本身具有诸如体积笨重、不便携带;质地不均匀、难以分割;容易腐烂、不易储存;或大小不一、难以比较等缺陷。随着商品交换和贸易的发展,实物货币逐渐被金属货币所取代。

2. 贵金属货币

贵金属因其耐久、同质、可分、价值稳定、稀少及易于运输和储藏等特点,从若干交易媒介中独立出来,取得了一般等价物的特殊地位。典型的贵金属货币是国家铸币。历史上曾先后出现过青铜铸币、铁铸币、金银铸币。铸币在流通中必定会磨损,所以铸币一旦进入流通,它的实际重量就会逐渐低于它的名义重量。既然磨损了的不足值的铸币可以和足值的铸币一样流通,政府就有意识地用贱金属铸币代替贵金属铸币或用不足值的铸币代替足值的铸币充当流通手段,进而发行本身没有价值的银行券来代替贵金属铸币充当流通手段。

3. 代用货币

代用货币通常是政府或银行发行的代替金属货币流通的纸币或银行券。代用货币是贵金属货币流通阶段,为了降低贵金属货币的流通成本而产生的一种货币代用品。代用货币自身基本上没有价值,它能够作为交易媒介流通是因为有充足的金银货币或等值的金银条块作保证。代用货币的持有人有权随时向发行人按规定的兑换比率兑换成金银铸币,或在一定条件下兑换成金银条块。因此,代用货币本身的价值虽然大大低于其面值,但是公众持有代用货币等于拥有对金属货币的要求权。代用货币的优点是发行成本低,易于携带和运输,可以把稀有的金银节省下来用于其他方面。

4. 信用货币

信用货币是在政府或中央银行的信用基础上发行的,并在流通中发挥货币职能的信用凭证。为了增强人们对信用货币的信心,信用货币的发行均有相当数量的商品、外汇、有价证券等资产作为其发行基础。

信用货币是目前世界各国广泛采用的货币形态。信用货币的具体形态有以下几种:

(1)主币和辅币。主币,又称本位币,是一国货币制度中的基本通货,它是国家法定的计价、结算货币单位。辅币,即辅助货币,是指本位币单位以下的小额货币辅助大面额货币的流通,供日常零星交易或找零之用,它的特点是面额小,流通频繁,多用铜、镍及其合金等贱金属铸造,也有些辅币是纸制的。

(2)存款货币。存款货币是可用于转账结算的活期存款。与现金结算相比,它的优势在于:缩小现金流通的范围和数量,节约流通费用,加速货币流通,扩大银行信贷资金来源,保证结算资金的安全。因此,在现代经济活动的各种货币收支中,以转账结算为主,现钞为辅。

5.电子货币

电子货币是以金融电子化网络为基础,以商用电子化机具和各类交易卡为媒介,以电子计算机技术和通信技术为手段,以电子数据(二进制数据)形式存储在计算机系统中,并通过计算机网络系统以电子信息传递形式实现流通和支付功能的货币。电子货币的主要种类有:

(1)储值卡型电子货币,一般以磁卡或IC卡形式出现;

(2)信用卡应用型电子货币,一般是贷记卡或准贷记卡;

(3)存款利用型电子货币,主要有借记卡、电子支票等;

(4)现金模拟型电子货币,主要是电子现金和电子钱包。

随着信用卡和网上银行业务的发展,电子货币将成为信用货币未来的主要形态。

课堂思考:随着电子货币的发展,交易费用减少,纸币会消失吗?

阅读资料 5-1

中国历史上的货币

据古籍记载,青铜器铭文和考古挖掘,均认为中国最早的货币是贝。其流通的时间大约在公元前2000年,商周的铜器铭文和甲骨文都有关于用贝作赏赐的记载。中国最古老的金属铸币是铜铸币,春秋时期流通广泛。其中,圆形方孔的秦国"半两"钱,在中国铸币史上占有重要地位,正是这种形态的铜铸币统一了中国的铸币流通。秦汉之际出现了一次全国性的货币流通大紊乱。经过汉初百年的摸索,于汉武帝时建立了"五铢"钱制度。自汉至隋流通了700余年。唐朝建国后,在整顿币制的过程中,铸"开元通宝"钱,一直延续到清代。由于铜币流通2000多年,所以人们经常把铜与货币等同起来。如果一个人斤斤计较钱财,往往被讥讽为有"铜臭气"。自宋代开始大量流通白银,计量单位是"两"。银元的广泛流通是从鸦片战争开始,晚清之际也开始铸造自己的银元。1910年规定以银元为国币。例如,袁世凯的北洋政府铸有袁世凯头像银元;1927年国民党政府铸有孙中山头像银元。

宋朝时,纸钞与铜钱并行,并有白银流通。在10世纪末的北宋年间,已有大量用纸印制的货币——"交子",成为经济生活中重要的流通和支付手段。元代在全国范围实行纸钞流通的制度,其中具有代表性的是忽必烈在位时发行的"中统元宝钞"。元代纸钞流通的特点是不允许铜和金银流通。明代发行"大明宝钞",开始时曾禁止铜和金银流通,只准行使宝钞。由于宝钞滥发,急剧贬值,遂先后解除禁令。自宋以来开始的中国式的纸钞流通逐渐退出经济生活舞台。

（资料来源：王旭凤.金融理论与实务.山东人民出版社.2006年9月）

三、货币的职能

在商品交换中,货币作为一般等价物的作用,是通过货币的职能表现出来的。在商品经济比较发达的社会里,货币具有以下职能:

1.价值尺度

在表现商品价值、衡量商品价值量的大小时,货币执行价值尺度的职能。货币之所以能够具有价值尺度职能,是因为货币是商品内在价值的表现形式。货币执行价值尺度职能时是观念上的货币,并不需要有真实的货币。

2.流通手段

价值尺度与流通手段是货币的两个最基本职能。当货币充当商品交换中的媒介物时,就执行着流通手段的职能。货币在执行流通手段职能时具有两个特点:一是必须是现实的货币,而不能是观念上的货币;二是作为商品交换的媒介物——货币在商品买卖中转瞬即逝。

3.储藏手段

当货币由于各种原因退出流通,被持有者当做独立的价值形态和社会财富的绝对化身而保存起来时,货币就停止流通,发挥储藏手段职能。最初,生产者把自己的剩余产品交换成货币,一旦需要,可用货币购买所需商品,这比保存实物方便得多。后来,随着商品经济的发展,储藏货币成了顺利进行再生产的必要条件。因为要保证再生产的顺利进行,就必须不断补充生产资料,从而,生产者就要掌握一定量的货币,以备急需。这种处于歇息状态的货币,是货币发挥储藏手段职能的一种形式。

4.支付手段

当货币作为价值的独立形态进行单方面转移时,执行支付手段职能。如货币用于清偿债务,支付税金、租金、工资等所执行的职能,即为支付手段职能。由于商品经济的不断发展,商品生产和商品交换在时空上出现了差异,于是就产生了赊购赊销。这种赊账买卖的商品信用是货币支付手段的起源。货币支付手段职能促进了生产和流通的发展,解决了商品生产出来后不能及时售出的困难,但也扩大了商品经济的矛盾,各经济主体间形成了债权、债务关系,产生了债务链,使危机的影响范围不断扩大。

5.世界货币

货币超越国界,在世界市场上发挥一般等价物作用时,即执行世界货币职能。一些有雄厚经济实力的国家的纸币发挥着世界货币的作用,如美元、日元、欧元、英镑等。

四、我国的货币制度

货币制度是由国家通过法律确定的货币流通的结构和组织形式,简称"币制"。货币制度的基本内容主要包括:规定货币材料、货币单位、流通中货币种类、货币的发行和流通程序、发行准备以及支付能力等。

我国的人民币制度始于解放战争即将胜利之时——1948年12月1日,在华北银行、北海银行、西北农业银行的基础上合并组建中国人民银行,同时发行中国人民银行钞票——人民币,人民币的发行标志着我国货币制度的建立。在此之后,随着全国的解放,中国人民银行收兑了旧经济制度下的法币、金圆券和银圆券,并逐渐统一了货币,形成了新中国的人民币制度。到目前为止,中国人民银行共发行了五套人民币。

由于我国实行"一国两制"的方针,1997年香港、1999年澳门先后回归中国后,依然维持原有的货币金融制度,加上台湾地区的新台币,我国目前的货币制度形成了"一国四制"的特殊货币制度。现行的人民币制度内容如下:

1. 人民币是我国唯一合法的通货

国家规定,在国内严禁一切外国货币流通(包括港币与澳门元),金银也不准计价流通(边境自由贸易区除外)。根据我国经济发展和对外往来实际需要,人民银行决定调整国家货币出入境限额。中国公民出入境、外国人入出境每人每次携带的人民币限额为2万元,这一规定自2005年1月1日起施行。

2. 人民币的单位

人民币是我国的法定货币,人民币单位为"元",货币符号是 RMB 或 CNY、￥。元是本位币,即主币,辅币的名称是"角"和"分"。人民币的票券、铸币的种类由国务院统一规定。现行的人民币有1元、5元、10元、20元、50元、100元六种;辅币有1角、5角两种。

3. 人民币的发行和流通

我国的货币发行权集中于中央,具体由中国人民银行根据国务院批准的货币发行计划来组织实施,人民币发行的保证是国家拥有的商品物资、外汇和黄金储备等。除中国人民银行外,《中国人民银行法》第十九条规定:"任何单位和个人不得印制、发售代币票券,以代替人民币在市场流通。"只有货币发行的高度统一,才能保证货币的正常流通和币值稳定。

4. 人民币具有无限的法偿能力

无限的法偿能力是法律赋予的流通权利。在各种交易中,每次以主币还是辅币支付,不论金额有多大,收款人均不得拒收。

5. 人民币的价值

国家规定,人民币是信用货币,人民币不规定含金量,人民币与外币的兑换价值由中国人民银行根据我国外汇市场供求以及国际市场变化每日公布,由各商业银行以此为依据报出交易价格。

阅读资料 5-2

中国香港的货币制度内容

香港法定货币是港币,港币缩写为 HKD。港币发行由汇丰银行、渣打银行、中银香港负责。港币的发行需要有100%的外汇储备支持,发钞银行必须按1美元兑7.8港元的固定汇率,向香港金融管理局交付等值的美元换取无息负债证明书,作为发钞的法定储备。在100%的储备支持下,金管局保证港币对储备货币(美元)的完全兑换,香港货币的基本单位是元,采取十进制,每1元可兑换10角,纸币的面额有六种,分别为1 000元、

500 元、100 元、50 元、20 元和 10 元,而硬币的面值则有七种,分别为 10 元、5 元、2 元、1 元、5 角、2 角和 1 角。

中国澳门的货币制度内容

澳门法定货币是澳门元,澳门元缩写为 MOP。澳门有两家发钞银行,大西洋银行与中国银行(澳门分行)。澳门元的发行需要有 100% 的外汇储备支持,发钞银行必须按 1 港元兑 1.03 澳门元的固定汇率,向澳门金融管理局交付等值的港元换取无息负债证明书,作为发钞的法定储备。在 100% 的储备支持下,金管局保证澳门元对储备货币(港元)的完全兑换,澳门元与港元的联系汇率也因此确立。由于港元与美元挂钩,所以澳门元与美元间接挂钩。澳门的官方货币单位是澳门币,纸币面额有 10 元、20 元、50 元、100 元、500 元及 1 000 元六种;硬币有 1 毫、2 毫、5 毫、1 元、2 元、5 元和 10 元七种。

中国台湾的货币制度内容

台湾的法定货币是新台币,台币缩写是 TWD。新台币于 1949 年 6 月 5 日开始发行,其基本单位是"圆",一般都写成"元",硬币单位有 5 角、1 元、5 元、10 元、20 元和 50 元,纸币包括 100 元、200 元、500 元、1 000 元和 2 000 元。1978 年台湾放弃了实行多年的固定汇率制度,改为管理式浮动汇率,即新台币汇率原则上由外汇市场供求状况决定,但是台湾"中央银行"在必要时要进行干预。

（资料来源：王旭凤.金融理论与实务.山东人民出版社.2006 年 9 月）

第三节　信用与信用工具

信用和货币一样,既是一个古老的经济范畴,又是金融领域中一个十分重要的概念。它是商品经济发展到一定阶段的产物,是在商品交换过程中逐步出现的。最早的商品交换是纯粹的物物交换,此后又借助货币进行"一手交钱、一手交货"钱货两清的交换,这种交换行为并不是信用行为。随着交换行为的普遍和发展,商品买卖和货币支付在时间上发生了不一致性,出现了赊销现象,商品买卖关系逐渐演变成债权债务关系,于是产生了信用。原始的信用形式首先是以高利贷方式出现的。信用的产生和深入发展促进了商品经济的飞速发展,并使现代商品经济进入到以多种信用参与者、信用形式和信用工具为纽带而连接在一起的信用经济阶段。

一、信用的概念与特点

信用一词源于拉丁文"Credo",意思为信任、相信、声誉等。在日常生活中我们使用信用这个词也有多种含义,有的是从道德规范角度使用,如某人是否诚信、是否遵守诺言等;有的是从心理现象的角度使用,如某人是否可信、可靠等。这些与经济范畴的信用有一定联系。经济学范畴的信用是指一种借贷行为,表示的是债权人与债务人之间发生的债权债务关系。从某种意义上讲,这个信用也包含了相信、信任,表示的是债权人对债务人偿还能力的信任。信用作为商品货币经济的范畴,不论其形式如何,都具有以下特点:

1. 信用以相互信任为基础

信用作为一种交易行为和交易方式,必须以交易双方相互信任为条件,如果交易双方相互不信任或出现信任危机,信用关系是不可能发生的,即使发生了,也不可能长久持续下去。

2.以偿还本金和支付利息为条件

信用不是一般的借贷行为,而是有条件的借贷行为。它是在有收回可能性的前提下进行贷出,在承诺偿还的条件下进行借入。贷者之所以愿意贷出,是因为其获得了偿还的承诺,还可以取得利息;借者之所以可能借入,是因为其答应了要偿付利息。但由于某种特殊的目的,也会有无利息的借贷行为,它一般不是信用关系。

3.是价值运动的特殊形式

一般形式的价值运动是通过一系列的商品买卖过程实现的,在买卖过程中,卖者卖出商品取得货币,买者让出货币取得商品,这种买卖关系所形成的等价交换在买卖双方交割之后即已完成,即双方同时获得等价。而信用所引起的价值运动是通过一系列借贷、偿还和支付过程实现的,在这一过程中,货币或实物被贷出,其所有权并没有发生转移,只是发生了使用权的变化,贷出者只是暂时让渡商品或货币的使用权,所有权并没有发生变化。在信用关系中,等价交换的对象是商品或货币的使用权,体现了一种债权和债务关系。

4.信用以收益最大化为目标

信用关系赖以存在的借贷行为是借贷双方追求收益最大化或成本最小化的结果。不论是实物借贷还是货币借贷,债权人将闲置资金(实物)借出,都是为了获取闲置资金(实物)的最大收益,避免资本的闲置所造成的浪费;债务人借入所需资金或实物同样是为了扩大经营或避免资金不足所带来的经营中断,从而获取最大收益。

二、现代信用形式

信用形式是信用活动的具体表现形式。随着商品货币关系的发展,信用形式也不断地发展和完善。按信用的主体划分,主要有商业信用、银行信用、国家信用、消费信用、民间信用等形式。

(一)商业信用

商业信用是企业之间相互提供的与商品交易相联系的信用活动。其具体形式有赊购赊销、分期付款、预付货款等。

1.商业信用的特点

(1)商业信用的借贷双方都是企业,反映的是不同的商品生产企业或商品流通企业之间因商品交易而引起的债权债务关系。

(2)商业信用是以商品形态提供的信用,其资金来源是企业资金循环过程中的商品资金,是企业生产经营资金的一部分,而不是从生产过程中游离出来的暂时闲置的货币资金。

(3)商业信用是一种直接信用,资金供求双方直接达成协议,建立信用关系,没有信用中介机构的介入。

2.商业信用的局限性

商业信用直接与商品生产和流通过程相联系,为商品买卖融通资金,它对于加速资本循环和周转,保证再生产过程顺利进行起了积极的作用。但由于商业信用受其自身特点的影响,因而又具有一定的局限性。

(1)信用规模和数量上的局限性。商业信用的规模受到提供信用的企业所拥有的资金数额的限制,企业能赊销的商品只能是商品资金的一部分。

(2)信用方向上的局限性。商业信用受商品流向的限制,只能向需要该种商品的企业提供,也只能从拥有该种商品的厂商那里获得信用。

(3)信用范围上的局限性。商业信用是直接信用,借贷双方只有在相互了解对方的信誉和偿还能力的基础上才可能确立商业信用关系;相互不了解信用能力的企业,不易发生商业信用。

(4)信用期限上的局限性。商业信用所提供的是处于再生产过程中最后一个阶段的商品资本,是产业资本的一部分,这就决定了这部分资本只能用于短期生产或流通,而不能用于长期性投资。

📟 阅读资料 5-3

中国企业信用缺失导致每年损失达 6 000 亿元

"中国的很多企业只有法律底线,没有行业底线和道德底线。在我们经手过的商账追收的案子中,最后能成功帮企业追回的账款不到一半。"多年从事"商账追收"业务的中贸友施信用管理(北京)有限公司总经理李奎元在谈到"商业信用"这一话题时,似乎有一肚子的话要往外倒。他的表情,在痛心疾首之中,还夹杂着几许无奈。

李奎元向《经济参考报》记者讲述起一个他经手过的案子,感慨颇多。"商账追收"的委托方是一家生产麦芽糖的企业,这家企业此前和河北省邯郸市的一家生产啤酒的县级工厂合作,为其供应生产啤酒所需要的麦芽糖。在合作的最初阶段,啤酒厂前三次都按时付款。所以,当啤酒厂第四次提出要其供应 400 万元的货物时,这家企业立即就同意了。在这批 400 万元的货物供应之后,啤酒厂忽然没了动静,不久之后,这家啤酒厂因资金问题倒闭了。但啤酒厂所有者的哥哥在当地注册成立了一家新的公司,做的还是啤酒生意。也直到此时,这家生产麦芽糖的企业如梦方醒——它掉进了骗子精心挖的坑里。

截至 2010 年 11 月末,国家统计局发布的数据显示,全国规模以上的工业企业的应收账款总额达到 6.46 万亿元,同比增长 22.4%,比上年增长了 8.4 个百分点。从工业企业的数字来看,应收账款总量和增长速度都是很高的。这说明,应收账款的风险很高。科法斯企业信用管理调查结果显示,有 67.4% 的受访企业曾于 2010 年遭遇国内买家拖欠付款,这一比例与 2009 年的 72% 相比,下跌了 4.6%,但由于交易规模的扩大,被拖欠付款的绝对数额并未下降。

而据有关机构的调查,2009 年,我国逾期账款平均超过 60 天的企业占 33%,较 2008 年同期增长了 50 个百分点。企业的坏账率高达 1‰ 至 2‰,且呈逐年增长势头,而相比较下,成熟市场经济国家企业坏账率通常为 0.25% 至 0.5%。另外,我国商业诚信环境之差还体现在合同履约率低上。据调查,目前我国每年签订的约 40 亿份合同中,履约率只有 50%。

商务部国际贸易经济合作研究院信用管理部主任韩家平说,企业在国内进行交易的话,货款回收通常需要 90 天左右。而在国外,平均回收期大概 30 天。这样一来,国内一年只能周转 4 次,不仅限制了交易的规模,加大了资金投入的成本,也加大了融资的难度。商务部提供的数据显示,我国企业每年因信用缺失导致的直接和间接经济损失高达 6000 亿元,其中因产品质量低劣、制假售假、合同欺诈造成的各种损失达 2 000 亿元。

(资料来源:张莫 孙韶华.经济参考报.2011 年 5 月 4 日)

(二)银行信用

银行信用是指商业银行或其他金融机构以货币形式向社会提供的信用,其主要形式是吸收存款和发放贷款。银行信用具有以下特点:

(1)银行信用具有广泛性。银行信用是以货币形式提供的信用,而货币是流通和支付手段。在银行信用下,社会各部门分散的小额货币可以积聚成巨额资金,从而满足经济发展对大额资金的需求。参与银行信用的主体也是广泛的,包括银行、其他金融机构、工商企业及个人等。

(2)银行信用具有间接性。在银行信用中,银行和其他金融机构是信用活动的中间环节,是中介。银行或其他金融机构通过吸收全社会各方面暂时闲置的货币资金,然后以贷款的方式把集中起来的这部分货币资金贷放给企业,投入到社会再生产过程中去。这种筹集货币资金的方式称为间接融资。

(3)银行信用具有灵活性。银行信用的方式是多样的,期限可长可短,数额可大可小,可以满足不同存、贷款人的各种不同需求。

课堂思考:举例说明商业信用与银行信用的区别。

(三)国家信用

国家信用是国家作为主体形成的借贷行为,即国家作为债权人或债务人的信用形式。国家信用的基本形式如下:

(1)国家发行的债券,包括国库券和公债。国库券是一种一年期以内的短期债券,主要是为了解决财政年度内先支后收的矛盾;公债是一种一年期以上的中长期债券,通常是用于大的项目投资或建设。

(2)专门债券。这是一种指明用途的债券,包括专项债券和定向债券两项。专项债券是指明用途的债券,如只向银行和金融机构发行的用以剥离不良贷款、充实商业银行资本金的债券;定向债券是为筹集国家建设资金,加强社会保险基金的投资管理,经国务院批准,由财政部采取的主要向养老保险基金、待业保险基金(简称"两金")及其他社会保险基金定向募集的债券,也称为"特种定向债券"。

国家信用的产生与政府的财政收支密切相关,是政府运用信用手段进行财政再分配的特殊形式。随着各国政府对经济生活干预的不断加强和预算赤字的增加,政府通过发行公债或国库券来筹措财政资金的活动越来越频繁,由此国家信用得到广泛发展。

(四)消费信用

消费信用是企业、银行和其他金融机构向消费者个人提供的,用以满足其消费需求的信用。消费信用的主要形式有以下几种:

(1)商品赊销。这主要用于日常零星的购买,属于短期信用。商品赊销一般采用允许一定透支限额的消费信用卡方式进行。

(2)分期付款。这主要用于购买耐用消费品,如汽车、房屋、家具等,属于中期信用。

具体做法是：由买方先支付一部分货款，同时与卖方签订分期支付剩余货款并支付利息的合同，然后由卖方交付货物。在未付清货款之前，货物所有权仍归卖方，直到买方按合同规定分期付清货款，货物所有权才能移交给买方。

(3)消费贷款。这是由银行或其他金融机构对购买耐用消费品的个人或分期付款销售耐用品的工商企业发放的贷款。这种消费贷款分为信用贷款和抵押贷款两种。信用贷款仅凭借款人的信誉，不必提供抵押品；抵押贷款则要求借款人以固定资产、金融资产或其他财产作为贷款的抵押。

消费信用是在商品货币经济发展的基础上，为促进商品价值的实现而产生的一种信用形式。消费信用在一定程度上可以缓和有限的购买力与现代生活需求之间的矛盾，缓和生产过剩的经济危机。随着我国短缺经济时代的结束，需求不足的矛盾逐步显现，消费信贷对于促进消费有着积极作用。

(五)民间信用

民间信用是民间个人之间的借贷活动，其存在的经济基础是个体经济和多种经营方式的存在。我国进行经济体制改革以来，随着乡镇企业和个体经济的发展，民间信用也有较大的发展。民间信用的参加对象主要是农村居民、农村集体生产单位和个体经营的乡镇小企业。借贷利率由双方议定，一般较高。

(六)租赁信用

租赁信用是指租赁公司或其他出租者将其租赁物的使用权出租给承租人，并在租期内收取租金，到期收回租赁物的一种信用形式。租赁信用是一种融资与融物相结合的信用形式，其主要特点表现为：

(1)租赁业务不需要整笔现款，只要支付租金即可使用租赁物，这样可以方便企业尤其是小型企业的生产经营。

(2)在激烈的市场竞争中商品更新换代频繁，租赁比自购更加灵活主动，可以把技术进步造成的资产更新的损失限定在最小范围。

(3)租赁可以改善企业的财务状况，一些项目的租金可以列支成本减少税负。

(七)国际信用

国际信用是不同国家或地区间发生的借贷关系。随着国际贸易和世界市场的发展，各国之间的经济交往日益频繁，各国经济日益具有世界性。国际信用是各国利用外资和国外的先进技术，加速本国经济、技术发展步伐的有效手段。国际信用的主要形式有：出口信贷、银行信贷、补偿贸易、政府信贷、国际金融机构贷款等。

三、信用工具

(一)信用工具的概念与特点

信用工具也称金融工具，它是在融资活动中用以证明债权债务关系、资金所有权关系的具有法律效力的书面凭证。信用工具是借贷双方所立的"字据"，是信用活动的载体，是为各种信用关系服务的。

与信用工具相对应的是金融资产，金融资产是具有现实价格和未来估价且具有特定权利归属关系的信用工具的总称。信用工具只有对其持有者而言才构成金融资产，对其发行人来讲就不能构成金融资产。你持有 1 000 元的国库券,它对政府这一发行人或你这位持有人而言,都是信用工具,但它只有对你来说才是金融资产,对政府来说就不是金融资产。同样,中国联通发行 50 亿股的流通股份,这些股票对中国联通而言就只是筹集资金的信用工具,不是金融资产。但是,如果你购买了 10 万股中国联通的股票,那么这些股票就构成了你的金融资产的一部分,同时,也是你向中国联通投资的信用工具。

信用工具具有如下特点:

(1)偿还性。偿还性是指各种信用工具一般都载明到期偿还的义务和期限。各种票据和债券都有明确的偿还期限。股票虽然没有规定偿还的期限,但股票持有者可以通过股票市场转让股票收回投资;而封闭基金券在运行期间要分红派息,运行期满要进行清算;开放式基金要随时允许持有者按净值赎回。

(2)流动性。流动性是指信用工具可以在金融市场上流通转让,并具有随时转换为现金的能力。凡能随时卖出而换回现金的信用工具,称之为流动性强;反之,在短期内不易转让的信用工具,则称之为流动性差。

(3)安全性。安全性是指投资于信用工具的本金安全收回的保障程度,或者说是避免风险的程度。风险可分为两类:一类是债务人不履行债务的风险,这种风险的大小主要取决于债务人的信誉和经营能力;另一类风险是市场风险,即金融证券的市场价格随市场利率的上升而跌落的风险,这是因为证券的市场价格与市场利率呈反方向变动的关系。

(4)收益性。收益性是指投资于信用工具能给投资者带来收益的能力。信用工具的收益有两种:一是固定收益,如利息、股息等;二是即期收益,即利用市场价格的变动出售信用工具获得的收益。各种信用工具的收益率不同,一般情况下,期限短、流动性强、风险小的金融工具收益率相对较低;而期限长、流动性差、风险较大的信用工具,其收益率相对较高。

每种信用工具上述特性的程度是不平衡的。一般来说,其流动性与收益性成反比,收益性与安全性成反比,流动性与安全性成正比。因此,选择什么信用工具应综合权衡利弊。

(二)信用工具的分类

(1)按照信用工具的期限不同,可以划分为短期信用工具和长期信用工具。短期信用工具一般是指偿还期限在一年以内的信用工具,也称为货币市场信用工具。主要包括商业票据、银行票据、短期债券等;长期信用工具一般是指偿还期限在一年以上的信用工具,也称为资本市场信用工具,主要包括长期债券、股票和投资基金。

(2)按照融资形式的不同,可以划分为直接信用工具和间接信用工具。直接信用工具是指资金需求一方直接发行的信用工具,如公司债券、公司股票、商业票据等;间接信用工具是指信用机构发行的信用工具,如存单、人寿保险单等。

(3)按照权利与义务的不同,可以划分为债权凭证和所有权凭证。债权凭证表明信用工具的持有人是债权人,与发行主体之间是债权债务关系;所有权凭证表明信用工具的持有人与发行主体间是所属关系。债券、存单属于债权凭证,股票是一种所有权凭证。

(4)按照是否与实际信用活动直接相关,可分为常规(原生或基础)性信用工具和衍生性信用工具。常规性信用工具是与实际信用活动直接相关的信用工具,如票据、债券和股票;衍生性信用工具是指在常规性信用工具之上派生出来的信用工具,如期货合约、期权合约等。

(三)短期信用工具

1. 商业票据

商业票据是在商业信用的基础上产生的,用来证明交易双方债权债务关系的书面凭证,包括商业汇票和商业本票两种。

(1)商业汇票。商业汇票是出票人签发的,委托付款人在指定日期无条件支付确定的金额给收款人或持票人的票据。这里的出票人可以是购货方,也可以是销货方。例如销货方开出一张汇票,要求购货人签名承兑,那出票人就是销货方;若购货方签发汇票给销货方,那出票人就是购货方。按照承兑人的不同,商业汇票分为商业承兑汇票和银行承兑汇票,由银行承兑的汇票为银行承兑汇票,由银行以外的企事业单位等承兑的汇票为商业承兑汇票。

(2)商业本票。商业本票又称期票,它是债务人向债权人签发的承诺在约定的期限内无条件支付一定款项的债务凭证。商业本票是由债务人签发的,因而无须承兑。在我国票据法中,还没有这种工具。

商业票据在流通转让时,转让人需在票据背后签字,即"背书"。背书人与出票人同样要对票据的支付负责。另外,企业还可将未到期的票据贴现给银行,从而取得现款。

2. 银行票据

银行票据是在银行信用的基础上由银行签发的或由银行承担付款义务的信用凭证。它包括银行汇票、银行本票和银行支票。

(1)银行汇票是汇款人向银行交存资金后由银行签发给汇款人持往异地取现或办理转账的汇款凭证。

(2)银行本票是由银行签发的,承诺自己在见票时无条件支付确定的金额给收款人或持票人的票据。它可以代替现金流通,具有见票即付的功能。银行本票分为定额本票和不定额本票两种。

(3)银行支票是银行的存款人签发的,要求从其活期存款账户上支付一定金额给持票人或指定人的票据。它属于由银行承担付款义务的银行票据。

3. 可转让大额定期存单

可转让大额定期存单,也称CDS,它是由银行签发的,记载一定存款金额、存款期限、存款利率,可以转让流通的信用工具。存单名义上是一种存款凭证,实际上是银行发行的承诺在一定时期按票面金额和约定利率支付本息的短期债券。可转让大额定期存单多为大银行发行,安全可靠,既能获得定期存款的利息,又可随时转让变现,很受投资者欢迎。

大额存单的主要特点是:存单不记名、期限较短(一般在一年以内);面额固定且金额较大;允许在市场上买卖转让,但在期满前不能要求银行偿付。

4. 信用证

信用证有商业信用证和旅行信用证两类。

商业信用证是在商品交易中银行根据买方的申请向卖方开立的保证付款的信用凭证。这是建立在银行信用基础上的一种支付方式,常用于国际贸易货款的结算。

旅行信用证是银行为方便旅行者出国旅行,在国外支取款项所发行的信用凭证。旅行者在出国前将款项交存银行,并留下印鉴或签字,由银行开给旅行者信用证,旅行途中凭信用证向指定银行支取款项。

5. 信用卡

信用卡是银行发行的,凭以向特约单位购物、消费和向银行支取现金且具有消费信用的特制载体卡片。信用卡涉及发卡银行、特约单位、持卡人三方。信用卡其形式是一张正面印有发卡银行名称、账号、持卡人姓名、有效期等内容,背面有磁条、签名条、发卡机构说明等的卡片。持卡人凭卡可在本地或外地特约单位购买商品和支付费用,发卡银行定期分别和持卡人及特约单位进行清算。

6. 国库券

国库券也叫短期政府债券,在西方国家是指国家财政当局为弥补国库短期收支差额而发行的一种短期债务凭证。国库券一般偿还期在一年以内,以年度内的预算收入作为还本付息的担保,采取无记名形式发行,无须经过背书就可以转让流通。由于国库券期限短、信誉好、流动性强,因而已成为金融市场颇受欢迎的信用工具。

(四)长期信用工具

长期信用工具主要包括股票、债券、基金、衍生工具。

1. 股票

(1)股票的概念与特点

股票是股份有限公司在筹集资本时向出资人发行的股份凭证。股票代表着其持有者(即股东)对股份公司的所有权,其主要特点如下:

①无期限性。股票是一种无偿还期限的有价证券,投资者认购股票后,就不能再要求退股,代表着股东的永久性投资,投资者只能到流通市场将股票转售给第三者才可能收回本金。

②收益性。股东凭其持有的股票,有权从公司领取股息或红利,获取投资的收益。股息或红利的大小,主要取决于公司的盈利水平和公司的盈利分配政策。股票的收益性还表现在股票投资者可以通过低价买入和高价卖出股票,赚取价差利润。

③风险性。从证券交易所交易的股票来看,股票交易价格经常大起大落,对投资者而言随时面临着股价下跌的风险,同时还面临着公司经营的风险。一般来讲,股票收益的大小与风险性的大小成正比。

④参与性。股东有权出席股东大会,选举公司的董事会,参与公司的经营决策,权利大小取决于其持有的股票份额的多少。

(2)股票的分类

①按股东权利分类,股票可分为普通股和优先股。

普通股的特点:

第一,有权获得股利,但必须是在公司支付了债息和优先股的股息之后才能分得。

第二,当公司因破产而进行清算时,有权分得公司剩余资产,但必须在公司的债权人、优先股股东之后才能分得财产。

第三,拥有发言权和表决权,普通股股东持有一股便有一股的投票权,任何普通股股东都有资格参加股东大会,也可以委托代理人来行使其投票权。

第四,普通股股东一般具有优先认股权。

优先股的特点:

第一,股息领取优先权。分派股息的顺序是优先股在前,普通股在后。股份公司不论其盈利多少,只要股东大会决定分派股息,优先股就可按照事先确定的股息率领取股息,即使普遍减少或没有股息,优先股亦应照率分派股息。

第二,剩余资产分配优先权。在股份公司解散、破产清算时,优先股具有公司剩余资产的分配优先权,不过,只有还清公司债权人债务之后,有剩余资产时,优先股才具有剩余资产的分配权。

②按上市交易地点和交易币种的不同分类,分为 A、B、N、H、S 股。

A 股是在我国上海、深圳证券交易所,面对中国公民、机构以及经批准的境外合格机构投资者,以人民币标明面值,并以人民币计价发行和交易的股票。2010 年年末,我国境内 A 股上市公司总数 1955 家。

B 股是人民币特种股票,是以人民币标明面值,以美元、港元计价交易,面向境外投资者和境内自然人发行,但在中国上海和深圳股票交易所上市的股票。2001 年 2 月 19 日,持有外汇的境内居民被允许进入 B 股市场从事投资活动。开户要求:上证 B 股资金账户最低金额为 1 000 美元,深证 B 股资金账户最低金额为等值 1 000 美元的港币。2010 年年末,我国境内 B 股上市公司总数 108 家。

N 股是指公司在内地注册,在美国证券交易所上市,以美元认购和交易的特种股票。纽约的第一个英文字母是 N,所以将这种股票称为 N 股。

H 股是指公司在内地注册,在香港股票交易所上市,以人民币标明面值、以港币认购和交易的特种股票。

S 股是指公司在内地注册,在新加坡股票交易所上市,以新加坡元认购和交易的特种股票。

2010 年年末,我国境外上市公司总数 165 家。

2. 债券

债券是国家、地方或企业为向社会筹措资金而发行的,约定在一定日期支付利息,并在一定期限内偿还本金的一种债权债务关系的凭证。债券的收益率一般高于储蓄存款利率,并具有较强的流动性,风险较小,较受投资者欢迎。

债券按发行方式,分为公募债券和私募债券;按面的形式,分为记名债券和不记名债券;按有无担保,分为信用担保债券、实物担保债券和无担保债券;按债券的期限,分为短期债券、中期债券和长期债券;按债券的利率,分为固定利率债券、浮动利率债券、累进利率债券和贴水债券;按债券发行和流通的区域,分为国内债券和国际债券等。

目前我国的债券主要有国债、金融债券、公司债券和可转换公司债券以及可分离公司债券。

(1)国债

国债是由财政部代表中央政府发行的债券,以国家信用作为偿还的保证。因此,国债在所有债券品种中信用等级最高,但票面利率最低,投资人购买国债的利息收入免征个人所得税。国债主要分为凭证式国债和记账式国债。

（2）金融债券

金融债券是由银行和非银行金融机构（保险公司、证券公司等）发行的债券。金融债券票面利率通常高于国债，但低于公司债券。金融债券面向机构投资者和个人发行，可在银行间债券市场交易、上市交易和柜台交易。

（3）公司债券

公司债券是指由非金融公司发行的债券。公司债券票面利率高于国债和金融债券。部分公司债券面向社会公开发行，在证券交易所上市交易，个人投资者可以购买和交易。投资公司债券最大的风险是发债公司的违约风险，一旦发债公司经营不善，不能按照当初的承诺兑付本息，就会导致债券价格的大幅下跌，投资者就会蒙受损失。

（4）可转换公司债券

可转换公司债券（可转债）是由上市公司发行的，在发行时标明发行价格、利率、偿还或转换期限，债券持有人有权到期赎回或按照规定的期限和价格将其转换为发行人普通股票的债务性证券。可转换债券具有公司债券的一般特征，其特殊性在于持有人在一定期限内，在一定条件下，可将持有的债券转换成一定数量的普通股股份，它是一种介乎于股票和债券二者之间的混合型金融工具。可转换公司债券是一种"攻守兼备"的投资品种，如果股票市价高于转股价，投资人可以将持有的债券转换成股票，然后抛出股票获利；如果股票市价低于转股价，投资人可以选择到期兑付持有的债券。

例如，A上市公司发行公司债，言明债权人（即债券投资人）在持有一段时间（这叫闭锁期）之后，可以持债券向A公司换取A公司的股票。此时，债权人摇身一变，变成股东身份的所有权人。而换股比例的计算，即以债券面额除以某一特定转换价格。若债券面额100 000元，除以转换价格50元，即可换取股票2 000股。

如果A公司股票市价涨到60元，投资人一定转换，因为换股成本为转换价格50元，所以换到股票后立即以市价60元抛售，每股可赚10元，总共可赚到20 000元。这种情形，我们称为具有转换价值。这种可转债，称为价内可转债。反之，如果A公司股票市价跌到40元，投资人一定不愿意转换，因为换股成本为转换价格50元，如果真想持有该公司股票，应该直接去市场上以40元价格购买，不应该以50元成本价格转换取得。这种情形，我们称为不具有转换价值。这种可转债，称为价外可转债。乍看之下，价外可转债似乎对投资人不利，但别忘了它是债券，有票面利率，可支领利息。

（5）可分离公司债券

可分离公司债券是一种附认股权证的公司债，可分离为纯债和认股权证两部分，赋予了上市公司一次发行、两次融资的机会。可分离公司债券虽然有可转债之名，但是无可转债之实，只是债券加上权证的简单拼凑，发行时债券和权证分开发行，一般是债券认购人无偿获得一定数额的认股权证。权证和债券是可以分开交易的。

可分离公司债券不设重设和赎回条款，有利于发挥发行公司通过业绩增长来促成转股的正面作用，避免了普通可转债发行人往往不是通过提高公司经营业绩，而是以不断向下修正转股价或强制赎回方式促成转股而带给投资人的损害。当认股权证行使价格低于股票市价时，投资者可通过转股或转让权证在二级市场上套利，而无须担心发行人在股票市价升高时强制赎回权证；而当认股权证行使价格高于股票市价时，投资者可选择放弃行使权证，而权证往往是发行人无偿赠与的。上市公司改变募集资金用途的，可分离公司债券持有人与普通可转债持有人同样被赋予一次回售的权利，从而极大地保护了投资人的利益。

3. 基金

（1）证券投资基金的概念

证券投资基金是指通过发售基金份额，将众多投资者的资金集中起来，形成独立财产，由基金托管人托管，基金管理人管理，以投资组合的方法进行证券投资的一种利益共享、风险共担的集合投资方式。

（2）证券投资基金的特点

①集合投资。证券投资基金将众多投资者的资金集中起来进行共同投资，有利于发挥资金的规模优势，降低投资成本，使中小投资者能够享受到与机构投资者类似的规模效益。

②专业管理。基金管理人一般拥有专业投资研究人员和强大的信息网络，他们比中小投资者更了解市场，更有技术、经验、资金、时间，对证券市场实行全天候、全方位的动态跟踪与分析。将资金交给基金管理公司管理，使普通投资者也能够享受到专业化的投资管理服务。

③组合投资、分散风险。基金通常会购买几十种甚至上百种股票，投资者购买基金就相当于用很少的资金购买了一揽子股票，可以充分享受到组合投资、分散风险的好处。

④利益共享、风险共担。基金投资者是基金的所有者，基金投资收益在扣除由基金承担的费用后的盈余全部归基金投资者所有，并依据各个投资者所持有的基金份额比例进行分配。为基金提供服务的基金托管人、基金管理人只能按规定收取一定的托管费、管理费。

⑤投资操作与财产保管相分离。证券投资基金的管理人只负责基金的投资操作，本身并不经手基金财产的保管，基金财产的保管由独立于基金管理人的基金托管人负责。这种相互制约、相互监督的制衡机制从另一方面为投资者的利益提供了重要的保护。

（3）证券投资基金的种类

①根据基金规模是否可变，可分为封闭式基金和开放式基金。

封闭式基金是指经核准的基金规模在基金合同期限内固定不变，基金份额可以在依法设立的证券交易所交易；开放式基金是指基金规模（基金份额总额）不固定，基金份额可以在基金合同约定的时间和场所进行申购或者赎回的一种基金运作方式。

封闭式基金与开放式基金有以下主要区别：

第一，期限不同。封闭式基金一般有一个固定的存续期，而开放式基金一般是无期限的。我国《证券投资基金法》规定，封闭式基金的存续期应在5年以上，封闭式基金期满后可以通过一定的法定程序延续。目前，我国封闭式基金的存续期大多在15年左右。

第二，规模限制不同。封闭式基金的基金规模是固定的，在封闭期限内未经法定程序认可不能增减。开放式基金没有规模限制，投资者可随时提出申购或赎回申请，基金规模会随之增加或减少。

第三,交易场所不同。封闭式基金交易场所固定,在完成募集后,基金份额在证券交易所上市交易。投资者买卖封闭式基金份额,只能委托证券公司在证券交易所按市价买卖,交易在投资者之间完成。开放式基金交易场所不固定,投资者可以按照基金管理人确定的时间和地点向基金管理人或其销售代理人提出申购申请、赎回申请,交易在投资者与基金管理人之间完成。开放式基金也可上市交易,如上市型开放式基金主要有 ETF 和 LOF 基金,前者是被动投资于标的指数的成分股,完全按成分股的权重配置股票;而后者是主动投资型。两者都能在交易所进行份额转让,以实时价格进行成交,同时又能在场外进行申购和赎回。

第四,价格形成方式不同。封闭式基金的交易价格主要受流通市场供求关系影响。当需求旺盛时,封闭式基金的交易价格会超过基金份额净值而出现溢价交易现象;反之,当需求低迷时,交易价格会低于基金份额净值而出现折价交易现象。开放式基金的买卖价格以基金份额净值为基础,不受市场供求关系影响。

第五,激励约束机制与投资策略不同。封闭式基金规模固定,由于投资者无法赎回投资,基金管理人也不会在经营上面临直接的压力。与此不同,如果开放式基金的业绩表现好,就会吸引到新的投资,基金管理人的管理费收入也会随之增加;如果基金表现差,开放式基金则会面临来自投资者要求赎回投资的压力。由于开放式基金的规模不固定,开放式基金的投资操作常常会受到不可预测的资金流入、流出的影响与干扰,特别是为满足基金赎回的要求,开放式基金必须保留一定的现金资产,并高度重视基金资产的流动性,这在一定程度上会对基金的长期经营业绩带来不利影响。相对而言,由于封闭式基金规模固定,没有赎回压力,基金管理人完全可以根据预先设定的投资计划进行长期投资和全额投资,并将基金资产投资于流动性较差的证券上,这在一定程度上将有利于基金长期业绩的提高。目前我国以开放式基金为主流。

②根据组织形式的不同,分为契约型基金和公司型基金。

契约(合同)型基金又称为单位信托基金,契约型基金根据基金投资者、基金管理人、基金托管人之间所签署的基金合同而设立,基金投资者的权利主要体现在基金合同的条款上,而基金合同条款的主要方面通常由基金法律所规范。我国就是采用这种基金形式。

公司型基金在法律上是具有独立"法人"地位的股份投资公司。公司型基金依据基金公司章程设立,基金投资者是基金公司的股东,享有股东权,按所持有的股份承担有限责任并分享投资收益。基金公司设有董事会,代表投资者的利益行使职权。公司型基金在形式上类似于一般股份公司,但不同于一般股份公司的是,它委托基金管理公司作为专业的财务顾问或管理公司来经营与管理基金资产。美国的主要基金类型就是公司型基金。

③根据投资目标的不同,分为成长型基金、收入型基金和平衡型基金。

成长型基金是指以追求资本增值为基本目标,较少考虑当期收入的基金,主要以具有良好增长潜力的股票为投资对象。

收入型基金是指以追求稳定的经常性收入为基本目标的基金,该类基金主要以大盘蓝筹股、公司债券、政府债券等高收益证券为投资对象。

平衡型基金既注重资本增值又注重当期收入。

一般而言,成长型基金的风险大、收益高;收入型基金的风险小、收益也较低;平衡型基金的风险、收益则介于成长型基金与收入型基金之间。

④根据投资对象不同，分为股票基金、债券基金、货币市场基金和混合型基金。

股票基金是指以股票为主要投资对象的基金；债券基金是指以各种债券为主要投资对象的基金；货币市场基金是指以货币市场工具为投资对象的基金；混合型基金是指同时以股票、债券为投资对象的基金。根据股票、债券投资比例以及投资策略的不同，混合型基金又可分为偏股型基金、偏债型基金。

4.金融衍生工具

金融衍生工具在形式上均表现为一种合约，在合约上载明买卖双方同意的交易品种、价格、数量、交割时间及地点等。目前，较为流行的金融衍生工具合约主要有远期、期货、期权和互换这四种。

第四节　利息与利率

一、利息与利率的概念

（一）利息的概念

利息是伴随着信用关系的发展而产生的一个经济范畴，并构成了信用的基础。我们在研究信用时已经指出，在信用活动中货币所有者在一定条件下贷出货币资本的使用权，货币使用者到期偿还借款时还必须支付一定的增加额，这个增加额就是利息。因此，利息是指在借贷关系中由借入方支付给贷出方的报酬，是借贷资本的增值额。从债权人角度来看，利息是货币所有者因为贷出货币而从借款人手中取得的报酬；从债务人角度来看，利息是使用借贷资本的代价，是货币使用者在偿还借款时大于本金的那部分金额。

（二）利率的概念

利率，是利息率的简称，是用百分比表示的一定时期内利息额与本金的比率。利率是衡量利息数额大小的尺度，用以反映利息水平的高低。在实践中，利率是一个比利息更有意义的经济指标。并且，利率总是表现为一个既定的、明确的量。根据计算利息的期限不同，利率可分为年利率、月利率和日利率。年利率是以年为单位计算利息，月利率是以月为单位计算利息，日利率是以日为单位计算利息。通常年利率由本金的百分之几（％）表示，月利率由本金的千分之几（‰）表示，日利率由本金的万分之几（‱）表示。

例如，某一笔贷款，本金为100元，每年利息为7.2元，即年利率为7.2％。如果按每月30天计，则月利率为6‰（月利率＝年利率/12＝0.072/12＝0.006），日利率为2‰（日利率＝年利率/360＝0.072/360＝0.000 2）。

（三）利息的计算

1.单利计息

单利计息，就是不管期限长短，仅按本金计算利息，本金所产生的利息不加入本金重复计算利息。单利计息不是分期支付利息，而是到期后一次性支付利息。我国银行均是按这种方法支付利息。

以本金为1 000元，年利率为10％，期限为三年的定期存款为例，说明单利的计算方法。用这种方法计算,一年后的利息为 $1\,000\times10\%=100$(元);第二年仍以 $1\,000$ 元本金为基数,乘以利率 10%,得第二年的利息为 $1\,000\times10\%=100$(元);用同样的计算方法,可得第三年的利息为 100 元。三年一共得到的利息总和为 $100+100+100=300$(元)。

由上可以得出结论:现在本金 P 元,在利率为 i 时,经过 n 年后,本利和 F 为

$$F=P\times(1+i\times n)$$

2. 复利计息

复利计息,就是把利息也算作本金重复计算利息,即所谓的"利滚利"。如果用复利计息方法计算上例中的利息,则第一年利息为 $1\,000\times10\%=100$(元);第二年的利息为 $(1\,000+100)\times10\%=110$(元),其中单利息为 100 元,复利息为 10 元(即利息的利息);第三年的利息为 $(1\,000+100+110)\times10\%=121$(元),其中单利息为 100 元,复利息为 21 元。三年利息总和为 $100+110+121=331$(元)。

用复利计息的方法计算利息的结果比用单利计息的方法计算的结果多 31 元,这 31 元是前两年的利息产生的利息,称为复利息。

由上可以得出结论:现在本金 P 元,在利率为 i 时,经过 n 年后,本利和 F 为

$$F=P\times(1+i)^n$$

用单利计算利息,手续简便,易于计算借款成本,有利于减轻借款者的利息负担。用复利计算利息,有利于提高资金的时间观念,有利于发挥利息杠杆的调节作用和提高社会资金的使用效益。一个国家选择哪种利息计算方法应根据各国的具体情况确定,一般应考虑经济体制、国家对利息杠杆的利用程度以及传统习惯等因素。

阅读资料 5-4

世界第八大奇迹——复利

1626 年,荷属美洲新尼德兰省总督 Peter Minuit 花了大约 24 美元从印第安人手中买下了曼哈顿岛。到 2000 年 1 月 1 日,曼哈顿岛的价值已经达到了约 2.5 万亿美元。以 24 美元买下曼哈顿,Peter Minuit 无疑占了一个天大的便宜。

但是,如果转换一下思路,Peter Minuit 也许并没有占到便宜。如果当时的印第安人拿着这 24 美元去投资,按照 11%(美国近 70 年股市的平均投资收益率)的投资收益计算,到 2000 年,这 24 美元将变成 238 万亿美元,远远高于曼哈顿岛的价值 2.5 万亿美元。如此看来,Peter Minuit 是吃了一个大亏。

是什么神奇的力量让资产实现了如此巨大的倍增? 是复利。长期投资的复利效应将实现资产的翻倍增值。爱因斯坦说:"宇宙间最大的能量是复利,世界的第八大奇迹是复利。"

也许 2.5 万亿美元的金额对我们来说太大,370 多年的时间对我们来说太长,但是对于那些善于利用复利的递增效应赚钱的投资者来说,在一个人的一个时间段内,也一样可以积累可观的财富。以基金投资为例来说,如果我们从 20 岁开始,我们每个月拿出 100 元去投资基金,以后每个月都不间断地投入 100 元,按照每年 10% 的投资收益率计算,到 60 岁的时候,我们就会有 637 800 元。100 元的起点,相信对很多投资者来说应该都不是一个问题,但是却能累积成 60 多万的数量,复利的威力可见一斑。

(资料来源:中国证券网 上海证券报 http://www.cnstock.com./2008 年 7 月 14 日)

二、利率的种类

（一）按信用行为期限长短，分为短期利率与长期利率

短期利率一般指借贷时间在一年以内的利率，包括期限在一年以内的各种存款利率、贷款利率和各种有价证券利率。如我国3个月、6个月的存款利率。长期利率一般指借贷时间在一年以上的利率，包括期限在一年以上的存款利率、贷款利率和各种有价证券利率。如存款期限为两年、三年、五年的利率。利率的高低与期限长短、风险大小有着直接的联系。一般而言，短期利率低于长期利率。因为期限越长的投资，市场变化的可能性越大，借款者经营风险越大，贷款者遭受损失的风险也越大，故要求的利率也越高。

（二）按利率真实水平，分为名义利率与实际利率

名义利率是包含了通货膨胀因素的利率，是以名义货币表示的利率，即我们平时所说的利率。例如，我国央行制定的存款利率为名义利率，如一年期存款利率4.14%。实际利率是指物价不变从而货币购买力不变条件下的利率，是名义利率剔除通货膨胀因素以后的真实利率。与名义利率相比，实际利率能够更好地反映资金借贷活动的动力，能更准确地说明金融市场银根的松紧，对经济产生实质性的影响。通常情况下，名义利率扣除通货膨胀率即可视为实际利率。用公式表示为

$$实际利率 = 名义利率 - 通货膨胀率$$

实际利率的计算结果通常会出现三种情况：当名义利率高于通货膨胀率时，实际利率为正利率；当名义利率等于通货膨胀率时，实际利率为零；当名义利率低于通货膨胀率时，实际利率为负利率。一般而言，只有正利率才符合价值规律的要求。如果你在银行的存款利率为10%，当前的物价上涨率为10%，那么，你存款的实际利率就是0。如果物价上涨率超过了名义利率，那么，实际利率就为负。这就是人们存钱为了买房，而房价上涨率高于存款利率时心疼甚至牢骚满腹的原因。反之，若物价水平下跌，实际利率就会高于名义利率。因此，在高通货膨胀时存钱就很不划算，而在通货紧缩时期，存钱并不吃亏。

课堂思考：如果银行一年期存款利率为3.5%，而同期的通货膨胀率为6.2%，则同期的实际利率是多少？你愿意存款还是持有货币？如果同期的通货膨胀率为3%呢？请说明理由。

（三）按借贷期内利率是否浮动，分为固定利率与浮动利率

固定利率是指在整个借贷期限内，利息按借贷双方事先约定的利率计算，而不随市场上货币资金供求状况而变化，适用于借贷期限较短或市场利率变化不大的情况。我国目前各商业银行的储蓄存款利率就是固定利率。

浮动利率又称为可变利率，是指在借贷期限内，随市场利率的变化情况而定期进行调整的利率。适用于借贷时期较长、市场利率多变的借贷关系，也多用于较长期的借贷及国际金融市场。浮动利率能够灵活反映市场上资金供求的状况，更好地发挥利率的调节作用。同时，由于浮动利率可以随时予以调整，利息负担同资金供求状况紧密结合，有利于减少利率波动所造成的借贷双方承担的利率风险，从而克服了固定利率的缺陷。但由于浮动利率变化不定，使借贷成本的计算和考核相对复杂，利息负担也可能加重，如我国的外汇贷款利率。

（四）按利率的决定方式，分为官定利率、公定利率和市场利率

官定利率又称为"法定利率"，是一国货币管理部门或中央银行所规定的利率，是国家实现宏观调控目标的一种政策手段。目前我国的存贷款利率就是央行制定的利率。

公定利率是由非政府金融行业自律性组织确定的各会员必须执行的利率。通常，由银行公会确定的各会员银行必须执行的利率就是公定利率的主要形式。目前我国银行业协会制定的小额外币（小于或等于300万美元）存款利率就是如此。

市场利率是按照市场规律而自由变动的利率，即由借贷资本的供求关系直接决定，并由借贷双方自由议定的利率。我国目前银行间债券市场和同业拆借市场利率就是这种。

三、决定和影响利率变化的因素

（一）平均利润率是决定利率的基本因素

平均利润率反映的是整个社会的平均利润水平，决定利率的基本因素是平均利润率。这是因为，在现代经济社会，借款人借入货币资金投入生产经营的最终目的是为了追求更高的利润，因而借款人只能将借入的货币投入生产，将所取得的利润的一部分以利息形式付给贷款人，作为让渡货币资金使用权的报酬。如果支付的利息高于平均利润，借款人就无利可图而不愿意借款。所以利率只能低于平均利润率。同时，贷款人贷款的目的就是为了充分利用暂时闲置的货币资金获取一定的收益，因此利率不可能等于零，否则，货币资金的所有者也不会无偿让渡货币资金的使用权。由此可见，利率只能在零和平均利润率之间波动。

（二）影响利率变化的因素

确定合理的利率水平是运用利率杠杆调节经济的关键环节。平均利润率是决定利率的基本因素，平均利润率和零之间的区间是利率波动的经济区间。在这个区间里，利率的波动受各种因素的影响。

1. 货币资金供求状况

借贷资金作为一种特殊的商品，同普通商品一样受价值规律的支配，其价格一样受供求关系的影响。当借贷资金供大于求时，利率下跌，借款人支付较低的利息；反之，支付较高的利息。所以，资金供求状况是影响利率变动的一个因素，决定着某一时期利率的高低。

2. 通货膨胀

在现代纸币流通的条件下，通货膨胀是各国经济发展中的普遍现象。一方面，通货膨胀意味着纸币贬值，从而影响货币购买力。在借贷活动中，货币资金的所有者贷出货币时必须考虑将来收回贷款时，借贷的本金是否会因为通货膨胀而贬值。在通货膨胀率较高的情况下，贷者就得考虑提高利率来弥补纸币贬值的损失。所以，在确定利率水平时必须考虑通货膨胀的影响。另一方面，各国政府又常常将利率作为抑制通货膨胀、稳定物价的经济手段。政府通过调高或降低利率，影响货币资金的供求状况，从而达到调节货币流通量、控制需求、稳定物价的目的。

3. 国家经济政策

由于利率的变动对经济发展有很大的影响，在世界各国普遍推行国家干预经济的政

策条件下,利率成为国家对经济活动进行宏观调控的重要工具,各国政府根据本国经济发展状况和货币政策目标,通过中央银行制定的利率影响市场利率,调节资金供求、经济结构和经济发展速度。

4.国际市场利率水平

随着世界经济的发展,各国之间的经济联系日益密切,商品贸易、技术贸易、服务贸易的发展促进了资金在国际间的流动。国际市场利率对国内市场的影响就是通过资金在国际间的流动来实现的。在放松外汇管制、资金自由流动的条件下,国内利率高于国际市场利率水平时,会引起货币资本流入国内;反之,则会引起货币资本外流。资本的流动影响一国国际收支的平衡,进而影响一国货币的对外价值和一国的对外贸易。所以,一国政府在制定和调整本国利率时,不能不考虑国际市场利率的影响。

此外,影响利率变化的因素还有银行经营成本、利率管理体制、传统习惯、法律规定、国际协定等。总之,影响利率波动的因素很多,而且往往又是多种因素交错综合在一起,综合影响利率的变化。

四、我国的利率市场化进程

1993年,党的十四大《关于金融体制改革的决定》提出,我国利率改革的长远目标是:建立以市场资金供求为基础,以中央银行基准利率为调控核心,由市场资金供求决定各种利率水平的市场利率管理体系。

利率市场化改革的基本思路是结合我国经济金融发展和加入世贸组织后开放金融市场的需要,人民银行将按照先外币、后本币,先贷款、后存款,存款先大额长期、后小额短期的基本步骤,逐步建立由市场供求决定金融机构存贷款利率水平的利率形成机制,中央银行调控和引导市场利率,使市场机制在金融资源配置中发挥主导作用。

1996年6月1日放开了银行间同业拆借利率,1997年6月放开银行间债券回购利率。1998年8月,国家开发银行在银行间债券市场首次进行了市场化发债,1999年10月,国债发行也开始采用市场招标形式,从而实现了银行间市场利率、国债和政策性金融债发行利率的市场化。

1998年,人民银行的贴现利率在再贴现利率的基础上加点生成,在不超过同期贷款利率(含浮动)的前提下由商业银行自定。1998年、1999年连续三次扩大金融机构贷款利率浮动幅度。

2000年9月,放开外币贷款利率和300万美元(含300万)以上的大额外币存款利率。2002年3月,人民银行统一了中外资金融机构外币利率管理政策,实现中外资金融机构在外币利率政策上的公平待遇。2003年7月,放开了英镑、瑞士法郎和加拿大元的小额外币存款利率管理,由商业银行自主确定。2003年11月,对美元、日元、港币、欧元小额存款利率实行上限管理,商业银行在不超过上限的前提下自主确定。

2004年1月1日,人民银行再次扩大金融机构贷款利率浮动区间。2005年3月16日,完全放开了金融机构同业存款利率。

2007年1月4日,中国基准利率雏形亮相,由全国银行间同业拆借中心发布的"上海银行间同业拆放利率"(简称"Shibor")正式运行。目前,对社会公布的Shibor品种包括隔夜、1周、2周、1个月、3个月、6个月、9个月及1年。

2008年5月,进一步提升金融机构住房抵押贷款的自主定价权,将商业性个人住房贷款利率下限扩大到基准利率的0.7倍。

目前,尚未进入市场化改革进程的唯有存款利率的上限、贷款利率的下限和法定存款准备金利率等少数利率品种。

本章小结

1.金融是与货币、信用、银行和非银行金融机构相关的经济活动的总称。金融有直接金融和间接金融之分。金融是社会资金运动的总枢纽,是发展经济的重要杠杆,已成为现代经济的核心。

2.货币起源于商品交换,其发展过程中出现过实物货币、金属货币、代用货币、信用货币和电子货币形态。货币具有价值尺度、流通手段、储藏手段、支付手段、世界货币的职能。我国的货币制度是人民币制度,属于不兑现的信用货币制度。

3.信用是借贷行为的总称,是以偿还和支付利息为前提条件的特殊的价值运动形式,是从属于商品货币经济关系的一个经济范畴;现代信用形式主要有商业信用、银行信用、国家信用、消费信用、民间信用、租赁信用和国际信用等。信用工具也称金融工具,主要的信用工具有票据、CDS、信用证、信用卡、国库券、债券、股票、基金和衍生工具等。

4.利息是货币所有者因为贷出货币而从借款人手中取得的报酬。利率是用百分比表示的一定时期内利息额与本金的比率。决定和影响利率变化的因素主要有平均利润率、货币资金供求状况、通货膨胀、国家经济政策、国际市场利率水平等。利息的计算方法有单利计息和复利计息。

重要概念

金融 信用 信用工具 金融资产 货币制度 利息 利率 股票 债券 投资基金 信用货币 商业票据 银行票据 可转让大额定期存单 直接金融 间接金融

基本训练

一、单选题

1.货币的基本职能是( )。
A.价值尺度和流通手段　　　　　B.价值尺度和贮藏手段
C.流通手段和支付手段　　　　　D.支付手段和世界货币

2.我国境内允许流通的货币为( )。
A.人民币　　　　　B.澳门币
C.港币　　　　　D.台币

3.我国居民存款利率是( )。

A. 浮动利率   B. 实际利率

C. 优惠利率   D. 名义利率

4. 在商业信用关系中,提供信用的方向一般是(　　　　)。

A. 上游产品企业向下游产品企业提供

B. 下游产品企业向上游产品企业提供

C. 资金实力强的企业向资金实力弱的企业提供

D. 企业之间可以相互提供

5. 当借贷资金的量一定时,平均利润率越高,利率相对(　　　)。

A. 不变   B. 稳定

C. 越高   D. 越低

6. 属于长期信用工具的是(　　　)。

A. 支票   B. 商业票据

C. 股票   D. CDs 单

7. 某企业发行一批补充流动性的债券,委托银行做承销商,这种筹资属于(　　　)方式。

A. 商业信用   B. 银行信用

C. 直接金融   D. 间接金融

8. 下列金融工具中,流动性最强的是(　　　)。

A. 银行承兑汇票   B. 企业债券

C. 股票   D. 期货合约

9. 目前世界各国普遍采用的货币形式是(　　　)。

A. 金属货币   B. 代用货币

C. 实物货币   D. 信用货币

10. 开放式基金的价格主要受(　　　)影响。

A. 市场供求关系   B. 单位基金资产净值

C. 市场存款利率   D. 公司经营状况

二、多选题

1. 下列关于人民币的说法中,正确的有(　　　)。

A. 人民币是中国人民银行发行的   B. 人民币从未规定过含金量

C. 人民币是中华人民共和国的合法货币   D. 有限支付能力

2. 依承兑人不同,商业汇票可分为(　　　)。

A. 商业承兑汇票   B. 支票

C. 银行汇票   D. 银行承兑汇票

3. 关于开放式基金说法正确的是(　　　)。

A. 开放式基金具有独立的法人资格   B. 无固定的存续期限

C. 随时可赎回与申购,因此总数是变化的   D. 交易价格受市场供求关系的影响

4. 属于短期信用工具的是(　　　)。

A. 商业汇票   B. 银行汇票

C. 国库券　　　　　　　　　　　　　D. 投资基金

5. 货币的基本职能是（　　　）。

A. 价值尺度　　　　　　　　　　　　B. 流通手段

C. 世界货币　　　　　　　　　　　　D. 支付手段

6. 决定和影响利率的因素包括（　　　）。

A. 借贷成本　　　　　　　　　　　　B. 借贷期限

C. 物价水平　　　　　　　　　　　　D. 资金供求状况

7. 金融衍生工具包括（　　　）。

A. 股票　　　　　　　　　　　　　　B. 期货

C. 债券　　　　　　　　　　　　　　D. 期权

8. 信用工具具有（　　　）特征。

A. 安全性　　　　　　　　　　　　　B. 流动性

C. 收益性　　　　　　　　　　　　　D. 信誉性

9. 在商品赊销、预付工资等活动中，货币执行的是（　　　）职能。

A. 价值尺度　　　　　　　　　　　　B. 流通手段

C. 支付手段　　　　　　　　　　　　D. 价值储藏

10. 银行向消费者提供的汽车贷款属于（　　　）。

A. 商业信用　　　　　　　　　　　　B. 银行信用

C. 国家信用　　　　　　　　　　　　D. 消费信用

三、判断题

1. 从历史发展角度看，银行信用先于商业信用而存在。　　　　　　　　（　　　）

2. 名义利率等于实际利率加上通货膨胀率。　　　　　　　　　　　　　（　　　）

3. 利息率是由金融市场上借贷资本的供求关系来决定的。若现在金融市场上的资金供给大于需求，则利息率将上升。　　　　　　　　　　　　　　　　　　　　　（　　　）

4. 凡未经承兑的汇票，商业银行不予贴现。　　　　　　　　　　　　　（　　　）

5. 通常利息率应该高于社会平均利润率。　　　　　　　　　　　　　　（　　　）

6. 直接金融是指资金供需双方直接构成债权债务关系的资金融通方式。（　　　）

7. 封闭式基金有固定的存续期限，但基金规模可以是变化的。　　　　　（　　　）

8. 货币资金供求状况是利率的决定因素。　　　　　　　　　　　　　　（　　　）

9. 成长型基金以追求稳定的收入为基本目标。　　　　　　　　　　　　（　　　）

10. 一种信用工具变现所花费的时间越短、成本越低，说明其流动性越强。（　　　）

四、计算题

1. 若某一时期的名义利率为 4%，当物价上涨率为 8% 时，要保持实际利率为正值，怎么办？

2. 2011 年 7 月 6 日，某人在中国工商银行某营业部存入两年期定期储蓄存款 1 000 元，若定期储蓄存款年利率为 3.5%，请利用单利法计算在利息所得税为 5% 的条件下此人存满二年的实得利息额。

案例分析

据 2011 年 7 月 16 日《信息时报》报道，厦门市近期连续爆出民间高利贷崩盘大案。涉嫌介入民间高利贷的既有担保公司负责人，甚至还有银行机构的高管。6 月中旬以来，厦门融典担保有限公司涉嫌陷入数十亿元高利贷债务的传闻，在厦门本地引起了极大的关注。记者多番调查了解到，数十亿元高利贷传闻的主角、厦门融典担保有限公司负责人钟明真生于 1979 年，从事民间借贷已有多年。2008 年 9 月，钟明真成立厦门融典担保有限公司，大肆向民间借贷，有时由担保公司担保，有时干脆由个人担保或抵押资产。

有知情人士表示，钟明真所欠的本金小于传闻，大概有几亿元的规模。一位债权人告诉记者，钟明真的直接债权人估计接近百人，其中最多的一人债权就有 1.8 亿元之多。而有些债权人的资金又是向亲戚朋友借来的，间接的债权人更多。

厦门市目前有各类投资、融资、担保等机构 2 000 余家。厦门一家担保公司的高管表示，在今年民间借贷利率不断趋高的背景下，以民营资本为主的担保业频频介入民间高利贷。

厦门不少担保业界人士表示，其他地方担保公司情况也并不比厦门好，只是没有传出"出事"，但并非没有"出事"。

担保公司一旦和民间高利贷结合起来，其风险无疑成倍地放大。钟明真的一位债权人说，如果没有担保公司的背景，钟明真的信用就会大打折扣，借钱就没那么好借，也就不会搞出那么大的债务黑洞。

请根据上述资料，结合我国经济发展现状，分析厦门市民间高利贷崩盘大案的原因。

第六章

金融机构

2011 年上半年,投资亏损、基金老鼠仓等金融事件层出不穷。7 月 25 日,理财互动门户网站口碑理财网发布了《境内金融机构 2011 年上半年舆情应对能力排行榜》和《2011 年上半年网络金融投诉榜》,两个榜单反映了社会公众对于金融机构的评价。

此次舆情榜单共计有 3 家基金公司、4 家保险公司和 5 家银行上榜。包括兴业全球基金瘦肉精大额赎回事件、人保平安车险高保低赔事件、齐鲁银行伪票案、国寿财险强推霸王条款事件、光大保德信基金老鼠仓事件、洪晃批德意志银行理财事件、东亚银行理财产品巨亏案等十个热点舆情事件。

榜单显示,金融机构对于网络舆情更加重视,在应对态度和手段上均有所提升。但是,面对投资损失、误导销售等硬性问题时,部分金融机构缺少诚意和勇气,使得负面信息进一步发酵和传播。

对比两届上榜事件不难发现,理财产品亏损、"老鼠仓"事件、"忽悠投保"分别成为银行、基金和保险行业具有代表性的舆情危机高发类事件,此类危机事件又多属于"硬伤",具有危害大、影响广的特点,最为投资者所痛恶。但是,金融机构面对此类问题表现消极,有避重就轻之嫌。

《2011 年上半年网络金融投诉榜》共计整理收录了保险和银行类投诉 2 576 条。在具体业务中,以寿险类投诉、信用卡类投诉和车险类投诉最多,分别占据总投诉量的 35.6%、19.5% 和 13.8%。在银行类投诉中,前几位均被国有大行所占据。在信用卡和网银投诉中,某国有大行成为遭投诉最多的银行。而保险类投诉则根据各险企主营业务的差别呈现出分散趋势,中国人寿在寿险类投诉中较多,而中国人保和民安保险则在车险领域被诉较多。

数据显示,一些规模较小的金融机构虽然总投诉量并不是很高,但是由于其客户基数较小,实际的投诉比例并不低。值得注意的是,在信用卡和车险投诉中这一"规律"被打破,一些综合实力行业排名并不靠前的机构反而被投诉次数较高,显示了不同金融机构在服务能力方面存在较大差距。

(资料来源:吕东.理财产品亏损成银行硬伤.证券日报.2011 年 7 月 26 日)

金融是现代经济的核心。随着我国经济持续快速发展,工业化、城镇化、市场化、国际化进程的加快,各项金融业务越来越普遍地走进寻常百姓家庭。"你不理财"就可能落得"财不理你"。不论富人、平民,不论经济过热、衰落,中国百姓终于开始明白"金融改变生活",金融投资已经成为经济生活的热点话题。无论是购房、购车、贷款,还是买卖证券、办理保险等金融业务,需要到金融机构办理的事情越来越多。要适应现代经济生活,学会理财越来越重要,与个人、与企业甚至与政府都密切相关。只有了解金融机构业务的内容,认识金融机构对经济发展的促进作用,才能学会利用金融为自己的生活、学习和工作服务。

通过本章的学习,你将了解金融机构体系的构成、金融机构的主要业务、商业银行信用创造原理以及金融监管等内容。认识金融机构体系的功能以及经济发展中的重要作用,掌握金融体系中的政策与监管机构。

第一节　金融机构体系的构成

一、金融机构体系的概念

金融机构是指以货币资金为经营对象,从事各种金融活动的组织机构。它为社会经济发展和社会再生产的顺利进行提供金融服务,是国民经济体系的重要组成部分。

金融机构体系简称金融体系,一般是指一国所有从事金融活动的组织,按照一定结构形成的整体及其内部相互关系的总称。随着经济的不断发展,金融体系也会发生变化并逐步健全和完善。

二、现代金融体系的一般构成

现代各国的金融体系一般包括四个组成部分,即中央银行、商业银行、专业银行和非银行金融机构。由于各国国情不同,其金融体系结构也各异。这里只介绍一般的构成。

(一)中央银行

中央银行是各国金融体系的核心,对内它代表国家对整个金融体系实行领导和管理,维护金融体系的安全运行,实施宏观金融调控,是全国货币金融的最高机构;对外它是一国货币主权的象征。

(二)商业银行

现代商业银行是以经营工商业存、贷款为主要业务,并为顾客提供多种服务,以盈利为目的的金融机构。它是唯一能够吸收活期存款的银行,因而也被称为存款货币银行。商业银行以机构数量多、业务渗透面广和资产总额比重大而成为金融体系中的骨干。

(三)专业银行

专业银行是指专门经营指定范围业务和提供专门性金融服务的银行。其特点有:

(1)专门性。专业银行是社会分工发展在金融业的表现,其业务具有专门性,服务对象是某一特定部门或领域。

(2)政策性。专业银行的设置往往体现了政府支持和鼓励某一地区和某一部门或领域发展的政策指向,专业银行的贷款具有明显的优惠性。

(3)行政性。专业银行的建立往往有官方背景,有的就是政府的银行或政府代理银行。

西方国家专业银行种类甚多,其中主要有开发银行、进出口银行、农业银行、住房信贷银行、抵押银行等。

(四)非银行金融机构

一般将中央银行、商业银行、专业银行以外的金融机构称作非银行金融机构。因此,这一类机构比较庞杂,它们属于信用机构,如保险公司、养老基金会、投资基金、邮政储蓄机构等。

商业银行、专业银行和非银行金融机构三者的主要区别如下:

(1)资金来源不同。商业银行以吸收各类存款为主要资金来源;专业银行以财政拨款、吸收特定存款、发行债券为主要资金来源;非银行金融机构以发行股票、债券为主要筹资手段,往往不能吸收存款。

(2)资金运用不同。商业银行的资金运用以发放贷款,特别是以短期周转性贷款为主;专业银行多为政策性银行,主要负责发放各类政策性贷款;非银行金融机构则主要从事某一类非贷款的金融业务,如保险、信托、证券、租赁等。

(3)经营目的不同。商业银行和非银行金融机构作为金融企业,以盈利为目的;专业银行的经营目的在于贯彻政府的政策意图,多以保本微利为原则。

(4)商业银行具有信用创造功能,而专业银行和非银行金融机构由于不办理支付结算业务,因而不具备信用创造功能。

当然,上述区别并非绝对化,近些年来,随着金融创新的发展,各类金融机构之间业务相互交叉,界限也日趋模糊。

课堂思考:现在你手中有2万元,想投资股票,能否在证券公司直接购买?

三、金融体系的功能

美国哈佛大学著名金融学教授罗伯特·默顿认为,金融体系具有以下基本功能:

1.金融体系的清算和支付功能

在经济货币化日益加深的情况下,建立一个有效的、适应性强的交易和支付系统乃基本需要。可靠的交易和支付系统应是金融系统的基础设施,缺乏这一系统,高昂的交易成本必然与经济低效率相伴。一个有效的支付系统对于社会交易是一种必要的条件。交换系统的发达,可以降低社会交易成本,可以促进社会专业化的发展,这是社会化大生产发展的必要条件,可以大大提高生产效率和技术进步。所以,现代支付系统与现代经济增长是相伴而生的。

2.金融体系的融资功能

金融体系的融资功能包含两层含义——动员储蓄和提供流动性服务。金融市场和银行中介可以有效地动员全社会的储蓄资源或改进金融资源的配置。这就使初始投入的有效技术得以迅速地转化为生产力。在促进更有效地利用投资机会的同时,金融中介也可以向社会储蓄者提供相对高的回报。金融中介动员储蓄的最主要的优势在于,一是它可以分散个别投资项目的风险,二是可以为投资者提供相对较高的回报(相对于耐用消费品等实物资产)。金融系统动员储蓄可以为分散的社会资源提供一种聚集功能,从而发挥资源的规模效应。金融系统提供的流动性服务,有效地解决了长期投资的资本来源问题,为长期项目投资和企业股权融资提供了可能,同时为技术进步和风险投资创造出资金供给的渠道。

3.金融体系的股权细化功能

将无法分割的大型投资项目划分为小额股份,以便中小投资者能够参与这些大型项目的投资。通过股权细化功能,金融体系实现了对经理的监视和对公司的控制。在现代市场经济中,公司组织发生了深刻的变化,就是股权高度分散化和公司经营职业化。这样的组织安排最大的困难在于非对称信息的存在,使投资者难以对资本运用进行有效的监督。金融系统的功能在于提供一种新的机制,就是通过外部放款人的作用对公司进行严格的监督,从而使内部投资人的利益得以保护。

4.金融体系的资源配置功能

为投资筹集充足的资源是经济起飞的必要条件,但投资效率即资源的配置效率对增长同样重要。对投资的配置有其自身的困难,即生产率风险,项目回报的信息不完全,对经营者实际能力的不可知等。这些内在的困难要求建立一个金融中介机构。在现代不确定的社会,单个的投资者是很难对公司、对经理、对市场条件进行评估的。金融系统的优势在于为投资者提供中介服务,并且提供一种与投资者共担风险的机制,使社会资本的投资配置更有效率。中介性金融机构提供的投资服务可以表现为分散风险、流动性风险管理、进行项目评估等方面。

5.金融体系的风险管理功能

金融体系的风险管理功能要求金融体系为中长期资本投资的不确定性即风险进行交易和定价,形成风险共担的机制。由于存在信息不对称和交易成本,金融系统和金融机构的作用就是对风险进行交易、分散和转移。如果社会风险不能找到一种交易、转移和抵补的机制,社会经济的运行不可能顺利进行。

6.金融体系的激励功能

在经济运行中激励问题之所以存在,不仅是因为相互交往的经济个体的目标或利益不一致,而且是因为各经济个体的目标或利益的实现受到其他个体行为或其所掌握的信息的影响。即影响某经济个体的利益的因素并不全部在该主体的控制之下,比如,现代企业中所有权和控制权的分离就产生了激励问题。解决激励问题的方法很多,具体方法要受到经济体制和经济环境的影响。金融体系所提供的解决激励问题的方法是股票或者股票期权。通过让企业的管理者以及员工持有股票或者股票期权,企业的效益也会影响管理者以及员工的利益,从而使管理者和员工尽力提高企业的绩效,他们的行为不再与所有者的利益相悖,这样就解决了委托代理问题。

7.金融体系的信息提供功能

金融体系的信息提供功能意味着在金融市场上,不仅投资者可以获取各种投资品种的价格以及影响这些价格的因素的信息,而且筹资者也能获取不同融资方式的成本的信息,管理部门能够获取金融交易是否在正常进行、各种规则是否得到遵守的信息,从而使金融体系的不同参与者都能做出各自的决策。

四、我国的金融体系

构成我国金融体系的金融机构按其地位和功能可分为两类。

　　第一类是金融宏观调控和金融监管机构。它包括中国人民银行、中国银行业监督管理委员会(银监会)、中国证券监督管理委员会(证监会)和中国保险监督管理委员会(保监会),即"一行三会"。

　　中国人民银行是我国的中央银行,是国务院的组成部门,其职能为依法制定和执行货币政策,防范和化解金融风险,维护金融稳定,并提供必要的金融服务。

　　我国的金融业实行分业经营、分业监管模式,中国证监会是我国证券业的监管机构,负责证券业和期货业的监督和管理;中国保监会是我国保险业的监管机构,负责保险业的监督和管理;中国银监会是我国银行业的监管机构,负责对银行业以及非银行金融机构的监督和管理。"三会"均为国务院直属的事业编制机构。

　　第二类是经营性金融机构。我国经营性金融机构体系的构成,如图 6-1 所示。

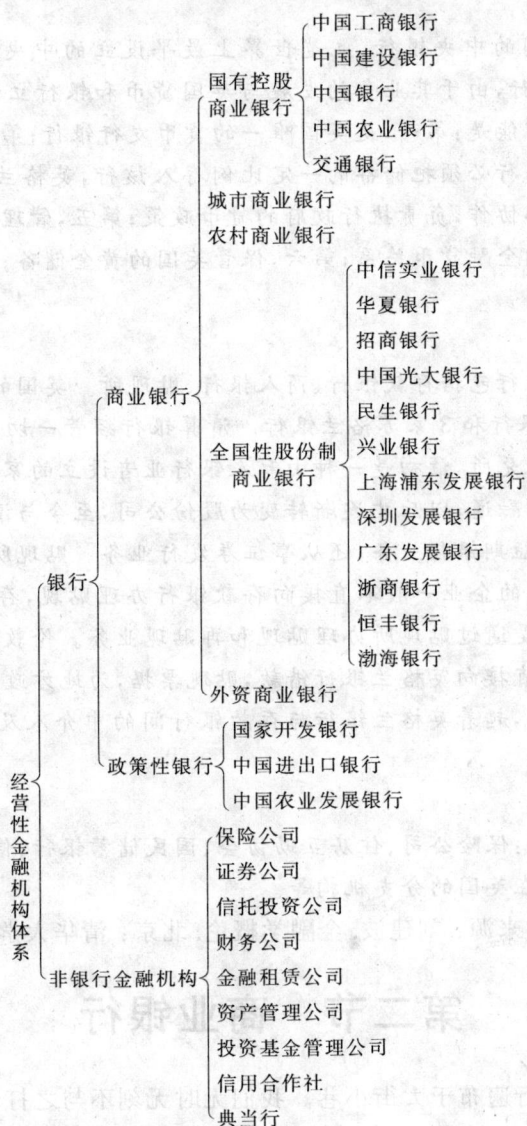

经营性金融机构体系
- 银行
  - 商业银行
    - 国有控股商业银行
      - 中国工商银行
      - 中国建设银行
      - 中国银行
      - 中国农业银行
      - 交通银行
    - 城市商业银行
    - 农村商业银行
    - 全国性股份制商业银行
      - 中信实业银行
      - 华夏银行
      - 招商银行
      - 中国光大银行
      - 民生银行
      - 兴业银行
      - 上海浦东发展银行
      - 深圳发展银行
      - 广东发展银行
      - 浙商银行
      - 恒丰银行
      - 渤海银行
    - 外资商业银行
  - 政策性银行
    - 国家开发银行
    - 中国进出口银行
    - 中国农业发展银行
- 非银行金融机构
  - 保险公司
  - 证券公司
  - 信托投资公司
  - 财务公司
  - 金融租赁公司
  - 资产管理公司
  - 投资基金管理公司
  - 信用合作社
  - 典当行

图 6-1　我国经营性金融机构体系框架图

目前,我国已基本形成了适应社会主义市场经济要求的金融体系。即以中国人民银行为核心,三大监管机构并举,规范监管,以商业银行为主体,政策性银行以及非银行金融机构并存、协作以及迅速发展的金融体系。

📖 **阅读资料 6-1**

英国的金融机构体系

英国的金融机构体系是以中央银行为核心的典型的金融体系,其中英格兰银行作为中央银行具有很高的权威,对英国各种银行及各种金融机构的管理较为严密。英国现行的金融机构体系包括:

(一)英格兰银行

英格兰银行是英国的中央银行,也是世界上最早设立的中央银行。它成立于1694年,原是股份制商业银行,由于其业务的发展与英国货币和银行立法有密切关系,逐渐转变为中央银行。主要职能是:第一,是英国唯一的货币发行银行;第二,负责国库收支和管理国债;第三,各商业银行必须把储备的一定比例存入该行,英格兰银行承担最后贷款者的责任;第四,与财政部协作,负责执行政府的货币政策;第五,管理外汇平准账户,处理与国际组织及其他国家的金融货币关系;第六,保管英国的黄金储备;第七,从事少量的一般银行业务。

(二)商业银行

英国典型的商业银行包括存款银行、商人银行、贴现所。英国的存款银行包括8家清算银行、4家北爱尔兰银行和3家苏格兰银行。清算银行经营一切银行业务,贷款以短期为主。商人银行又叫承兑所,最初是一种由私人银行业者设立的家庭企业,通过承兑汇票对商业银行进行资金的融通,以后才逐渐转变为股份公司,至今与清算银行之间的差别已经很小,可经营各种长短期银行业务,还从事证券发行业务。贴现所是专门办理票据贴现业务的金融机构。英国的企业一般不直接向存款银行办理贴现,存款银行也不直接向英格兰银行要求贴现,而是通过贴现所办理贴现和再贴现业务。伦敦有11家私营贴现所处于中心地位,它们可以直接向英格兰银行借款,贴现票据,为地方政府筹集短期资金,从事不同于普通银行的业务,起着英格兰银行与存款银行间的中介人及存款银行与工商企业之间的中介人作用。

(三)其他金融机构

其他金融机构包括:保险公司、住房互助协会、国民储蓄银行、信托储蓄银行、国民(邮政)汇划银行以及外国在英国的分支机构等。

(资料来源:刘建波.金融学概论.北京:清华大学出版社,2006年8月)

第二节　商业银行

在现实生活中,银行遍布于大街小巷。我们无时无刻不与之打着交道,我们的收入直接转入银行卡,通过银行卡支付房租、水电费、贷款或其他费用。我们购买汽车、住房等钱不够时,首先想到的也是银行。企业所有的经济活动,都要通过商业银行在全世界的经营网点来实现货币收付。商业银行是金融体系中最重要的金融机构,在社会经济生活中扮演着非常重要的角色。

一、商业银行概述

(一)商业银行的性质与特征

商业银行是以追逐利润为目标,以货币和信用为经营对象,综合性、多功能的金融企业。具有以下特征:

1.商业银行是一种特殊的企业

商业银行作为一个企业来看,它是社会经济的一个重要组成部分,必须具有从事业务经营所需要的自有资本,并要根据自己行业的特点,依法经营,照章纳税,自负盈亏,自担风险,并以追逐利润为目标。从商业银行经营的对象来看,商业银行又与一般工商企业有所不同。一般工商企业的经营对象是具有一定使用价值的商品,并从事商品生产或商品流通;而商业银行经营的是货币和货币资本这种特殊的商品。这一特殊商品的经营内容包括:货币的收付、借贷以及各种与货币运动有关的或有联系的金融服务。

2.商业银行是一种特殊的金融机构

商业银行作为金融机构来看,它与其他金融机构相比又有所不同,有其特殊性。作为银行,商业银行与中央银行和政策性银行相比,它们都从事银行业务,所不同的是商业银行以盈利为目的,经营目标是利润最大化。而中央银行与政策性银行一般不以盈利为目的。商业银行作为金融机构,与其他金融机构相比,其他金融机构如证券公司、信托投资公司、保险公司、租赁公司等,其业务经营的范围相对来说更为狭窄,业务方式更趋单一,且不以银行信用方式融通资金。而商业银行的业务更综合,功能更全面,经营范围从经营金融"零售"业务,到经营"批发"业务,为顾客提供所有的金融服务,具有综合性多功能经营的特征,素有"金融百货公司"之称。

(二)商业银行的职能

1.信用中介职能

信用中介职能是商业银行最基本、最能反映其经营活动特征的职能。商业银行通过负债业务,将社会上的闲散资金集中到银行,再通过商业银行的资产业务,投向社会经济各部门,由此充当社会上资金余缺双方的中间人。商业银行通过信用中介职能实现资金余缺的调剂,在没有增加社会上资金总量的基础上对资本进行了再分配,使社会上闲置的资金集中起来转化为现实的资本,使资本得到有效的运用,从而大大提高了社会金融资源配置的效率。

2.支付中介职能

所谓支付中介职能是指商业银行通过为各经济部门开立账户,充当它们之间货币结算与货币收付的中间人。商业银行执行支付中介职能是以活期存款账户为基础的。商业银行通过存款在账户上的转移,代理客户支付,在存款的基础上为客户兑付现款等,成为工商业团体和个人的货币保管者、出纳者和支付代理人。这样,以商业银行为中心,形成了经济社会中无始无终的支付链条和债权债务关系。商业银行支付中介职能的发挥大大减少了现金的使用,节省了交易费用,加速了结算过程和资金的周转速度,促进了经济的发展。

3.信用创造职能

商业银行的信用创造职能是基于其信用中介与支付中介的职能产生的。与专业银行及其他金融机构相比,商业银行是各种金融机构中唯一能够吸收活期存款、开设支票存款账户的机构,商业银行在利用所吸收的存款基础上,发放贷款,在支票流通和转账结算的基础上,贷款又转化为存款,由此创造出数倍于原始存款的派生存款,形成经济中货币供给量的扩张。

4.金融服务职能

在现代经济生活中,商业银行有其独特的信息优势、技术优势和专业化人员优势。商业银行可以根据客户需求提供多样化的金融服务,业务范围也随着金融竞争的加剧以及金融创新的发展而不断拓展,各类中间业务应运而生,如商业银行为各经济单位提供的工资、水电费、租金、运费等的代收或代付服务。商业银行综合性多功能的业务体系使其成为真正的"金融超市",随着商业银行金融服务的功能不断加强,对经济生活的影响也不断加大。

(三)我国现行的商业银行体系

1.国有控股商业银行

国有控股商业银行,也称大型商业银行,在我国商业银行体系中处于主体地位。包括中国工商银行、中国银行、中国建设银行、中国农业银行和交通银行。这5家商业银行均已完成股份制改造,成为上市银行。这5家商业银行上市具有可以改善银行的股权结构、充实资本金、加强市场监督、树立良好的市场形象等方面的积极作用。上市不仅仅是为了筹资,其根本目的在于将国有控股商业银行变成真正市场化的主体,将本土优势与国际先进的管理模式、经验及技术有机结合,全面强化自身的竞争力,在金融市场全面开放的环境下与国际一流的超级银行正面竞争,并在竞争中不断发展壮大。

2010年,中国工商银行、中国银行、中国建设银行和交通银行进一步巩固和深化改革成果,继续完善公司治理,不断提高决策水平和效能,全面提升风险管理和内部控制水平,采取多种方式补充资本金,各项指标持续改善,综合实力稳步增强。截至2010年年末,上述四家商业银行的资本充足率分别为12.0%、12.5%、12.4%和1.1%,不良贷款率分别为1.09%、1.20%、1.01%和1.13%,税后利润分别为1 564亿元、995亿元、1 333亿元和418亿元。

2010年,农业银行不断完善公司治理,加快内部改革和机制转换,稳步推进公开发行上市各项基础工作。2010年7月15日、16日,农业银行股票分别在上海证券交易所和香港联交所挂牌上市,共募集资金221亿美元。同时,积极探索"面向三农"和"商业运作"相结合的有效途径,稳步推进"三农金融事业部"改革,不断提高"三农"金融服务的积极性。

2.全国性股份制商业银行

20世纪80年代后半期以来,随着金融体制改革的不断深化,我国陆续组建和成立了一批股份制商业银行,包括:中信实业银行、华夏银行、招商银行、中国光大银行、民生银行、兴业银行、上海浦东发展银行、深圳发展银行、广东发展银行、浙商银行、恒丰银行、渤海银行等。这些银行股本结构不完全相同,但总体上以企业法人和地方财政入股为主,部分银行也有个人股份。

股份制商业银行从组建开始就按照商业银行机制运行。尽管它们在资产规模、机构数量和人员总数方面还远不能同国有控股商业银行相比,但其资本、资产及利润的增长速度均高于国有控股商业银行,呈现较强的经营活力和发展势头。

目前,股份制商业银行是我国银行体系的重要组成部分,在全国的主要中心城市都设有分支机构,主要优势有:一是成长性好。到 2010 年年末,股份制商业银行资产规模占比达 16%。二是机制灵活,市场化程度较高。股份制商业银行成立伊始,就在"夹缝"中求生存,不靠政府靠市场,建立了"自主经营、自负盈亏、自求平衡、自我发展"的经营机制,在经营区域、业务和客户类别上获得了较大的自主空间。三是创新能力强。股份制商业银行面对激烈的竞争,采取市场化方式配置资源,金融创新意识和能力较强,在许多新兴业务领域(如投行、理财、托管业务等)取得了重要突破。四是协同成本较低。股份制商业银行管理层级较少,运行效率相对较高,协同成本较低。五是管理基础和人员基础较好。股份制商业银行没有历史负担,人均和网点平均效益较高。

3.城市商业银行

城市商业银行的前身是城市信用社。我国原有的 5 000 余家城市信用社,有相当多已失去合作性质,实际上已成为小型商业银行。为规避风险,形成规模,1995 年国务院决定,在城市信用社清产核资的基础上,通过吸收地方财政、企业入股,组建城市合作银行。其服务重点是为地方经济发展服务,为中小企业提供金融服务。1998 年,城市合作银行改名为城市商业银行,按城市划分而设立。

经过 10 多年的发展,城市商业银行已经逐渐发展成熟,尽管其发展程度良莠不齐,但有相当多的城市的商业银行已经完成了股份制改革,并通过各种途径逐步消化历史上的不良资产,降低不良贷款率,转变经营模式,在当地占有了相当大的市场份额。其中,更是出现了上海银行这样发展迅速,已经跻身于全球银行 500 强行列的优秀银行。

4.农村商业银行

农村商业银行是由辖内农民、农村工商户、企业法人和其他经济组织共同入股组成的股份制的地方性金融机构,是自 2003 年启动深化农村信用社改革以来,在经济较为发达的地区陆续成立的金融企业。农村商业银行的成立初衷,就是要从农村经济发展和农民的实际需要出发,进一步增强和完善金融服务功能。立足本辖区,重点面向"三农"(农村、农业和农民)拓宽服务领域,创新服务品种,增加服务手段,充分发挥在农村的机构网点优势,更好地为农业经济服务,充分体现本类机构的服务特色。

由于农村商业银行是原有农村信用社经股份制改造而来,其从产权制度、规模和竞争力等各方面与现有金融企业相比均有一定差距。

5.邮政储蓄银行

中国邮政储蓄银行有限责任公司于 2007 年 3 月 6 日正式成立,是在改革邮政储蓄管理体制的基础上组建的商业银行。中国邮政储蓄银行承继原国家邮政局、中国邮政集团公司经营的邮政金融业务及因此而形成的资产和负债,并将继续从事原经营范围和业务许可文件批准、核准的业务。

中国邮政储蓄银行依托邮政网络优势,按照公司治理架构和商业银行管理要求,不断丰富业务品种,不断拓宽营销渠道,不断完善服务功能,为广大群众提供更全面、更便捷的基础性金融服务,成为一家资本充足、内控严密、营运安全、功能齐全、竞争力强的现代银行。2010 年 1 月至 10 月,邮储银行发放的小额贷款已突破 1 000 亿元,发放金额较去年同期增长 41%,这标志着邮储银行小额贷款业务发展已开始走向成熟,邮储银行实行的商业可持续发展小额贷款模式初步获得了成功,这将为中低收入人群、农村地区、个体商户、微型企业提供更好的持续的融资服务,进一步改善农村金融服务环境。

6.外资商业银行

自 1979 年首家外资金融机构在我国设立代表处以来,外资银行已成为我国金融体系中的一支重要力量和我国引进外资的一条重要渠道。特别是我国加入 WTO 后的 5 年保护期已经结束,银行业务逐步开放,外资银行对我国金融市场的影响作用将会进一步增强。

目前,我国境内设立的外资商业银行可分为四类:一是外资独资商业银行,指在中国境内注册,拥有全部外国资本股份的银行;二是中外合资商业银行,指在中国境内注册,拥有部分外国资本股份的银行;三是外国商业银行在中国境内的分行;四是外国商业银行驻华代表机构。

(四)商业银行的经营原则

商业银行是一个高负债率、高风险的金融机构,并且与国民经济各部门存在着复杂的债权债务关系,商业银行经营管理的成功与失败,不仅关系到自身的生存与发展,更影响到社会经济的正常运转。在长期的经营实践中,国际上商业银行的管理者们形成了三条基本的银行管理原则,即安全性原则、流动性原则和盈利性原则,又简称为"三性"原则。

1.安全性原则

安全性原则是指商业银行应当尽量避免各种不确定因素对其资产、负债、信誉等方面的影响,保证商业银行的稳健经营和发展,它是最基本的经营原则。商业银行之所以坚持安全性原则是因为:

(1)商业银行自有资本较少,经受不起较大的损失。商业银行是以货币为经营对象的信用中介机构,如果商业银行不利用较多的负债来支持其资金运用,银行的资金利润率就会大大低于工商企业利润率。同时作为一个专门从事信用活动的中介机构,商业银行比一般企业更容易取得社会信任,接受更多的负债,由此使得商业银行承受风险的能力要比一般企业小得多。

(2)商业银行经营条件的特殊性。对于商业银行来说,对居民的负债是有硬性约束的,既有利息支出方面的约束,也有到期还本的约束。如果商业银行不能保证安全经营,到期按时收回本息的可靠性非常低,则商业银行对居民负债的按期清偿也就没有了保证;更有甚者,若居民大量提款,可能导致银行倒闭。

(3)商业银行在经营过程中会面临各种风险。概括起来,商业银行面临的风险主要有:国家风险、信用风险、利率风险、汇率风险、流动性风险、经营风险和竞争风险等,必须注意安全性问题。

2.流动性原则

流动性是指银行能够随时满足客户提款和清偿要求以及各种合理的资金需求的能

力,它包括资产的流动性和负债的流动性两方面。资产的流动性指银行各类资产能随时得到偿付或在价值不受损失的条件下具有迅速变现的能力;负债的流动性是指银行能以较低的成本随时获得所需资金的能力。

(1)商业银行资产负债的稳定性较差,经常面临许多随时要求即付的存款负债和突如其来的贷款要求,这使银行特别容易受到流动性的威胁。一旦银行流动性不足,发生支付危机,将严重损害银行的信誉,影响业务发展并增加经营成本,甚至破产倒闭。

(2)银行作为信用中介,一方面是借者的集中,另一方面是贷者的集中。借贷活动中的此存彼提,此借彼还,处处涉及流动性问题。流动性是银行业务功能的具体体现,它在银行经营管理中是至关重要的。

3.盈利性原则

盈利是商业银行经营的总目标,盈利性是指经营货币过程中获得利润的能力。一方面,追求盈利是商业银行经营管理的总方针所要求的,也是商业银行改进服务、不断拓展业务的内在动力。另一方面,只有在保持理想的盈利水平的基础上,商业银行才能够充实资本,加强经营实力,提高竞争能力。从总体上看,流动性与安全性是成正比的。流动性较强的资产,一般来说安全有保障,风险较小。但流动性与盈利性却存在着矛盾,流动性强,安全性好,其盈利率一般较低;反之,盈利率就高。这就要求在这三者之间寻求一种均衡,即在保证安全性和流动性的前提下,追求最大限度的利润。

我国《商业银行法》规定,商业银行以安全性、流动性、效益性为经营原则,与国际银行业的顺序完全相同,表明我国正快速与国际接轨,但确定为效益性而不是盈利性,就是要求银行在经营活动中将自身盈利与社会效益结合起来。

二、商业银行的信用创造

(一)信用创造的概念

商业银行的信用创造是指商业银行利用其吸收的存款以及获得各项资金来源的有利条件,通过发放贷款和投资等资产业务,创造出更多的存款货币,增加货币供应量的过程。

商业银行以原始存款为基础,在银行体系中繁衍出数倍于原始存款的派生存款。

(1)原始存款。原始存款是指商业银行吸收的、能增加其准备金的存款。它包括商业银行吸收的现金存款和中央银行对商业银行贷款所形成的存款。

(2)派生存款。派生存款是相对于原始存款而言的。它是指由商业银行以原始存款为基础,运用信用创造流通工具和转账结算的方式发放贷款或进行其他资产业务时,所衍生出来的、超过原始存款量的存款。

将存款划分为原始存款和派生存款,只是从理论上说明两种存款在银行经营中的地位和作用的不同。事实上,在银行的存款总额中是根本无法区分谁是原始存款,谁是派生存款的。但是,可以肯定的是,派生存款必须以一定数量的原始存款为基础,原始存款量的大小,对于派生存款量的大小有直接的制约关系,任何一笔存款都不可能被凭空创造出来。

(3)存款准备金。存款准备金是为了限制商业银行的信用扩张和保证客户提取存款以及为了清算的需要而准备的资金。商业银行只要经营存款业务,就必须提留存款准备金。其初始意义在于保证商业银行的支付和清算能力,之后才逐步演变为中央银行的货币政策工具。中央银行通过对存款准备金率的调整,调节商业银行的信用创造能力,进而调节社会的货币需求量。

商业银行的准备金以两种形式存在:法定准备金和超额准备金。法定准备金是中央银行在法律赋予的权限范围内,为了影响商业银行的信用创造能力和货币供给能力,要求商业银行按照规定的比率上存中央银行的资金,具有法律效力。超额准备金是商业银行存款准备金与法定准备金的差额。

(二)商业银行创造派生存款的条件

信用创造是有前提条件的,并受到若干因素的制约。一般而言,只有具备了下列基本条件,商业银行信用创造的功能才能得以实现。

1.创造信用工具

信用工具的创造是信用量创造的前提。随着信用制度的发展,商业银行在银行信用的基础上创造了可以代替货币流通的信用工具,如银行券和支票,因而相对扩大了流通手段和支付手段,扩大了社会信用量,既满足了经济发展对流通手段和支付手段的需要,也节省了流通费用。

2.部分准备金制度

部分准备金制度是相对全额准备金制度而言的。在全额准备金制度下,商业银行必须为增加的每一笔存款保持100%的现金准备。例如,如果某人存入银行100元,银行只能把100元全部上存中央银行,而不再有多余的资金开展任何放款。此时,银行的现金资产和存款负债均为100元,二者之比为1∶1,没有多倍的存款创造。但是,在部分准备金制度下,商业银行对于吸收到的存款,则不需要为此保留等额的现金准备以应付提现了,而只需按照中央银行发布的法定存款准备金率,留下规定比例的现金,并上存中央银行,其余的资金就可以用于放款和投资了,如此循环下去,就会形成多倍的存款创造。

3.非现金结算制度

在经济生活中,各经济主体之间的资金清算可以通过现金形式来进行。我们假设A银行将吸收到的100元存款中的80元用于发放贷款(其余20元作为法定存款准备金),借款人甲在获得这笔80元的贷款资金后,以现金形式从A银行全额取出,而且该笔贷款在到期之前一直在市场公众手中流通,不存入银行,那么,A银行就不会再有多余的资金用于贷款,因而也就不会有新的存款被创造出来。同时,如果这笔现金也未被存入其他银行,那么其他银行的资产负债规模也均未改变,这时,整个银行系统的存贷款增加只能是一次性的,因而不存在多倍的存款创造。

但是在现实的经济社会中,更多的是使用非现金结算方式。非现金结算是在银行活期存款的基础之上,通过签发支票和活期存款的转移,来完成货币的收付。这种结算方式下的资金运动,是将活期存款从一个存款账户转移到另一个存款账户,用于支付的货币仍然留在银行里,只是银行的债权人发生了变化,这一过程对于商业银行来讲意义是非同小可的,因为形式上的存款转移意味着实质上的现金并不流出银行系统,资金来源不减少,是银行以增加客户存款的方式发放贷款的物质基础。即使转账结算的双方不在同一家银行,但转出方银行的存款减少,必然是转入方银行存款的等额增加。

（三）信用扩展与收缩

信用扩展与收缩是指商业银行通过其业务活动创造或减少存款货币,从而扩大或收缩信贷资金来源,进而扩大或缩小贷款规模,扩大或收缩社会信用总量的过程。

在银行体系遵守部分准备金制度,且所有贷款资金均以转账方式划转和支用的前提条件下,还有三个假设条件具备才能清晰地展现商业银行的信用创造过程。第一,假设客户存入资金后不再提取现金;第二,商业银行只提取法定存款准备金,不提取超额准备金;第三,提取法定存款准备金后的余额全部发放贷款。

设 A 银行收到客户甲交来的 10 000 元支票一张,A 银行通过代收这张支票,使自己的存款额增加 10 000 元,同时在客户甲的存款账户上增加 10 000 元。若法定存款准备金率为 20%,A 银行在保留 2 000 元法定存款准备金后,将 8 000 元贷给客户乙。乙用以支付在 B 银行开户的丙,B 银行代收支票使自己的存款额增加 8 000 元,同时增加客户丙的存款 8 000 元,扣除法定存款准备金 1 600 元后,其余 6 400 元用于放款。如此类推,从 A 银行开始至 B 银行,C 银行,……,N 银行,持续地存款、放款,放款、存款,则会产生下列结果,见表6-1。

表 6-1　　　　　　　　　　　存款货币的派生过程　　　　　　　　　　单位:元

银行	存款增加额	法定存款准备金增加额	贷款增加额
A	10 000	2 000	8 000
B	8 000	1 600	6 400
C	6 400	1 280	5 120
D	5 120	1 024	4 096
…	…	…	…
合　计	50 000	10 000	40 000

上例说明,一笔原始存款经过银行体系中各银行的业务运作,创造了数倍的派生存款,从而使银行的信用规模得以扩大数倍。派生存款主要取决于两个因素:一是原始存款量;二是法定存款准备金率。D 代表存款货币的最大扩张额,R 代表原始存款额,r 代表法定存款准备金率,它们的关系为

$$D=R/r$$

派生存款＝存款货币的最大扩张额－原始存款额

银行存款货币创造机制所决定的存款总额,其最大扩张倍数称为派生倍数,也称乘数。一般来说,乘数是法定存款准备金率的倒数,如上例中存款扩大倍数是 5 倍(1/20%)。若 r 降为 10%,则存款可扩大至 10 倍;若 r 升为 25%,则存款只可扩大 4 倍。法定存款准备金率越高,存款扩大倍数越小;法定存款准备金率越低,存款扩大倍数越大。银行系统派生存款倍数创造原理在相反方向上也适用,即派生存款的紧缩也呈倍数紧缩过程,它与派生存款的创造、扩张过程相对称,其原理是一样的。

（四）派生存款的制约因素

通过上述对存款货币创造过程的分析,可以看到,商业银行创造存款能力的大小,主要取决于法定存款准备金率的高低(在原始存款已知的条件下),但是,除了法定存款准备金率这个主要因素外,影响商业银行创造存款货币能力的还有以下因素:

1. 现金漏损率

在存款扩大过程中,有些得到支票的人可能不将款项存入银行,而是提取现金投放于流通领域或其他银行体系以外的地方保管,银行的放款也可能有部分的提现,这样就使一部分现金流出银行系统,出现所谓的现金漏损。现金漏损与存款总额之比称为现金漏损率,也称提现率。现金漏损率与商业银行创造派生存款的能力成反比。

2. 商业银行的超额准备金率

商业银行吸收的存款扣除法定准备金后的余额,并不能全部用于放款。为应付意外以及清算需要,商业银行在法定准备金之上还要保留一部分准备金,通常称为超额准备金或备付金。超额准备金与存款总额之比称为超额准备金率。超额准备金率越高,银行用于放款的资金越少,其创造派生存款的能力越弱;反之则相反。

3. 贷款需求额或者银行的贷款意愿

银行通过发放贷款来增加存款,如果没有贷款需求,银行就不能发放贷款,也谈不上创造存款;反之,如果贷款需求很大,但银行认为条件、时机等不成熟,不愿放款,也无法创造存款,或是创造存款的规模受到影响。

在以上分析中,商业银行创造存款的能力和存款扩大倍数只能看做是扩大存款的理论极限,在实际存款扩大过程中,有多种因素共同作用,存款的增加一般不会达到这个理论上的极限。

课堂思考:某银行吸收到一笔 100 万元现金的活期存款,法定存款准备金率为 16%,出于避险的考虑,该行额外增加中央银行存款 3 万元,后来存款单位提出 3 万元现金发放工资,试计算这笔存款可能派生出的最大派生存款额。

三、商业银行的业务

(一) 负债业务

负债业务是商业银行筹措资金借以形成资金来源的业务,是商业银行资产业务的基础。负债业务主要由资本金、各项存款和其他负债构成。

1. 资本金

商业银行的设立与经营必须要有资本金。自有资本金显示了银行实力,有利于增强客户对银行的信心;同时,资本金也是银行自身吸收外来资金的基础,是银行抵御损失风险的最后屏障。

关于自有资本的构成,《巴塞尔协议》对股份制商业银行有明确的规定。该协议将自有资本划分为核心资本和附属资本两大类。

(1)核心资本。核心资本包括股本和公开储备。股本包括普通股和非累积优先股;公开储备包括股票资本盈余、未分配利润和留存盈余等。

股票资本盈余指股票发行价格超过票面价值所带来的额外收入,即股票发行溢价收入。

未分配利润指银行税后净利减去优先股股息和普通股红利后的余额未分配给股东的部分,这部分净利润未指明用途。

留存盈余是商业银行按一定比例从当年的营业利润中提取出来的资金。留存盈余的多少,取决于银行盈利性的大小、股息政策、税率等因素。通常情况下,盈利性越高,留存盈余就越大;而股息率越高,所得税税率越高,留存盈余就越少。

(2)附属资本。附属资本包括未公开储备、重估储备、普通准备金、混合资本工具等。

《巴塞尔协议》的核心思想就是:商业银行的最低资本额由银行资产结构的风险程度所决定,资产风险越大,最低资本额越高。银行最低资本额为银行风险资产的 8%。

阅读资料 6-2

巴塞尔协议介绍

《巴塞尔协议》是国际清算银行(BIS)的巴塞尔银行业条例和监督委员会的常设委员会——"巴塞尔委员会"于 1988 年 7 月在瑞士的巴塞尔通过的"关于统一国际银行的资本计算和资本标准的协议"的简称。该协议第一次建立了一套完整的国际通用的、以加权方式衡量表内与表外风险的资本充足率标准,有效地扼制了与债务危机有关的国际风险。

从发展历程来看,《巴塞尔协议》经历了一个内容不断更新和方法不断改进的过程,其三大支柱是:最低资本要求、监管部门的监督检查及市场约束,其中最低资本要求是整个协议的基础。学术界一般将 1988 年的《巴塞尔报告》称为旧巴塞尔协议,将 1999 年 6 月公布的《新巴塞尔资本协议》征求意见稿(第一稿)称为新巴塞尔协议。2010 年 9 月 12 日,巴塞尔银行监管委员会宣布,各方代表就《巴塞尔协议Ⅲ》的内容达成一致。根据这项协议,商业银行的核心资本充足率将由目前的 4% 上调到 6%,总资本充足率要求仍维持 8% 不变。此外,还将引入杠杆比率、流动杠杆比率和净稳定资金来源比率的要求,以降低银行系统的流动性风险,加强抵御金融风险的能力。

为最大限度地降低新协议对银行贷款供给能力以及宏观经济的影响,协议给出了从 2013—2019 年一个较长的过渡期。全球各商业银行 5 年内必须将一级资本充足率(核心资本)的下限从现行要求的 4% 上调至 6%,过渡期限为 2013 年升至 4.5%,2014 年为 5.5%,2015 年达 6%。同时,协议将普通股最低要求从 2% 提升至 4.5%,过渡期限为 2013 年升至 3.5%,2014 年升至 4%,2015 年升至 4.5%。截至 2019 年 1 月 1 日,全球各商业银行必须将资本留存缓冲提高到 2.5%。

据银监会 2011 年 5 月 3 日消息,中国将于 2012 年 1 月 1 日开始执行银行业新监管标准,提高资本充足率、杠杆率、流动性、贷款损失准备等监管标准。系统性银行和非系统性重要性银行应分别于 2013 年年底和 2016 年年底前达到新的资本监管标准。

(资料来源:巴塞尔协议.百度百科)

2.存款业务

存款是商业银行负债业务中最重要的业务,是商业银行经营资金的主要来源。银行存款可以有多种分类,常见的是按照性质的不同将存款划分为活期存款、定期存款、储蓄存款。

(1)活期存款。活期存款是指由存款客户随时存取和转账的存款。它没有确定的取款期限规定,持有活期存款账户的存款者可以用各种方式提取存款,如开出支票、本票、汇票,电话转账,使用自动柜员机等。在各种取款方式中,最传统的是凭支票取款,因此活期存款又叫支票存款。由于存入活期存款账户的款项主要用于交易和支付用途,故在国外也习惯将该账户称为交易账户。银行对活期存款账户一般不支付利息,有些国家甚至还要收取一定的手续费,中国是少数对活期存款支付利息的国家之一。虽然活期存款时存时取,流动性很强,但总会在银行形成一笔相对稳定的余额,是商业银行的重要资金来源。

(2)定期存款。定期存款是指预先规定了存款期限的存款。存款人只有在存款到期时才能提取存款。存款人如因特殊情况需要提前支取时,必须提前通知银行,并要承担相应的利息损失。期限通常为 3 个月、6 个月和几年不等,最长可达 5～10 年。定期存款的利率根据期限长短不同而有所差异,但均高于活期存款利率。定期存款的存单可以作为质押品取得银行贷款。与活期存款相比,定期存款具有稳定性高、手续简便、费用较低、风险较小等特点,它是商业银行获取稳定资金来源的重要渠道。

(3)储蓄存款。储蓄存款是居民个人以积蓄资财为目的,凭存折或存单提取的一种存款。储蓄存款又可分为活期储蓄、定期储蓄、定活两便储蓄、通知存款、教育储蓄、定活通等。无论什么样的储蓄存款,银行必须向存款人支付利息,且定期储蓄利率要高于活期储蓄利率。储蓄存款凭证不具有流动性,但可以质押,取得银行质押贷款。储蓄存款的存款人为居民个人。为了保障储户的利益,各国金融监管当局对经营储蓄存款的银行都有严格的规定,一般要求只有商业银行和专门的储蓄机构才有资格办理此项业务,且要求银行对储蓄存款负有无限清偿责任。

3.借款业务

借款是商业银行主动向中央银行、其他金融机构和金融市场借入资金的一种信用活动,是商业银行的主动负债业务,构成了商业银行重要的资金来源。根据借款期限不同,商业银行借款可以分为短期借款和长期借款。短期借款是指期限在一年以内的债务,包括同业拆借、向中央银行借款和其他形式的短期借款;长期借款是指偿还期限在一年以上的债务,其主要形式是发行资本票据和金融债券。由于商业银行的长期负债被当做附属资本,短期借款就成为银行主动负债的主要组成部分。

(1)同业拆借。同业拆借是银行之间相互的资金融通,主要是用于解决银行临时资金周转的困难。拆借的资金借入期限一般较短,有的只有半天或一天。同业拆借的利率水平较低,并且具有基准利率的作用。一般与当时的市场利率挂钩,受资金供求状况影响较大,其利息是按日计算的。由于同业拆借是通过各商业银行在中央银行的存款账户进行,所以通常是由中央银行把款项从拆出行账户划入到拆入行账户上。

(2)向中央银行借款。中央银行是“银行的银行”,扮演着“最后贷款人”的角色,当商业银行出现资金不足时,可以从中央银行取得贷款。其借款方式有三种:一是再贷款。从狭义角度来看,再贷款是中央银行向商业银行提供的信用放款,也叫直接借款。二是再抵押。再抵押是指商业银行为融通资金,以其抵押贷款所获得的抵押品向中央银行再行抵押所获得的贷款。至今我国商业银行没有此业务。三是再贴现。再贴现是商业银行在需要资金时,将已贴现的未到期票据向中央银行再行贴现的票据转让行为。在上述三种借款方式中,再贴现是世界上大多数中央银行首选的向商业银行的贷款方式,再贷款、再抵押则在商业银行向中央银行融资中占比很小。

(3)回购协议。回购协议是指商业银行在出售金融资产获得资金的同时,确定一个在未来某一时间、按一定价格购回该项资产的协议。大多数回购协议以政府债券作担保,从形式上来看是证券的买卖行为,而实际上是银行以证券作为担保的借贷行为。回购协议期限的弹性较大,短则一个营业日,长则几个月。其交易方式主要有两种:一种是交易双方同意按相同的价格出售和购回证券,但要事先约定利息,在回购时一并支付;另一种是证券的买卖价格不同,回购价格要高于出售价格,高出的部分即为借贷利息。

(4)在金融市场上发行金融债券和存单。一种情况是商业银行以在国内公开市场上发行大额定期存单和金融债券的方式筹集资金,这是典型的主动负债方式。另一种情况是商业银行在国际金融市场上融资,其最为典型的形式是欧洲货币市场借款。

银行次级债券是指商业银行发行的、本金和利息的清偿顺序列于商业银行其他负债之后、先于商业银行股权资本的债券,属于商业银行附属资本。次级债券在银行间债券市场发行,其投资人范围为银行间债券市场的所有投资人,可在银行间债券市场上市交易。相对于发行股票补充资本的方式来说,发行次级债券的程序相对简单、周期短,是一种快捷、可持续的补充资本金的方式。特别对于那些刚刚发行新股或未满足发行新股条件的商业银行而言,如果亟须扩大资本金来捕捉新的业务机会,通常会倾向于先发行次级债券。次级债券的风险和利率成本一般都会高于银行发行的其他债券。

(5)结算过程中的短期资金占用。商业银行在为客户办理转账结算业务中,可以占用客户的资金。每笔资金虽然占用的时间很短,但由于资金周转数额巨大,因而占用的资金数额便相当可观。从时点上看,总会有一些处于结算过程中的资金构成商业银行合法运用的资金来源。需要指出的是,随着银行电子化结算应用范围的逐步扩展,结算过程、资金到账时间大大缩短,使银行利用业务环节占用资金的可能性减小,从而压缩了商业银行这部分可用资金的规模。

(二)资产业务

资产业务是商业银行将负债业务所聚集的货币资金加以运用的业务,是商业银行取得收益的主要途径。资产业务主要包括现金资产、贷款、证券投资三项。

1.现金资产业务

现金资产是银行持有的库存现金以及与现金等同的可随时用于支付的银行资产。它包括以下几类:

(1)库存现金,是指商业银行保存在金库中的现钞和硬币。任何一家营业性的银行机构,为保证对客户的支付,都必须保存一定数量的现金。但库存现金是一种非营利资产,而且保存它还需要花费大量的费用。因此,库存现金不宜太多,要适度。

(2)在中央银行的存款,是指商业银行存放在中央银行的资金,即存款准备金。它由法定存款准备金和超额存款准备金两部分构成。超额存款准备金是商业银行的可用资金,可以用来应付提款、发放贷款,或者购买证券。

(3)存放同业的存款,是指商业银行放在代理行和相关银行的存款。在其他银行保持存款的目的是为了便于银行在同业之间开展代理业务和结算收付。

(4)在途资金,也称托收未达款,指本行或通过同业向外地收取的支票款项。在途资金在收妥之前是一笔占用的资金,又由于通常在途时间较短,收妥后即成为存放同业的存款,所以将其视同现金资产。

2.贷款业务

贷款业务是商业银行将一定量的资金,按照相应的规则,为获得利润而向借款人提供资金使用的借贷行为。从银行经营管理的角度出发,结合我国《贷款通则》的规定,银行贷款可作如下分类:

(1)按照贷款期限划分

①短期贷款。是指贷款期限在1年以内(含1年)的贷款,短期贷款适于支持借款人对流动资金的短期需要,是银行的主要贷款业务之一。

②中期贷款。是指贷款期限在1年以上5年以下(含5年)的贷款,技术改造贷款属于中期贷款。

③长期贷款。是指贷款期限在5年以上(不含5年)的贷款。基本建设等大型项目贷款和消费贷款等都属于长期贷款。中长期贷款数额大,期限长,周转速度慢,收益相对也较高,同时也蕴含着较大的信用风险和流动性风险。

(2)按照贷款保全方式划分

①信用贷款。是指以借款人的信誉,无须提供抵押物或者第三人的担保而发放的贷款。事实上,信用贷款是以借款人的资信与未来的现金流量作为还款保证的。由于借款人所处的经营环境和产销条件的不断变化,加之信用贷款债权的实现没有现实的保障,因而信用贷款风险较大。

②担保贷款。是以借款人提供的履行债务的物权担保或者以第三人的信用担保而发放的贷款。担保贷款又分为保证贷款、抵押贷款和质押贷款。

保证贷款,是指按《中华人民共和国担保法》(以下简称《担保法》)规定的保证方式,以第三人承诺在借款人不能偿还贷款时,按约定承担一般保证责任或者连带保证责任而发放的贷款。这种贷款由借款人与担保人双重信用保证,实际上也属于信用贷款。

抵押贷款,是指按《担保法》规定的抵押方式,以借款人或第三人的财产作为抵押物发放的贷款。借款人不履行债务时,商业银行有权依照《担保法》的规定,以抵押的财产折价或者以拍卖、变卖抵押财产的价款优先受偿。

质押贷款,是指按《担保法》规定的质押方式以借款人或第三人的动产或权利作为质物发放的贷款。

③票据贴现。是指贷款人以购买借款人未到期商业票据的方式发放的贷款。它是在商业信用的基础上产生的一种融资行为,故也称贴现贷款。此种贷款具有期限短、流动性强、安全性高和效益好等优点。票据贴现实行预扣利息,票据到期后由银行向票据载明的承兑人收取票款。贴现期限是自贴现日开始,到票据到期日止的期间。按"算头不算尾"的原则,贴现期限为实际发生的天数。贴现金额,是从票据的面额中扣除贴现期间的利息后的余额。计算公式为

$$贴现付款额＝票据面额－票据面额×贴现天数×(贴现月利率÷30)$$

【例】　甲公司向乙公司销售商品,货款额为100万元。双方商定采取延期付款的方式,乙公司于5月10日交给甲公司由其开户银行承兑的汇票,到期日为9月10日。甲公司由于急需资金,6月1日向其开户银行申请贴现。银行审查后同意贴现,并确定月利率为6.3‰。

$$贴现利息＝100×(6.3‰÷30)×101＝2.121(万元)$$
$$贴现付款金额＝100－2.121＝97.879(万元)$$

（3）按照贷款人对贷款的自主权划分

①自营贷款。是指商业银行以合法方式筹集的资金自主发放的贷款,其风险由贷款人承担,并由贷款人收回本金和利息。现阶段自营贷款,商业银行发放的数量最多,范围最广。

②委托贷款。是指由政府部门、企事业单位及个人等委托人提供资金,由贷款人(受托人)根据委托人确定的贷款对象、用途、金额、期限、利率等代其发放、监督使用并协助收回的贷款。贷款人(受托人)只收取手续费,不承担贷款风险,如政策性贷款。

③特定贷款。是指经国务院批准并对贷款可能造成的损失采取相应补救措施、责成国有商业银行发放的贷款,其他金融机构不得发放,如助学贷款。

（4）按照贷款的风险程度划分

①正常贷款。借款人能够履行借款合同,有充分把握按时足额偿还本息的贷款。

②关注贷款。借款人目前有能力足额偿还贷款本息,但存在一些可能对贷款偿还产生不利影响的因素,如果这些因素继续下去,借款人的偿债能力会受到影响,即存在"潜在缺陷"是关注贷款的显著特征。例如,借款人的销售收入、经营利润在下降;借款人的一些关键财务指标低于行业平均水平或有较大下降;借款人的经营管理有较严重的问题等。

③次级贷款。借款人的还款能力出现了明显的问题,依靠其正常的经营收入已无法保证足额偿还贷款本息,需要通过处分资产或对外融资乃至执行抵押、质押、保证等来还款;即使执行了担保,也可能会造成一定的损失,即具有"明显缺陷"的贷款才能被划分为次级贷款。

④可疑贷款。借款人无法足额偿还贷款本息,即使执行了担保,也肯定要造成较大的损失;或借款人目前正处于资产重组等重大事件过程中,存在一些不确定因素,不能准确划分贷款类别。"有明显缺陷并有一部分或大部分损失"是可疑贷款的关键特征。例如,借款人处于停产、半停产状态;借款人已经资不抵债;银行已诉诸法律来收回贷款;借款人经过了重组仍然不能正常归还贷款本息等。

⑤损失贷款。在采取了所有可能的措施和一切必要的法律程序之后,贷款本息仍无法收回,或只能收回极少部分,贷款的大部分或全部都要损失。该类贷款的基本特征是:借款人无力偿还贷款,抵押品价值低于贷款额,收回贷款的成本远大于收回的价值;借款人已彻底停止经营活动;中长期贷款项目停止时间长,复工无望等。

（5）按照贷款对象划分

①个人贷款。个人贷款包括个人消费贷款和个人住房贷款。个人消费贷款包括个人汽车消费贷款、个人助学贷款、个人质押贷款、个人综合消费贷款、个人小额短期信用贷款等。

阅读资料 6-3

个人贷款的还款方式介绍

1.等额本金法。等额本金法每次偿还的本金相同,利息随本金余额的减少而逐渐减

少。贷款本息并不等额,首次最高,以后递减。每月还本付息额的计算方法为

月还本付息额=贷款本金÷贷款偿还次数+(贷款本金—已偿还本金)×年利率÷12

【例】 某借款人向银行申请贷款 20 万元,经银行审查合格后,同意贷款。贷款期限为 15 年,约定的利率为 5.04%,采用等额本金法,每月还款一次。

借款人每月偿还本金额=贷款本金÷偿还次数

$$=200\ 000÷(12×15)=1\ 111.11(元)$$

第一个月支付的利息:200 000×5.04%÷12=840(元)

第一个月还本付息额:1 111.11+840=1951.11(元)

第二个月偿还利息额:(200 000—1111.11)×5.04%÷12=835.33(元)

第二个月还本付息额:1 111.11+835.33=1 946.44(元)

以后各月依次类推。

2.等额本息法。等额本息法是在贷款偿还期内,每个月偿还相等的金额,包括本金与利息。其中,在偿还贷款的初期,贷款偿还额中利息占主要成分,本金的额度较小,以后,利息逐渐减少,本金渐次增加。

$$每月偿还贷款额度=\frac{贷款本金×贷款月利率×(1+贷款月利率)^{还款次数}}{(1+贷款月利率)^{还款次数}-1}$$

【例】 某借款人向银行申请 20 万元消费贷款,贷款期限 15 年,贷款利率 5.04%,采用等额本息法偿还贷款。

$$借款人每月偿还贷款本息=\frac{200\ 000×5.04\%÷12×(1+5.04\%÷12)^{12×15}}{(1+5.04\%÷12)^{12×15}-1}$$

$$=1\ 585.8(元)$$

比较上述两种还款方式可知,在贷款偿还的初期,等额本金法每月偿还的贷款额要高于等额本息法,后期则相反,等额本息法偿还的金额大于等额本金法。从借款人支付的利息额来看,等额本金法支付的利息总额要低于等额本息法。

(资料来源:秦翠卿.新编财政与金融.大连理工大学出版社.2005 年 7 月)

②企业贷款。企业贷款包括固定资产贷款、流动资金贷款和贸易融资贷款。固定资产贷款包括一般项目贷款、基本建设贷款、技术改造贷款、科技开发贷款、商业网点贷款和并购贷款;流动资金贷款包括临时流动资金贷款、短期流动资金贷款和中期流动资金贷款;贸易融资贷款是指银行对进口商或出口商提供的与进出口贸易结算相关的短期融资或信用贷款。

对于任何一笔贷款,都必须遵循以下工作程序:

第一,贷款申请。凡符合借款条件的借款人,申请贷款必须填写借款申请书。借款申请书的基本内容包括:借款人名称、性质、经营范围,申请贷款的种类、期限、金额、方式、用途、用款计划、还本付息计划以及有关的经济技术指标等。

为便于贷款人审查贷款,借款人在递交借款申请书的同时,还必须提供以下资料:

a.借款人及保证人的基本情况及有关法律文书,如营业执照、法人代表证明文件等;

b.财政部门或会计(审)师事务所核准的上年度会计报表及申请贷款前一个时期的财务报表或资产负债表;

c.原有不合理占用的贷款纠正情况；

d.担保品及拟同意担保的有关证明文件；

e.项目建议书和可行性报告；

f.贷款人认为需要提供的其他文件、证明等。

第二，贷款调查。银行在接到借款人的借款申请书后，应指派专人进行调查。调查的内容主要有三个方面：

一是关于借款申请书内容的调查，主要审查其内容填写是否齐全，数字是否真实，印鉴是否与预留银行印鉴相符，申请贷款的用途是否真实合理等。

二是调查借款的合法性、安全性、盈利性。主要了解借款的用途是否符合国家产业、区域、技术以及环保政策和经济、金融法规；调查借款人的信用记录及贷款风险情况；调查测算借款人使用贷款的盈利情况及归还贷款本息的资金来源等。

三是核实抵押物、质物、保证人的情况，即对借款人的抵押物、质物进行认定、核实，验证产权证明；审查保证人的资格，验证营业执照，查阅保证人的有关财务资料；审查保证人的保证意向书的真实性、保证人的保证能力等。

第三，评定借款人的信用等级。银行在对借款人的贷款申请进行深入细致的调查研究的基础上，还要利用掌握的资料，依据借款企业的领导素质、经济实力、资金结构、履约情况、经济效益和发展前景等因素，对借款人进行信用评估，划分信用等级。信用评估可以由贷款银行独立进行，评估结果由银行内部掌握使用；也可以由人民银行认可的有资格的专门信用评估机构对借款人进行统一评估，评估结果供各家银行使用。

第四，贷款审批。对经过审查评估符合贷款条件的借款申请，银行应当本着审贷分离、分级审批的原则，对贷款调查人员提供的资料进行核实、评定，复测风险，及时进行审批并办理审批手续。为了保证贷款决策科学化，银行应当建立贷款审查委员会，进行集体决策。

所谓审贷分离制度，就是将负责贷款过程的审贷查人员实行三分离的制度。具体来说，在信贷管理委员会的领导下，贷款调查评估人员负责贷款调查评估，承担调查失误和评估失准的责任；贷款审查人员负责贷款风险的审查，承担审查失误的责任；贷款发放人员负责贷款检查和清收，承担检查失误、清收不力的责任。建立审贷分离制度，将贷款的调查、审查和决策工作分离开来，使信贷工作人员既相互制约，又相互监督，增强了工作责任心，有利于防止工作出现差错，保证贷款按照借款企业的风险度发放。

而贷款分级审批制度，是指贷款银行根据业务量的大小、管理水平和贷款风险度的高低，确定各级分支机构的贷款审批权限，超过审批权限的贷款，应当报上级部门审批的制度。对贷款分级审批权限的划分，不同的商业银行根据授权的范围确定不同的标准，都必须是在授权额度内，根据贷款的风险度和贷款规模来确定。

第五，签订贷款合同。借款申请经审查批准后，必须依据《合同法》，由银行与借款人签订借款合同。在我国，借款合同的文本由银行拟定，报人民银行审定后自行印刷。对于保证贷款，保证人须向银行出具"不可撤销担保书"或由银行与保证人签订"保证合同"；对于抵押贷款和质押贷款，银行须与借款人签订抵押合同或质押合同。需办理公证和登记的，还应依法办理公证和登记手续。

第六，发放贷款。贷款合同签订以后，贷款银行应当按照贷款合同的约定，按期向借款人发放贷款。借款人应填写借款借据，由贷款经办人员审核无误，并由有关人员签字盖章后，送会计部门办理转账。

第七，贷款检查。贷款发放以后，银行要对借款人执行借款合同的情况即借款人的资信状况进行跟踪调查和检查。检查的主要内容包括：借款人是否按合同规定的用途使用贷款；借款人资产负债结构的变化情况；借款人还款能力及还款资金来源的落实情况等。对违反国家有关法律、法规、政策、制度和借款合同规定使用贷款的，检查人员应及时予以制止并提出处理意见。

第八，贷款收回、催收与冲销。贷款到期后，借款人应主动及时归还贷款本息，一般可由借款人开出结算凭证归还本息，也可由银行直接从借款人账户中扣收贷款本息。

由于客观情况发生变化，借款人经过努力仍不能还清贷款的，短期贷款必须在到期日的 10 天前、中长期贷款在到期日的 1 个月前，向银行提出贷款展期申请。如果银行同意展期，应办理展期手续。每笔贷款只能展期一次，短期贷款展期不得超过原贷款期限；中长期贷款展期不得超过原贷款期限的一半，最长不得超过 3 年。贷款展期后，如新的期限加上原贷款期限达到新的利率期限档次，从展期之日起，按新期限档次利率计息。如果银行不同意展期，或展期以后仍不能到期还款，即列为逾期贷款，银行对其应进行专户管理，并加大催收力度。对已经形成银行损失的贷款，可依据法律法规，按规定程序予以冲销。

3. 证券投资业务

证券投资是指商业银行以其资金在金融市场上购买有价证券的业务。证券投资业务对商业银行具有重要意义。

（1）增加银行收益。购买债券有固定的利息收入，购买股票有股息收入和买卖差价收入。因此，当贷款需求减弱或贷款收益率降低、风险较大时，银行将一部分资金投资于证券，既使资金得到充分运用，又增加了银行盈利水平。此外，由于商业银行投资的证券大都集中在政府债券上，而政府债券往往都有税收上的优惠，故银行可以利用证券组合达到避税目的，从而进一步提高银行资产的税后收益。

（2）保持资产流动性。商业银行的资产中，流动性最强的现金资产被称为第一储备；而对流动性较强的短期证券的投资被称为第二储备。当银行现金资产不足，难以满足流动性需要时，就可以出售短期证券以获得流动性。同时，相对于现金资产，证券投资还有一定的收益，可以降低维持资产流动性的成本。

（3）分散风险，提高资产质量。证券投资使银行资金投向更加多样化，降低资产组合风险；证券投资组合较贷款的组合更为灵活，独立性强，不像贷款要受客户业务关系、地理位置、资产规模等诸多因素限制，可减少经营风险。

目前，我国《商业银行法》规定：商业银行在中华人民共和国境内不得从事信托投资和股票业务，不得向非银行金融机构和企业投资。所以，商业银行证券投资的对象主要是国债、央行票据等。

（三）中间业务

商业银行的中间业务是指不构成商业银行表内资产、表内负债，形成银行非利息收入的业务。在中间业务中，银行不需要或很少需要运用自己的资金，而是以中间人身份代理客户承办支付和其他委托事项,提供各类金融服务,从中收取手续费。

1.结算业务

结算业务是指由商业银行为客户办理因债权债务关系引起的与货币支付、资金划拨有关的收费业务。结算业务方式主要包括同城结算方式和异地结算方式。结算业务借助的主要结算工具包括银行汇票、商业汇票、银行本票和支票。

(1)汇款业务,是由付款人委托银行将款项汇给外地某收款人的一种结算业务。汇款结算分为电汇、信汇和票汇三种形式。

(2)托收业务,是指债权人或售货人为向外地债务人或购货人收取款项而向其开出汇票,并委托银行代为收取的一种结算方式。

2.代理类业务

代理类业务指商业银行接受客户委托,代为办理客户指定的经济事务、提供金融服务并收取一定费用的业务。

(1)代理政策性银行业务,指商业银行接受政策性银行委托,代为办理政策性银行因服务功能和网点设置等方面的限制而无法办理的业务,包括代理贷款项目管理等。

(2)代理商业银行业务,指商业银行之间相互代理的业务,如为委托行办理支票托收业务。

(3)代理证券业务,是指商业银行接受委托办理的代理发行、兑付、买卖各类有价证券的业务,还包括接受委托代办债券还本付息、代理开放式基金的申购与赎回等。

(4)代收代付业务,是指商业银行利用自身的结算便利,接受客户的委托代为办理指定款项的收付事宜的业务。例如,代理各项公用事业收费、代理行政事业性收费和财政性收费、代发工资等。

(5)保管箱业务,是指商业银行为客户保管货币或其他物品的业务。如现金、重要文件、贵重物品等。保管箱业务具有安全可靠、保密性好、租金低廉的特点。

(四)其他业务

(1)信息咨询业务,包括项目评估、企业信用等级评估、验证企业注册资金、资信证明、企业管理咨询、个人理财等。

(2)基金托管业务,是指商业银行为托管的基金财产办理的基金会计核算、基金估值、监督基金管理人投资运作等业务。

(3)现金管理业务,指商业银行协助企业,科学合理地管理现金账户头寸及活期存款余额,以达到提高资金流动性和使用效益的目的。

(4)银行卡业务,银行卡是由经授权的金融机构(主要指商业银行)向社会发行的具有消费信用、转账结算、存取现金等全部或部分功能的信用支付工具。

(五)表外业务

表外业务是指商业银行从事的不列入资产负债表内的业务。表外业务的特点是服务与提供资金的分离,是银行提供的非资金服务,在多数情况下银行只是充当中介人,为客户提供保证。

表外业务从广义上来说也属中间业务,但它与其他中间业务的主要区别在于承担的风险不同。表外业务在一定条件下可以转化为表内业务,因而承担一定风险。而其他中间业务没有资产负债方面的风险,银行主要处于中间人的地位或服务者地位。

表外业务可划分为传统的表外业务,包括贷款承诺、担保业务,以及新兴的表外业务。我国商业银行表外业务起步晚,目前只办理了一些传统的担保业务。

1. 传统的表外业务

(1)贷款承诺。贷款承诺是商业银行的主要表外业务,是指商业银行承诺并按约定在特定时间或时间段向借款人提供贷款资金的许诺。如承兑业务、信用证业务等。

(2)担保业务。担保业务是指商业银行根据委托人请求向受益人出具书面承诺,在委托人(被担保人)不能履行债务时,由商业银行(担保人)负责履行债务的一种业务。

2. 新兴的表外业务

主要是金融衍生工具业务,包括远期外汇合约、货币互换、货币期货、货币期权、利率互换等。

(六)网上银行业务

1. 网上银行的概念

按照国际巴塞尔银行监管委员会的定义,网上银行是指那些通过电子通道提供零售与小额商品和服务的银行,例如提供存贷、电子商务、账户管理等服务。从广义上看,凡是基于独立的网站为客户提供有关银行业务与信息服务的银行均可称为网上银行。客户无论是坐在家中还是在办公室,只要面前有一台可以上网的电脑,就可以足不出户享受到银行的优质服务。

自 1995 年世界第一家网上银行——美国安全第一网上银行诞生以来,全球银行业在电子化道路上开始了爆发式的飞跃。1996 年,我国还只有中国银行通过国际互联网向社会提供银行服务,到目前国内几乎所有大的商业银行都推出自己的网上银行,建立了自己的主页和网站,我国银行纷纷把业务搬上互联网,积极抢滩网上银行市场。根据易观智库的数据报告显示,截至 2010 年年底,我国注册用户数超过 3 亿,网上银行市场全年交易额达到 553.75 万亿元。

2. 网上银行的特点

网上银行作为依托高科技的金融机构,与传统银行相比具有明显的不同。

(1)依托先进的计算机网络技术

网上银行本身是依托计算机和计算机网络与通信技术而发展起来的,其全部交易处理程序完全由电脑执行。而计算机技术正代表着当前科技发展的方向,因此网上银行代表着信息时代银行业发展的方向。

(2)虚拟性和开放性

网上银行没有银行大厅,没有营业网点和柜台工作人员,有的只是与国际互联网连接的服务器,配备相关的交易方案,顾客只要通过电脑与国际互联网连接,就可以进入网上银行选择所需的服务。它的出现,使金融交易的形态发生了根本性的变化,即从“真实型”转变为“虚拟型”。同时,网上银行是借开放式的网络对大众提供金融服务,与传统的银行相比,网上银行更具有开放性的优势。

(3)实现了电子化、无纸化操作,内部管理更趋于系统化、科学化

随着作为网上银行支付工具的电子钱包、智能信用卡等网上电子货币的出现,以及电

子票据支付等业务的开通,银行的支付工具从传统的纸张化向电子化发展,银行与客户的面对面操作通过计算机实现人机无纸化操作。

传统银行的内部管理渠道较为单一,内部控制效率相对低下。而网上银行除了强大的外部网络系统之外,还有一个比较完整的内部网络,使银行的内部经营管理电子化、网络化、系统化。

(4)不受时间与空间限制,信息透明度高,业务创新快

在网上客户与银行间进行的每一笔业务操作均通过客户的计算机与银行之间自动进行。银行可以向客户提供全天候、大范围、跨地区、跨国界的实时金融交易服务,在任何时候、任何地方,以任何方式("三 A"服务,Anytime、Anywhere、Anyhow)为客户提供服务。在网上提供银行的业务种类、处理流程、最新信息、年报等财务信息和价格信息是网上银行最基本、最简单的服务功能。因此,金融信息的透明度得到了空前的提高。同时,网上银行侧重于利用网络丰富的信息资源,对提供的企业资信评估、公司个人理财顾问、专家投资分析等业务进行创新和完善,提高信息的附加价值,强化银行的信息中介职能。

(5)可以降低经营成本,提高经济效益

国际互联网范围广阔,建立一个完整的网上银行便可以让全国甚至是全球的网络使用者存取使用,比新建同样业务量的营业网点节省了大量投资;同时网上银行摒弃了银行由店堂前台承接业务开始的传统服务流程,把银行的业务直接在网上推出,可以与大量客户同时进行银行服务,客户的等待时间大大减少,操作简便易行,从而极大地降低了银行的经营成本,提高服务效率。

第三节 中央银行

现代经济的发展离不开银行与金融系统的正常运转。金融系统的正常运转需要政府的参与。政府参与的目的是规范银行经营,以减少储户因银行破产遭受的损失,保证经济的稳定发展。各国政府通过中央银行的职能行使来控制货币供给,保证金融系统的稳定性。可以说,在现代金融体系中,中央银行处于中心地位。

一、中央银行产生的历史必然性

现代商业银行产生后,经过很长一段时间才出现了中央银行。17 世纪中叶至 1843年是中央银行的初创时期。最早的中央银行是 1656 年成立的瑞典银行。但公认最早全面发挥中央银行作用的是 1694 年成立的英格兰银行。至 1900 年,主要西方国家都设立了中央银行。从中央银行的起源和大多数国家设立中央银行的情况看,中央银行制度的建立出于四个方面的需要。

1. 集中货币发行权的需要

银行券是金属货币流通制度下的产物。当时,并没有单独的发行银行,每家商业银行都有发行银行券的权利。各家银行发行的银行券实际上是代表金属货币在流通,如果每家的银行券都能保证及时兑现,就不会涉及银行券的统一发行问题。但是事实上,经常会出现兑现危机和支付危机。首先,在 18 世纪下半叶和 19 世纪上半叶,由于工业革命的推

动,资本主义的商品生产和流通不断扩大,银行广泛建立。如英国在 1781—1861 年的 80 年间,新建银行达 2 500 余家。银行的大量出现使业务竞争十分激烈,一些小银行在竞争中处于劣势,其发行的银行券很难被接受,恶意挤兑的现象时有发生。其次,大量分散发行的银行券和票据,使各种债权债务关系变得很复杂,某种银行券的不能兑现,会造成一系列连锁反应,给整个社会的商品流通和交换带来极大的不便。这样一来,就有了统一发行银行券的必要。

2.统一清算票据的需要

随着商品流通和交换的扩大,商业票据成为重要的支付工具。刚开始是由单个银行独立地进行票据的清算,但随着银行业务的扩大,银行每天处理的票据数量不断增多,票据清算的业务变得繁重起来。债权债务关系的复杂化使银行以原来的自行轧差的方式进行当日结算已相当困难,清算的不及时,不仅表现在异地,也表现在同城,这样会阻碍商品流通和交换的发展。所以客观上需要建立一个全国统一的、权威的清算机构,而这一任务,历史地落在了中央银行肩上。

3.代理国库和为政府筹措资金的需要

政府财政需要有一个金融机构来办理国库的货币收支业务、接受国库存款和为政府筹措资金。为了满足政府的需要,就必须建立一个能够代表国家意志,又不以盈利为目的的金融机构,中央银行责无旁贷地承担这一重任。

4.金融业统一监管和调控的需要

金融业作为经营货币资金的特殊行业,其不同于一般企业,银行倒闭可能产生连锁反应,严重时会引发金融危机。因此,为了满足国家管理金融业的需要,必须建立与商业银行有业务联系,具有集中商业银行准备金并向商业银行提供信用等手段的中央银行。

在市场经济中,由于存在各种各样的市场失灵现象,中央银行通过调节货币供给、控制信贷规模,对经济增长、物价稳定、充分就业等宏观问题产生影响,并制定统一的金融政策和法规以促使整个宏观经济稳健发展。

二、中央银行的性质与职能

(一)中央银行的性质

中央银行是政府赋予其制定和执行货币政策,对国民经济进行宏观调控和管理监督的最高金融决策机构,是特殊的金融机构。

(1)地位的特殊性。中央银行是政府最高的金融决策和管理机构,代表政府制定金融政策、制度、法令,并监督贯彻执行,它凌驾于一般商业银行和金融机构之上,是一国金融体系的核心,是全国信用制度的枢纽。

(2)业务的特殊性。中央银行不经营普通银行的业务,不以盈利为经营目标,而以实现货币政策的目标为宗旨,不与普通金融机构争利,交易对象一般仅限于政府部门和金融机构。

(3)管理的特殊性。中央银行是政府管理金融事务的机关,在行使管理职能时,不像其他政府机关单凭行政权力来进行,而是以"银行"的身份,通过与政府部门及其他金融机构的业务往来,贯彻执行货币政策并履行其管理职能。中央银行管理手段多样化,侧重于经济手段的运用,在进行管理时具有更大的灵活性。

(二)中央银行的职能

(1)发行的银行。中央银行是发行的银行具有两方面的含义:首先是指垄断银行券的发行权,是全国唯一的合法发行机构;其次是指中央银行作为货币政策的最高决策机构,在决定一国的货币供应量方面起着至关重要的作用。在现代银行制度中,垄断货币发行权是中央银行首要的、最基本的职能。

(2)政府的银行。中央银行代表政府制定与执行货币政策,为政府提供各种金融服务,代表政府执行金融管理职责等。作为政府的银行,其职能主要体现在以下几个方面:

①代理国库。中央银行通过代理政府的财政预算收支,执行国库出纳的职能。

②为政府提供资金融通。当政府因财政收支的短期不平衡而出现入不敷出时,往往向中央银行进行资金融通。融资方式有两种:一种是直接向财政部提供贷款或透支;另一种是在证券市场上购买国债。

③代表政府管理国内外金融事务。主要包括:中央银行代表政府制定有关的金融政策和法规,并对商业银行及其他金融机构进行监督管理;代理国债的发行和还本付息;代理政府保管黄金及外汇储备;代表政府参加国际金融组织,出席国际会议,从事国际金融活动;充当政府顾问,提供有关金融方面的信息和建议等。

(3)银行的银行。中央银行为商业银行及其他金融机构办理资金融通、清算业务以及进行管理的职能。主要表现在以下几个方面:

①集中存款准备金。各国的银行法律一般都要求各存款机构在中央银行开立准备金账户,必须按法定比例向中央银行交存存款准备金。中央银行集中保管存款准备金具有三个方面的意义:a.将商业银行吸收的存款一部分上缴给中央银行,保证了商业银行的清偿力;b.便于中央银行了解和掌握各存款机构的存款及准备金状况,为货币政策的制定和实施提供参考依据,有利于控制商业银行的货币创造能力和信用规模,从而控制全社会的货币供应量;c.强化了中央银行的资金实力,为其充当"最后的贷款人"提供了资金保障。

②最终贷款人。当某一金融机构面临资金困难,而别的金融机构又无力或不愿对其提供援助时,中央银行对其办理再贴现、再贷款和再抵押的融资业务时,成为最终贷款人。中央银行对商业银行的贷款主要是以再贴现方式进行的。

③组织全国的资金清算。作为全国金融业的票据清算中心,中央银行组织、监督、管理全国的清算系统,提供票据清算工具,制定有关清算纪律和收费标准等。刚才提到各存款机构都在中央银行设有准备金账户,中央银行只要借记应付行和贷记应收行的准备金账户就完成了它们之间的款项支付。

阅读资料 6-4

中国人民银行简介

中国人民银行是 1948 年 12 月 1 日在华北银行、北海银行、西北农业银行的基础上合并组成的。1983 年 9 月,国务院决定中国人民银行专门行使国家中央银行职能。1995 年 3 月 18 日,第八届全国人民代表大会第三次会议通过了《中华人民共和国中国人民银行法》，至此，中国人民银行作为中央银行以法律形式被确定下来。

根据第十届全国人民代表大会审议通过的国务院机构改革方案的规定，将中国人民银行对银行、金融资产管理公司、信托投资公司及其他存款类金融机构的监管职能分离出来，并和中央金融工委的相关职能进行整合，成立中国银行业监督管理委员会。

随着社会主义市场经济体制的不断完善，中国人民银行作为中央银行在宏观调控体系中的作用将更加突出。根据 2003 年 12 月 27 日第十届全国人民代表大会常务委员会第六次会议修正后的《中华人民共和国中国人民银行法》规定，中国人民银行的主要职责为：

1. 起草有关法律和行政法规；完善有关金融机构运行规则；发布与履行职责有关的命令和规章。

2. 依法制定和执行货币政策。

3. 监督管理银行间同业拆借市场和银行间债券市场、外汇市场、黄金市场。

4. 防范和化解系统性金融风险，维护国家金融稳定。

5. 确定人民币汇率政策；维护合理的人民币汇率水平；实施外汇管理；持有、管理和经营国家外汇储备和黄金储备。

6. 发行人民币，管理人民币流通。

7. 经理国库。

8. 会同有关部门制定支付结算规则，维护支付、清算系统的正常运行。

9. 制定和组织实施金融业综合统计制度，负责数据汇总和宏观经济分析与预测。

10. 组织协调国家反洗钱工作，指导、部署金融业反洗钱工作，承担反洗钱的资金监测职责。

11. 管理信贷征信业，推动建立社会信用体系。

12. 作为国家的中央银行，从事有关国际金融活动。

13. 按照有关规定从事金融业务活动。

14. 承办国务院交办的其他事项。

（资料来源：中国人民银行网 http://www.pbc.gov.cn）

三、中央银行的主要业务

中央银行的主要业务是负债业务、资产业务和清算业务，这些业务是中央银行职能的具体体现。

（一）中央银行的负债业务

中央银行的负债业务是中央银行取得资金来源的业务。负债业务是中央银行运用经济手段对金融实施宏观调控的基础。主要有存款业务、货币发行业务、经理国库业务以及其他负债业务。

1. 存款业务

中央银行的存款主要来自两个方面：一是金融机构在中央银行的存款，包括法定存款准备金存款和超额存款准备金存款;二是政府和公共部门在中央银行的存款,包括财政金库存款、政府和公共部门的经费存款。这两部分都是中央银行重要的资金来源。此外,还有少量的外国存款、特种存款等。

2.货币发行业务

(1)货币发行业务的含义

一般可以从两方面解释:一是指货币从中央银行的发行库通过各家商业银行的业务库流入社会;二是指货币从中央银行流出的数量大于流入的数量,它们通常都被称为货币发行。

货币发行是中央银行的主要负债业务,中央银行通过货币发行业务,可以达到两个目的:一方面向社会提供了流通手段和支付手段,满足了社会经济发展和商品流通对货币的需求;另一方面中央银行通过发行货币筹集到资金,满足了中央银行履行各项职能的需要。

(2)货币发行的投放渠道

中央银行的货币发行是通过再贴现、再贷款、购买有价证券、收购金银以及外汇等业务活动,将货币投放市场注入流通,进而增加社会货币供应量。

(3)货币发行的原则

①垄断发行的原则,即货币发行权高度集中于中央银行。这一原则的好处:防止多头发行导致的货币流通混乱;有利于对货币供应量进行有效的控制;可以增加中央银行的资金来源,增强中央银行的实力;有利于货币政策的制定和执行;可以为中央银行增加货币发行的收益。

②信用保证原则。在现行的不兑现的纸币制度下,要使货币的发行与经济发展的客观需要相适应,中央银行就不能随意发行货币,必须依靠一定的准备金(黄金和有价证券等)作保证。

③适度弹性发行原则。指货币的发行要有一定的弹性,即要有高度的伸缩性和灵活性,以适应不断变化的经济情况,避免出现通货膨胀和通货紧缩。

3.其他负债业务

(1)发行中央银行债券。发行中央银行债券是中央银行的一项主动的负债业务,具有可控性、抗干扰性和预防性。发行的对象是国内金融机构,通常是在商业银行或其他非银行金融机构的超额储备过多,而中央银行又不便采取其他政策工具进行调节的情况下发行的,也是作为公开市场业务操作的工具之一。在我国称为中央银行票据,是中央银行为调节商业银行超额存款准备金而向商业银行发行的短期债务凭证。央行票据由中国人民银行在银行间市场通过中国人民银行债券发行系统发行,其发行的对象是公开市场业务一级交易商,目前,成员均为商业银行。央行票据采用价格招标的方式贴现发行。由于央行票据发行不设分销,其他投资者只能在二级市场投资。

课堂思考:央行票据与银行债券、国债有何不同?

(2)对外负债。中央银行的对外负债主要包括从国外银行借款、使用基金组织的信贷额度和在国外发行债券等。

(3)资本金业务。中央银行为了保证业务活动的正常进行,必须拥有一定数量的自有资本。政府出资是其主要来源。

(二)中央银行的资产业务

中央银行的资产业务是指中央银行运用其资金来源的业务活动,主要包括中央银行的再贷款和再贴现业务、证券买卖业务以及国际储备业务等。

1.再贷款业务

中央银行再贷款业务是指中央银行采用信用贷款或抵押贷款的形式,对商业银行等金融机构提供的资金支持。与一般商业银行贷款不同,中央银行贷款业务表现出以下特征:

(1)中央银行发放贷款不能以盈利为目的,而是以实现货币政策目标为目的;

(2)中央银行不能直接对个人和工商企业发放贷款,而是集中精力发挥其最后贷款人的职能;

(3)这种贷款以短期为主,主要目的是解决商业银行临时性短期资金的需要,补充流动性资金以及在紧急情况下保证商业银行的最后清偿能力,防止出现金融恐慌所造成的金融体系混乱;

(4)这种贷款是央行总行对商业银行总行发放的。

2.再贴现业务

再贴现业务是指商业银行以未到期的商业票据向中央银行申请贴现取得融资的业务。一般来说,中央银行对商业银行提交的商业票据的种类和数量有较严格的规定,同时还要审查票据的真实性,以防止出现票据欺诈行为。中央银行通过调整再贴现率和贴现票据种类来调节信用规模。

3.证券买卖业务

中央银行的证券买卖业务是指其在公开市场上从事有价证券的买卖。目的不是为了盈利,而是调节和控制社会货币供应量,进而影响宏观经济。在需要紧缩银根、减少货币供应量时,中央银行可以在公开市场上出售所持有的有价证券,从而回笼货币;反之,在需要放松银根、增加货币供应量时,可以在公开市场上买入有价证券,从而增加对市场的货币投放。目前中国人民银行买卖证券操作的主要工具是国债、央行票据、政策性金融债券等。

4.国际储备业务

中央银行的国际储备业务主要是负责经营和保管本国的国际储备。国际储备由外汇、黄金、在国际货币基金组织的储备头寸以及未动用的特别提款权等组成。在这些构成中,最主要的是外汇,而其他项在储备的整个份额中占的比重较小。中央银行经营和保管国际储备的目的一方面是维护本国对外收支的平衡,稳定本国货币流通,调控宏观经济;另一方面也是显示本国经济实力、扩大国际交往的需要。

中国人民银行2011年1月资产负债情况见表6-2。

表 6-2 　　　　　　　中国人民银行 2011 年 1 月资产负债　　　　　　单位：亿元

国外资产	219 957.26	储备货币	194 084.48
外汇	211 301.39	货币发行	63 789.40
货币黄金	669.84	其他存款性公司存款	130 295.08
其他国外资产	7 986.03	不计入储备货币的金融性公司存款	898.59
对政府债权	15 421.11	发行债券	38 503.12
其中：中央政府	15 421.11	国外负债	3 878.57
对其他存款性公司债权	15 912.63	政府存款	26 459.78
对其他金融性公司债权	11 317.70	自有资金	219.75
对非金融性部门债权	24.99	其他负债	4 944.50
其他资产	6 355.10		
总资产	268 988.79	总负债	268 988.79

注：1.自 2011 年 1 月起，人民银行采用国际货币基金组织关于储备货币的定义，不再将其他金融性公司在货币当局的存款计入储备货币。2.自 2011 年 1 月起，境外金融机构在人民银行存款数据计入国外负债项目，不再计入其他存款性公司存款。

（资料来源：中国人民银行网 http://www.pbc.gov.cn）

（三）中央银行的清算业务

清算业务又称中间业务，即中央银行为各金融机构之间的资金往来进行的了结业务。作为银行的银行，各商业银行等其他金融机构都在中央银行开立账户，它们之间的资金往来和债权债务关系自然就要由中央银行来办理。主要有以下内容：

1.集中办理票据交换

票据交换是同一城市中各银行间收付的票据进行的当日交换，是在一个固定的场所设置一个票据交换所，各银行持本行应收和应付票据按规定的时间（如中午 12 点，下午 17 点），在交换所内，将当天收进的其他银行票据与其他银行收进的本行票据进行交换，收进款项和付出款项的差额，即该付出若干还是收进若干，通过中央银行轧差转账，付出从这个账户转出，收入存入这个账户。

2.办理异地资金转移

各银行的异地资金转移也是通过中央银行来办理。采取先竖后横的办法，即先由各银行通过内部联行系统划转，然后再由各银行的总行通过中央银行办理转账清算。随着电子网络技术的发展，银行清算业务采用电子联行系统进行清算，极大地促进了银行系统票据清算业务的发展。

3.跨国清算

跨国清算是指由于国际贸易、国际投资及其他方面所发生的国际债权债务，借助一定的结算工具和支付系统进行清算，实现资金跨国转移的行为。跨国清算通常是通过各国的指定银行分别向本国的中央银行办理。由两国中央银行集中两国之间的债权债务直接加以抵消，完成清算工作。

四、中央银行的金融监管

由于金融业是高风险的特殊行业，为了避让和分散金融风险，保护存款人利益，保障金融机构稳健经营，维护金融业的稳定，促进一国经济的持续协调发展，各国政府都很重视金融监管工作,一般都通过立法来保障金融监管机构行使职权。所谓金融监管,就是金融监管的主体为了实现监管的目标而利用各种监管手段,对监管的对象所采取的一种有意识的且主动的干预和控制活动。

(一)金融监管的目标

(1)经营的安全性。经营的安全性指保证金融体系的安全与稳健运行,保护存款人和投资人的利益。高负债经营是现代金融机构尤其是现代商业银行的重要特征,既可能给银行带来高利润,也有可能诱发支付危机。因此客观上要求有一个权威机构来代表广大存款人的利益,集中对商业银行业务进行监管。此外,由于银行处于整个资金融通的枢纽地位,一旦发生危机,会波及整个社会。为了维持整个社会的资金流通顺畅与安全,中央银行应努力保持银行体系的稳健与安全。

(2)竞争的公平性。竞争的公平性就是要维护金融业平等有序地竞争。一方面要防止某些金融机构对金融市场的垄断。另一方面要防止金融机构之间的恶性竞争、盲目竞争和非法竞争。因此,中央银行必须要对金融机构的业务活动进行监督管理,提高金融机构的效率和质量。通过中央银行的严格监管,保证各金融机构的安全运营,保证金融市场稳定发展,提高一国金融体系的抗风险能力,增强在国际上的竞争力。

(3)政策的一致性。政策的一致性就是要确保货币政策和金融宏观调控目标的顺利实现。各种金融机构,尤其是商业银行既是金融市场的主体,又是货币政策的重要传导中介,中央银行必须对金融机构的经营决策加以引导和监管,以有利于货币政策和宏观调控目标的顺利实现。

(4)保护投资者和存款人的利益。一旦金融市场的主体不愿意或者是无能力来克服它们的问题,那么这个时候监管机构必须采取措施,来保护存款人和投资者的利益,这是监管机构的职责。

(二)金融监管的内容

1.事前监管——市场准入监管

事前监管即预防性管理,是指金融监管当局采取积极的策略,在金融机构成立之前,对其设立条件、组织、经营项目、营业区域、资本要求和金融预警系统加以规定和审查。主要内容包括机构设立的审批、资本金管理、清偿力管理等。

2.事中监管——市场运作过程监管

金融机构经批准开业后,中央银行还要对金融机构经营活动中的业务范围、贷款集中程度、风险控制、流动性、风险损失准备、存款保护等方面进行监管。

3.事后监管——市场退出监管

各国对金融机构市场退出的监管都通过法律予以明确,并且有很细致的技术性规定。当金融机构在业务活动中出现了严重违规行为,或其资产负债出现危机时,中央银行负责进行稽查、检查和管理,如果达到法律规定应该退出市场。中央银行按法定程序对金融机构进行破产和清算管理,使之退出金融业。

目前,各国中央银行在金融监管的国际协作方面取得了一系列进展与突破,其中最重要的是达成了巴塞尔协议和《有效银行监管的核心原则》。

（三）中国人民银行与金融监管

从 1948 年 12 月 1 日起，中国人民银行一直行使着国家银行职能，集中力量研究和实施全国金融的宏观决策，加强信贷总量的控制和金融机构间的资金调节，以保持货币稳定作为基本职责。改革开放后，随着中国农业银行、中国银行等机构的建立，中国人民银行开始履行从国家银行向中央银行的过渡。

1984 年 1 月 1 日，随着中国工商银行的建立，中国人民银行开始专门行使中央银行职能。从此，中国的中央银行体制开始确立并不断发展。我国中央银行与银行监管体制的改革经历了四个阶段：

第一阶段：从 1984 年开始，中央银行以金融调控为主要目标，围绕稳定货币与经济增长的关系开展工作，存款准备金、再贷款、再贴现成为最主要的工具，支持和促进国民经济稳定发展成为主要任务。

第二阶段：从 1992 年开始，随着中国金融机构的不断增多，证券市场的发育、信托机构等的存在，银行和保险业的竞争，尤其是宏观金融失控和金融秩序混乱的状况，金融监管的重要性逐渐提高，对金融监管是否一定要隶属于中央银行开始产生争议。1992 年 8 月，国务院决定成立证券委和中国证监会，将证券业的部分监管职能从人行分离出来。1995 年《中华人民共和国中国人民银行法》颁布实施，首次以国家立法的形式确立了中国人民银行作为中央银行的地位，其基本职责是在国务院领导下，制定与实施货币政策，并对金融业进行监督管理。

第三阶段：从 1998 年开始，针对亚洲金融危机的严重局势和中国经济金融实际情况，党中央、国务院决定对我国金融体制进行重大改革，其标志性的改革是建立跨省区的中国人民银行分行，实施中国人民银行与证监会、保监会的分业监管。1998 年，在商业银行和人民银行与所办证券公司、保险公司、信托公司等经济实体彻底脱钩，银行、证券、保险和信托实现分业经营的基础上，中国人民银行的监管职能又做了进一步调整。先是于 1998 年 6 月将对证券机构的监管职能移交给证监会，后又于 11 月将对保险业务、保险机构和保险市场的监管职能分离出去，移交给同年成立的中国保险监督管理委员会。至此，银行、证券、保险实现了分业监管。从 1998 年到 2003 年，中国人民银行对银行业的监管是按照银行的产权性质分设监管部门（依照国有银行、股份制银行、信用合作社、非银行金融机构和外资银行来分别设立）。

第四阶段：2003 年，十届全国人大一次会议决定，中国人民银行不再承担有关金融监管职能，批准国务院成立中国银行业监督管理委员会。至此，我国建立了银监会、证监会和保监会互相分工明确、协调的金融分工监管体制。

（四）我国金融监管体系的问题与发展方向

我国分业监管体系形成的同时，以 1999 年美国通过金融服务现代化法案为标志，主要发达国家又重新回归到混业经营模式，我国的金融机构也开展了事实上的混业经营，形成了一批金融资本、产业资本控股的金融控股公司，金融机构的产品创新也方兴未艾。但是我国的金融监管体系在风险控制、监管效率与鼓励金融创新等方面均暴露出一些问题。

如多头监管与交叉监管导致监管冲突和监管效率低下,金融产品创新与金融监管之间的不协调,新的金融投资实体和投资产品发展快、复杂程度高,各监管部门按照机构监管的原则各自为政,在投资金额起点、期限设置、能否保本、能否有固定收益、能否转让流通以及能否跨地区分支机构经营等基本问题上各执一词。金融机构风险管理能力不足,造成业务经营风险的累积。我国金融监管体系未来的发展方向是:

1.建立统一的金融监管制度

随着信息技术的不断发展,金融创新与金融改革深化的不断推进,金融业从分业经营到混业经营、交叉经营,其一体化的趋势越来越明显,各金融机构间的边界日趋模糊,银行、证券、保险之间边缘业务日渐增多,客观上需要金融监管部门加强彼此间的协调与配合。目前,我国的三个主要监管机构——银监会、证监会和保监会已经建立了"监管联席会议机制",来讨论和协调有关金融监管的重要事项,但是该机制并没有在法律上明确三大监管机构的权利和义务,因而是不完善的。我国金融监管协调机制的建设目标应该是一个"无缝整合式"的金融监管协调体系,监管架构改革的短期目标应该是除"一行三会"四大金融监管部门外,也将财政部、国家发展改革委员会、国家外汇管理局、审计署及代表国家行使对重点金融企业出资人权利义务的中央汇金公司纳入金融监管协调的主体,并通过立法明确各协调主体的权利和义务,完善彼此间的信息披露和信息共享机制。长期目标是在央行之外,成立一个统一的金融监管机构,对混业经营业态下的金融机构进行统一监管。

2.在金融系统的稳定、韧性和创新、竞争之间的权衡

相对于发达国家的金融系统而言,我国金融创新程度还相当落后。商业银行中间业务非常薄弱,金融创新产品层次低、产品少、功能相对有限,还不能满足多样化的需求。因此,我国更需要处理好鼓励创新与强化监管的关系。监管部门在加强监管的同时,应鼓励和引导金融机构立足社会发展需要,以创新促发展,从而做到在保持金融系统的稳定和韧性的同时,金融系统能维持较高的竞争性和较强的金融创新能力,在两者之间达成良性均衡。

3.逆周期监管,建立冲击缓冲层,使金融监管在经济周期发展中更有效率

在目前实行的巴塞尔协议框架下,理论和实证分析均发现,商业银行的行为存在明显的周期性,而这也是放大经济周期的主要原因之一。对我国金融体系的现有实证研究也显示金融体系存在明显的顺周期性。为了规避金融机构行为的顺周期性,建立更为强大的冲击缓冲层,我国金融监管当局可以加强如下几个方面的要求:(1)细化风险系数。对于房地产等周期性高度敏感和宏观调控重点关注的行业,可以单独设定风险权重,从监管导向上促进银行信贷结构的优化;(2)构造稳健的逆周期乘数,并用其对资本充足率进行调整,降低逆周期信贷这类极端情况的发生;(3)明确干预措施,对商业银行资本充足率下降到一定程度的,监管机构必须立即、自动采取相应的具体干预和处罚措施,防止监管宽容和政治干预;(4)强化压力测试,对银行在经济发生不利情形下的资产组合损失变化进行分析,并评估银行资本充足状况及抵御风险的能力。

4.加强与全球的交流合作

鉴于金融自由化与广泛存在的监管套利行为,任何一国的金融监管改革都需要加强与全球的交流合作。针对我国当前的经济发展阶段而言,加强国际范围内的监管合作具有更加重要的意义:(1)加强国际合作有助于防控大规模国际资本套利引发的金融风险。我国作为新兴的发展中国家,高速的经济增长与巨大的资本需求,吸引了大量的国际游资通过各种渠道流入我国进行投机套利。为此,需要加强与国际金融组织的协调与合作,严密监测国际游资,严防国际资本大规模进出中国引发系统性金融风险。(2)积极参与国际货币体系改革,参加国际金融新秩序的建立,根据风险度进一步扩大监管范围,实现对所有金融机构、金融产品和金融市场的监管。(3)加强与国外金融监管机构的联系与合作,强化对外资金融机构的监管,加强对外币金融资产风险的评估和跟踪。

第四节　政策性银行

一、政策性银行的特征

政策性银行是指由政府出资发起设立,为贯彻和配合政府特定经济政策,不以盈利为目的而进行融资和信用活动的机构。政策性银行与一般商业银行一样都是以货币这一特殊商品为经营对象,但与商业银行相比,政策性银行又有自身的特点,主要有以下几个方面:

(1)政府控制性。政策性银行一般都由国家直接出资创立,完全归政府所有。即使有些政策性银行不完全由政府设立,也往往由政府参股或保证。因而政策性银行具有国家银行的主体性质。从组织形态上看,世界各国的政策性银行基本上均处于政府的控制之下。

(2)非营利性。政策性银行以贯彻国家产业和社会发展政策为己任,一般从事一些具有较高金融风险和商业风险的融资活动,因此,它不以利润最大化为经营管理目标。当然,政策性银行在实际经营活动中也要实行独立核算,以最小的成本去实现国家赋予的政策使命。

(3)资金来源与运用的特殊性。政策性银行的资金来源除国家财政拨款外,主要通过发行债券、借款和吸收长期存款获得。为了特殊的政策意图,政策性银行往往不与商业银行进行竞争,它的资金运用方向主要是国家产业政策、社会发展计划中重点扶持的项目。这些贷款期限长、利率低,一般不适合商业银行经营。

(4)信用创造的差异性。政策性银行一般不办理活期存款业务,其负债是银行体系已经创造出来的货币,所以不实行存款准备金制度,其资产一般为专款专用。因此,政策性银行通常不具有派生存款和增加货币供给的功能。

二、我国政策性银行的主要任务

1994年,为了适应经济发展的需要,根据政策性金融与商业性金融相分离的原则,我国相继建立了国家开发银行、中国进出口银行和中国农业发展银行三家政策性银行。我国政策性银行的主要任务如下：

（1）国家开发银行的主要任务。按照国家有关法律、法规和宏观经济政策、产业政策、区域发展政策的要求，筹集和引导境内外资金，重点向国家基本设施、基础产业和支柱产业项目以及重大技术改造和高新技术项目发放贷款。

（2）中国进出口银行的主要任务。执行国家产业政策和外贸政策，为扩大我国机电产品和成套设备等资本性货物出口提供金融支持，以增强我国出口商品的竞争力，促进对外贸易的稳定发展。

（3）中国农业发展银行的主要任务。按照国家的法律、法规和方针、政策，以国家信用为基础，筹集农业政策性信贷资金，承担国家规定的农业政策性金融服务，代理财政性支农资金的拨付，为农业和农村经济发展服务。

以上三家政策性银行在从事业务活动时，均贯彻不与商业性金融机构竞争、自主经营与保本微利的基本原则。贷款拨付等业务的具体经办，国家开发银行、中国进出口银行主要委托国有商业银行代理，除个别情况外，一般不再设经营性分支机构。中国农业发展银行的业务经办则是自营为主、代理为辅，所以除在北京设总行外，还在各省、自治区、直辖市设立分行，在计划单列市和农业大省的地（市）设立分行的派出机构，在农业政策性金融业务量大的县（市）设立支行。

三、我国政策性银行的改革方向

近20年来，政策性银行改革通过开展政策性业务，在支持基础设施、基础产业和支柱产业的融资需求与建设，帮助解决长期困扰各级政府和广大农民的"打白条"问题，保护和稳定粮棉市场以及促进机电产品出口等方面成绩斐然，不仅对国民经济作出了贡献，同时对整个金融界的改革、功能的区分和清晰化也作出了重大贡献。

随着市场经济体制框架逐渐形成，商业银行也开始进入政策性信贷领域，比如基础设施、基础产业、支柱产业、机电产品出口等；而三家政策性银行又在不同程度地增加市场化新业务，导致政策性银行与商业银行业务领域的重叠越来越多，业务边界难以划清。

由于政策性银行没有预算硬约束，依靠国家补贴兜底，而商业银行没有国家补贴兜底支持，自然产生了不公平竞争。这让商业银行很不满，指责政策性银行"脚踩两只船"、"与商业银行抢业务"。此外，政策性银行还面临着其他严峻问题。

2006年10月，央行在当年的《中国金融稳定报告》中称："要改变依靠财政补贴的传统政策性银行定位，转变成符合市场经济需要的、财务上可持续的、具有一定竞争性的开发性金融机构。"这为政策性银行的转型埋下了伏笔。

2008年6月，国务院批准国开行成立股份公司，12月国家开发银行正式组建股份公司，成为改革试点。

关于政策性银行的改革思路，目前形成三派观点：一种是强化论，认为政策性金融不可或缺、不可替代，政策性银行应该集中精力做政策性业务，执行政府的意图；另一种是保留论,认为政策性银行改革的核心是强化考核和监管,促使其以市场化的方式,来完成政策性任务;第三种是转型论,认为应该按照国开行的模式,彻底走商业化道路。

课堂思考: 你认为我国政策性银行改革应该走哪条路呢?

第五节 非银行金融机构

一、保险公司

保险公司是以经营保险业务为主的经济组织。1949年10月20日,中国人民保险公司作为保险业的管理机关宣告成立。1958年以后,保险业陷入停顿状态。直到1980年,中国人民保险公司才恢复办理国内外保险业务。大力开展海外保险以后,中国的保险业才得以真正复苏,并进入快速发展阶段。2010年全国保费收入14 528亿元,保险公司总资产达到5.05万亿元。目前全国共有保险公司142家,其中保险集团和控股公司8家,财产险公司54家,人身险公司61家,再保险公司9家,资产管理公司9家,出口信用保险公司1家。保险专业中介机构2 550家,兼业代理机构19万家,营销员329万余人,形成了国有控股(集团)公司、股份制公司、外资公司等多种形式、多种所有制成分并存、公平竞争、共同发展的市场,其业务范围涉及财产保险、责任保险、保证保险和人身保险四大类险种。

二、证券公司

证券公司是指依照公司法和证监会的规定批准成立的,从事证券经营业务的有限责任公司或者股份有限公司。证券公司分为综合类证券公司和经纪类证券公司。证券公司必须在其名称中标明证券有限责任公司或者证券股份有限公司字样。经纪类证券公司必须在其名称中标明经纪字样。

设立综合类证券公司的条件:注册资本最低限额为人民币5亿元;主要管理人员和业务人员必须具有证券从业资格;有固定的经营场所和合格的交易设施;有健全的管理制度和规范的自营业务与经纪业务分业管理的体系。综合类证券公司可以经营证券经纪业务、证券自营业务、证券承销业务。

设立经纪类证券公司的条件:注册资本最低限额为人民币5 000万元;主要管理人员和业务人员必须具有证券从业资格;有固定的经营场所和合格的交易设施;有健全的管理制度。经纪类证券公司只允许专门从事证券经纪业务。

2010年年末,全国106家证券公司净资产5 664亿元。从全行业平均来看,每家证券公司净资本40.7亿元。全行业全年实现营业收入1 911.02亿元,其中证券经纪业务及代销金融产品、投资咨询服务净收入1 084.90亿元,证券承销与保荐及财务顾问业务净收入272.32亿元,受托客户资产管理净收入21.83亿元,证券投资收益(含公允价值变动)206.76亿元,全年累计实现利润7 755.57亿元。

三、信托投资公司

信托投资公司是一种以受托人的身份代人理财的金融机构。大多数信托投资公司以经营资金和财产委托、代理资产保管、金融租赁、经济咨询、证券发行和投资为主要业务。1979 年我国创办了第一家信托投资公司——中国国际信托投资公司。以后,又陆续建立了一批全国性的信托投资公司,如中国光大国际信托投资公司、中国民族国际信托投资公司、中国开发信托投资公司等。1998 年,中国人民银行对信托投资公司进行了全面的清理整顿,彻底解决了信托业的功能定位、业务范围等问题,明确了其发展方向。规范后的信托投资公司主要经营资金、动产、不动产信托,基金管理和兼并重组,企业财务顾问等业务,以手续费、佣金为主要收入来源,使信托业真正成为受人之托、代人理财的无风险金融机构。少数信托投资公司确属需要的,经中国人民银行批准,可以兼营租赁、证券业务和发行一年以上的专项信托受益债券,用于进行有特定对象的贷款和投资,但不准办理银行存款业务。

四、财务公司

财务公司是企业集团内部各成员单位投资入股,为企业集团成员单位提供金融服务,实行自主经营、自负盈亏、自求平衡、自担风险的非银行金融机构。财务公司在业务上受金融监管部门的监管,在行政上隶属于组建该公司的企业集团。它不能对企业集团和成员企业以外的单位及个人吸收存款和发放贷款;财务公司不得在境内买卖或代理买卖股票、期货及其他金融衍生产品;不得投资非自用的不动产、股权、实业和非成员单位的企业债券。

五、金融租赁公司

金融租赁是金融租赁公司的主要业务,它是指企业需要添置某些技术设备而又缺乏资金时,由出租人代其购进或租进所需设备,然后再将它租给承租人,在一定期限内有偿使用的一种租赁方式。

目前我国常用的金融租赁业务有以下几种:

1. 直接租赁

这是融资性租赁业务中比较普通的一种形式。租赁公司根据承租人的要求,自行筹资并购进承租人所需的设备,租给承租人使用。租期一般规定在 3 年以上。租赁期内物件所有权完全归属出租人,租赁期满,承租人有廉价购买其租赁设备的特权。承租人用租入设备所新增利润支付租金。租赁设备的维修、保养及保险由承租人负责。

2. 转租赁

转租赁是租进租出的做法,即出租人从制造商或另一家租赁公司租进设备,然后转租给用户。转租赁是租赁公司同时兼有承租人和出租人双重身份的一种租赁形式。

3. 回租租赁

回租租赁是当企业急需资金时,将自己拥有的设备按规定卖给租赁公司,再作为承租人向租赁公司租回原设备继续使用,并按期向租赁公司交付租金。回租租赁是一种紧急的融资方式,适合于资产流动性差的企业。作为租赁物体的设备就是企业的在用设备,未做任何转移,其销售只是一种形式。承租人既保持了原有设备的使用权,又能使这些设备所占用的资金转化为企业急需的周转资金,使企业固定资产流动化,提高了资金的利用率。

4. 杠杆租赁

杠杆租赁也称平衡租赁,是金融租赁的一种特殊形式。这种形式是设备购置成本中的小部分由出租人承担,大部分由银行等金融机构提供贷款补足。其具体做法是:一家租赁公司先出小部分资金,其余通过把租赁物作抵押,以转让收取租金的权利作附加担保,联合若干家其他金融机构共同提供一项租赁融资,形成较大的资金规模,以购买大型的资金密集型的设备,提供给承租人使用。设备出租后,承租人要向贷款人支付租金,以替出租人偿还借款债务。由于这种租赁的出租人自筹资金只占少量,而主要依靠抵押贷款的杠杆作用来获取高于一般租赁的投资报酬,因此称为杠杆租赁。

六、金融资产管理公司

为了处理国有独资银行的不良资产,1999 年经国务院决定,我国相继成立了信达、华融、东方、长城四家金融资产管理公司,分别处置中国建设银行、中国工商银行、中国银行和中国农业银行的不良资产。截至 2000 年底,四家金融资产管理公司已从四家国有银行收购了 13 939 亿元不良资产,实现"债转股"签约的国有企业 587 家,金额 3 400 余亿元。2001 年年初,四家金融资产管理公司获中国证监会颁发的"经营股票承销业务资格证书",全方位地开展不良资产收购、债务追偿、债务重组、资产置换、债转股、资产证券化、债券发行、股票承销等业务。此外,还与国外金融机构磋商,吸引外资参加我国不良资产的处置,有利于借鉴国外处置不良资产的经验,分散不良资产的处置风险,提高我国金融资产管理公司处置不良资产的水平和效率。

金融资产管理公司作为我国经营处置金融不良资产的政策性金融机构,是我国特定历史背景下化解经济金融系统风险的重要制度创新,为支持国有商业银行改革发展和维护金融体系稳定作出了重要贡献。从 2007 年开始,已经完成政策性不良资产收购任务的四家公司开始纯商业化资产运作。几年来,四家公司搭建了多元化的产品业务体系,有效提升了盈利能力,同时也积累了相应的人才、经验、技术和客户资源。

七、基金管理公司

基金管理公司是指按法律、法规的规定,负责发起设立与经营管理基金的专业性金融机构。它的主要业务是:

1. 基金管理业务

基金管理业务是指基金管理公司利用专业投资知识与经验,投资运作基金资产的行为。

2. 受托资产管理业务

受托资产管理业务是指基金管理公司作为受托投资管理人,根据有关法律、法规和投资委托人的投资意愿,与委托人签订合同,在证券市场上从事股票、债券等有价证券的组合投资,以实现委托资产收益最大化的行为,如受托管理社保基金。

3.基金销售业务

基金销售业务是指基金管理公司通过直销中心或电子交易网站将基金份额直接销售给基金投资人的行为。

截至 2010 年年末,共有 60 家基金管理公司管理了 729 只证券投资基金和 2.5 万亿元的基金资产。天相投顾的统计数据显示,2010 年股票型基金成为唯一亏损的基金类型,300 只股票型基金共亏损 355.3 亿元,混合型基金成为最赚钱的基金类型,158 只混合型基金共盈利 238.6 亿元。

本章小结

1.一般的金融体系由中央银行、商业银行、专业银行和非银行金融机构组成。我国已形成以中国人民银行为核心,三大监管机构并举,规范监管,以商业银行为主体,政策性银行以及非银行金融机构并存、协作以及迅速发展的金融体系。

2.商业银行是以追逐利润为目标,以货币和信用为经营对象,综合性、多功能的金融企业,具有信用中介、支付中介、信用创造和金融服务职能。商业银行信用创造能力的大小,主要取决于原始存款和法定存款准备金率。商业银行遵循安全性、流动性和盈利性原则经营,其基本业务由资产业务、负债业务、中间业务和表外业务构成。

3.中央银行是国家赋予其制定和执行货币政策,对国民经济进行宏观调控和管理监督的最高金融决策机构。中央银行的职能是发行的银行、银行的银行、政府的银行。中央银行的主要业务由负债业务、资产业务和清算业务构成。

4.中央银行的金融监管包括市场准入监管、市场运作过程监管和市场退出监管。我国金融监管的组织体系由中国人民银行、中国银监会、中国证监会和中国保监会组成。

5.政策性银行是指由政府出资发起成立,为贯彻和配合政府特定经济政策,不以盈利为目的而进行融资和信用活动的机构。我国的政策性银行有国家开发银行、中国进出口银行和中国农业发展银行。

重要概念

原始存款　派生存款　资产业务　中间业务　表外业务　回购协议　信用创造　存款准备金　政策性银行　货币发行　再贷款　再贴现　金融监管　金融租赁

基本训练

一、单选题

1.我国目前已经形成了(　)的金融体系。

A.混业经营分业监管　　　　　　　　　　B.人民银行统一监管

C.分业经营分业监管　　　　　　　　　　D.混业经营交叉监管

2.信用卡透支属于银行的(　)。

A. 贴现业务   B. 放款业务

C. 汇兑业务   D. 中间业务

3. (　　)是商业银行最基本也是最能反映其经营活动特征的职能。

A. 信用创造   B. 支付中介

C. 信用中介   D. 金融服务

4. 商业银行现金资产由库存现金、托收中的现金、同业存款和(　　)组成。

A. 现金性资产   B. 存款货币

C. 在央行的存款   D. 流通中的现金

5. 借款人无法足额偿还贷款本息,即使执行抵押或担保,也肯定要造成一部分损失,这类贷款属于(　　)。

A. 关注贷款   B. 次级贷款

C. 可疑贷款   D. 损失贷款

6. 商业银行最主要的资金来源是(　　)。

A. 存款负债   B. 中央银行借款

C. 发行金融债券   D. 资本金

7. 中央银行作为"银行的银行"职责的具体表现是(　　)。

A. 对政府贷款   B. 再贷款

C. 再贴现   D. 转贴现

8. 中央银行组织全国的清算,属于中央银行的(　　)。

A. 货币发行业务   B. 公开市场业务

C. 对政府的业务   D. 对银行的业务

9. 在国务院领导下制定和执行货币政策、维护金融稳定、提供金融服务的是(　　)。

A. 财政部   B. 中国人民银行

C. 中国银监会   D. 国家发展改革委员会

10. 普通的融资租赁业务是指(　　)。

A. 直接租赁   B. 转租赁

C. 回租赁   D. 杠杆租赁

二、多选题

1. 我国目前的政策性金融机构有(　　)。

A. 中国人民银行   B. 国家开发银行

C. 中国进出口银行   D. 中国农业发展银行

2. 属于商业银行第一现金准备资产的有(　　)。

A. 库存现金   B. 短期证券

C. 在中央银行的存款   D. 同业存款

3. 属于商业银行的表外业务的有(　　)。

A. 贷款承诺   B. 汇兑

C. 担保   D. 代理

4. 商业银行的经营管理原则是(　　)。

A. 安全性 　　　　　　　　　　B. 流动性

C. 盈利性 　　　　　　　　　　D. 服务性

5. 影响商业银行存款派生能力的因素有（　　　）。

A. 提现率 　　　　　　　　　　B. 超额准备金率

C. 原始存款 　　　　　　　　　D. 法定存款准备金率

6. 一般商业银行的资产业务有（　　　）。

A. 贷款承诺 　　　　　　　　　B. 企业贷款

C. 购买国债 　　　　　　　　　D. 转账结算

7. 中央银行作为政府的银行，对政府的业务包括（　　　）。

A. 国库业务 　　　　　　　　　B. 再贴现业务

C. 再抵押业务 　　　　　　　　D. 国际储备业务

8. 中央银行的存款主要是（　　　）。

A. 财政存款 　　　　　　　　　B. 企业存款

C. 储蓄存款 　　　　　　　　　D. 金融机构的准备金存款

9. 中央银行的主要业务包括（　　　）。

A. 对银行的业务 　　　　　　　B. 对企业的业务

C. 对政府的业务 　　　　　　　D. 发行的业务

10. 中央银行的资产业务有（　　　）。

A. 商业银行贷款 　　　　　　　B. 办理清算

C. 金银外汇储备 　　　　　　　D. 企业贷款

三、判断题

1. 商业银行与其他金融机构的基本区别在于商业银行是唯一吸收活期存款、开设支票存款账户的金融中介机构。　　　　　　　　　　　　　　　　（　　　）

2. 商业银行创造信用的能力不受任何条件限制。　　　　　　　　（　　　）

3. 商业银行的核心资本包括股本和公开储备。　　　　　　　　　（　　　）

4. 我国商业银行的证券投资对象是国债和公司债券。　　　　　　（　　　）

5. 商业银行在中央银行的存款准备金是指法定存款准备金和超额存款准备金。
　　　　　　　　　　　　　　　　　　　　　　　　　　　　（　　　）

6. 中央银行的货币发行在资产负债表中列在资产一方。　　　　　（　　　）

7. 中央银行充当最后的贷款人是其国家银行职能的表现。　　　　（　　　）

8. 中央银行是不经营金融业务的特殊银行。　　　　　　　　　　（　　　）

9. 政策性银行通常不具有派生存款和增加货币供给的功能。　　　（　　　）

10. 根据《巴塞尔协议》规定，商业银行最低资本额为银行风险资产的4%。（　　　）

四、计算题

1. 设原始存款为500万元，法定存款准备金率为6%，超额存款准备金率为6%，提现率为8%，试计算整个银行体系创造的派生存款总额。

2. 企业将一张票据面额为10 000元、3个月后到期的商业承兑汇票交送银行申请贴现，按年利率为10%计算，银行应付企业多少现款？

案例分析

中国金融机构存在四大隐忧

根据中国银监会公布的 2010 年数据,截至去年年底,中国银行业资产总额达到 95.3 万亿元;2010 年银行业金融机构实现税后利润 8 991 亿元,同比增长 34.5%;资本利润率 17.5%,比年初上升 1.26 个百分点;资产利润率 1.03%,比年初上升 0.09 个百分点。

第一个隐忧,利息收入仍然是银行的收入主流,靠政策吃饭、靠扩大规模取胜的路径 没有根本转变。工行利息净收入为 3 037.49 亿元,增长 23.6%;建行利息净收入 2 515 亿元,增幅为 18.70%;中行利息净收入 1 939.62 亿元,增幅 22.08%;农行利息净收入 2 421.52 亿元,增长 33.31%。

第二个隐忧,中间业务大幅增长,可能向实体企业转嫁成本。各大银行利润虽然同步 上升,但前景各不相同,考虑到目前中国金融业处于从间接融资向直接融资转型的关键时 刻,因此中间业务收入以及具体的构成、成本的上升成为主要考量的指标。

四大行中体量最大、最能赚钱的是工商银行,这是中国金融机构中大到不能倒的 典型企业。根据工行年报,工行存款量继续位居全球第一,人民币客户存款增加 1.33 万亿元。工行的模式在发生转变,工行的全年净手续费及佣金收入中,2010 年 全年达到 728 亿元人民币,同比增长 32.1%,在营业收入中占比达 19.13%,同比提 高了 1.31 个百分点。

农行的中间业务让人瞠目。手续费及佣金净收入 461.28 亿元,较上年增长 29.4%, 别除代理财政部处置不良资产业务手续费收入后,手续费及佣金净收入较上年增长 42.8%。其中,结算与清算手续费收入 151.87 亿元,增长 24.4%;顾问和咨询费收入 111.12 亿元,增长 69.2%。其他银行增幅也不小,建行手续费及佣金净收入为 661.32 亿 元,同比大幅增长 37.61%;中行手续费及佣金净收入 544.83 亿元,增长 18.41%。

第三个隐忧,非员工费用上升。从去年打响吸储大战以来,银行吸储成本大增,尤其 到季末年末更是冲刺之时,存款亿元一天返回 20 万元的新闻不绝于耳。

从已经公布的银行年报看,在吸储压力下存款成本上升,各行非员工费用占比较中期 上升,说明银行为了吸储成本正在迅速增加,银行在获得贷款利率好处的同时,自身的成 本也在上升,这一风险将在 2011 年充分暴露。

第四个隐忧,各行低估地方投融资平台的坏账风险,再融资之后对风险控制过于自 信。按照银监会的数据,截至 2010 年年底,银行业金融机构流动性比例为 43.7%,同比 下降 2.1 个百分点。存贷款比率 69.4%,比年初下降 0.1 个百分点。各行的资本充足率 仍然面临压力,因此在如此漂亮的年报背景下,派息率同时下降,建行、中行均拟下调 2010 年派息率,以便充实资本。

请根据上述资料,结合本章所学知识,分析我国银行业经营中存在的问题。

第七章

金融市场

金融创新仍是经济金融发展的不竭动力,市场仍是资源配置的基础,全球化和综合化仍是金融业发展的基本趋势。

席卷全球的经济金融危机在对世界经济造成数以万亿计的巨额损失的同时,给全球经济金融体系与发展格局也带来了巨大的冲击。特别是,随着各国政府积极救市,世界经济金融的发展出现了一系列新情况,如金融创新备受指责、经济金融全球化进程趋缓、金融机构经营向分业化回归、股权结构向国有化逆转等。

这似乎与传统理论所描述的、长期以来经济金融发展实践所呈现的发展趋势相逆。对此,有人将其概括为"去杠杆化、去全球化、去综合化、去市场化"等"去四化"现象。从业界到学界,也纷纷开始对传统理论所勾画的经济金融发展趋势提出质疑。

现在,面对这些质疑,全球经济金融究竟将向哪个方向发展?如何以历史视角、世界眼光和辩证思维来深刻分析这些现象?正在成为各国政府决策者们能否明确方向、把握大势并制定正确应对策略以走出危机的关键所在。

事实上,从整个金融业发展的历史全景来看,金融创新仍将是经济金融发展的不竭动力,市场仍然是资源配置的基础,全球化和综合化仍然是金融业发展的基本趋势。面对国际金融危机所带来的一系列新问题,不能因短期的曲折而迷失发展的方向,应当在全面考量、深入分析的基础上,吸取教训,借鉴经验,牢牢把握发展的大势,抓住机遇,进一步推进我国金融业的市场化改革,加大创新力度,加快国际化、综合化发展步伐,不断提升我国金融机构的核心竞争力。

（资料来源:胡怀邦.危机难改金融四大趋势.瞭望新闻周刊.2009 年 6 月 29 日）

金融市场在我们的经济生活中扮演着越来越重要的角色。金融市场的发展为投资者进行多元化资产组合、企业融资结构的优化提供了可能。"面对股票熊市,投资者应保持何种心态?""什么时候买债券最佳?""市场上的基金有哪些品种,应如何选择基金?""黄金、白银,你投资了吗?"等诸多问题,需要投资者思考与决策。金融市场投资的魅力在于这是一个创造奇迹与实现梦想的地方,也是一个可以充分发挥自己意志的地方,还是一个投资者凭着智慧和勇气、热忱和汗水,跻身于赢者行列的地方。但事实上,等待投资者更多的是迷失、恐惧、痛苦和思索,不懈地追求和努力可能换来的却是挫折和泪水。那么投资者通往成功之路的关键是什么呢?

通过对本章的学习,你将知道什么是金融市场,了解金融市场的构成要素、分类与功能,掌握货币市场、资本市场的特点,子市场交易工具与业务,交易价格如何形成等内容。在了解外汇市场和黄金市场发展概况的基础上,认识我国金融市场的现状与发展方向,明确金融市场操作规则与技巧,并形成理性的投资理念,适应市场发展的主流趋势。

第一节　金融市场概述

一、金融市场的定义

金融市场是经济生活中与商品市场、劳务市场、技术市场等共同存在的市场之一。金融市场是资金供求双方借助金融工具实现货币借贷和资金融通,办理各种票据和有价证券交易活动的场所。金融市场有广义与狭义之分。广义的金融市场是资金供求双方借助金融工具进行各种货币资金交易活动的市场,包括存款、贷款、信托、租赁、保险、票据抵押与贴现,股票和债券买卖,基金、黄金、外汇交易等。狭义的金融市场一般限定在以票据、股票、债券、基金等为金融工具的交易活动,金融机构之间的同业拆借以及黄金、外汇交易活动等范围内的市场。本书从狭义的角度介绍金融市场的基本内容。

二、金融市场的构成要素

与商品市场或要素市场一样,一个完整的金融市场需要有一些必备的市场要素,否则,市场活动就难以顺畅地运行。

(一)交易的主体——市场参与者

市场参与者即参与金融市场交易活动的当事人。主要包括:

(1)政府部门。政府部门是一国金融市场上主要的资金需求者。当年度内财政收支不平衡、出现赤字或筹措重点建设资金时,在货币市场上,政府通过发行国库券借入资金;在资本市场上,各国政府主要利用发行国债满足资金需求。

(2)中央银行。中央银行要根据货币流通状况,在金融市场上进行公开市场业务操作,通过有价证券的买卖,吞吐基础货币,以调节市场上的货币供应量。在参与金融市场运作过程中,中央银行不以盈利为目的,而是以宏观经济运行以及政府的政策需要为己任。

(3)商业性金融机构。金融机构是金融市场上最重要的中介机构,充当资金的供给者、需求者和中介人等多重角色。

(4)企业。企业是金融市场上最大的资金需求者。企业由于各种原因产生资金不足时,除向银行借款外,还可以在金融市场上发行有价证券筹集资金。当企业资金闲置时,通过购买金融资产也为市场提供巨额、连续不断的资金。

(5)个人。是指参与金融市场活动的居民个人。作为资金供应者,个人将现期收入存人银行或买进金融工具,如股票、债券等,成为金融市场的投资者或投机者;作为资金需求者,个人将手持的金融资产在市场上出售或在银行取得消费贷款。

(6)合格境外机构投资者(QFII)。我国自 2006 年 9 月 1 日起实施的《合格境外机构投资者境内证券投资管理办法》规定,合格境外机构投资者是指符合本办法的规定,经中国证券监督管理委员会批准投资于中国证券市场,并取得国家外汇管理局额度批准的中国境外基金管理机构、保险公司、证券公司以及其他资产管理机构。截至 2011 年 6 月底,由证监会批准的 QFII 已达 113 家。

(二)交易的客体——金融工具

从本质上说,金融市场的交易客体(对象)就是货币资金,但由于货币资金之间不能直接进行交易,需要借助金融工具(亦称信用工具)来进行交易,因此,金融工具就成为金融市场上进行交易的载体。金融工具按其性质不同可分为三大类:一是所有权凭证,如股票;二是债权凭证,如债券和票据等;三是权利义务关系凭证,如各类期货合同和期权合约等。金融工具一般具有广泛的社会可接受性,随时可以流通转让。不同的金融工具具有不同的特点,能分别满足资金供需双方在数量、期限和条件等方面的不同需要,在不同的市场上为不同的交易者服务。

(三)交易的价格——利率

金融市场的价格有两种表现形式。一种是以转移金融商品的所有权形成的交易价格(如股票、债券等),这时的交易价格一般为金融商品的所有价值组成。另一种是转移使用权所形成的价格(如存款和贷款等),这时的交易价格只是转移使用权的代价或报酬,即利息。所以利率是其价格。但无论哪一种形式的交易价格都和利率有着密切的关系,当金融市场上资金供不应求时,利率上升。利率上升一方面导致资金供应增加,另一方面又导致融资成本增加,从而减少资金需求;相反,利率下降又会减少资金供给,增加对资金的需求,从而资金供求关系达到新的均衡。

(四)交易的媒介——金融机构

金融市场交易的媒介是各类金融机构,包括商业银行、证券公司、保险公司、财务公司和信托投资公司等。其作用在于促进资金融通,在资金供求双方之间架起桥梁。

(五)交易的组织方式

受市场本身的发育程度、交易技术的发达程度以及交易双方交易意愿的影响,金融交易主要有以下三种组织方式:一是有固定场所的有组织、有制度、集中进行交易的方式,如交易所方式;二是在各金融机构柜台上买卖双方进行面议的、分散交易的方式,如柜台交易方式;三是电讯交易方式,即没有固定场所,交易双方也不直接接触,主要借助电讯手段来完成交易的方式。这几种组织方式各有特点,分别可以满足不同的交易需求。在一个完善的金融市场上,这几种组织方式应该是并存的,彼此之间保持一个合理的结构。

三、金融市场的功能

(一)资金聚敛的功能

金融市场资金聚敛的功能是指金融市场引导众多分散的小额资金汇聚成为可以投入社会再生产的资金集合的功能。在这里,金融市场起着资金"蓄水池"的作用。国民经济各部门的资金收入和支出在时间上并不总是对称的,即一些部门和经济单位在一定的时间内可能存在暂时闲置不用的资金,而另一些部门和经济单位则存在资金缺口,金融市场就提供了两者沟通的渠道。

金融市场之所以具有资金的聚敛功能,一是由于金融市场创造了金融资产的流动性。现代金融市场已发展成为功能齐全、法规完善的资金融通场所,资金需求者可以很方便地通过直接或间接的融资方式获取资金,而资金供应者也可以通过金融市场为资金找到满意的投资渠道;另一个原因是金融市场上多样化的融资工具为资金供应者寻求合适的投资手段找到了出路。资金供应者可以依据自己的收益、风险偏好和流动性要求选择其满意的金融工具,实现资金效益的最大化。

(二)配置的功能

金融市场配置的功能表现在三个方面:一是资源的配置;二是财富的再分配;三是风险的再分配。

在经济的运行过程中,拥有多余资产的盈余部门并不一定是最有能力和机会作出最有利投资的部门,现有的财产在这些盈余部门得不到有效利用。通过金融市场将资源从低效率利用的部门转移到高效率利用的部门,从而使一个社会的经济资源能最有效地配置在效率最高或效用最大的用途上,实现稀缺资源的合理配置。在金融市场中,证券价格的波动,实际上反映着证券背后所隐含的相关信息。投资者可以通过证券交易中所公开公告的信息及证券价格波动来判断整体经济运行情况以及相关企业、行业的发展前景,从而决定其资金和其他经济资源的投向。一般来说,资金总是流向最有发展潜力、能够为投资者带来最大利益的部门和企业,这样通过金融市场的作用,有限的资源就能够得到合理利用。

财富是各经济单位持有的全部资产的总价值。政府、企业、个人通过持有金融资产的方式来持有财富,当金融市场上的金融资产价格发生波动时,其财富的持有量也会发生变化,一部分人的财富随着金融资产价格的上升而增加,而另一部分人则由于其持有的金融资产价格下跌,所拥有的财富量也相应减少。这样,社会财富就通过金融市场价格的波动实现了再分配。

金融市场同时也是风险再分配的场所。在现代经济活动中,风险无时不在,无处不在。而不同的主体对风险的厌恶程度是不同的,利用各种金融工具,厌恶风险程度较高的人可以把风险转嫁给厌恶风险程度较低的人,从而实现风险的再分配。例如,如果投资者把资金直接投入某一个企业,他很可能会因为企业的亏损或破产而使资金丧失殆尽,即使他明知风险临头,但因资金缺乏流动性而无从抵御。相比之下,如果投资者用资金购买证券进行间接投资,即使出现风险情况,也可以适时地将证券转让出去,以减少或避免损失。

(三)宏观经济调节的功能

金融市场的存在及发展为政府实施间接调控宏观经济活动创造了有利条件。

(1)货币政策属于调节宏观经济活动的重要宏观经济政策,其具体的调控工具如存款准备金政策、再贴现政策、公开市场操作等,这些政策的实施都以金融市场的存在、金融部门及企业成为金融市场的主体为前提。金融市场既提供货币政策操作的场所,也提供实施货币政策的决策信息。首先,因为金融市场的波动是对有关宏观和微观经济信息的反映,所以,政府有关部门可以通过分析金融市场的运行情况来为政策的制定提供依据。其次,中央银行在实施货币政策时,通过金融市场可以调节货币供应量、传递政策信息,最终影响到各经济主体的经济活动,从而达到调节整个宏观经济运行的目的。

(2)财政政策的实施也越来越离不开金融市场,政府通过国债的发行及运用等方式对各经济主体的行为施以引导和调节,并提供给中央银行进行公开市场操作的手段,也对宏观经济活动产生着巨大的影响。

(四)反映经济运行状况的功能

金融市场反映经济运行状况的功能具体表现如下:

(1)由于证券买卖大部分都在证券交易所进行,人们随时可以通过这个有形的市场了解到各种上市证券的交易行情,并据以判断投资机会。一个有组织的市场,一般也要求上市公司定期或不定期公布其经营信息和财务报表,这也有助于人们了解及推断上市公司及相关企业、行业的发展前景。所以,金融市场首先是反映微观经济运行状况的指示器。

(2)金融市场交易直接和间接地反映货币供应量的变动。货币供应量的增加或减少均是通过金融市场进行的,货币政策实施时,金融市场会出现波动,反映货币供应量的变动程度。因此,金融市场所反馈的宏观经济运行方面的信息,有利于政府部门及时制定和调整宏观经济政策。

(3)由于证券交易的需要,金融市场有大量专门人员长期从事研究和分析,并且他们每天与各类工商企业直接接触,能了解企业的发展动态。

(4)金融市场有着广泛而及时地收集和传播信息的通信网络,整个世界的金融市场已连成一体,四通八达,从而使人们可以及时了解世界经济的发展变化情况。

四、金融市场的分类

(一)按交易成立后是否立即交割,分为现货市场和衍生市场

现货市场又称即期交易市场,是金融市场上最普遍的一种交易方式。现货市场指市场上的买卖双方成交后,须在若干个交易日内办理交割的金融交易,钱货两清。

衍生市场是各种衍生金融工具进行交易的市场。所谓衍生金融工具,是指由原生性金融商品或金融工具创造出的新型金融工具。它一般表现为合约,合约的价值由其交易的金融资产的价格决定。

(二)按交易的期限与对象不同,分为货币市场、资本市场、外汇市场和黄金市场

1.货币市场

货币市场是指以期限在1年以内的金融资产为交易标的物的资金交易市场。它的主要功能是保持金融资产的流动性。货币市场一般没有正式的组织,所有交易几乎都是通过电讯方式联系进行。市场交易量大是货币市场区别于其他市场的重要特征之一。

2.资本市场

资本市场是指以期限在1年以上的金融资产为交易标的物的资金交易市场。一般来说,资本市场包括两大部分:一是银行中长期存贷款市场;另一部分是有价证券市场。但由于证券市场最为重要,加之长期融资证券化已成为世界大趋势,所以现在资本市场主要

指的是债券市场、股票市场和基金市场。

3. 外汇市场

外汇市场是专门买卖外汇的场所,以及从事各种外币或以外币计价的票据及有价证券的交易市场。外汇市场交易的是不同种货币计值的两种票据。在国内金融市场上所有的贷款和金融资产的交易都受政府法令条例管制,但在外汇市场上,一国政府只能干预或管制本国的货币。

4. 黄金市场

黄金市场是专门集中进行黄金等贵金属买卖的交易中心或场所。尽管随着时代的发展,黄金的非货币化趋势越来越明显,但黄金作为国际储备工具,在国际结算中仍然占有重要地位,因此黄金市场仍被看作金融市场的组成部分。

(三)按金融资产的发行和流通特征,分为发行市场和流通市场

资金需求者将金融资产首次出售给公众时所形成的交易市场称为发行市场,也称初级市场或一级市场。证券发行后,各种证券在不同的投资者之间买卖流通所形成的市场即为流通市场,又称二级市场或次级市场。它又可分为两种:一种是场内市场,即证券交易所市场;另一种是场外市场,场外市场又称柜台交易或店头交易市场,它是在证券交易所之外进行证券买卖的市场,原则上在场外交易的证券以未上市的证券为主。

发行市场是流通市场的基础和前提,没有发行市场就没有流通市场;流通市场是发行市场存在与发展的重要条件之一,无论从流动性上还是从价格的确定上,发行市场都要受到流通市场的影响。

(四)按有无固定场所,分为有形市场和无形市场

有形市场即有固定交易场所的市场,一般指的是证券交易所。在证券交易所进行交易首先要开设账户、存入资金,然后由投资人委托证券商买卖证券,证券商负责按投资者的要求进行操作。

无形市场则是指在证券交易所外进行的金融资产交易的总称。它的交易一般通过现代化的电讯工具在各金融机构、证券商及投资者之间进行。它是一个无形的网络,金融资产及资金可以在其中迅速转移。

(五)按金融活动的地域范围,分为国内金融市场和国际金融市场

1. 国内金融市场

国内金融市场是指金融交易的作用范围仅限于一国之内的市场。在国内金融市场上,金融商品交易发生在本国居民之间,不涉及其他国家居民,交易的标的物也以本国货币标价,交易活动遵守本国法规。国内金融市场交易的结果只改变本国居民的收入分配,不直接引起资金的跨国流动,不直接影响本国的国际收支。

2. 国际金融市场

国际金融市场是指金融资产的交易跨越国界进行的市场,金融商品交易发生在居民与非居民之间,非居民与非居民之间。国际金融市场又可以分为外国金融市场和境外金融市场两类。前者也称为传统的国际金融市场或"在岸市场",是指某一国的筹资者在本国以外的另一个国家发行以该国货币为面值的金融资产并以它为交易工具的市场,其交易活动要受到本国法律法规的制约;后者也称为新型的国际金融市场或"离岸市场",通常

是指在某一货币发行国境外从事其他国家货币资金融通的市场,其特点是以非居民为交易对象,资金来源于所在国的非居民或贷款于非居民,具有相对独立的利率体系,基本不受所在国的金融监管机构的管制。

2004年2月,香港银行开始试办个人人民币业务,包括存款、汇款、兑换及信用卡业务。2011年上半年,香港作为离岸人民币业务中心已开始成形,人民币跨境贸易支付、存贷业务、人民币债券发行及其他金融产品的开发发展速度较快,为推动人民币的跨境使用和国际化发挥了重要作用。

课堂思考:中国企业在美国上市的融资业务属于"在岸市场"还是"离岸市场"?

第二节　货币市场

货币市场是供求双方利用1年期内的短期金融工具进行交易形成的市场。短期金融工具的存在及发展是货币市场发展的基础。短期金融工具将资金供应者和资金需求者联系起来,并为中央银行实施货币政策提供操作手段。这些工具的转让一般期限较短,最短的只有1天,最长的也不超过1年,较为普遍的是3至6个月。正因为这些工具期限短,可随时变现,所以具有较强的货币性。货币市场的主要特征是:

(1)交易期限短。金融工具的偿还期一般为1年或1年以内,期限短的只有1天。

(2)交易的目的。主要是为了短期资金周转的需要,一般是为了弥补流动资金的不足。

(3)交易工具的风险小,流动性强。货币市场金融工具期限短于1年,对购买者而言,价格较稳定,且金融工具未来市场价格可预测性较强,风险较小,而已持有者在资产到达偿还期以前可以随时出售兑现,从这个意义上说,它们近似货币。

(4)一般收益较资本市场低。因为期限短,价格波动范围较小,所以投资者受损失的可能性也较小,获益也就有限。

货币市场按交易的内容可以分为同业拆借市场、票据市场、短期债券市场、回购协议市场、大额可转让定期存单市场、货币市场共同基金市场等。我国目前的货币市场种类有同业拆借市场、银行间债券市场和票据市场。

一、同业拆借市场

同业拆借市场是银行及其他金融机构之间为了平衡其业务活动中资金来源和资金运用而产生的一种短期资金借贷行为。资金短缺者从资金盈余者那里拆入款项称为拆借;资金盈余者向资金短缺者拆出款项,称为拆放。拆借时,一般是资金不足行开出一张本行的本票,交付同意拆放的资金盈余行,拆出行开出支票交给拆入行,即可使用。拆入行开出的本票实际上是一种抵押品,如果拆入行不能按时归还,拆出行可以将本票处理。如果拆入资金者是证券经纪人或自营商,拆借可以用证券作抵押品。此外,还有用定期存款单或远期外汇等作抵押品的。除抵押拆借外,还有信用拆借,它是凭借同业间的信用拆借的。同业拆借市场具有以下特征:

(1)同业性。参加同业拆借市场活动的各方都是银行及其他金融机构,非金融性机构不能参加同业拆借活动。

（2）短期性。拆借市场融通资金的期限都比较短，一般是一天、两天、一星期或 10 天不等，最短几小时，最长不超过一个月。由于拆借时间很短，一般以日计息。

（3）无担保性。由于同业拆借市场的参加者均为金融机构，它们之间的拆借大多凭借同业间的信誉，不需要担保。

（4）交易大宗性。同业拆借市场上相互拆借资金是金融机构为了弥补头寸不足和灵活调剂资金，所以其交易额很大，一般在 1 000 万元左右，很少有 100 万元以下的交易。

（5）管理的特殊性。中央银行对同业拆借市场进行特殊管理，商业银行相互融资的对象是同业拆借双方在央行存款账户的余额，同业拆借时不提交存款准备金。

同业拆借市场的资金供求状况决定了同业拆借利率的变化，同业拆借市场的利率水平及其变化作为反映资金供求状况的指示器，可以反映出整个金融市场利率的变动趋势。有些国家的中央银行，如美国联邦储备体系，直接将同业拆借市场利率即联邦基金市场利率作为货币政策的中间目标。所以，同业拆借市场上的利率被看做是基础利率，各金融机构的存放款利率及其他利率都以此为基础再加一定的百分点来确定。如国际上广为使用的伦敦银行拆借利率，被欧洲货币市场、美国金融市场及亚洲美元市场等作为基础利率来确定各种利率水平。

阅读资料 7-1

我国的同业拆借市场

人民银行 1996 年建立了全国银行间同业拆借市场，将同业拆借交易纳入全国统一的同业拆借网络进行监督管理。2007 年 8 月施行的《同业拆借管理办法》规定，同业拆借交易应遵循公平自愿、诚信自律、风险自担的原则。同业拆借交易以询价方式进行，自主谈判、逐笔成交。同业拆借利率由交易双方自行商定。

同业拆借的资金清算涉及不同银行的，应直接或委托开户银行通过中国人民银行大额实时支付系统办理。同业拆借的资金清算可以在同一银行完成的，应以转账方式进行。任何同业拆借清算均不得使用现金支付。

调整后的期限管理分三档：商业银行、城乡信用社、政策性银行最长拆入 1 年；金融资产管理公司、金融租赁公司、汽车金融公司、保险公司最长拆入 3 个月；财务公司、证券公司、信托公司、保险资产管理公司最长拆入 7 天。拆出资金最长期限按照交易对方的拆入资金最长期限控制，同业拆借到期后不得展期。

截至 2010 年年末，同业拆借市场累计成交 27.9 万亿元。其中，隔夜拆借成交 24.5 万亿元，占拆借成交总量的 87.9%。交易期限以短期为主，货币市场调节作用进一步增强。同业拆借网络覆盖全国，交易实现无纸化；同业拆借利率的信号功能不断完善，已经成为中国货币市场最重要的利率指标之一。

（资料来源：中国人民银行网 http://www.pbc.gov.cn）

二、票据市场

票据是指出票人依法签发的，约定自己或委托付款人在见票时或指定的日期向收款人无条件支付一定金额的有价证券。票据的基本形式有汇票、本票和支票三种。票据是一种重要的有价证券,因为它以一定的金额来表现价值,同时体现债权债务关系,且能在市场上流通交易,具有较强的流动性,其作为国际金融市场上通行的结算和信用工具,是货币市场上主要的交易工具之一。

(一)商业票据市场

商业票据市场是商业票据发行和买卖交易活动的总括。商业票据又称商业证券,其内涵不同于以商品信用交易为基础的商业汇票、本票等意义上的商业票据,而是一种没有抵押和担保,出票人凭自身的信用发行并允诺到期付款的短期流动票据。

商业票据是从商业信用工具逐渐演化而来的。在商品交易的过程中,每笔交易的成交,通常在货物运出或劳务提供以后,卖方向买方取款,买方则可按合约规定,开出一张远期付款的票据给卖方。卖方可以持有票据,也可以拿到金融市场上去贴现。由此可见,这种商业信用工具既是商品交易的工具,又可作为融通资金的工具。随着金融市场的发展,这种工具的融资职能与商品交易相分离,变成了单纯债权债务关系的融资工具。促使企业以发行商业票据的方式筹集短期资金的外部原因是银行对借款人放款金额的限制,这样需要大量资金的企业就不得不直接向社会发行商业票据集资。20 世纪 20 年代,美国的一些大公司为刺激销售,实行商品赊销和分期付款,因需要大量资金而开始发行商业票据。此后,商业票据的发行不断扩大,成为工商企业筹资的重要方式。

商业票据发行市场由发行人、包销商和投资人三方面参加。由于商业票据是一种无担保的筹资工具,因而其发行人主要是一些资信等级较高的大工商企业。各国对商业票据发行企业的评级标准基本是根据资产负债和业务状况,由高到低把企业划分成若干个等级,信誉等级高的企业发行的商业票据易于销售,信誉等级低的企业发行的商业票据易遭违约风险,有到期不能偿还的可能。

大部分商业票据是通过包销商发行的,发行公司将商业票据全部卖给包销商,由包销商再转售给投资人,发行公司按包销金额支付给包销商一定的手续费。也有一部分商业票据由发行公司直接销售给投资人。商业票据的投资人主要是金融机构和个人,如商业银行、保险公司、年金组织、投资公司等。

我国的一些企业在开拓金融市场的过程中,于 1987 年开始发行短期融资债券,也属于商业票据范畴,但其流通市场尚未形成。

无论是对发行者还是对投资者而言,商业票据都是一种理想的金融工具。

对于发行者而言,它具有如下优点:

(1)成本较低。由于商业票据一般由大型企业发行,有些大型企业的信用要比中小型银行好,因而发行者可以获得成本较低的资金。一般来说,商业票据的融资成本要低于银行的短期贷款成本。

(2)具有灵活性。根据发行机构与经销商的协议,在约定的一段时间内,发行机构可以根据自身资金的需要情况,不定期不限次数地发行商业票据。

(3)提高发行公司的声誉。如前所述,发行商业票据的公司大多是信用卓著的大公司,票据在市场上就像一种信用的标志,公司发行票据行为的本身也是对公司信用和形象的免费宣传,有助于提高公司声誉。

对于投资者来说,选择商业票据既可以获得高于银行利息的收益,又具有比定期存款更好的流动性,虽然面临的风险要稍大一些,但在通常情况下,风险的绝对值还是很小的,因而商业票据是一种受欢迎的投资工具。

(二)承兑票据市场

承兑是指汇票到期前,汇票付款人或指定银行确认票据记明事项,在票面上作出承诺付款并签章的一种行为。

商业汇票之所以需要承兑,是由于债权人作为出票人单方面将付款人、金额、期限等记载于票面上,但从法律上讲,付款人在没有承诺前不是真正的票据债务人。经过承兑,承兑者就成了汇票的主债务人。故只有承兑后的汇票才具有法律效力,才能作为市场上合格的金融工具转让流通。由于承兑者以自己的信用作保证,负责到期付款,因此,如果委托他人或银行办理承兑,需支付承兑手续费。在国外,汇票承兑一般由商业银行办理,也有专门办理承兑的金融机构,如英国的票据承兑所。

(三)票据贴现市场

贴现是商业票据持有人在票据到期前,为获取现款向金融机构贴付的票据转让行为。贴现利息与票据到期时应得款项的金额之比叫贴现率。

票据贴现市场所转让的商业票据主要是经过背书的本票和汇票。票据到期前,金融机构若需用现款,可办理再贴现和转贴现。

(1)再贴现是指商业银行将其贴现收进的未到期票据向中央银行再办理贴现的融资行为。因此,中央银行可以通过调整再贴现利率或条件,调节市场利率和货币供应总量。

(2)转贴现是指商业银行将其贴现收进的未到期票据向其他商业银行或贴现机构进行贴现的融资行为。

在现代市场经济中,票据市场有三个主要功能:

第一,为工商企业解决短期资金的融通提供场所。企业可以通过商业票据的发行或贴现,保持生产流通过程的顺畅进行。

第二,为商业银行优化资产质量提供途径。商业银行可以通过对合格商业票据的贴现、转贴现、再贴现,保持资产的安全性和流动性。

第三,为中央银行的货币政策操作提供条件。中央银行可以运用再贴现政策工具进行宏观调控。

因此,大力发展票据市场并充分发挥其功能,对于一个国家的金融发展具有重要意义与作用。

(四)我国票据市场现状

近年来,我国商业汇票发展很快,商业汇票承兑、贴现、转贴现规模不断扩大,对便利企业支付结算、拓宽企业融资渠道、改善商业银行信贷资产质量等发挥了积极作用。受社会信用基础薄弱等因素的影响,银行承兑汇票使用比较广泛,商业承兑汇票业务量和资金量较少,商业承兑汇票的信用、融资功能未能得到充分体现。为改善目前商业承兑汇票使用量低、商业汇票结构失衡、商业信用过度依赖于银行信用的状况,进一步发挥商业承兑汇票对社会经济发展的促进作用,引导和鼓励商业信用发展,中国人民银行发布了《关于促进商业承兑汇票业务发展的指导意见》,提出了促进商业承兑汇票发展的政策措施。

我国票据市场一直处于分割状态,在各行各地区之间的流动性较差;交易品种基本限于汇票,交易期限规定在六个月以内。我国的电子商业汇票系统于 2009 年 10 月 28 日在人民银行清算总中心正式上线,20 家金融机构顺利接入电子商业汇票系统,开始为其客户办理电子商业汇票业务,期限由纸质票据的半年延长为一年。2010 年,我国票据市场累计签发商业汇票 11.95 万亿元,累计办理贴现 48.64 万亿元,票据市场价格呈上升趋势。

三、短期债券市场

短期债券市场交易的主要对象包括国库券和短期公司债券,特点是具有较强的安全性和流动性,且收益比较稳定。

(一)短期政府债券市场

短期政府债券是政府为弥补国库资金临时不足而发行的短期债务凭证。在国外,偿还期在一年以上的政府债券叫国债或公债,而将偿还期在一年以下的政府债券称为国库券。国库券市场的活动包括国库券的发行与转让流通。

1. 国库券的发行

国外国库券的发行次数频繁,一般有定期发行和不定期发行两种。例如,美国定期发行的国库券有每周发行和每月发行两类。定期发行的国库券更为灵活,需要时可以连续数天发行。国库券的发行对象主要是金融机构、企业和居民。

国库券在市场发行时,需要通过专门的机构进行,这些机构通常被称为"一级自营商"。往往由信誉卓著、资力雄厚的大商业银行或投资银行组成。

国库券的市场发行一般采取拍卖方式折扣发行。当发行代理人(财政部或中央银行)发出拍卖信息(种类、数量)后,一级自营商即根据市场行情和预测报出购买价格与数量。当一级自营商获得承销量之后,即向零售商或投资者销售。

国库券的发行价格为折扣价格,又称折价发行。即发行价格低于国库券面值,但按面值偿还,其差价即为投资者的利息收益,等于向投资者提前支付了利息。

2. 国库券的转让

国库券的转让可以通过贴现或买卖方式进行。国库券具有信誉好、期限短、利率优惠等优点,是短期资金市场中最受欢迎的金融工具之一。

国库券在二级市场能顺利地转让流通,迅速变为现金。在国外,国库券市场非常活跃,不仅是投资者的理想场所,是商业银行调节二级准备金的重要渠道,还是政府调整国库收支的重要基地,是中央银行进行公开市场业务操作以调节货币信用的重要场所。

1981 年我国开始发行"中华人民共和国国库券"实物券,到 1998 年取消实物券,代之以凭证式和记账式债券,前后经历了 17 年,共发行了 80 多个品种,金额高达数千亿元人民币。面值有 1 元、5 元、10 元、50 元、100 元、1 000 元、1 万元、10 万元、100 万元等。

(二)短期公司债券市场

短期公司债券是工商企业为了筹集临时性周转资金发行的偿还期限在 1 年以下的债券。金融机构中的银行因为以吸收存款作为自己的主要资金来源,并且很大一部分存款的期限是 1 年以下,所以较少发行短期债券。其主要特点是:

(1)对发行者资格的考核相当严格,具有较高资信的公司或企业才能发行。

(2)期限较短。一般是3、6、9、12个月。

(3)利率不高于银行相同期限的贷款利率。

2005年5月25日,人民银行下发《短期融资券管理办法》,标志着短期融资券以规范的形式进入市场。2011年短期融资券发行量为6 742亿元。我国短期融资券是发行主体为非金融企业,发行场所为银行间债券市场,发行对象为机构投资者而非个人投资者且发行期限不超过365天的企业债券。短期融资券在发行次日后就可以在银行间债券市场流通,债券利息与发行价格由发行主体与承销商共同商定。可以看出,短期融资券在发行、监管、流通等各环节的市场化原则,使短期融资券在性质上基本实现了与国外融资性商业票据的接轨。

📖 阅读资料 7-2

银行间市场推出超短期融资券

中国银行间市场交易商协会2010年12月21日发布《银行间债券市场非金融企业超短期融资券业务规程(试行)》,并正式在银行间债券市场推出超短融业务。交易商协会相关负责人表示,作为非金融企业债务融资工具的一种,超短融从期限上属货币市场工具范畴,具有信息披露简洁、注册效率高、发行便利、资金使用灵活等特点。

超短融是指具有法人资格、信用评级较高的非金融企业在银行间债券市场发行的、期限在270天以内的短期融资券。当日,交易商协会接受铁道部、中国石油天然气集团公司和中国石油化工股份有限公司等3家发行人的超短融发行注册,注册额度共计2 100亿元。

交易商协会规定,企业发行超短期融资券所募资金应用于符合规定的流动资金需要,不得用于长期投资。超短融的推出有望丰富企业直接债务融资渠道,丰富国内货币市场投资品种,进一步推进利率市场化进程,将引导资金更多地投向实体经济,实现国家宏观调控目标。

截至21日,经交易商协会注册发行的非金融企业债务融资工具存量达21 231.7亿元,占我国企业直接债务融资产品存量的55.3%;累计发行额达38 048.5亿元,占企业直接债务融资产品规模的67.9%。

(资料来源:任晓.中国证券报.2010年12月23日)

四、大额可转让定期存单市场

大额可转让定期存单,也称CDS,是银行发行的具有固定期限和一定利率,并且可以转让的金融工具。这种金融工具的发行和流通所形成的市场称为可转让定期存单市场。第一张大额可转让定期存单是由美国花旗银行于1961年创造的,其目的是为了稳定存款、扩大资金来源。

大额可转让定期存单的主要特点表现为:

(1)不记名。CDS可以自由转让,持有者需要现款时即可在市场上转让出售。

(2)金额固定,面额大。美国的CDS最低起价为10万美元,存单的期限通常不少于2

周,大多为 3、6 个月,一般不超过 1 年。CDS 的利率略高于同等期限的定期存款利率,与当时的货币市场利率基本一致。

(3)允许买卖、转让。这使得 CDS 集中了活期存款和定期存款的优点。对于银行来说,它是定期存款,未到期不能提前支取,故可作为相对稳定的资金用于期限较长的放款;对于存款人来说,既有较高的利息收入(国外活期存款一般没有利息),又能在需要时转让出售,迅速变现,是一种理想的金融工具。

大额可转让定期存单的发行采取批发和零售两种形式。批发发行时,发行银行将拟发行 CDS 的总额、利率、期限、面额等有关内容预先公布,等候认购。零售发行时,发行银行随时根据投资者的需要发行,利率可以双方议定。许多 CDS 发行不通过经纪人和交易商,由发行银行直接向大企业或客户出售。因为这样可以提高发行银行经营状况的透明度,保证发行银行始终保持良好的信誉形象。

我国大额可转让定期存单的发行开始于 1986 年,最初由中国银行和交通银行发行。从 1989 年起,其他银行也开始发行。对个人发行的存单面额为 500 元及其整数倍,对机构发行的存单面额为 50 000 元及其整数倍,存单的期限分别为 1 个月、3 个月、6 个月及 1年;存单不分段计息,不能提前支取,到期时一次性还本付息;存单由银行的营业柜台向投资者发放,不需借助于中介机构。存单的利率水平一般是在同期期限的定期储蓄存款利率的基础上再加 1~2 个百分点。不过,由于大额存单业务出现了各种问题,如利率过高引发的存款“大搬家”、盗开和伪造银行存单进行诈骗等犯罪活动猖獗等,在 1997 年监管部门暂停审批存单的发行申请,该业务陷入停滞。随着我国外汇率和利率市场形势的变化,启动大额存单业务的市场呼声日益提高,尤其是外资银行网点少、存款不稳定,需求更迫切一些,而中资银行也面临市场化工具太少的挑战。目前重启大额存单业务的时机已经成熟,其将增加银行主动负债的金融工具,拓宽银行的资金来源,增加市场投资品种,丰富风险控制的手段。

五、回购协议市场

回购协议市场又称为证券购回协议市场,是指根据回购协议,卖出一种证券,并约定于未来某一时间以约定的价格再购回该种证券的交易市场。这里的回购协议是指资金融入方在出售证券的同时和证券购买者签订的、在一定期限内按原定价格或约定价格购回所卖证券的协议。

从交易发起人的角度出发,凡是抵押证券、借入资金的交易就称为正回购;凡是主动借出资金、获取证券质押的交易就称为逆回购。作为回购当事人的正、逆回购方是相互对应的,有进行主动交易的正回购方就一定有接受该交易的逆回购方。

简单而言,正回购方就是抵押证券、取得资金的融入方,即资金短缺者;而逆回购方就是接受证券质押、借出资金的融出方,即资金盈余者。

我国回购协议市场上回购协议的标的物是经中国人民银行批准的,可用于在回购协议市场进行交易的政府债券、中央银行债券及金融债券。在我国债券回购市场上,存在买断式回购和质押式回购两种类型。

1.质押式回购

质押式回购又称封闭式回购,是交易双方以债券为权利质押所进行的短期资金融通业务。在质押式回购交易中,资金融入方(正回购方)在将债券出质给资金融出方(逆回购方)融入资金的同时,双方约定在将来某一日期由正回购方向逆回购方返还本金和按约定回购利率计算的利息,逆回购方向正回购方返还原出质债券。

2.买断式回购

买断式回购又称开放式回购,它与目前债券市场通行的质押式回购的主要区别在于标的券种的所有权归属不同。在质押式回购中,融券方(逆回购方)不拥有标的券种的所有权,在回购期内,融券方无权对标的债券进行处置。

根据人民银行规定,非金融机构、个人不得参与银行间债券回购业务。个人投资者可参与交易所债市的质押式回购,即交易双方以债券为权利质押所进行的短期资金融通业务。目前大部分券商开通个人国债回购业务,个人投资者要参与国债回购,须携带股东卡和身份证去营业部,并填写一份签约书。一般情况下,深市当日、沪市在第二个交易日便可以交易。操作上国债回购和股票买卖类似,对个人投资者来说,进行回购的操作就是"卖出"——逆回购。最小交易金额为 10 万元,最大交易金额为 1 000 万元。

回购协议市场之所以吸引投资者,是因为该市场为剩余资金的短期投资提供了现成的工具,使投资者有效地管理可能的剩余资金。

六、货币市场共同基金市场

货币市场共同基金(简称货币市场基金)是一种投资于短期票券的共同基金,最早创设于 1972 年的美国。货币市场基金的创设机构是共同基金经理公司、保险公司及证券公司等非银行金融机构,这些机构设立货币市场基金的目的是为了回避金融当局对利率的管制。它们通过发行短期票券的形式吸收小额投资者的资金,形成共同基金,然后将集中起来的基金组合投资于货币市场上的各种金融商品,为投资者赚取较高的利润。货币市场基金投资组合因不同的选择目标而定,保守的基金运作者投资于国库券或免税的政府债券,一般投资组合都包含商业票据、银行定期存单、承兑汇票、政府短期债券、境外美元存单等,偶尔也会选择长期债券或外国债券来提高收益率。

货币市场基金交易,一般不需要手续费或销售佣金,而且管理费用大都低于 1%。这种基金每天都计算一次利息收入,然后依照客户指示存入账户或自动再投资。基金的收益每天都有变动,因为每天的投资组合都有到期的票券,而新的票券的利率是根据当时的市场利率决定的,当市场利率下跌时,货币市场基金的收益也跟着下跌。货币市场基金与其他投资股票的共同基金最主要的不同在于基金的股份价格是固定不变的,通常是每股 1 美元。投资货币市场共同基金,投资报酬就是不断累积增加投资人所拥有的股份。

例如,某投资人以 1 000 美元投资于货币市场基金,可拥有 1 000 个股份,一年以后,若投资报酬率为 10%,那么该投资人就多了 100 股,总共为 1 100 股,价值 1 100 美元。因此,衡量货币市场基金表现好坏的标准是收益率。投资人投资的目的不在于基金利得,而是希望获取较高的收益率,并利用收益再投资,达到复利成长的效果。

货币市场基金为小额投资者提供了一个进入货币市场的机会,而且还能获得银行存款所不能提供的高利率。同时，由于货币市场基金的投资人还可以将资金提取出来，这有些类似于银行的活期存款账户，因而，对投资者来说，资金的安全性与变现性丝毫没有减少。另外，货币市场基金的收益率比其他金融机构的各种投资工具的获利都要高，因为要具备同样的资金流动性，金融机构也是把钱拿去投资于货币市场，扣除各项费用，其获利额必然会打折扣，不像货币市场基金可以直接反映投资的表现。可见，货币市场基金所能提供的方法与收益，是短期闲置资金最好的投资去处。

课堂思考：货币市场基金与银行储蓄存款的区别是什么？

我国《货币市场基金管理暂行规定》中所称的货币市场基金，是指仅投资于货币市场工具的基金。包括以下金融工具：现金；1年以内的银行定期存款、大额存单；剩余期限在397天以内的债券；期限在1年以内的债券回购；期限在1年以内的中央银行票据；证监会、人民银行认可的其他具有良好流动性的货币市场工具。

货币市场基金不得投资于以下金融工具：股票；可转换债券；剩余期限超过397天的债券；信用等级在AAA级以下的企业债券；证监会、人民银行禁止投资的其他金融工具。

对于每日按照面值进行报价的货币市场基金，可以在基金合同中将收益分配的方式约定为红利再投资，并应当每日进行收益分配。

货币市场基金在全国银行间市场的交易、结算活动，应当遵守人民银行关于全国银行间市场的管理规定，并接受人民银行的监管和动态检查。

2003年12月14日上午9点，货币市场基金的第一单诞生——华安现金富利投资基金，紧接着招商现金增值基金和博时现金收益基金开始发售，截至2011年7月末，我国共有75只货币市场基金。

第三节　资本市场

资本市场是指以期限1年以上的金融工具为媒介，进行长期性资金交易活动的市场，又称长期资金市场。包括股票市场、债券市场、基金市场等，其融通的资金主要作为扩大再生产的资本使用，因此称为资本市场。

资本市场和货币市场都是资金供求双方进行交易的场所，是经济体系中聚集、分配资金的"水库"和"分流站"，但两者有明确的分工。资金需求者通过资本市场筹集长期资金，通过货币市场筹集短期资金。从历史上看，货币市场先于资本市场出现，货币市场是资本市场的基础，但资本市场的风险要远远大于货币市场。资本市场的主要特征有：

（1）交易期限长。资本市场所交易的金融工具期限长，至少在1年以上，最长的可达数十年；股票则没有偿还期限，可以长期交易，退市除外。

（2）交易的目的主要是解决长期投资性资金的需要。在资本市场上所筹措的长期资金主要是用于补充固定资本，扩大生产能力，更新改造或扩充厂房设备，进行长期建设性项目的投资。

（3）资金借贷量大。为满足长期投资项目的需要，通常所需资金量较大。

（4）高收益、高风险性。作为资本市场交易工具的有价证券与短期金融工具相比变动幅度大，有一定的风险性和投机性。

课堂思考:货币市场与资本市场的区别和联系是什么?

一、股票市场

股票市场是以股票作为交易工具的市场。

(一)股票发行市场

股票发行市场即一级市场,也称初级市场,它是将原始股票售卖给投资者的市场。

1.股票发行市场的构成

股票发行市场由发行者、承销商和投资者构成。股票发行者主要是为筹措资金而发行股票的股份公司,它是原始股票的提供者。股票的承销商是进行承销业务、包销或委托销售,是发行市场的批发商,是股票发行的中间环节。投资者是指为盈利而购买股票的法人或个人。股票发行市场就是由股票发行者将其对外公开销售部分的股票通过协议卖出或委托承销商向投资者销售的过程,也是通过股票筹措资金的过程。股票发行过程结束的同时,意味着筹集股本过程的终止。

2.股票的发行价格

股票的发行价格是指发行新股票时的实际价格,也就是证券发行公司与原始投资者之间所采用的价格。股票的发行价格有以下四种形式:

(1)面额发行。面额发行,也称平价发行,即将发行股票的票面金额确定为发行价格。由于市场价格往往高于股票面值,认购者能够从价差中获取收益,因此一般都愿意接受。面额发行能够保证股票公司顺利地实现筹措股金的目的。

(2)时价发行。即不是以面额,而是以流通市场上的股票价格(即时价)为基础确定发行价格。时价一般高于票面金额,二者的差价称溢价,溢价带来的收益归该股份公司所有。时价发行能使发行者以相对少的股份筹集到相对多的资本,从而减轻负担,同时还可以稳定流通市场的股票价格,促进资金的合理配置。在具体决定股票价格时,还要考虑股票销售难易程度、对原有股票价格是否冲击、认购期间价格变动的可能性等因素,因此,一般将发行价格定在低于时价 5%～10% 的水平上是比较合理的。我国上市公司均采用时价发行。

(3)中间价发行。即新股的发行价格取票面价格和当时市场价格的中间价。这种价格通常在市价高于面额,公司需要增资但又需要照顾原有股东的情况下采用。按中间价发行实际上是将差价收益的一部分归原股东所有,一部分归公司所有,用于扩大经营。因此,在进行股东分摊时,要按比例配股,不改变原来的股份构成。

(4)折价发行。即按股票票面价格减去一定折扣后所得的价格作为新股票的发行价格。折价发行一般出现在采用包销方式推销股票的发行过程中。证券承销商的报酬来自折扣价格与其再度出售给投资大众的价格之间的差额。由于各国一般都规定发行价格不得低于票面金额,因此,这种折价发行需经过许可方能实行,目前我国不允许股票折价发行。

3.股票的发行方式

股票的发行方式是指股票推销出售的方式。

(1)股票根据发行对象不同划分为公开发行和不公开发行

公开发行是向社会广大投资者公开推销股票的方式。

不公开发行是指发行者对特定的发行对象推销股票的方式。不公开发行通常在两种情况下采用:一是股东配股,又称股东分摊,即股份公司按照低于市场价的价格向股东分配该公司的新股认购权,动员股东认购。由于一般配股价格低于市场价格,所以普通股股东都愿意履行配股权。二是非公开增发新股,又称第三者分摊,即股份公司将新股票出售给除股东以外的本公司职工、往来客户等与公司有特殊关系的第三者,目的是调动本企业职工的积极性,搞好公共关系。

(2)根据发行者出售股票的方式划分为直接发行和间接发行

直接发行是指发行者直接将股票销售给投资者的发行方式。这种发行方式的优点是手续简便,缺点是发行时间较长,不能迅速获取资金,因此只适用于有既定发行对象或发行风险小、手续简单的股票。

间接发行是指发行者将股票委托一家或几家股票承销机构代理发行或承购包销。股票的间接发行有三种方法:一是代销发行,又称委托推销,即承销者在约定的发行日期内,按照规定的发行条件尽力推销股票,承销多少是多少,期满承销不出去的股票退还给发行者,承销机构不承担任何风险。由于全部发行风险和责任由发行公司承担,因此,代销的手续费较低。二是助销发行,又称余额包销发行,即股票承销商与股票发行公司签订合同,承诺在约定期限内如果股票不能全部售出,其余部分将由承销机构全部认购。由于承销机构承担部分股票发行的风险,因此,采用助销发行方式较代销发行方式的手续费高。助销发行方式对发行公司而言,可以保证股票发行任务的按期完成,及时筹措到所需资金。三是包销方式,又称买断发行或直接包销,即承销商先以自有资金一次性买下发行股票的股份公司的全部股票,然后根据市场行情,在适当的时机以略高于认购价的股价转给公众投资者,从中赚取买卖差价,卖价与买价之间的差额为承销商的收入,扣除发行费用即为承销商的包销利润。如果所购的股票不能转售出去,承销商将降低销售价格卖出或自己持有。采用包销方式发行股票,发行公司不仅可及时获得所筹资本,而且不必担心股票能否为公众所认购,且股票的发行风险全部由承销机构承担,因此采用包销方式的手续费最高。

阅读资料 7-3

创业板、主板、中小板上市

主板市场是专为成熟的大中型企业的股票上市所开辟的股票市场。目前,上海证券交易所就是一个主板市场。深圳证券交易所在创业板没有开设之前,也是一个主板市场。

深圳证券交易所还有中小企业板,简称中小板,于2004年开设,是在发行上市标准不变的前提下(即主板发行上市标准),在深圳证券交易所主板之内设立的一个独立的板块,以便让主业突出、具有成长性和科技含量的中小企业在这里上市交易。因此,中小企业板市场仍然是主板市场。但中小企业板是建立创业板市场的第一步,是中国建立创业板市场的前奏。

创业板市场,又称二板市场,即第二证券交易市场,即给创业型企业上市融资的证券市场。由于创业型企业一般是高新技术企业和中小企业,因此,世界上几乎所有的创业板市场都鼓励高新技术企业和成长型中小企业在创业板发行。

创业板与中小企业板不同,创业板的进入门槛较低,上市条件较为宽松。2009年6月5日,深圳证券交易所发布《深圳证券交易所创业板股票上市规则》。2009年10月30日,首批28家创业板公司在深圳证券交易所创业板市场成功集体上市,创业板成功推出。

Wind数据统计显示,截至2010年4月30日,209家创业板公司实现平均营业收入4.09亿元,同比增长38.02%,实现归属母公司股东的净利润147.38亿元,同比增长31.08%。

(资料来源:邢会强.抢滩资本.中国法制出版社.2009年10月)

(二)股票流通市场

股票流通市场即二级市场,又称次级市场,是买卖已发行股票的交易市场。

1.股票流通市场的构成

股票流通市场由场内交易和场外交易两种方式构成。

(1)场内交易。场内交易是指通过证券交易所进行的股票买卖流通的组织形式。证券交易所有固定场地、设备和各种服务设施(如行情板、电视屏幕、电子计算机、电话、电传等),配备了必要的管理和服务人员,为上市证券提供交易场所和交易监督,它本身并不从事股票买卖。股票的交易一般是通过交易所内的经纪人成交的。从世界各国情况看,大部分股票的流通转让交易都是在证券交易所进行的。因此,场内交易是股票流通的主要方式。

证券交易所的组织形式有公司制和会员制两种类型。公司制证券交易所本身就是一个股份公司,它以盈利为目的,提供交易场地、设施和服务人员,以便利于证券商的证券买卖与交割。主要收入来源是收取上市公司的上市费和成交佣金,经营证券交易所的人不得参与证券的买卖,以保持交易所中证券交易的公正性。国际上影响很大的伦敦证券交易所为公司制证券交易所。会员制证券交易所是靠会员缴纳会费来经营的,它不以盈利为目的,而是由会员自治自律的一种证券交易场所。当然,它一般是在政府部门的严密监督下运营的,会员制证券交易所是目前世界各国占主要地位的组织形式。我国的深圳和上海证券交易所均为会员制证券交易所。

证券交易所内证券交易的最大特征是采用经纪制,一般投资者买卖证券不能直接进场,而必须委托场内会员进行。

证券交易所的交易采用"价格优先、时间优先、数量优先和个别竞价"的原则进行。

(2)场外交易。场外交易是指不通过证券交易所而进行股票买卖流通的组织形式。场外交易市场与场内证券交易所相比有其自身的特点。

第一,场外交易是一个分散的、无组织的无形市场,它由许多独立经营的证券经营机构分别进行证券交易。它没有固定的场所,交易过程主要依靠现代化的通信技术,如电子计算机、电话、电传组成的网络接洽成交。

第二,场外交易是一个由投资者直接参与证券交易过程的开放性市场,投资者可以通过经纪委托,也可以直接与证券公司进行交易。

第三,场外交易种类繁多,数量大,除了未上市的证券外,也有一部分已上市的证券在场外进行交易。

第四，场外交易以议价方式进行，每笔交易由投资者与证券公司协商作价，不存在竞争性的要价和报价机制。

场外交易的形式一般有三种：

①柜台交易（OTC）。柜台交易也称店头交易市场，它是场外交易的主要形式。它是买卖双方在证券公司的营业网点内通过当面议价形式完成的。这种交易的参与者主要是证券商和客户，证券商有时作为股票交易的中介人，有时又会用自有资金买卖证券。

②第三市场。第三市场是非交易所会员在交易所以外从事大笔的已在交易所挂牌上市的证券交易而形成的市场。第三市场于 20 世纪 60 年代产生于美国，是为满足大额投资者的需要而发展起来的。由于场内交易费用负担很高，那些大宗的团体投资、大额投资开始转到场外第三市场上，寻求较低费用交易。

③第四市场。第四市场是指机构之间利用电子计算机网络直接进行大宗证券交易的市场。想要参加第四市场交易的客户可以加入或租用这个网络，买卖股票时，在这一网络联网的终端计算机输入指令，根据计算机终端屏幕上显示出的市场信息和各种上市的股票价格，计算机网络将自动办理配对成交。第四市场不需支付佣金，所以具有交易成本低的特点。

2．股票流通市场的交易方式

（1）现货交易

现货交易亦称现金现货，它是指股票的买卖双方，在谈妥一笔交易后，马上办理交割手续的交易方式，即卖出者交出股票，买入者付款，当场交割，钱货两清。它是证券交易中最古老的交易方式。现货交易具有以下几个显著的特点：

①成交和交割基本上同时进行；

②是实物交易，即卖方必须实实在在地向买方转移股票，没有对冲；

③在交割时，购买者必须支付现款；

④交易技术简单，易于操作，便于管理。

阅读资料 7-4

我国股票交易的基本程序

我国股票交易的程序一般分为开户、委托、竞价、清算、交割和过户六个程序。投资者主要是与经纪商打交道，而不是与证券交易所，尽管许多程序都须在交易所电脑中完成，并通过交易所下属的结算登记公司完成清算、交割、过户等事项，但这些手续最终都由券商办理。

1．开户

开户有两层含义，一是券商在证交所开设有账户，用以接受客户委托买卖，其前提是该券商为证交所会员，该账户称为一级账户。二是投资者在证交所开设的证券账户，俗称磁卡，以取得证券交易的资格，也称二级账户。每人只能在一个证交所开设一个证券账户。开户以后，人们还必须指定某一家券商作为自己的代理经纪人，它包含开设资金账户，确定经纪关系，这些都具有法律效应。投资者办妥资金账户后，即具备了三证：身份证、证券账户和资金账户。

2.委托

一般分为柜台委托与电话委托。随着投资者人数的不断增加,自助委托发展迅速,它是当面委托与电话委托的混合形式。人们利用券商计算机终端与电话网络联结起来,客户借助计算机终端键盘输入委托指令,它包括电话自动委托、小键盘自助委托或触摸屏自助委托等方式。委托价格主要分为市价委托和限价委托。

3.竞价

客户在完成委托事项后,便由券商操作。证交所电脑主体收到委托指令后,根据价格优先和时间优先的原则进行自动撮合成交。竞价方式一般在开市前采用集合竞价,在开市后采用连续竞价。

4.清算

清算是将买卖证券的数量与金额在交易结束后分别相抵,并交割净额或钱款的程序。清算包括证券经纪商之间以及证券经纪商与投资者之间进行清算。清算遵循的原则是:证交所当日所成交的买入股数与卖出股数必然相等,证交所当日所成交的买入金额与卖出金额也必然相等。

5.交割

清算之后,办理交割手续。买方付款领券,卖方付券领款,双方在券商处相互交换钱券的行为称为交割。交割通常采用以下几种方法:

(1) 当日交割。交易双方成交后,当天即可办理钱券的相互交换行为。通过电脑处理,这种交割在瞬间完成。当日交割也称 T+O 制度,证交所当日成交总金额要大于实际资金量。

(2)次日交割。也称为隔日交割,投资者成交后,须在下一个交易日内完成交割手续。遇休息日则顺延。这种 T+1 制度使投资者当日买入成交后,不能再反向卖出,必须等到下一交易日。

(3)例行交割。即在规定的若干天期限内完成交割。美国的证券交易所至今仍实行 T+3 制度,这是因为他们仍实行有纸交易。我国 B 股交易因涉及境内外以及托管方等多方面,所以也采用 T+3 制度。

6.过户

所谓过户是股权或债权的所有权转让后,登记变更手续。投资者在场内交易中,凡买卖记名证券都须办理登记变更手续。在我国实行证券无纸交易和集中托管的制度,清算、交割、过户等手续都由证交所电脑一并代劳,并打印出一份完整的成交清单给投资者,注明交易的全部内容信息,投资者只要确认无疑,就算是办妥了全部手续。

(2)期货交易

股票的期货交易,是从一般商品的期货中延伸而来的。股票投资的风险性较大,当政治、经济或企业的经营效益等因素发生变化时,股票的价格就会随之上下波动。为了规避风险达到套期保值的目的,1972 年 5 月,在美国的芝加哥期货交易所,就产生了股票的期货交易。股票期货交易是指买卖双方交纳少量的保证金就可以签订一份合同,并就买卖股票的数量、成交的价格及交割期达成协议,在规定的交割时期履行交割的一种交易。期货交易的期限一般为 15～90 天,在期货交易中,买卖双方签订合约后不用付款也不用交付证券,只有到了规定的交割日买方才交付货款,卖方才交出证券。结算时是按照买卖契约签订时的股票价格计算的,而不是按照交割时的价格计算。期货交易由于其交割是在未来的时间,所以其投机性很强。

投资者相信未来价格会上涨并买入期货合约称"买空",或称"多头",亦即多头交易。投资者认为未来价格会下跌并卖出期货合约称"卖空",或称"空头",亦即空头交易。

期货交易主要特点如下:

①成交和交割不同步进行。由于成交时间和交割时间的股票价格会有不同,从而给买卖双方带来额外收益或损失。

②期货交易可以对冲,即双方在清算时可以相互轧差,不一定要交实货。买卖双方可以在临近交割时再买进或卖出相同期货,在交割日买进和卖出的期货因方向相反,可通过交易所对冲,仅支付差额,不付实物。

③期货交易可以利用现货交易和期货交易的套期买卖保护投资利益,而投机者利用买空卖空来获取额外收入。

例如,某投资者从股票的现货市场上以每股 10 元的价格买进 N 手 A 种股票,由于银行利率存在着上调的可能性,未来几个月里股市行情就可能下跌。为了避免股票价格因利率调整而贬值,该投资者便在期货交易市场上与某投机者签订了一份期货合约,在 3 个月后将股票以每股 10 元的价格全部转让给投机者。在期货合约到期后将会有两种结果,其一是利率果真上调而导致股票价格的大幅下跌,如股票价格跌至每股 8 元,由于投资者已约定此时将股票以每股 10 元的价格转让给投机者,而市场上的现货价格只有 8 元,投资者可将以 10 元卖出的股票在市场上补回,除了保持原有的股票数量外,每股还能盈利 2 元。由于投机者在 3 个月前对行情预测的错误,此时他将以高于现货市场的价格将投资者的股票全部买入,每股股票将损失 2 元。其二是在这一时段中利率没有调整,在期货合约到期时,股票的价格不跌反而涨至每股 12 元,此时投资者仍将履行期货合约所规定的义务,将股票以每股 10 元的价格转让给投机者,而投机者由于事先预测正确,他可将以 10 元买入的股票立即以市价卖出,在每股股票的期货交易中便获取了 2 元的利润。在上面的期货交易中,合约到期后投资者与投机者之间也不一定非要进行实物的交割不可,他们只要按照市场价格将其价差补齐即可。如当股票价格涨至每股 12 元时,投资者也不一定非要将股票以每股 10 元的价格交出,他只需将每股 2 元的价差补给投机者就可以了,而对手中的股票,投资者愿意继续持有就保留下来,愿意卖出也可以每股 12 元的价格在现货市场抛售。

目前,我国的股票交易仅以现货交易为法定交易方式,不允许期货交易。但随着股票现货市场的发展,相应法规的完善,我国股票指数期货交易于 2010 年 4 月上市交易。开始交易后一个月,因期指空头大肆做空导致股市现货市场由 3181 点暴跌至 2559 点,跌了近 20%,引起股市的急剧震荡。截至 2010 年年末,我国股指期货个人客户占比超过 90%,交易持仓比高达 9.43 倍,远高于成熟市场股指期货主力合约交易持仓比 10% 的水平。与成熟市场股指期货主要参与者是各类专业机构投资者相比,目前我国股指期货市场的机构投资者较为单一,主要以证券公司为主,保险等其他机构投资者尚未参与,市场投资者结构有待进一步改善。

（3）信用交易

信用交易又称垫头交易、保证金信用交易或融资融券交易。信用交易就是股票交易者通过支付一定数额的保证金，得到交易所经纪商的信用而进行股票买卖的一种交易。投资者如欲购买某种股票，采用信用交易方式只需付部分价款，其余部分则由交易所经纪商垫付，当然，这部分垫款需由投资者付一定的报酬和利息。股票买进后，如果价格上涨，买入者便赚取高额利润，付给经纪商的费用可用买入的股票作抵押，待出卖后再予支付；如果投资者预测某种股票价格将下跌，决定以现有的高价位卖出股票，而手中又无此种股票，则可通过交付一定的保证金和费用，由经纪商代向股票市场借进股票卖出，卖出之后一段时间以低价位补回股票，再还回借入的股票，若股价正如所料的那样下跌了，便可获利。但当买者和卖者预测失误时，不能偿还这些垫款，经纪商则有权出售这些股票。

投资者在开立证券信用交易账户时，须存入初始保证金。融资的初始保证金比例在不同国家和地区有不同规定，从 10％～90％ 不等，我国香港可低至 10％，美国一般为50％。信用交易方式对于扩大股票交易量，活跃股票市场有很大的作用，但同时加剧了股票市场的投机性。

在股票的信用交易中，做保证金多头交易的前提是投资者预测行情上涨，如股票后市不像投资者预测的那样乐观，则投资者的损失也将加倍。

如某投资者认为某种股票的价格将上涨，其市价为每股 100 元，但其手中只有 1 万元资金，只能购入 1 手。他想大量买进然后在上涨时抛出以获取高额价差，就决定做保证金多头交易，于是该投资者与券商签订信用交易协议，言明保证金比例为 25％。这样，该投资者便以每股 100 元的价格购得股票 4 手。不久之后，股票价格上涨到每股 120 元，该投资者便抛出股票并与券商清算，在扣除各种费用后，该投资者每手股票赚得价差 1 700元，4 手股票累计赚取利润 6 800 元。如果不采取信用交易方式，该投资者用自己的资金也就只能买 1 手股票，能赚得的利润也就 1 700 多元。

如果投资者预测错误，其损失将比不做信用交易要大得多。如上例中，投资者购入股票后价格不涨反而急剧下跌，为了避免股价进一步下跌造成更大的损失，该投资者决定以每股 80 元的价格将股票抛出，这样每手股票就造成亏损 2 300 元。如果投资者仅用自有资金购入股票，其亏损也就 2 300 元，但由于采取了信用交易，该投资者累计将损失9 200 元，几乎把自己的本钱都赔了进去。

同样，当投资者预期股票价格将下降时，他想从股票的下跌中得到好处，但其手中股票不多甚至一点都没有，在这种情况下，他也可借助于信用交易方式，向经纪人交纳一定比例的保证金，而后由该经纪人垫付股票，同时将股票出售，这就是保证金空头交易。当过一段时间股价下跌后，投资者再以市价买进同等数额的股票归还经纪人，扣除佣金和垫款的利息后，其余额就是投资者卖出买进差价的利润。

在保证金空头交易中，其前提条件是投资者预测行情下跌并被证实，如股票后市不像投资者预测的那样下跌，则投资者的损失也将加倍。

如某种股票的市价为每股 100 元，投资者认为它的价格已处高位，其不久将下跌，但其手中只有 1 万元资金且不持有该种股票。他想大量抛售该种股票然后在价格下跌后补进以获取高额价差，于是他决定做保证金空头交易。该投资者与券商签订信用交易协议，言明保证金比例为 25％,这样,该投资者便从券商处借得股票 4 手并以市价抛出。其后不久,该股票价格果然跌至每股 80 元,该投资者便将股票买回交与券商并与其结算。在扣除各种费用后,该投资者每手股票赚得价差 1 700 元,4 手股票累计赚取利润 6 800 元。

如果预测错误,投资者将因股票价格的上涨而遭受损失。

假设投资者抛出股票后价格不跌反涨,为了避免股价进一步上涨带来更大的损失,该投资者决定以每股 120 元的价格将股票买回,这样每手股票就造成亏损 2 300 元,4 手就一共造成亏损 9 200 元。

我国的信用交易是由证监会按照"试点先行、逐步推开"的原则,择优选择优质证券公司进行融资融券业务的首批试点。2010 年 3 月 19 日,证监会公布了首批 6 家融资融券试点券商名单,分别是国泰君安、国信证券、中信证券、光大证券、海通证券和广发证券。深圳、上海证券交易所正式向 6 家试点券商发出通知,将于 2010 年 3 月 31 日起,接受券商的融资融券交易申报,标志着我国股市告别了长达 20 年的"单边市"时代。截至 2010 年年末,共有 25 家证券公司获试点资格,累计开户 4.2 万户,成交金额 1 197.7 亿元,其中融资交易金额累计 1 173.24 亿元,占 98％;融券交易金额累计 24.45 亿元,占 2％。目前,证券公司融资融券业务试点工作运行平稳,证券市场的股票信用交易机制初步建立。

(4)期权交易

股票期权交易是西方股票市场中相当流行的一种交易策略。期权实际上是一种与专门交易商签订的契约,规定持有者有权在一定期限内按交易双方所商定的"协定价格",购买或出售一定数量的股票。对购买期权者来说,契约赋予他的是买进或卖出股票的权利,他可以在期限以内任何时候行使这个权利,也可以到期不执行任其作废。但对出售期权的专门交易商来说,则有义务按契约规定出售或购进股票。目前我国尚未推出股票期权交易业务。

期权交易需要考虑的因素:一是期权的期限,即期权的有效期,一般为三个月左右。二是交易股票的种类、数量和协定价格;三是期权费,亦称保险费,是指期权的价格。

期权交易的特点是:

①交易的对象是一种权利,一种关于买进或卖出证券权利的交易,而不是任何实物。这种权利,具有很强的时间性,它只能在契约规定的有效日期内行使,一旦超过契约规定的期限,就被视为自动弃权而失效。

②交易双方享受的权利和承担的义务不一样。对期权的买入者,享有选择权,他有权在规定的时间内,根据市场情况,决定是否执行契约。

③期权交易的风险较小。对于投资者来说,利用期权交易进行证券买卖其最大的风险就是购买期权的费用。

期权交易可分买进期权交易和卖出期权交易两种。

①买进期权。买进期权又称看涨期权或"敲进"。买进期权是指在协议规定的有效期内,协议持有人按规定的价格和数量购进股票的权利。期权购买者购进这种买进期权,是因为他对股票价格看涨,将来可获利。购进期权后,当股票市价高于协定价格加期权费用之和时(未含佣金),期权购买者可按协议规定的价格和数量购买股票,然后按市价出售,或转让买进期权,获取利润;当股票市价在协定价格加期权费用之和之间波动时,期权购

买者将受一定损失;当股票市价低于协定价格时,期权购买者的期权费用将全部消失,并将放弃买进期权。因此,期权购买者的最大损失是期权费用加佣金。

②卖出期权。卖出期权是买进期权的对称,亦称看跌期权或"敲出",是指交易者买入一个在一定时期内,以协定价格卖出有价证券的权利。买主在购入卖出期权后,有权在规定的时间内,按照协定价格向期权出售者卖出一定数量的某种有价证券。在证券市场上众多的交易方式中,一般来说,只有当证券行市有跌落的趋势时,人们才乐意购买卖出期权。因为在卖出期权有效期内,当证券价格下跌到一定程度后,买主行使期权才能获利。此外,如果因该股票行市看跌,造成卖出期权费上涨时,客户也可以直接卖掉期权,这样他不仅赚取了前后期权费的差价,而且还转移了该股票价格突然回升的风险。

课堂思考:试析期货交易与期权交易的区别。

阅读资料 7-5

权证基础知识介绍

2005年8月22日,我国第一只股改权证——宝钢权证上市交易。之后,随着股权分置改革工作的推进,武钢JTP1、武钢JTB1、机场JTP1等股改权证陆续上市;伴随公司分离交易可转债的发行,马钢CWB1、云化CWB1等公司权证也相继登台。目前,我国权证市场发展趋于成熟,已成为投资者瞩目的焦点。

1. 权证的概念

权证是指标的证券发行人或其以外的第三方发行的,约定持有人在规定期间内或特定到期日,有权按约定价格向发行人购买或出售标的证券,或以现金结算方式收取结算差价的有价证券。权证本质上是证明持有人拥有特定权利的契约。标的物可以是个股、基金、债券、一篮子股票或其他证券。它实质是一种选择权,从定义上看,有点类似期权的性质,所不同的是,期权是一种在交易所交易的标准化合约,理论上只要有人愿意买就形成一份期权合约,没有规模限制。而权证是由上市公司或券商等金融机构发行的,可以在交易所交易也可以在场外交易,供给量是有限的。

2. 权证的分类

第一,按照未来权利的不同,权证可分为认购权证和认沽权证。其中认购权证是指发行人发行的,约定持有人在规定期间内或特定到期日,有权按约定价格向发行人购买标的证券的有价证券;认沽权证是指发行人发行的,约定持有人在规定期间内或特定到期日,有权按约定价格向发行人出售标的证券的有价证券。

第二,根据权证存续期内可否行权,权证分为欧式、美式和百慕大式。欧式权证的持有人只有在约定的到期日才可以行权(即行使买卖标的股票的权利),如武钢JTP1;而美式权证的持有人在到期日前的相当一段时期内随时都可以行权;机场JTP1,在2006年3月23日后,直至12月22日之前,投资者随时可以行权;百慕大式权证则可以在存续期内的若干个时间段行权。如马钢CWB1,设定了2007年11月15日~28日和2008年11月17日~28日两段行权期。

第三,按照发行人的不同,还可分为公司权证和备兑权证。其中公司权证是指标的证券发行人所发行的权证,备兑权证是指标的证券发行人以外的第三方(如大股东、券商等金融机构)发行的权证。

权证虽然有套期保值、套利与投机等作用,但权证投资也具有高风险。表现在:

1.杠杆效应风险。权证是一种高杠杆投资工具,其价格只占标的资产价格的较小比例。投资者投资于权证,有机会以有限的成本获取较大的收益,一旦判断失误,投资者也有可能在短时间内蒙受全额或巨额的损失。

2.时间风险。与其他一些有价证券不同,权证有一定的存续期限,且其时间价值会随着时间消逝而快速递减。到期以后(不含到期日),权证将成为一张废纸。

3.错过到期日风险。除了现金结算型权证交易在到期日会自动将有执行价值的权证进行结算外,采用证券给付形式结算的权证均必须由投资者主动提出行权要求,因此投资者必须留意所投资权证的行权期。

如果在行权期,标的股票价格远远低于行权价,认购权证将"一钱不值";如果行权期标的股票价格远远高于行权价,认沽权证也将"一钱不值"。以南航JTP1为例,2007年11月2日收盘价格为1.048元,行权价为7.43元,行权比例为2∶1。对于以1.048元买入南航JTP1的投资者,如果一直持有不动直至到期,在最后交易日2008年6月19日南方航空股票的收盘价格必须低于5.334元才可以获利,否则投资者亏损,其权证将变成"一张废纸"。

(资料来源:上海证券交易所投资者教育中心主持.上海证券报.2007年11月12日)

3.股票价格与股票价格指数

(1)股票价格

股票价格也称股票行市,是指股票在流通市场上买卖的价格。在股票发行市场上,其发行价格可能高于或低于股票面值,但不会偏离过远。而在股票流通市场上,股票价格与面值或发行价往往会发生较大的偏离。股票价格的最大特点是波动性较强,有时可能会出现暴涨或暴跌。

股票之所以能够买卖流通,具有买卖价格,是因为它能给持有者带来股利收益。正因为它可以转让流通,会出现买卖价格的上下波动,因此投资者有可能获取差价收益。形成股票价格的基础是股票的价值或其所代表的所有者权益(公司资产净值),但对于股票投资者来说,其最初的动机是为了获取股利收入,是否投资股票,将取决于认购者对股票预期收益与当前市场利率的比较。这样股票的价格主要取决于两个因素:一是股票预期股息收益;二是市场利率。股票价格与股票预期股息收益成正比,与当前市场利率成反比,用公式表示为

股票价格=股票预期股息收益/市场利率

实际上,影响股票价格的因素很多,如公司情况、股票的供求、经济周期、财政与金融政策、汇率、心理预期等。

(2)股票价格指数

股票价格指数是用以表示多种股票平均价格水平及其变动,并衡量股市行情的指标。由于政治、经济、市场、交易者心理等多种因素的影响,股票价格经常处于变动之中。为了能够反映这个变化,世界各大金融市场都编制或参考编制股票价格指数,将一定时点上成千上万种此起彼落的股票价格表现为一个综合指标,以反映该股票市场价格水平和变动

情况。

股票价格指数包括股价指数和股价平均数两类指标。股价指数反映不同时点的股价变动情况，是以报告期股票价格与基期股票价格相比，即以基期为100％计算报告期股票价格指数的百分数，借以观察股票价格变动趋势与变动幅度。股价平均数反映一定时点多种股票价格变动的综合水平。股票价格指数计算公式如下所示：

①算术平均数法

$$股价平均数 = \frac{各样本股票价格总和}{样本股票数}$$

②加权平均数法

$$股价指数 = \frac{\sum 报告期股票价格 \times 权数}{\sum 基期股票价格 \times 权数}$$

权数可根据需要选择，如发行量、成交量等。目前，世界著名的股票价格指数有美国的道·琼斯股价平均指数、美国的标准普尔股价指数、英国的金融时报指数、日本的日经平均股价指数和东京股市日经指数、香港的恒生指数等。

阅读资料 7-6

我国深沪两市主要股票价格指数简介

1.上证综合指数是由上海证券交易所编制的，以该所挂牌的全部股票为计算范围，以发行量为权数的加权综合股价指数。该指数以 1990 年 12 月 19 日为基准日。基日指数定为 100 点，自 1991 年 7 月 15 日开始发布。该指数反映在上海证券交易所上市的全部 A 股和全部 B 股股票的股价走势。

2.深证综合指数是由深圳证券交易所从 1991 年 4 月 3 日开始编制并公开发表的一种股价指数，该指数规定 1991 年 4 月 3 日为基期，基日指数为 100 点，综合指数以所有在深圳证券交易所上市的股票为计算范围，以发行量为权数的加权综合股价指数。

3.沪深 300 指数是在上海和深圳证券市场中选取 300 只 A 股作为样本编制而成的成分股指数。沪深 300 指数样本覆盖了沪深市场六成左右的市值，具有良好的市场代表性。

4.上证 50 指数由上海证券交易所编制，于 2004 年 1 月 2 日正式发布，指数简称为上证 50，指数代码 000016，基准日为 2003 年 12 月 31 日，基点为 1000 点。挑选上海证券市场规模大、流动性好的最具代表性的 50 只股票组成样本股，综合反映上海证券市场最具市场影响力的一批优质大盘企业的整体状况。

5.上证 180 指数由上海证券交易所于 2002 年 7 月 1 日起正式对外发布，以取代原来的上证 30 指数(此前上证 30 指数是上海证券市场唯一的成分指数)。从样本股规模的代表性来看，上证 180 指数的流通市值占到上海股票市场流通市值的 50％，成交金额所占比重达到 47％，并且每半年调整一次成分股。

6.深证 100 指数由深圳证券信息有限公司以 2002 年 12 月 31 日为基准日，基日指数定为 1000 点，从 2003 年第一个交易日开始编制和发布，代码 399004。选取在深证所上市的 100 只 A 股作为成分股，主要考察 A 股上市公司流通市值和成交金额份额两项重要指标。每半年调整一次成分股。

7. 中小企业板指数于 2005 年 12 月 1 日正式发布。首批样本股包括当时已在中小企业板上市的全部 50 只股票，代码为 399101，是以中小企业板正常交易的股票为样本股的综合指数。基日为 2005 年 6 月 7 日，基日点位为 1000 点。

8. 深证成分指数是深证所编制的一种成分指数，是从深市的所有股票中抽取具有代表性的 40 家上市公司，并以流通股为权数计算得出的加权股份指数，综合反映在深证所上市的 A、B 股的股价走势。取 1994 年 7 月 20 日为基准日，基日指数定为 1000 点，1995 年 5 月 5 日正式启用。从 2006 年 9 月 18 日起，深证成分指数变更为仅包含 40 只 A 股样本的价格指数，不再包含 B 股成分股。

（资料来源：金融知识库. 中国证券网 http://www.cnstock.com）

二、债券市场

（一）债券发行市场

债券发行市场亦称债券一级市场或初级市场，它是指发行新债券的市场。通过该市场，发行者将新发行的债券销售给投资者以筹集资金。

1. 债券发行市场的主体

债券发行市场由债券的发行者、认购者和承销者构成。债券发行者即资金的需求者或筹资者，一般包括政府机构、公司、金融机构等。在债券发行市场上，任何筹资者要想通过发行债券筹措资金，都必须具有良好的信誉，具备对本金与利息的支付能力，同时还要接受有关法律和规章制度方面的约束。债券认购者即资金的供给者或投资者。社会公众、企业事业法人、证券经营机构、非营利组织、外国机构和个人等都可认购债券，成为投资主体。债券承销者是债券发行市场上的经营主体，是代替发行者办理债券发行和销售业务的中介人。承销者主要有投资银行、证券公司、商业银行、信托投资公司等。

2. 债券的发行方式

（1）公开发行与不公开发行。公开发行是指发行者公开向范围广泛的非特定投资者发行债券的一种方式。为了保护一般投资者的安全，公开发行一般要有较高的信用等级为必要条件。公开发行又有三种方式：①募集发行，指在发行前确定发行额度、日期、发行价等要素；②出售发行，指发行额不确定，以某一发售时期内被认购的总额为发行额；③投标发行，指预先确定发行额，由承销者通过投标确定发行价格。不公开发行是指筹资者面向少数与之有密切关系的特定认购人发行债券。不公开发行的对象有两类：一类是个人投资者，如发行给单位职工或经常使用本单位产品的客户；另一类是与发行单位关系密切的企业、公司、金融机构等机构投资者。

（2）直接发行与间接发行。一般来说，不公开发行常采用直接销售方式，即不通过中介机构，发行者直接向特定的发行对象销售债券的方式。公开发行常采用间接销售方式，即通过中介机构办理债券的发行与销售业务。

3. 债券的发行条件

债券的发行条件直接影响到发行者筹资成本的高低，同时也决定了投资者的收益率，因此，发行条件只有制定得合理，才能保证债券发行成功。一般来说，债券的发行条件是由债券的发行额度、期限、票面利率和发行价格等因素决定的。

（1）发行额。债券的发行额是由发行者所需资金的数量、发行者的信誉、债券种类以及市场承受能力等因素决定的。如果发行额定得太高，会造成销售困难，由此会影响发行者的信誉，也会对发行后债券的转让价格产生不良影响。因此，有些国家在法律上规定了不同发行者发行债券的最高发行额。

（2）债券的期限。债券的期限应考虑筹集资金的目的和用途、资金运用的周转时间、投资者的投资意向、市场利率变化的发展趋势、流通市场的发达程度等。

（3）债券的票面利率。确定债券票面利率需考虑的因素有以下几个：

第一，债券的期限。期限短，利率可以低一些；反之，利率需要高一些。

第二，债券的信用等级。级别越高，说明发行人还本付息能力强，就可降低债券的利率；反之提高债券的利率。

第三，有无抵押担保。如果债券发行有抵押或担保，利率可以低一些；反之则高一些。

第四，金融状况。如果当前市场银根紧缩，市场利率可能会逐步提高，由此，债券发行人应确定较高的发行利率；反之，松动银根时，应确定较低的发行利率。

第五，债券利息的支付方法。实行单利、复利等不同的利息支付方式时，单利计息的债券，其票面利率应高于复利计息债券的票面利率。

第六，管理体制的影响。国家对各种债券的赋税率是不同的，一般来说，政府债券所得收益免征所得税，利率可低一些；而企业债券所得收益不免所得税，利率自然需要高一些。

（4）债券发行价格。发行价格主要取决于债券期限、票面利率和市场利率水平。发行价格高于面额为溢价发行，等于面额为平价发行，低于面额为折价发行。债券的面值是固定的，它的发行价格是不定的，尤其是进入流通后的市场价格更是经常变化，发行者还本计息的根据是债券的面值，而不是它的价格。

2010年，我国银行间债券市场规模进一步扩大，全年发行量达到9.51万亿元，2010年累计发行债券1 167次，信用类债券（含企业债、短期融资券和中期票据）发行847只，占发行总数的72.58%，发行量继续维持高位，融资规模已超过1.53万亿元。

从发行的券种结构来看，央行票据、国债和政策性金融债三个券种仍在发行规模中占据主要地位，三者发行量合计约占发行总量的80%，扣除央行票据后，政府和企业今年通过银行间债券市场共筹资48 480.33亿元，较去年增加1 745.62亿元。其中政府和政策性银行筹资规模31 070.88亿元，占比64.8%；企业类机构筹资规模17 409.45亿元，占比35.2%。

阅读资料7-7

中国主要债券评级公司概况

路透上海7月18日电——中国目前主要有4家全国性的债券评级机构，分别为大公国际、中诚信国际、联合资信和新世纪，它们占据了中国债券评级业务的绝大多数市场份额，且均采用向被评级对象收费的运营模式。穆迪、惠誉、标普3大国际评级机构也采用这一运营模式。

上述 4 家全国性评级机构中,除大公国际外,其于 3 家均有外资信用评级机构参股或与外资评级机构签署技术服务合作协议。中诚信国际的外资参与方是穆迪(Moody's),参股 49%;联合资信的外资参与方是惠誉,参股 49%;新世纪的外资参与方是标准普尔,签署有技术合作协议。

2010 年,由银行间市场交易商协会代表全体会员出资设立了中债资信评估有限责任公司,采用投资人付费模式,注册资本 5 000 万元人民币。公司称运营将不以营利为目的,将采用"为投资人服务、由投资人付费"的营运模式,为投资人提供债券再评级、双评级等服务。

所谓再评级是指在发行债券已有评级公司进行评级的情况下,对该债券进行再次评级;而双评级是指一个债券分别由两家或两家以上的独立信用评级机构进行信用评级。

（资料来源:周晓峰.路透中文网 http://cn.reuters.com.2011 年 7 月 18 日）

（二）债券流通市场

债券流通市场亦称债券的二级市场或次级市场,是买卖已发行债券的市场。证券的流通性和变现能力是人们选择投资工具的重要衡量标准之一,因此,债券流通市场是债券发行市场存在的必要条件。

1.交易方式

上市流通债券的交易方式大致有债券现货交易、债券回购交易、债券期货交易。目前在我国深、沪证券交易所交易的债券有现货交易和回购交易。

①现货交易,亦称现金现货交易,是债券买卖双方对债券的买卖价格均表示满意,在成交后立即办理交割,或在很短的时间内办理交割的一种交易方式。例如,投资者可直接通过证券账户在深交所全国各证券经营网点买卖已经上市的债券品种。

②回购交易,是指出券方(债券持有方)和购券方在达成一笔交易的同时,规定出券方必须在未来某一约定时间以双方约定的价格再从购券方那里购回原先售出的那笔债券,并以商定的利率(价格)支付利息。目前深、沪证券交易所均有债券回购交易,但只允许机构法人开户交易,个人投资者不能参与。

③期货交易,是指债券交易双方成交以后,交割和清算按照期货合约中规定的价格在未来某一特定时间进行的交易。目前深、沪证券交易所均不开通债券期货交易。

2.债券交易价格

债券交易价格又称债券行市,是指在证券交易市场上买卖转让债券的价格。债券交易价格受持有期限、利率水平、供求关系等诸多因素的影响,处于经常变动中。影响债券交易价格最主要的三个因素是:

①债券期值,是指债券到期时的价值,即债券到期时的总收入,包括本金和利息。其计算公式为

$$债券期值＝债券面额×(1＋票面利率×有效期限)$$

②债券期限,是指有效期限和待偿期限。前者即从发行日至到期日的期限,后者是指债券进入交易市场后从交易日起到最终偿还日止。

③市场利率,是指债券市场上绝大多数买卖双方都能接受的投资收益率。债券转让的理论价格有按单利计算和按复利计算两种不同的计算方法,又由于债券有按年付息和

一次还本付息等不同付息方式,因此债券转让价格有各种不同的计算公式。

3. 我国债券市场发展概况

我国债券市场从 1981 年恢复发行国债开始至今,经历了曲折的探索阶段和快速的发展阶段。目前,我国债券市场形成了银行间市场、交易所市场和商业银行柜台市场三个基本子市场在内的统一分层的市场体系。在中央国债登记结算有限公司(以下简称"中央结算公司",英文简称"CDC")实行集中统一托管,又根据参与主体层次性的不同,相应实行不同的托管结算安排。

其中,银行间市场是债券市场的主体,债券存量和交易量约占全市场的 90%。这一市场的参与者是各类机构投资者,属于大宗交易市场(批发市场),实行双边谈判成交,逐笔结算。银行间市场投资者的证券账户直接开立在中央结算公司,实行一级托管;中央结算公司还为这一市场的交易结算提供服务。

交易所市场是另一重要部分,其参与者是除银行以外的各类社会投资者,属于集中撮合交易的零售市场,实行净额结算。交易所市场实行两级托管体制,其中,中央结算公司为一级托管人,负责为交易所开立代理总账户;中国证券登记结算公司(以下简称"中证登",英文简称"Chinaclear")为债券二级托管人,记录交易所投资者账户。中央结算公司与交易所投资者没有直接的权责关系,交易所交易结算由中证登负责。

商业银行柜台市场是银行间市场的延伸,也属于零售市场。柜台市场实行两级托管体制,其中,中央结算公司为一级托管人,负责为承办银行开立债券自营账户和代理总账户;承办银行为债券二级托管人,中央结算公司与柜台投资者没有直接的权责关系。与交易所市场不同的是,承办银行日终需将余额变动数据传给中央结算公司,同时中央结算公司为柜台投资者提供余额查询服务,成为保护投资者权益的重要途径。

截至 2010 年 12 月 31 日,我国银行间债券市场托管的债券只数达到 2 340 只,较去年同期增加 649 只,增幅达 38.38%。债券托管面额达到 20.17 万亿元,较去年同期增长了 2.64 万亿元,涨幅为 15.09%。2010 年,银行间债券市场交易结算呈整体稳步较快增长的趋势,面额达 163 万亿元,较 2009 年全年增长 33.38%。其中包括现券 67.69 万亿元,质押式回购 91.76 万亿元,买断式回购 3.03 万亿元,远期 3 277 亿元,债券借贷 3 亿元。综合来看,银行间市场已成为政府、金融机构和企业的重要融资和投资平台,也是货币政策操作的重要平台,在有效配置金融资源、保障货币政策有效传导、维护宏观经济健康运行等方面发挥着越来越重要的作用。

三、投资基金市场

(一) 投资基金的发行

投资基金的发行是以发行基金券的方式进行的。公司型基金券表现为公司股份,其发行同于公司股票的发行。契约型基金券表现为受益凭证,其发行方式有:

1. 定向发行与公开发行方式

定向发行只能由特定投资者认购基金受益凭证;公开发行则是社会公众都能自由购买基金受益凭证。一般投资基金多采取公开发行的方式。

2. 自行发行与通过中介机构发行

自行发行即直接销售方式，由于不经过中介机构，未增加中介费用，所以基金券出售的费率低于其他销售方式。通过中介机构发行又包括两种方式：第一种是包销方式，即基金券的全部或大部分是由经纪人包销的，经纪人以净资产值购买基金券，然后再以公开销售价格出售给投资人，以赚取买卖差价。第二种是销售集团方式，在基金规模很大时，由包销人牵头组成一个或数个销售集团，每个销售集团由一定数量的经纪人组成，各个经纪人分别代理销售一部分基金券，包销人支付销售费用给经纪人。

契约型基金的发行一般按面值发行，不能溢价发行，其发行价格是按基金单位金额和发行手续费来确定，计算公式为

$$发行价格 ＝ 基金单位金额 ＋ 发行手续费$$
$$发行手续费 ＝ 基金单位金额 \times 发行手续费率$$

发行手续费率的高低依据发行总额、发行者的信誉、基金种类的不同而变化。目前我国的基金类型全部是契约型。

（二）投资基金的交易

投资基金一般都有规定的经营期限，短的 3～9 年，长的 10～20 年。在其存续期限内，基金的受益凭证可在投资者之间相互转让和流通。基金的交易与股票、债券有相同之处，但也有自己的特点。

1. 基金交易的方式

封闭型基金是公开交易的，首次发行结束后就封闭起来，投资者在基金存续期内是不能要求将持有的基金受益凭证赎回，而只能转让给第三者（转让价格以基金的净资产为基础，但主要受市场供求变化的影响，同股票行情基本是相同的）。只有到基金规定的期限到达后，封闭型基金才能赎回。

开放型基金的交易实际上是在投资者和基金管理人之间进行的。投资者转让开放型基金的受益凭证，只需到基金管理人在首次发行结束后一段时间（通常是 3 个月）开设的专门柜台，在其营业时间内随时可申购或赎回该基金。

2. 基金交易的场所

封闭型基金的交易场所一般为证券交易所或证券交易中心的会员处，这种交易场所比较固定，交易时间确切，使交易能集中进行，从而提高了交易的效率。

开放型基金不像封闭型基金可上市交易，其交易是在各基金专门开设的柜台前进行，该基金一般均会在公开证明书中给予详细指导。

（三）我国基金市场的现状

1997 年 11 月 14 日，国务院证券委发布《证券投资基金管理暂行办法》，我国投资基金业步入了规范化发展的轨道。1998 年 3 月 23 日，中国头两个完全按照新的基金办法成立的基金金泰、基金开元分别在沪深两地网上发行。在随后的 4 个月中，又有 3 个新基金——基金兴华、基金安信和基金裕阳分别成立。由此，我国的证券投资基金业才真正迎来了发展的黄金时期。

截至 2010 年 12 月 31 日，中国银河证券基金研究评价资讯系统记录的证券投资基金共有 803 只，其中以中国大陆境内市场为投资对象的基金有 776 只，以中国大陆境外市场

为主要投资对象的 QDII 基金有 27 只。全部基金的资产净值 25 184.54 亿元,份额规模 24 215.84 亿份;扣除 QDII 基金因素,以国内 A 股为主要投资方向的基金共有 513 只,资产净值合计 21 101.91 亿元,份额规模合计 20 097.10 亿份。

我国《证券投资基金法》于 2004 年 6 月 1 日实施。此后半年内推出六个配套实施细则,包括《证券投资基金运作管理办法》、《证券投资基金销售管理办法》等。2009 年 7 月 6 日,全国人大财经委召集有关部门专题研究《证券投资基金法》的修改。2010 年 12 月,《证券投资基金法》修订列入 2011 年人大常委会立法的计划,此次修订最重大的调整,便是通过调整"证券"的定义,更大范围地增加了规范的范畴;尤其是私募基金也被纳入《证券投资基金法》的监管范围中。

第四节　外汇市场

改革开放以来,我国的经济实力不断增强,居民、企业手中的金融资产也越来越多,其中包括大量的外汇存款。随着我国外汇市场逐步放开,对于手里的外币资产如何运用,避免持有的外汇贬值;如何通过外汇买卖,规避汇率风险,已经成为普通百姓谈论的话题。与此同时,各商业银行根据市场需求,各种外汇理财工作室、各种外汇投资理财品种也相继问世,一定程度上促进了汇市的火爆,使得外汇交易的队伍迅速壮大。风云变幻的外汇市场同样会给百姓、企业带来更多的机会。

当外汇交易越来越多地走进我们的经济生活中时,我们有必要知道它的实际意义。外汇交易与其他金融交易一样,财富和风险是并存的,收益和损失是相伴的,只有掌握了外汇交易的理论和技术,才能在瞬息万变的外汇市场上识别风险,抓住市场机会,取得预期的收益。

一、外汇与汇率概述

(一)外汇

人们通常认为,外汇就是外国的货币或者说外国的钱,其实这样理解是不够准确的。所谓外汇,就是以外币表示的可用于国际间结算的支付手段。一种外币资产成为外汇必须具备的条件是:这些外币资产可用于清偿国际间债权债务关系。在各国的外汇管理法令中都沿袭这一说法。我国于 1996 年 4 月 1 日起实施的以及 1997 年 1 月修订的《中华人民共和国外汇管理条例》中规定,外汇包括:

(1)外国货币,包括纸币、铸币;

(2)外币支付凭证,包括票据、银行存款凭证、邮政储蓄凭证等;

(3)外币有价证券,包括政府债券、公司债券、股票等;

(4)特别提款权;

(5)其他外汇资产。

特别提款权(SDR)是国际货币基金组织(IMF)于 1969 年创设的一种储备资产和记账单位。它是国际货币基金组织分配给各会员国的一种使用资金的权利,只能用于官方结算,也就是说会员国发生国际收支逆差时,可用它向基金组织指定的其他会员国换取外汇,以偿付国际收支逆差或偿还国际货币基金组织贷款,还可与黄金、自由兑换货币一样充当国际储备,但其所占比重很小。由于它只是一种记账单位,不是真正货币,使用时必须先换成其他货币,不能直接用于贸易或非贸易的支付。特别提款权货币篮子权重最近一次调整是 2011 年 1 月 1 日,美元的权重是 41.9%,欧元权重是 37.4%,英镑权重是 11.3%,日元权重是 9.4%,可表示为:

　　1 个特别提款权＝0.419 美元＋0.374 欧元＋0.113 英镑＋0.094 日元

特别提款权的市值不是固定的,随着外汇市场上汇率的变化而变化。

例如:若某日 USD1＝JPY110.99;EUR1＝USD1.9861;GBP1＝USD1.6873

1 个特别提款权＝0.419＋0.374×1.986 1＋0.113×1.687 3＋0.094÷110.99

　　　　　　＝USD1.353 3

(二)汇率

1.汇率的概念

汇率又称外汇汇价或外汇行情,是不同货币之间的比率或比价,也可以说是以一种货币表示另一种货币的价格,它反映一国货币的对外价值。例如:2011 年 8 月 15 日,USD100＝RMB639.50 就反映了美元相对人民币的价格。外汇是一种可以在外汇市场上自由买卖的特殊商品,汇率就是这种特殊商品的价格。

2.汇率的标价方法

(1)直接标价法

在一国的外汇市场上,若是以一定单位的外国货币作为标准来计算折合多少单位的本国货币的标价方法,我们就称它为直接标价法。这种标价法是外币金额不变,总保持一定单位,本币数额随外汇市场行情的变化而变化。如果一定单位的外币比以前换到的本币数额增多了,则说明外币的币值在提高,本币的币值在下降,称作外汇汇率上升;如果一定单位的外币比以前换到的本币数额减少了,则说明本币币值在提高,而外币币值在下降,这称为外汇汇率下降。因此,在直接标价法下,外汇汇率的升降与本币币值的高低成反比例变化。目前,世界上大多数国家都采用这种标价法,我国人民币对外币也采用这种标价法。例如:中国人民银行授权中国外汇交易中心公布,2011年 8 月 15 日银行间外汇市场美元等交易货币对人民币汇率的中间价为:1 美元对人民币 6.395 0 元,1 欧元对人民币 9.145 5 元,100 日元对人民币为 8.307 4 元,1 英镑对人民币 10.419 4 元。

(2)间接标价法

在一国外汇市场上,若以一定单位的本币为基准,计算应折合多少单位外币的标价方法,称为间接标价法。这种标价法是本币金额不变,总保持一定单位,外币数额随外汇市场行情的变化而变化。如果一定单位的本币比以前换到的外币数额增多了,则说明本币的币值在提高,外币的币值在下降,称作外汇汇率上升;如果一定单位的本币比以前换到的外币数额减少了,则说明本币币值在下降,而外币币值在上升,这称为外汇汇率下降。因此,在间接标价法下,外汇汇率的升降与本币币值的高低成正比例变化。目前世界上有英国、英联邦国家(澳大利亚、新西兰)、美国、欧元区国家采用间接标价法。

为了世界各地外汇市场标价的一致,美元对英镑、欧元、澳大利亚元、新西兰元仍采用直接标价法。中国外汇交易中心 2011 年 8 月 16 日 7：00 的外汇市场行情见表 7-1。

表 7-1　　　　　　　　外币即期报价

货币对	买/卖报价
澳元/美元（AUD/USD）	1.048 6/1.048 9
欧元/日元（EUR/JPY）	110.99/111.03
欧元/美元（EUR/USD）	1.443 9/1.444 2
英镑/美元（GBP/USD）	1.986 1/1.986 4
美元/加元（USD/CAD）	0.981 1/0.981 5
美元/瑞郎（USD/CHF）	0.783 6/0.784 3
美元/港元（USD/HKD）	7.791 3/7.792 0
美元/日元（USD/JPY）	78.85/76.87
美元/新加坡元（USD/SGD）	1.200 4/1.200 7

资料来源：中国货币网 http://www.chinamoney.com.cn

（3）汇率的报价

在各国的外汇市场上，汇率报价存在以下特点：

①依外汇市场的惯例，汇率报价是以五位数字来显示的。

如：欧元（EUR）/美元（USD）＝1.443 9；英镑（GBP）/美元（USD）＝1.986 1；美元（USD）/瑞郎（CHF）＝0.783 6。

②按国际惯例，通常用 3 个英文字母来表示货币的名称。

上述例子中，中文名称后的英文即为该货币的英文代码。如 USD/JPY＝78.85。

③汇率的最小变化单位为基本点。

一般而言，汇率价格的最后一位数，称之为基本点，即最后一位数的一个数字变化，就称为一个基本点或称一个点。如：欧元（EUR）/美元（USD）＝1.443 9 变动为欧元（EUR）/美元（USD）＝1.444 0，就说明 1 欧元（EUR）的价值升值 0.000 1 美元，即升值一个点。

④报价时前边的货币称为被报价的货币，后边的货币称为报价货币。

如欧元（EUR）/美元（USD）＝1.443 9，欧元就是被报价的货币，扮演商品的角色，美元为报价货币，扮演计价的角色。

⑤报价银行报价时同时报出买进或卖出价格，即双向报价，一般只报出买入卖出价的后两位，表现为前头数字小，后头数字大。买入价是银行愿意以此价格买入某货币的汇率，卖出价是银行愿意以此价格卖出某货币的汇率，买入价与卖出价之间的价格差额为价差。买入和卖出都是针对银行而言的，银行买入即投资者卖出，银行卖出即投资者买入。买价和卖价是不同的，其差价就是银行的收益。银行间交易的报价点差正常为 2～3 点，银行（或交易商）向客户的报价点差依各家情况差别较大。目前国外保证金交易的报价点差基本在 3～5 点，国内银行实盘交易在 10～40 点不等。

在直接标价法下，银行报出外汇交易价格时买价在前，卖价在后。例如：某日东京外汇市场 USD1＝JPY78.85（买价）/76.87（卖价），日元是本币。即 78.85 表示报价银行买入 1 美元外汇所支付日元的价格，76.87 表示报价银行卖出 1 美元所收回日元的价格。在间接报价法下,外汇交易银行报出外汇交易价格时是卖价在前,买价在后。如某日伦敦市场 GBP/USD＝1.986 1(卖价)/1.986 4(买价),英镑是本币。即表示报价银行卖出 1.986 1 美元外汇所收回 1 英镑的价格,报价银行买进 1.986 4 美元外汇所支付 1 英镑的价格。

3.汇率种类

(1)按照国际货币制度的演变来划分

①固定汇率,是指一国货币对另一国货币的汇率基本固定不变,若变动,波动幅度限制在一个特定的范围内,由官方的干预来保证汇率稳定。

②浮动汇率,是指一国货币与其他国家的货币之间的汇率不由官方制定,而是根据外汇市场的供求状况任其自由涨落的汇率,只有汇率出现过度波动时才出面干预。这是固定汇率制瓦解后,各国普遍实行的汇率制度。

(2)从银行买卖外汇的角度划分

①买入汇率又称买入价,是站在报价银行的角度来说的,它是指银行从出口商或个人等处购买外汇时所使用的汇率。买入价又分为现钞买入价和现汇买入价,通常现钞买入价低于现汇买入价,这是因为商业银行等金融机构在收进外币现钞后,不能在本国境内流通和使用,必须运送到国外变成国外银行存款后才能用于支付和增值,这期间的利息损失以及运费保险费必会发生。因此银行买进外币现钞的价格比现汇低。

②卖出汇率又称卖出价,它是指银行把自己拥有的外汇现钞或现汇出售给需要外汇的顾客时所使用的汇率。

银行外汇买卖业务不收手续费,遵循的原则是贱买贵卖,其间的差额即银行买卖外汇的利润,银行买卖外汇的点差随着市场竞争逐渐减少。

除了买价和卖价外,还有一个中间价,它是现汇买入价与卖出价的平均数。国际货币基金组织所公布的各国汇率、西方报刊公布的汇率、我国央行外汇报价为中间价。

(3)从汇率制定的角度划分

①基本汇率,是本国货币对特定的关键货币的汇率。所谓关键货币,是指本国国际收支中使用最多、外汇储备中所占比重最大、在国际上被广为接受的可自由兑换货币。由于世界各国货币很多,一国货币很难同时与众多外币定出汇率,因此必须选出特定国家的货币作为主要对象,并与这种关键货币对比制定出基本汇率,由于美元在国际货币体系中的特殊地位,各国一般将本国货币对美元的汇率作为基本汇率。

②套算汇率,是根据基本汇率套算得出本国货币与其他国家货币的比率,又称交叉汇率。套算汇率的计算原则是:当一种货币既做报价货币又做被报价货币时,套算汇率为同边相乘;当一种货币同时做报价货币或同时做被报价货币时,套算汇率为交叉相除。

例如:EUR/USD＝1.291 0/20　USD/JPY＝110.20/30

则 EUR/JPY＝1.291 0×110.20/1.292 0×110.30＝142.27/142.51

如 USD/JPY＝110.20/30　USD/CHF＝1.194 3/49

则 CHF/JPY＝110.20÷1.194 9/110.30÷1.194 3＝92.225/92.355

(4)按照外汇买卖的交割期限划分

①即期汇率又称现汇率,它是指外汇买卖双方在成交后的当天或之后的 2 个工作日以内办理交割所使用的汇率。

②远期汇率又称期汇率,是指事先由买卖双方订立合同、达成协议,买卖双方在约定的日期办理交割时使用的汇率。远期汇率与即期汇率相比有差别,其差额称为远期差价。远期差价由两种货币的利率的差异和外汇市场供求状况决定。远期差价的情形有三种(直接标价法的角度):一是升水,表示远期汇率比即期汇率高;二是贴水,表示远期汇率比即期汇率低;三是平价,表示差额为零。

(5)从外汇管理的角度划分

①官方汇率,是指一国的货币金融管理机构如中央银行或外汇管理当局规定并予以公布的汇率。这种汇率具有法定的性质,一切外汇交易都以公布的汇率为准,故又称官价或法定汇率。在外汇管制较严的国家,官方汇率就是实际汇率,往往出现高于官价的黑市汇率。目前我国中央银行每日公布的美元与人民币报价就是官方汇率,各商业银行的报价以此为基准并在央行允许的范围内浮动。

②市场汇率,是指在自由外汇市场上买卖外汇的实际汇率,它随着外汇市场的供求关系变化而自由浮动。在外汇管制较松的国家,官方公布的汇率往往只起中心汇率的作用,实际外汇交易则按市场汇率进行。一般而言,市场汇率高于官方汇率,但由于政府干预,市场汇率不会偏离官方汇率太远。

二、影响汇率变动的主要因素

从直接标价法的角度分析影响汇率变动的因素。

(一)经济因素

1.国际收支状况

汇率的波动与外汇的供求有着直接的关系。如果外汇供过于求,外汇汇率就趋于下跌;如果外汇求过于供,外汇汇率就趋于上涨。外汇的供给与需求体现着国际收支平衡表所列的各种国际经济交易,国际收支平衡表中的贷方项目构成外汇供给,借方项目构成外汇需求。贷方合计金额小于借方合计金额,一国国际收支表现为逆差,意味着外汇市场外汇供不应求,结果是外汇汇率上升;反之意味着外汇市场外汇供过于求,结果是外汇汇率下降。

2.通货膨胀率差异

通货膨胀是指纸币发行量超过商品流通所需货币量而引起的货币贬值、物价上涨现象。一国出现通货膨胀意味着该国货币代表的价值量下降。当一国出现的通货膨胀率高于他国通货膨胀率时,这种差异会影响人们对外汇汇率的预期,就会预期该国货币的汇率将趋于疲软,由此将手中的该国货币转化为其他货币,造成该国货币的汇率下跌;反之,则该国货币的汇率上升。

3.经济增长率

经济增长率对汇率的影响是多方面的。当一国实际经济增长率提高时,一方面反映该国经济实力增强,其货币地位提高,使该国货币汇率有上升趋势;另一方面,经济高速增长,其国民收入提高,可能加大该国对进口原料、设备等生产资料及消费品的需求,在该国出口不变的条件下,将使该国进口大量增加,导致国际收支项目逆差,造成该国货币汇率下降。但如果该国经济以出口导向为主,经济高速增长则意味着出口的增加,从而使经常项目产生顺差,导致该国货币汇率上升。同时,一个国家经济增长势头好,该国的利润率也往往较高,由此吸引外国资金流入本国,进行直接投资,从而改善资本账户收支。一般来讲,高经济增长率在短期内不利于本国货币在外汇市场上的行市,但从长期看,却有力支持着本国货币的强劲势头。目前我国的情况就是如此。

(二)政策因素

1.外汇市场干预政策

各国中央银行为维护经济稳定,避免汇率变动对国内经济造成不利影响,往往对外汇市场进行干预。在浮动汇率制下,各国央行都尽力协调各国间的货币政策和汇率政策,力图通过影响外汇市场中的供求关系来达到支持本国货币稳定的目的,中央银行影响外汇市场的主要手段是:调整本国的货币政策,通过利率变动影响汇率;直接干预外汇市场;对资本流动实行外汇管制。

2.利率政策

利率是借贷资本的使用价格,它与各种金融资产的价格、成本和利润紧密相关。一国利率水平高低反映借贷资本的供求状况。利率水平变化对汇率的影响主要是通过资本,尤其是短期资本在国际间的流动起作用的。当一国的利率水平高于其他国家时,国际短期资本就会趋利而入,本国资金流出减少,改善资本账户收支,提高本国货币的汇率。反之,当一国利率水平低于其他国家时,则资本流出,从而恶化资本账户收支,降低本国货币的汇率。在国际资本流动规模巨大,大大超过国际贸易额的今天,利率差异对汇率变动的作用比过去更为重要了。

(三)其他因素

1.市场预期

市场预期因素是影响国际间资本流动的另一个重要因素。在国际金融市场上,短期性资金达到了十分庞大的数字。这些巨额资金对世界各国的政治、经济、军事等因素都具有高度的敏感性,受心理预期的支配,一旦出现风吹草动,就到处流动,或为保值,或为获取高额投机利润。这就常常给外汇市场带来巨大冲击,成为各国货币汇率频繁起伏的重要根源。可以说,市场预期因素是短期内影响汇率变动的主要因素,只要市场上预期某国货币不久会下跌,那么市场上立即就可能出现抛售该国货币的活动,造成该国货币的市场价格下降。

2.偶然因素

意想不到的因素,如地震、洪涝、恐怖事件或一个谣传或战争等都会使汇率发生变动。

综上所述,影响汇率变动的因素有很多,它们之间相互联系,相互制约,甚至相互抵消,关系相当复杂。因此,我们在分析汇率变化时,不能只从某一角度和某一因素进行,而要从不同角度全面综合剖析。同时,在众多因素中,由于国家不同,时间不同,各因素影响程度不同,因此分析汇率变动还要与一定的社会经济条件和特定的时间相联系,以保证分析的客观性和全面性。

三、外汇市场

(一)外汇市场的概念

外汇市场是指从事外汇买卖的交易场所,或者说是各种不同货币相互之间进行交换的场所。外汇市场的主要特点是：

1. 有市无场

外汇市场通过计算机网络来进行外汇的报价、询价、买入、卖出、交割、清算，所以我们说现在的外汇市场大部分是一个无形的市场，是一个计算机的无纸化市场。外汇市场实际上是一个包含了无数外汇经营机构的计算机网络系统。

2. 循环作业

由于全球各金融中心的地理位置不同，亚洲市场、欧洲市场、美洲市场因时间差的关系，连成了一个全天24小时连续作业的全球外汇市场。新西兰的惠灵顿外汇市场是全球每天最早开市的市场，交易时间为北京时间4:00～13:00；两个小时之后，澳大利亚的悉尼外汇市场开市，收市也晚两个小时，即北京时间6:00～15:00，主要交易本国货币和美元；东京外汇市场交易时间为北京时间8:00～14:30，交易品种比较单一，主要是美元/日元、欧元/日元；香港外汇市场交易时间为北京时间10:00～17:00；德国的法兰克福外汇市场，交易时间为北京时间14:30～23:00；伦敦外汇市场的交易时间是北京时间17:30到次日0:30；纽约外汇市场交易时间是北京时间21:00到次日4:00；由于纽约市场和伦敦市场的交易时间有一段重合，所以在这段时间里，市场的交易最为活跃，交易量最大，行情波动的比例也大；之后惠灵顿外汇市场开市。如此24小时不间断运行，外汇市场成为一个不分昼夜的市场，只有星期六、星期日以及各国的重大节日，外汇市场才会关闭。这种连续作业，为投资者提供了没有时间和空间障碍的理想投资场所，不管投资者本人在哪里，他都可以参与任何市场，投资者可以寻找最佳时机进行交易。

3. 外汇市场交易币种集中

世界外汇交易量虽然十分庞大，但交易的货币种类主要集中在美元、欧元、日元、瑞士法郎、英镑、加拿大元等币种。

4. 外汇市场的汇率波动剧烈频繁

一些颇具实力的外汇投资者资金实力雄厚，实战经验丰富，自20世纪90年代以来，借助于国际金融市场，对某些国家的货币进行异常的投机活动，引起某些国家的货币剧烈变动，破坏程度巨大，以至于爆发金融危机或货币危机，如1992年爆发的欧洲货币危机和1997年爆发的亚洲金融危机。

(二)外汇市场的参与者

1. 商业银行

商业银行是外汇市场的做市商(在国际外汇市场上，所谓"做市商"通常是指有实力和有信誉的商业银行。外汇市场的其他参与者通常向这些商业银行询问所能提供的汇率，充当做市商的商业银行也愿意承担汇率风险并从事交易，市场上一部分外汇因此分流到这些做市商手里)，也是外汇市场的主要参与者，既可以以自己的名义参与交易，也可以代客户进行交易。它们进行双向报价，既提供买价也提供卖价。商业银行不但为客户提供了完整的外汇交易服务，同时还进行银行之间的外汇交易，以调整自身在外汇市场中的供求状况，买卖多余的外汇头寸，并利用市场价格的暂时失衡参与外汇投机交易。事实上，外汇市场的绝大多数交易发生在外汇银行之间，故商业银行是外汇市场的中心参与人。

2.中央银行

中央银行是外汇市场的参与者和调控者,除了代表政府为完成国际支付,与大商业银行和国际金融组织进行外汇交易活动外,主要是通过一些经济手段和外汇交易政策措施,对外汇市场进行干预和调控,以维持市场的稳定和经济的正常运行。

3.外汇经纪人

外汇经纪人是经所在国中央银行批准,专门在外汇市场上从事外汇买卖、传达交易信息的中介者。他们与银行和顾客都有着十分密切的联系。作为中介,他们通过电信网络将商业银行报出的汇率传递给有交易需求的市场参与者。成交后,外汇经纪人通知买卖双方,他们自己则收取相应的佣金。

外汇经纪人对于外汇市场的中小参与者特别重要,因为中小参与者通过其他渠道很难获得有竞争力的价格。因此在外汇市场上,外汇经纪人十分活跃。通过经纪人完成的交易大约占总外汇交易的40%。

4.客户

在外汇市场中,凡是在银行进行外汇交易的公司或个人,都是外汇银行的客户,包括进出口商、外汇投资者、投机者、借贷者和其他外汇供求者。这类参与人对外汇有实际的供求。其他外汇供求者还包括由于运输、保险、旅游、留学、单方汇兑、国际有价证券买卖、外债本息收付等交易而产生的外汇供求者。

上述外汇交易的主要参与者,可以组成三对交易组合:银行与银行之间(包括国内银行、国外银行和中央银行)、银行与客户之间、银行与经纪人之间的外汇交易。外汇市场的结构分为两个层次:第一个层次是银行同业市场,这一市场的交易金额一般都比较大;第二个层次是银行与客户之间的交易市场,这一市场的交易往往就在银行的柜面上进行。

(三)外汇市场的交易方式

外汇市场的交易方式有即期外汇、远期外汇、外汇期货、外汇期权交易等。

1.即期外汇交易

即期外汇交易是最为常见的外汇交易,是指外汇买卖双方以当日的价格达成协议,在成交的当天或之后两个工作日以内办理交割的外汇交易业务。按国际惯例,交割日又称起息日,为成交后的第二个工作日即 T+2,该日必须是两种货币发行国都营业的日子,否则往后顺延,但顺延不可跨月进行,也就是说,若交割日为月末,并且为节假日,则往前推。例如:2007 年 10 月 28 日,某企业与某银行办理了 100 万美元的结汇业务,按照国际惯例,交割日为 10 月 30 日,但该日为休息日,可顺延至 10 月 31 日,但仍为休息日,所以交割日为 10 月 29 日。即期外汇交易所使用的当日汇率就是即期汇率。

在浮动汇率时代,汇率是不断波动的。银行如果买进和卖出的即期外汇数不同,汇率的变化就可能使银行蒙受损失。为了避免损失,银行总是尽量使所买卖的即期外汇金额相同。当银行与商业客户的即期外汇交易自身不相等时,银行就要在即期外汇市场上进行交易,以平衡头寸。

在我国,即期外汇交易有两种,分别为即期结售汇和即期外汇买卖。

(1)即期结售汇

即期结售汇是指银行按照当天挂牌汇率办理结汇或售汇,也就是说银行按照当天挂牌汇率办理的外币与人民币的交换行为。目前我国各行即期结售汇的主要币种为美元与人民币、欧元与人民币、日元与人民币、英镑与人民币、港币与人民币、澳元与人民币等。结售汇牌价实行一日多价。如中国建设银行网站 2011 年 8 月 16 日（更新时间:13:04）发布的即期结售汇参考汇率见表 7-2。

表 7-2　　　　　　　　　中国建设银行即期结售汇参考汇率

币种	汇买价	汇卖价	钞买价	钞卖价
美元	6.372 2	6.397 7	6.321 1	6.397 7
港币	0.818 0	0.821 1	0.811 3	0.821 1
日元	0.082 769	0.080 101	0.061 850	0.083 434
欧元	9.174 3	9.246 2	8.878 6	9.248 0
英镑	10.407 1	10.490 7	10.072 7	10.490 7
澳大利亚元	6.665 3	6.718 8	6.451 1	6.718 8

资料来源:中国建设银行网站 http://www.ccb.com/cn/

（2）即期外汇买卖

即期外汇买卖是指投资者进行的外币与外币之间的交易,包括银行与企业之间、银行与个人之间、银行与银行之间的外汇交易。

①银行与企业之间的外汇交易

企业进行即期外汇买卖可以满足客户临时性的支付需要。通过即期外汇买卖业务,客户可将手上的一种外币即时兑换成另一种外币,用以应付进出口贸易、投标、海外工程承包等的外汇结算或归还外汇贷款。

②银行与个人之间的外汇买卖

银行参照国际外汇市场的行情,提供即时外汇交易牌价,并接受个人客户的委托,按银行的报价将其持有的外币买卖成另一种外币的业务。个人只需带上身份证或护照、军官证、士兵证等本人有效证件及一定数额的美元或等值外币到银行营业部办理开户手续即可;客户不仅可以将手中持有的利息较低的外币,兑换成另一种利息较高的外币增加存款利息收入,而且也可以利用外汇汇率的频繁变化,取得汇率差价的收益;交易币种分别是英镑、港币、美元、日元、澳大利亚元、欧元、瑞士法郎、加拿大元等;每笔买卖起点有金额限制,不同银行要求不同。

③银行间的外汇交易

我国银行间外汇交易于 2005 年 5 月 18 日正式上线,目前我国的银行总行都是在国际外汇市场上进行头寸调整。

2. 远期外汇交易

远期外汇交易也称期汇交易,是指外汇买卖双方达成协议后,签订合同,合同规定交割的汇率和交割的日期,在到期日再办理交割的业务。所以远期外汇业务又被称为预约买卖外汇业务。远期外汇交易所使用的汇率称为远期汇率。远期外汇交易的数量、币种和汇率都是通过远期外汇合同规定的。下面介绍我国的远期外汇交易。在我国,远期外汇交易有两种,分别为远期结售汇和远期外汇买卖。

（1）远期结售汇

远期结售汇是指银行与客户签订远期结售汇合同，约定将来办理结汇或售汇的外币币种、金额、汇率和期限；到期客户外汇收入或支出发生时，即按该远期结售汇合同定明的币种、金额、期限、汇率与银行办理结汇或售汇。经中国人民银行的批准，中国银行从1997年4月1日起开始开办远期结售汇业务，是我国最早开办该业务的银行。2011年8月15日16：30我国人民币外汇远期报价见表7-3。

表7-3　　　　　　　　　　人民币外汇远期报价

货币对	1月	3月	9月
USD/CNY	3.0/3.0	−210.0/−200.0	−640.0/−630.0
HKD/CNY	0.83/0.99	−7.0/−6.56	−46.08/−44.47
100JPY/CNY	9.53/10.62	−27.0/13.37	−321.51/−183.13
EUR/CNY	−4.33/−4.30	−500.80/−499.94	−1 286.21/−1 256.12
GBP/CNY	−2.1/1.05	−524.38/−499.14	−1 390.0/−1 374.27

资料来源：中国货币网 http://www.chinamoney.com.cn/

（2）远期外汇买卖

远期外汇买卖，是指交易双方达成交易后，按事先约定的日期和约定的汇率进行的外币与外币交割买卖交易。约定的远期交割日为外汇买卖成交后第二个工作日以后的某一天。远期外汇买卖的期限通常为一个月、三个月、六个月、一年以及不规则起息日。远期交易最长可以做到一年，超过一年的交易称为超远期外汇买卖。

远期外汇买卖是国际上最常用的避免外汇风险、固定外汇成本的方法。一般来说，客户对外贸易结算、到国外投资、外汇借贷或还贷的过程中都会涉及外汇保值的问题，通过远期外汇买卖业务，客户可事先将某一项目的外汇成本固定，或锁定远期外汇收付的换汇成本，从而达到保值的目的。

【例】　锁定进口付汇成本

2011年7月16日美元兑日元的汇率水平为77。根据贸易合同，进口商甲公司将在8月16日支付5亿日元的进口货款。由于甲公司的外汇资金只有美元，因此需要通过外汇买卖，卖出美元买入相应日元来支付货款。公司担心美元兑日元的汇率下跌将会增加换汇成本，于是同中国银行做一笔远期外汇买卖，按远期汇率76.50买入5亿日元，同时卖出美元：500 000 000÷76.50＝6 535 947.71美元，起息日（资金交割日）为8月16日。在这一天，甲公司需向中国银行支付6 535 947.71美元，同时中国银行将向甲公司支付5亿日元。这笔远期外汇买卖成交后，美元兑日元的汇率成本便可固定下来，无论国际外汇市场的汇率水平如何变化，甲公司都将按76.50的汇率水平从中国银行换取日元。

假如甲公司等到支付货款的日期才进行即期外汇买卖，那么如果8月16日美元兑日元的即期市场汇率水平跌至75，甲公司就必须按75的汇率水平买入5亿日元，同时卖出美元：500 000 000÷75＝6 666 666.66美元，与不做远期外汇买卖相比，甲公司将多支出美元：6 666 666.66−6 535 947.71＝130 718.96美元。

由此可见，通过远期外汇买卖可以锁定进口商进口付汇的成本。

【例】　锁定出口收汇成本

2011年7月16日美元兑日元的汇率水平为77。根据贸易合同，出口商乙公司将在

8月16日收到5亿日元的货款。乙公司担心美元兑日元的汇率将上升,希望提前1个月固定美元兑日元的汇率,规避风险。于是同中国银行做一笔远期外汇买卖,按远期汇率76.50卖出5亿日元,同时买入美元:500 000 000÷76.50＝6 535 947.71美元,起息日(资金交割日)为8月16日。在这一天,乙公司需向中国银行支付5亿日元,同时中国银行将向乙公司支付6 535 947.71美元。这笔远期外汇买卖成交后,美元兑日元的汇率便可固定下来,无论国际外汇市场的汇率水平如何变化,乙公司都将按76.50的汇率水平向中国银行卖出日元。

假如乙公司等到收取货款的日期才进行即期外汇买卖,那么如果8月16日美元兑日元的即期市场汇率水平升至78,乙公司就必须按78的汇率水平卖出5亿日元,同时买入美元:500 000 000÷78＝6 410 256.41美元,与不做远期外汇买卖相比,乙公司将少收美元:6 535 947.71－6 410 256.41＝125 691.30美元。

通过上面的例子可以看出,通过恰当地运用远期外汇买卖,进口商或出口商可以锁定汇率,避免了汇率波动可能带来的损失。但是如果汇率的变动与预期方向相反,那么由于锁定汇率,远期外汇买卖也就失去获利的机会。

3. 外汇期货交易

外汇期货交易又称货币期货交易,是指外汇买卖双方在外汇期货交易所以公开喊价的方式成交后,承诺自己在未来的某一个特定日期,买卖特定的标准数量的外汇。首先在美国芝加哥的商品交易所内建立了国际货币市场,专门经营外币期货,后来又陆续增加了其他金融期货。外币期货现在主要被用来作为企业和金融机构进行外币套期保值的工具,同时也很受投机者的青睐。但我国还未开设此品种。

外汇期货交易的特点如下:

(1)有固定的交易场所。期货交易是在依法建立的期货交易所内进行的,一般不允许进行场外交易。期货交易所是买卖双方汇聚并进行期货交易的场所,是非营利组织,旨在提供期货交易的场所与交易设施,制定交易规则,充当交易的组织者,本身并不介入期货交易活动,也不干预期货价格的形成。

(2)具有标准化合同。期货交易通过买卖期货合约进行,而期货合约是标准化的合约。这种标准化是指进行期货交易的数量、币种、交割日等都是预先规定好的,只有价格是变动的。如芝加哥商品交易所的英镑标准期货合约见表7-4。

表 7-4　　　　　　　　　　　　　　　　英镑标准期货合约

交易单位	62.500英镑
最小变动价位	0.0002英镑(每张合约12.50英镑)
每日价格最大波动限制	开市(上午7:20～7:35)限价为150点,7:35以后无限价
合约月份	1,3,4,6,7,9,10,12和现货月份
交割月份	3,6,9,12月份
交易时间	上午7:20～下午2:00(芝加哥时间)
最后交易日	从合约月份第三个星期三往回数的第二个工作日上午
交割日期	合约月份的第三个星期三
交易场所	芝加哥商品交易所(CME)

（3）外汇期货交易都要交保证金。保证金分两类，一类是初始保证金，即客户在开始时支付的保证金，一般为合约价值的 5％；另一类为维持保证金，一般为初始保证金的75％。

（4）日结算制度。期货交易者的交易完成之后，所有的成交信息都汇总至交易所结算部，结算部在核对的基础上，进行结算，计算出每个会员的盈亏情况，并反映在会员的保证金账户中。交易结算实行每日无负债结算制度，当天的交易结果当天清算完成。

（5）对冲平仓制度。由于在期货市场进行实物交割的成本往往要高于直接进行现货交易的成本，交易者大多在交割日前做一笔相反的操作，对冲了结手中的持仓。实物交割只占很少比例。

（6）交易经纪化。由场内经纪人代表所有买方和卖方在期货交易所内进行，交易者通过下达指令的方式进行交易，所有的交易指令最后都由场内经纪人负责执行。

课堂思考：外汇期货交易与远期外汇交易的区别是什么？

4.外汇期权交易

外汇期权交易也称为货币期权交易，是指合约购买方在向出售方支付一定期权费后，所获得的在未来约定日期或一定时间内，按照规定汇率买进或者卖出一定数量外汇资产的选择权交易。

外汇期权是期权的一种，相对于股票期权来说，外汇期权买卖的是外汇，即期权买方在向期权卖方支付一定数额的期权费后获得一项权利，有权在约定的到期日按照双方事先约定的协定汇率和金额同期权卖方买卖约定的货币，同时权利的买方也有权不执行上述买卖合约。外汇期权的执行价格就是外汇期权的买方行使权利时事先规定的汇率。

外汇期权交易具体分为买入期权和卖出期权两种。

（1）买入期权指客户根据自己对外汇汇率未来变动方向的判断，向银行支付一定金额的期权费后买入相应面值、期限和执行价格的外汇期权（看涨期权或看跌期权），期权到期时如果汇率变动对客户有利，则客户通过执行期权可获得较高收益；如果汇率变动对客户不利，则客户可选择不执行期权。

操作实例：欧元兑美元即期汇价是 1.1400，客户预期一周后，欧元兑美元汇价将升至1.1600，此时客户可选择将手中的 10 万欧元买入期权，按照最初的行使价 1.1400，期权费率0.7％，此时客户只需付出 700 欧元的期权费，即可获得因汇价上升而增值的 2000美元。如一周后，汇价突然低于买入时的 1.1400，客户则可以放弃期权，即损失 700 欧元的期权费。

（2）卖出期权指客户在存入一笔定期存款的同时根据自己的判断向银行卖出一个外汇期权，客户除收入定期存款利息（扣除利息税）外还可得到一笔期权费。期权到期时，如果汇率变动对银行不利，则银行不行使期权，客户有可能获得高于定期存款利息的收益；如果汇率变动对银行有利，则银行行使期权，将客户的定期存款本金按协定汇率折成相对应的挂钩货币。

操作实例：如客户 10 万美元的存款，选择了日元为挂钩货币，最初与中行的协定汇率为 1∶120，期权费率为 0.74％，中行就将 740 美元的期权费付给客户。假设一个月后，市场汇率为 1∶120 或 1∶120 之下，中行放弃期权，此时中行归还客户 10 万美元外加上一个月的利息 33.33 美元;如果市场汇率为 1:120 以上,中行则行使期权,中行归还给客户的本金就不再是美元,而是 1 200 万日元加上 33.33 美元的税后利息。它的好处是投资者既可得定期存款利息,又可得期权费。

为进一步丰富外汇市场交易品种,为企业和银行提供更多的汇率避险保值工具。我国外汇管理局公布《国家外汇管理局关于人民币对外汇期权交易有关问题的通知》,该通知自 2011 年 4 月 1 日起施行。《通知》称,人民币对外汇期权交易产品类型为普通欧式期权,客户办理期权业务应符合实需原则。对银行开办期权业务实行备案管理,不设置非市场化的准入条件。考虑到国内企业风险识别和控制能力仍处于成长阶段,为避免过度承担交易风险,市场发展初期仅允许企业买入期权,禁止卖出期权。从国际经验看,限制企业"裸卖"期权是新兴市场经济体的普遍做法。

阅读资料 7-8

我国外汇交易市场现状

1994 年 1 月 1 日起,我国外汇管理体制进行重大改革:汇率并轨,实行以市场供求为基础的、单一的、有管理的浮动汇率制度;取消外汇留成和上缴,实行银行结售汇制度;建立全国统一、规范的银行间外汇市场。同年 4 月 4 日,银行间外汇市场(即中国外汇交易系统)正式启动运营。银行间外汇市场主要为外汇指定银行平补结售汇头寸余缺及其清算提供服务,外汇指定银行为交易主体,外汇管理部门对银行结售汇周转头寸实行上下限额管理,对于超过或不足限额的部分,银行可通过银行间外汇市场售出或补充。

1994 年 4 月 5 日增设港币交易,1995 年 3 月 1 日开办日元交易,2002 年 4 月 1 日增加欧元交易。在增加交易品种的同时,交易时间进一步延长。从 2003 年 2 月 8 日开始,外汇市场交易时间从过去的 9:20～11:00 延长到 9:30～15:30。2003 年 10 月 1 日起,允许交易主体当日进行双向交易,2005 年 5 月 18 日开办了 8 种外币交易,2005 年 8 月 15 日推出远期外汇交易。

2006 年 1 月 4 日,银行间外汇市场引入做市商制度,做市商根据自身的风险能力和市场判断持续提供买卖双向报价。2 月 9 日,推出人民币利率互换业务。

2007 年 4 月 9 日,新一代外汇交易系统正式推出,将人民币外汇和外币对的即期、远期和掉期等诸多产品整合在同一交易平台。

2011 年 1 月 1 日,国家外汇管理局施行新的《银行间外汇市场做市商指引》,进一步完善银行间外汇市场引入做市商制度,将做市商进一步细化分类,分为即期做市商、远期掉期做市商和综合做市商,此外,做市商的申请条件也更加严格。同日公布了银行间外汇市场做市商名单,核准中国银行等 26 家即期做市商和 18 家远期掉期做市商。

2011 年 4 月 1 日,《国家外汇管理局关于人民币对外汇期权交易有关问题的通知》发布,批准中国外汇交易中心在银行间外汇市场组织开展人民币对外汇期权交易,有利于形成完整的期权市场结构,完善国内外汇市场人民币对外汇衍生产品体系,进一步便利企业、银行等市场主体规避汇率风险,有利于不断推进国内外汇市场发展,充分发挥市场在资源配置中的基础性作用。

(资料来源:外汇管理局网 http://www.safe.gov.cn)

第五节　黄金市场

黄金市场是黄金生产者和供应者同需求者进行交易的场所。世界各大黄金市场经过几百年的发展,已形成了较为完善的交易方式和交易系统。

一、黄金市场参与者

国际黄金市场的参与者,可分为国际金商、银行、对冲基金等金融机构,各个法人机构,私人投资者以及在黄金期货交易中有很大作用的经纪公司。

(一)国际金商

最典型的就是伦敦黄金市场上的五大金商(罗富齐、金宝利、万达基、万加达、美思太平洋),其自身就是一个黄金交易商,由于其与世界上各大金矿和黄金商有广泛的联系,而且其下属的各个公司又与许多商店和黄金顾客联系。因此,五大金商会根据自身掌握的情况,不断报出黄金的买价和卖价。当然,金商要负责金价波动的风险。

(二)商业银行

商业银行可以分为两类,一类是仅仅为客户代行买卖和结算,本身并不参加黄金买卖,以苏黎世的瑞士银行、瑞士信贷银行和瑞士联合银行为代表,它们充当生产者和投资者之间的经纪人,在市场上起到中介作用。也有一些做自营业务的,如在新加坡黄金交易所里,就有多家自营商会员是银行的。

(三)对冲基金

对冲基金的英文名称为 Hedge Fund,意为"风险对冲过的基金",起源于 20 世纪 50 年代初的美国。其操作的宗旨在于利用期货、期权等金融衍生产品以及对相关联的不同股票进行实买空卖、风险对冲的操作技巧,在一定程度上可规避和化解投资风险。

近年来,国际对冲基金尤其是美国的对冲基金活跃在国际金融市场的各个角落。在黄金市场上,几乎每次大的下跌都与基金公司借入短期黄金在即期黄金市场抛售和在纽约商品交易所黄金期货交易所构筑大量的减仓有关。一些规模庞大的对冲基金利用与各国政治、工商和金融界千丝万缕的联系往往较先捕捉到经济基本面的变化,利用管理的庞大资金进行买空和卖空,从而加速黄金市场价格的变化而从中渔利。

(四)各种法人机构和个人投资者

这里既包括专门出售黄金的公司,如各大金矿、黄金生产商、黄金制品商(如各种工业企业)、首饰行以及私人购金收藏者等,也包括专门从事黄金买卖的投资公司、个人投资者等。从对市场风险的喜好程度分为避险者和冒险者。前者希望黄金保值而回避风险,希望将市场价格波动的风险降低到最低程度,如黄金生产商、黄金消费者等;后者则希望从价格涨跌中获得利益,因此愿意承担市场风险,如各种对冲基金等投资公司。

(五)经纪公司

经纪公司是专门从事代理非交易所会员进行黄金交易,并收取佣金的组织。有的交易所把经纪公司称为经纪行。在纽约、芝加哥、香港等黄金市场里,有很多经纪公司,它们本身并不拥有黄金,只是派出场内代表在交易所里为客户代理黄金买卖,收取佣金。

(六)中央银行

各国的中央银行是黄金市场的特殊参与者,它们买卖黄金(调整黄金储备数)是为了宏观经济目标,而不以盈利为目的,即中央银行一般不为赚取差价而频繁交易,但并不是不考虑黄金储备的机会成本。

二、黄金市场的分类

(一)按照黄金市场所起的作用和规模划分,可分为主导性市场和区域性市场

主导性市场是指国际性集中的黄金交易市场,其价格水平和交易量对其他市场都有很大影响。最重要的有伦敦、苏黎世、纽约、芝加哥和香港的五大黄金市场。

区域性市场是指交易规模有限且集中在某地区,而且对其他市场影响不大的黄金市场,主要满足本国本地区或邻近国家的工业企业、首饰行、投资者及一般购买者对黄金交易的需要,其辐射力和影响力都相对有限。如东京、巴黎、法兰克福黄金市场等。

(二)按照交易类型和交易方式的不同,可分为现货交易市场和期货交易市场

黄金现货交易基本上是即期交易,在成交后即交割或者在两天内交割。交易标的主要是金条、金锭和金币,珠宝首饰等也在其中。

黄金期货交易主要目的为套期保值,是现货交易的补充,成交后不立即交割,而由交易双方先签订合同,交付押金,在预定的日期再进行交割。其主要优点在于以少量的资金就可以掌握大量的期货,并事先转嫁合约的价格,具有杠杆作用。

(三)按照提供服务的机构和场所的不同,可分为有固定交易场所的有形市场和没有固定交易场所的无形市场

这两种市场又具体分为欧式、美式和亚式三类。

1.欧式黄金交易市场

这类黄金交易市场里的黄金交易没有一个固定的场所。比如伦敦黄金市场,整个市场由各大金商、下属公司相互联系组成,通过金商与客户之间的电话、电传等进行交易;而苏黎世黄金市场,则由三大银行代为客户买卖并负责结账清算。伦敦和苏黎世黄金市场上的买价和卖价都是较为保密的,交易量也都难以真实估计。

2.美式黄金交易市场

这类黄金交易市场实际上建立在典型的期货市场基础上,其交易类似于在该市场上进行交易的其他商品。期货交易所作为一个非营利机构本身不参加交易,只是提供场地、设备,同时制定有关法规,确保交易公平、公正地进行,对交易进行严格的监控。

3.亚式黄金交易市场

这类黄金交易市场一般有专门的黄金交易场所,同时进行黄金的期货和现货交易,交易实行会员制,只有达到一定要求的公司和银行才可能成为会员,并对会员的数量配额有极为严格的控制。虽然进入交易场内的会员数量较少,但是信誉极高。以香港金银业贸易场为例,其场内会员采用公开叫价、口头拍板的形式交易,由于场内的金商严守信用,所以很少有违规之事发生。

三、影响黄金价格走势的因素分析

（一）供求因素

供求因素是影响黄金价格波动的根本原因。任何供给或需求量的变化，都会打破现有的供需平衡，从而导致价格波动。

供给因素的影响包括：黄金存量的变动；新的金矿开采成本的变动；黄金生产国的政治、军事和经济的变动状况；央行的黄金储备抛售情况。

需求因素的影响包括：黄金制造业需求的变化；对通货膨胀的预期不同；投机性需求。

（二）美元汇率影响

由于全球主要黄金市场均以美元结算，美元汇率变化就成为影响黄金价格波动的重要因素之一。一般在黄金市场上有美元涨则金价跌、美元降则金价扬的规律。美元坚挺一般代表美国国内经济形势良好，美国国内股票和债券将得到投资人竞相追捧，黄金作为价值贮藏手段的功能受到削弱；而美元汇率下降则往往与通货膨胀、股市低迷等有关，黄金的保值功能又再次体现。

（三）各国的货币政策因素

当某国采取宽松的货币政策时，由于利率下降，该国的货币供给增加，加大了通货膨胀的可能，会造成黄金价格的上升。如 20 世纪 60 年代美国的低利率政策促使国内资金外流，大量美元流入欧洲和日本，各国由于持有的美元净头寸增加，出现对美元币值的担心，于是开始在国际市场上抛售美元，抢购黄金，并最终导致了布雷顿森林体系的瓦解。

（四）国际贸易、财政、外债赤字对金价的影响

在债务链中，债务国本身如果发生无法偿债的现象将导致经济停滞，而经济停滞又进一步恶化债务的恶性循环，就连债权国也会因与债务国之关系破裂，面临金融崩溃的危险。这时，各国都会为维持本国经济不受伤害而大量储备黄金，引起市场黄金价格上涨。

（五）国际政局动荡、战争、恐怖事件

国际上重大的政治、战争事件都将影响金价。政府为战争或为维持国内经济的平稳而支付费用、大量投资者转向黄金保值投资等，这些都会扩大对黄金的需求，刺激金价上扬。如第二次世界大战、美越战争、1976 年泰国政变、1986 年"伊朗门"事件、美国"911"事件等，都使金价有不同程度的上升。

（六）石油价格

由于世界主要石油现货与期货市场的价格都以美元标价，石油价格的涨落一方面反映了世界石油供求关系，另一方面也反映出美元汇率的变化和世界通货膨胀率的变化，所以石油价格与黄金价格呈现出较强的正相关关系。

四、我国的黄金市场概况

在计划经济时期，我国对黄金生产和流通实行全国集中统一管理，基本不存在黄金市场。2002 年 10 月 30 日上海黄金交易所正式开业，标志着我国黄金市场的恢复。上海黄金交易所自开业以来业务发展迅速，市场规模不断扩大。根据《2010 年中国黄金市场报告的发布》数据统计，2010 年上海黄金交易所各黄金品种累计成交 6 051.5 吨，成交金额

16 157.81亿元,继续位于全球交易所市场黄金现货交易量的第一。上海黄金交易所共有会员263家,商业银行、黄金生产企业、黄金加工企业、投资机构等构建成多层次的会员机构,有利于黄金市场的风险管理。交易所客户开户总数为178.53万户,其中法人客户为6 751户,个人客户为177.85万户,黄金交易量分别占交易所黄金交易总量的80.93%和19.07%。外资会员的业务增长较快,交易量为167.53吨,接近上一年5倍的程度。

我国是世界上重要的黄金生产国和消费国。2010年,已探明黄金储量达6 328吨,居世界第三位;黄金产量达340.876吨,居世界第一位;黄金加工用金量及消费量达571.51吨,仅次于印度,居世界第二位。

(一)上海黄金交易所简介

1.组织形式

黄金交易所实行会员制组织形式,会员由在中华人民共和国境内注册登记,从事黄金业务的金融机构,从事黄金、白银、铂等贵金属及其制品的生产、冶炼、加工、批发、进出口贸易的企业法人,并具有良好资信的单位组成。现有会员161家,分散在全国26个省、市、自治区;交易所会员依其业务范围分为金融类、外资金融类、综合类和自营类会员。金融类会员可进行自营和代理业务及批准的其他业务,综合类会员可进行自营和代理业务,自营类会员可进行自营业务。

2.交易方式

标准黄金、铂金交易通过交易所的集中竞价方式进行,实行价格优先、时间优先撮合成交。非标准品种通过询价等方式进行,实行自主报价、协商成交。会员可自行选择通过现场或远程方式进行交易。

3.交易品种

交易所主要实行标准化撮合交易方式。目前,交易的商品有黄金、白银、铂,交易标的必须符合交易所规定的标准。黄金有Au99.95、Au99.99和Au50g三个现货实盘交易品种和Au(T+5)与延期交收两个现货保证金交易品种;铂金有Pt99.95现货实盘交易品种和Pt(T+5)现货保证金交易品种;白银准备挂牌延期交收合约。

(1)现货交易时间

每周一至周五开市(国家法定节假日除外)。黄金交易时间:上午10:00～11:30,下午13:30～15:30;铂金交易时间:上午10:00～11:30,下午13:30～15:00。

(2)交易成色

黄金交易成色种类为Au99.99、Au99.95、Au99.5三种,Au为黄金的化学符号。我们平时去金店看到的K金首饰是在其黄金材料中加入了其他金属(如银、铜金属)制造而成的首饰,又称为"开金"、"成色金"。由于其他金属的加入量有多有少,便形成了K金首饰的不同K数。白银交易成色不低于Ag99.95%,铂金交易成色不低于Pt99.95%,Pt为Platinum的缩写。

目前,我国的银行已开始经营个人黄金投资产品零售业务,它们开发的个人黄金投资产品有两种:一是黄金存折,即"纸黄金",个人只需在银行开户,存入一定数额的人民币或外汇,取得"活期一本通存折"或银行卡,以账户内的资金划拨来表明黄金的买卖,交易门槛较低。如中国银行北京分行最低交易量是 10 克。按目前市价,投资人民币一千多元即可炒金,银行报出的买卖价格随国际黄金市场的波动情况产生变化。客户可以通过把握市场走势低买高抛,赚取黄金价格波动的差价,而不进行实物交割;二是条块金,即实物的黄金交割,即银行直接向个人出售金条、金币、金块等黄金产品。

4.资金清算

中国银行、中国农业银行、中国工商银行和中国建设银行作为交易所指定的清算银行,实行集中、直接、净额的资金清算原则。

5.储运交割

交易所实物交割实行"一户一码制"的交割原则,在全国 35 个城市设立 47 家指定仓库,金锭和金条由交易所统一调运配送。

(二)我国主要的黄金投资方式

当前我国主要有三种黄金投资方式。

(1)实物黄金,包含金条、金币、黄金饰品等,其特点是适合投资者用于保值、收藏和馈赠,其买卖风险相对较小,这是我国目前黄金投资市场的主要投资方式。在银行推出的炒金业务中,农行的"招远金"、招行的"高赛尔金"、中行的"奥运金"都属于实物黄金业务。实物黄金按其属性也可以区分为:

①投资性金条,其加工费用低廉,各种附加支出也不高(主要是佣金等),标准化的金条变现性非常强,在全世界范围内都可以方便地买卖,并且世界大多数国家和地区都对黄金交易不征交易税。在我国,上海黄金交易所开展的实物黄金业务及现在很流行的延期交割现货金条业务等均属于此类。

②纪念性黄金制品,包括金饰品、纪念性金条、金块、金币等,具有美学价值,因而具有收藏价值,一般来说溢价较高。这类黄金制品的回售麻烦,兑现时要打很大的折扣。

(2)账户黄金(纸黄金),指没有任何实金到手,投资者按银行报价在账面上买、卖"虚拟"黄金获取差价的一种投资方式,进入门槛相对低,收益高,风险也高。

银行目前也提供"纸黄金"交易业务,如中行的"黄金宝"、建行的"账户金"、工行的"金行家"等。这种交易相对于实物黄金交易,在买卖上较方便,投资者只要在银行开设交易账户,之后的交易可通过电话银行、网上银行等自助交易方式进行。在具体的交易中,这些"纸黄金"的报价有的是与国际黄金市场联动,有的是根据银行的报价进行的。投资者的黄金份额记录在账户中,通过低买高卖赚取差价。

(3)黄金期货合约。2008 年 1 月 9 日,经中国证监会批准,黄金期货合约在上海期货交易所上市交易。根据合约及相关业务规则,黄金期货的交易单位为 1 000 克/手,且明确规定自然人客户不能进行实物交割。2010 年,上海期货交易所黄金期货合约累计成交量共 679.41 万手,交易量全球第七。

稳步开展黄金期货交易,有利于进一步完善黄金市场体系和价格形成机制,形成现货市场、远期市场与期货市场互相促进、共同发展的局面;有利于广大金融机构和黄金生产消费企业利用黄金期货管理风险;有利于促进期货市场服务领域更加广泛和功能更好发挥。

此外,黄金投资品种还包括黄金基金、黄金股票等与黄金挂钩的理财产品,但这些在我国黄金市场还处于初期发展阶段,对于一般的投资者来说,这类品种投资战术比较多并且复杂,不易掌握。

本章小结

1.金融市场是实现货币借贷和资金融通,办理各种票据和有价证券交易活动的场所。金融市场交易的主体包括政府、中央银行、金融机构、企业和个人。金融市场有聚敛功能、配置功能、调节功能和反映功能等。

2.货币市场包括同业拆借市场、票据市场、短期债券市场、大额可转让定期存单市场、回购协议市场和货币市场共同基金市场;资本市场包括股票市场、债券市场和基金市场。

3.股票发行市场由发行者、承销商和投资者构成。股票流通市场的交易方式有现货交易、期货交易、期权交易和信用交易。股票价格与股票预期股息收益成正比,与当前市场利率成反比。

4.债券发行市场由债券的发行者、认购者和承销者构成。上市流通债券的交易方式有债券现货交易、债券回购交易和债券期货交易。影响债券转让价格的主要因素有债券期值、债券期限和市场利率。

5.投资基金的发行是以发行基金券的方式进行的。公司型基金券表现为公司股份,契约型基金券表现为受益凭证。封闭型基金是在证券交易所交易,开放型基金是在各基金专门开设的柜台前进行交易。

6.外汇就是以外币表示的可用于国际间结算的支付手段。汇率是不同货币之间的比率或比价,汇率的标价方法有直接标价法和间接标价法。在外汇市场上,投资者可以从事即期外汇交易、远期外汇交易、外汇期权交易、外汇期货交易等。

7.黄金市场是黄金生产者和供应者同需求者进行交易的场所。黄金市场的参与者可分为国际金商、银行、对冲基金等金融机构、各个法人机构、私人投资者以及经纪公司。供求因素是影响黄金价格波动的根本原因。

重要概念

金融市场　货币市场　资本市场　外汇市场　黄金市场　同业拆借市场　贴现　回购协议　现货交易　期货交易　期权交易　信用交易　即期汇率　远期汇率　直接标价法　间接标价法　外汇　汇率　套算汇率　升水　贴水　初始保证金　维持保证金

基本训练

一、单选题

1.目前我国股票交易使用的交易形式有(　　)。

A.现货交易　　　　　　　　B.期货交易

C.期权交易　　　　　　　　D.信用交易

2. 黄金市场交易品种不包括( )。

A. 24 K 金　　　　　B. Pt99.95　　　　　C. Au99.95　　　　　D. Au99.99

3. 有甲、乙、丙、丁投资者四人,均申报卖出 X 股票,申报价格和申报时间分别为:甲的卖出价 10.70 元,时间 13:35;乙的卖出价 10.40 元,时间 13:40;丙的卖出价 10.75 元,时间 13:25;丁的卖出价 10.40 元,时间 13:38。那么这四位投资者交易的优先顺序为( )。

A. 丁乙甲丙　　　　　B. 甲乙丙丁　　　　　C. 乙丙甲丁　　　　　D. 乙丁丙甲

4. 报价银行报出的外汇价格一般为( )位有效数字。

A. 2　　　　　B. 3　　　　　C. 4　　　　　D. 5

5. 以下汇率标价方法中,不符合国际市场惯例的是( )。

A. 英镑/美元　　　B. 美元/日元　　　C. 美元/欧元　　　D. 澳元/美元

6. 在下列的银行报价中,( )存在错误。

A. 美元/日元＝105.30/10　　　　　B. 欧元/美元＝1.286 0/70

C. 英镑/美元＝1.900 0/20　　　　　D. 美元/人民币＝8.270 0/40

7. 2008 年 4 月 21 日,某企业与中国银行做一笔即期售汇业务,按国际惯例,请说出其即期起息日是( )。

A. 4 月 21 日　　　B. 4 月 22 日　　　C. 4 月 23 日　　　D. 4 月 24 日

8. 汇率采取直接标价法的国家和地区有( )。

A. 美国和英国　　　　　　　　　B. 美国和中国香港地区

C. 英国和日本　　　　　　　　　D. 中国香港地区和日本

9. 封闭型投资基金设立时,发行总额是( ),受益凭证在存续期内( )。

A. 固定的,不可赎回　　　　　　B. 不固定的,不可赎回

C. 固定的,可赎回　　　　　　　D. 不固定的,可以转让

10. 在直接标价法下,如果单位外币折算的本币数额减少,则表明( )。

A. 外币升值,本币贬值　　　　　B. 外币升值,本币升值

C. 外币贬值,本币贬值　　　　　D. 外币贬值,本币升值

11. 股份公司在发行股票时,以票面金额为发行价格,这种发行是( )。

A. 时价发行　　　B. 平价发行　　　C. 中间价发行　　　D. 溢价发行

12. 在证券交易所内的交易,称为( )。

A. 场内交易　　　B. 场外交易　　　C. 期货交易　　　D. 柜台交易

13. 外汇是( )。

A. 外国货币　　　　　　　　　　B. 可用于结清一国债权债务的外币

C. 外国的钞票　　　　　　　　　D. 可用于国际间债权债务的支付手段

14. 直接标价法下,远期汇率高于即期汇率,称为( )。

A. 贴水　　　B. 升水　　　C. 平价　　　D. 议价

15. 下列属于短期资金市场的是( )。

A. 债券市场　　　　　　　　　　B. 资本市场

C. 票据市场　　　　　　　　　　D. 股票市场

二、多选题

1. 证券公司为客户办理委托业务时,依据的原则是( )。

A. 时间优先原则   B. 价格优先原则

C. 大客户优先原则   D. 老客户优先原则

2. 在证券回购交易中( )暂时放弃资金的使用权,从而获得债券抵押权,期满时归还抵押的证券,收回资金和利息。

A. 证券持有方   B. 融券方

C. 融资方   D. 资金供应方

3. 为了防范远期美元收入的汇率风险,出口商可以( )。

A. 进行即期外汇交易卖出即期美元

B. 进行远期外汇交易买入远期美元

C. 进行远期外汇交易卖出远期美元

D. 进行货币期货交易做美元空头套期保值

4. 特别提款权的价值代表一篮子货币,它是由下列哪种货币组成的( )。

A. 美元   B. 欧元   C. 加元   D. 英镑

5. 以下( )货币为世界可自由兑换的货币。

A. 瑞士法郎   B. 日元   C. 人民币   D. 欧元

6. 企业在金融市场的身份有( )。

A. 资金需求者   B. 监管者

C. 调节者   D. 资金供应者

7. 开放型投资基金设立时,发行总额是( ),受益凭证在存续期内( )。

A. 固定的   B. 不可赎回   C. 可赎回   D. 不固定的

8. 同业拆借市场的参与者主要有( )。

A. 中央银行   B. 商业银行

C. 非银行金融机构   D. 企业

9. 狭义的金融市场主要包括( )。

A. 货币市场   B. 信托市场

C. 保险市场   D. 有价证券的发行与买卖市场

10. 股票价格指数包括( )指标。

A. 股价变动趋势   B. 股价指数

C. 股价变动幅度值   D. 股价平均数

三、判断题

1. 开放式基金是当今证券投资基金的主流。   ( )

2. 正回购指融券方购买融资方的债券的过程;逆回购指到期日融资方把债券购回的过程。   ( )

3. 所谓代销,是指金融资产的发行人与银行等金融机构协商,由银行、证券公司等承销机构按照商定的条件把全部证券承接下来负责对公众销售。代销期满后,不论证券是否已经推销出去,代销机构都要如数付给发行人应得资金。   ( )

4.本国以外的货币对我们来说就是外汇。   （   ）

5.一国货币的对外贬值有利于该国增加出口,抑制进口。   （   ）

6.可自由兑换的货币是允许在我国境内流通的。   （   ）

7.由于远期存在不可预测的风险,所以远期汇率报价一定比即期汇率报价高。

（   ）

8.在证券交易中,空头在先贵卖、后贱买中获取价差收益。   （   ）

9.同业拆借市场的利率水平及其变化,可反映出整个金融市场利率的变动趋势。

（   ）

10.上海证券交易所和深圳证券交易所均为公司制证券交易所。   （   ）

11.所有证券投资者都可以直接进入证券交易所进行交易。   （   ）

12.有价证券从发行者手中转移到投资者手中,这类交易属于二级市场交易。（   ）

13.股票价格也称股票行市,是指股票在流通市场上买卖的价格。   （   ）

14.在一国外汇市场上,若以一定单位的本币为基准,计算应折合多少单位外币的标价方法,称为间接标价法。   （   ）

15.各国的货币政策因素是影响黄金价格波动的根本原因。   （   ）

四、计算题

1.在外汇市场上,欧元/美元＝1.280 0/50,某投资者预料近期内欧元外汇价格上升,现在卖出 USD50 000,若 3 天后,欧元果真上涨,报价为欧元/美元＝1.325 0/90,到时卖出欧元损益如何?

2.如果你以电话向中国银行询问英镑/美元,中国银行回答:"1.690 0/10"。请问:(1)中国银行以什么汇价向你买进美元?(2)你以什么汇价从中国银行买进英镑?(3)如果你向中国银行卖出英镑,汇率是多少?

3.如果你向中国银行询问美元对人民币的报价,中国银行回答:"8.260 0/30"。请问:(1)中国银行以什么汇率向你买入美元,卖出人民币?(2)如果你要买进美元,中国银行给你什么汇率?(3)如果你要买进人民币,汇率又是多少?

4.如果你是银行工作人员,你向客户报出美元兑换港币的汇率为 7.805 7/67,客户要以港币向你买进 100 万美元。请问:(1)你应给客户什么汇价?(2)如果客户以你的上述报价,向你购买 500 万美元,卖给你港币,随后,你打电话给一经纪人想买回美元平仓。几家经纪人的报价是:经纪人 A——7.805 8/65,经纪人 B——7.806 2/70,经纪人 C——7.805 4/60,经纪人 D——7.805 0/63。对你而言,同哪一个经纪人交易最为有利?汇价是多少?

案例分析

中央人民银行于 2011 年 7 月 28 日发布 2011 年 6 月份我国金融市场运行情况。

一、债券发行情况

上半年,银行间债券市场累计发行债券 3.8 万亿元,同比减少 23.7％。6 月份,银行间债券市场发行债券 5 972.5 亿元,较上月减少 13.6％。截至 6 月末,债券市场债券托管量为 20.9 万亿元,其中银行间债券市场债券托管量为 20.3 万亿元,占债券市场债券托管量的 97.2%。

上半年,银行间债券市场发行的债券(含央行票据)以 5 年期以下债券为主。6 月份,5 年期以下债券的发行比重较上月有所减少,10 年期以上债券的发行比重较上月明显增加。

二、拆借交易情况

上半年,同业拆借市场总体运行平稳,交易量累计为 14.5 万亿元,同比增加 30.5%。6 月份,同业拆借市场累计成交 2.8 万亿元,较上月减少 12.4%;交易品种仍以 1 天为主,1 天品种共成交 2.3 万亿元,约占本月全部拆借成交量的 84.4%。

6 月份,同业拆借利率整体较上月大幅上升,同业拆借加权平均利率为 4.56%,较上月上升 163 个基点。6 月 30 日,7 天拆借加权平均利率为 6.64%,较上月末上升 297 个基点。

三、回购交易情况

上半年,回购市场交易活跃,债券质押式回购成交 45.3 万亿元,同比增加 23.3%。6 月份,债券质押式回购成交量为 7.5 万亿元,较上月减少 10.4%。交易品种仍以 1 天为主,1 天品种共成交 5.3 万亿元,约占本月全部质押式回购成交量的 70.9%。

6 月份,银行间债券市场回购加权利率较上月大幅上升,债券质押式回购加权平均利率为 4.94%,较上月上升 191 个基点。6 月 30 日,7 天质押式回购加权平均利率为 6.56%,较上月末上升 271 个基点。

四、现券交易情况

上半年,债券市场现券交易相对活跃,银行间债券市场现券成交 30.7 万亿元,同比增加 25.6%。6 月份,银行间债券市场现券交易累计成交 6.4 万亿元,较上月增加 5.6%。

银行间债券指数有所下跌,交易所国债指数继续上涨。6 月末,银行间债券指数为 134.09 点,较上月末下跌 0.42 点,跌幅为 0.3%;交易所国债指数收盘为 128.55 点,较上月末上涨 0.22 点,涨幅为 0.2%。

五、股票交易情况

6 月份,股票市场指数先跌后涨。上证指数月末收于 2762.1 点,较上月末收盘上涨了 18.6 点,涨幅为 0.7%。沪市日均交易量为 890.3 亿元,较上月减少 88.9 亿元。

根据上述资料内容,分析 2011 年 6 月我国金融市场的运行特点。

第八章

货币供求

央行公布数据显示,2011年8月人民币贷款增加5 485亿元,同比多增93亿元。8月末,广义货币(M2)余额78.07万亿元,同比增长13.5%,分别比上月末和上年同期低1.2和5.7个百分点,创下自2004年10月以来的新低水平。

央行新闻发言人评价称,M2增速从高位向常态平稳回落,符合宏观调控的预期和稳健货币政策要求。尽管目前M2增速看起来比过去低一些,但实际货币条件与经济平稳较快增长是相适应的。

央行新闻发言人表示,目前我国金融创新不断增多,公众资产结构日益多元化,特别是今年以来商业银行表外理财等产品迅速发展,加快了存款分流,这些替代性的金融资产没有计入货币供应量,使得目前M2的统计比实际状况有所低估。为了更加充分地反映金融市场的最新发展,央行正在研究覆盖范围更广的货币统计口径M2$^+$。

央行新闻发言人强调,今年以来,按照稳健货币政策的要求,为了把好流动性闸门,中央银行通过公开市场操作、存款准备金率等工具对流动性进行了必要调控。流动性水平总体是适当的,银行体系备付水平正常。下一阶段需要坚持实施稳健的货币政策,保持货币信贷平稳适度增长。要继续加强宏观审慎管理,加强理财产品的规范引导和管理,增强调控的针对性、有效性和前瞻性,防范系统性风险。

对于物价形势,央行新闻发言人表示,目前我国一些价格上涨的因素得到一定程度控制,但并没有根本消除,通胀仍然偏高,稳定物价总水平仍然是宏观调控的首要任务。

(资料来源:贾壮.8月广义货币增13.5%创近7年新低.证券时报.2011年9月13日)

货币是商品经济发展的产物,是为商品经济的发展服务的。在现实生活中,无论是个人、企业还是政府,都会对货币有一定的需求量。银行体系的货币供应则可以满足其需求。货币供求的基本平衡是物价稳定的一个前提条件,也是保持社会总供求协调和经济稳定发展的良好条件,是各个国家政府都希望能达到的目标。但是现代经济运行是错综复杂的,决定货币需求和货币供给的变量较多且常处于变动之中,所以货币均衡很难达到。在各个国家的不同阶段,经常会面临货币失衡的情况:一种是通货膨胀;一种是通货紧缩。

通过本章的学习,你将在了解货币需求理论基本内容的基础上,掌握货币需求与供给,货币供求失衡的表现、成因及对社会经济影响等一系列知识,能够理解并分析政府治理货币供求失衡所必须采取的政策措施。

第一节　货币供求概述

一、货币需求与货币需求量

(一)货币需求与货币需求量的含义

经济学意义上的货币需求不同于社会学和心理学意义上的需求(一种主观的、一厢情愿的占有欲)。货币需求是指经济主体对执行流通手段和价值贮藏职能的货币的需求。货币需求发端于商品交换,随商品经济及信用化的发展而发展。个人购买商品和劳务,企业支付生产和流通费用,银行开展信用活动,社会进行各种方式的积累,政府调节经济,都需要货币这一价值量工具。在产品经济条件下,货币需求强度(货币在经济社会中的作用程度,以及社会公众对持有货币的要求程度)较低,在市场经济条件下,社会公众(包括居民、企业和政府部门)的货币需求强度较高。

所谓货币需求量,是指在特定的时间和空间范围内(如某国、某年),社会各个部门(家庭、个人、企事业单位、政府)对货币需要持有量的总和。

在特定的时空范围内,人们为什么需要货币,需要多少货币,人们的货币需求受哪些因素影响等,都是研究货币需求必须解决的基本问题。国外,尤其是西方发达国家,早就开始了货币需求的研究,从古典学派的李嘉图、洛克、孟德斯鸠到新古典学派的欧文·费雪、马歇尔、庇古等;从凯恩斯学派到现代货币学派,无不对货币需求进行了探讨。货币需求分析可以从宏观和微观两个角度出发,从宏观角度研究就是从社会总体出发,探讨一国需要多少货币才能满足经济发展的需求;从微观角度研究就是从社会个体出发,研究一个社会经济单位在既定的收入水平、利率水平和其他经济条件下所需要持有的货币量。本章将从宏观角度研究和探讨货币需求与货币需求量问题。

货币需求既然是人们以货币形式持有其所拥有财产的一种需要,则这种需要将影响人们的货币需求量。影响货币需求量的因素主要有收入状况、利率水平、价格水平、货币流通速度、信用的发达程度、消费倾向与预期因素等。不同因素的影响方向和影响程度不同,许多经济学家各自从不同的角度研究了货币需求量同其影响因素之间的数量关系,形成了许多不同的货币需求理论。

(二)货币需求理论

1. 马克思的货币需求量理论

马克思关于流通中的货币量的分析,后人多用"货币必要量"的概念来表述。基本公式为

$$\frac{商品价格总额}{同名货币的流通次数} = 执行流通手段职能的货币量$$

这一规律可用符号表示为

$$\frac{PT}{V} = M_d$$

式中，P 是商品价格，T 是商品交易量，V 是货币流通的平均速度，M_d 是货币需求量。公式表明：货币量取决于价格水平、进入流通的商品数量和货币流速度这几个因素。

马克思揭示的货币必要量规律，是以他的劳动价值论为基础的，该理论的前提条件是：

（1）假定黄金是货币商品。

（2）商品价格总额是既定的。在金属货币流通的条件下，商品价格取决于商品价值与货币价值的对比关系。因此，商品价格并非取决于流通过程，而是取决于生产过程。

（3）这里考察的只是执行流通手段职能的货币量，而没有考察与整个再生产过程密切相关的储蓄、投资、资本运动等引起的货币需求，甚至连同商品交易有关的信用交易、转账结算也排除在外。

2. 货币数量论的货币需求理论

欧文·费雪于 1911 出版的《货币的购买力》一书，是货币数量论的代表作。在该书中，费雪提出了著名的"交易方程式"，也被称为费雪方程式，即

$$MV = PY$$

式中，M 是总货币存量，P 是价格水平，Y 是各类商品的交易数量，V 是货币流通速度，它代表了单位时间内货币的平均周转次数。该方程式表明，名义收入等于货币存量和流通速度的乘积。上式还可以表示为

$$P = \frac{MV}{Y}$$

这一方程式表明，物价水平的变动与货币流通的速度变动成正比，而与商品交易量的变动成反比。

与费雪方程式不同，剑桥学派认为，处于经济体系中的个人对货币的需求，实质是选择以怎样的方式保持自己资产的问题。每个人决定持有多少货币，有种种原因，但在名义货币需求与名义收入水平之间总是保持一个较为稳定的比例关系。因此有

$$M_d = kPY$$

式中，M_d 为名义货币需求，Y 为总收入，P 为价格水平，k 为以货币形式保存的财富占名义总收入的比例，这就是剑桥方程式。

费雪方程式和剑桥方程式是两个意义大体相同的模型，但两个方程式存在显著的差异：

第一，对货币需求分析的侧重点不同。费雪方程式强调的是货币的交易手段功能，而剑桥方程式侧重货币作为一项资产的功能。

第二，费雪方程式重视货币支出的数量和速度，而剑桥方程式则是从用货币形式保有资产存量的角度考虑货币需求，重视存量占收入的比例。所以对费雪方程式也有人称之为现金交易说，而剑桥方程式则被称为现金余额说。

第三，两个方程式所强调的货币需求决定因素有所不同。费雪方程式是从宏观角度

用货币数量的变动来解释价格,而剑桥方程式则是从微观角度进行分析,认为人们对于保有货币有一个满足程度的问题。

3. 凯恩斯的货币需求函数

1936 年,凯恩斯发表《就业、利息和货币通论》,分析了资本主义社会存在有效需求不足的各种原因,提出了流动性偏好概念。凯恩斯用流动性偏好解释人们持有货币的需求,他认为货币流动性偏好是人们喜欢以货币形式保持一部分财富的愿望或动机。流动性偏好实际上表示了在不同利率下,人们对货币需求量的大小。

凯恩斯认为,人们的货币需求行为是由交易动机、预防动机和投机动机三种动机决定的。由交易动机和预防动机决定的货币需求取决于收入水平,基于投机动机的货币需求则取决于利率水平。所谓投机动机,是指人们为了抓住有利的购买有价证券的机会而持有一部分货币的动机。凯恩斯的货币需求函数为

$$M_d = M_1 + M_2 = L_1(\overset{+}{Y}) + L_2(\bar{i})$$

式中,M_d 为货币需求总量,M_1 为消费性货币需求,M_2 为投机性货币需求,L_1、L_2 为流动性偏好函数,Y 为国民收入水平,i 为利率水平,+、— 分别代表正比和反比。

凯恩斯主义把可用于储存财富的资产分为货币与债券,认为货币是不能产生收入的资产,债券是能产生收入的资产,把人们持有货币的三个动机划分为两类需求。一是消费动机与预防动机构成对消费品的需求,人们对消费品的需求取决于边际消费倾向。二是投机动机构成对投资品的需求,主要由利率水平决定。利率低,人们对货币的需求量大;利率高,人们对货币的需求量小。

凯恩斯认为,在利率极高时,投机动机引起的货币需求量等于零,而当利率极低时,投机动机引起的货币需求量将是无限的。也就是说,由于利息是人们在一定时期放弃手中货币流动性的报酬,所以利率不能过低,否则人们宁愿持有货币而不再储蓄,这种情况被称为流动性偏好陷阱。

4. 弗里德曼的货币需求理论

弗里德曼是沿着剑桥方程式来表达他的货币需求思想的,同时,吸收了凯恩斯主义关于收入和利率决定货币需求量的思想,被誉为当代货币主义。他认为,在剑桥方程式 $M_d = kPY$ 中,P、Y 是影响货币需求的许多变量中的两个变量,k 代表其他变量,实际上是货币流通速度的倒数 $\left(\dfrac{1}{V}\right)$。而影响货币流通速度的因素是相当复杂的,如财产总量、财产构成、各种财产所得在总收入中的比例,以及各种金融资产的预期收益率等。因此,人们的资产选择范围非常广泛,并不限于凯恩斯主义的货币需求理论中的二元资产选择——货币与债券。基于上述认识,弗里德曼提出了自己的货币需求函数模型

$$\frac{M_d}{P} = f\left(Y_p, W, r_m, r_b, r_e, \frac{1}{p} \cdot \frac{\mathrm{d}p}{\mathrm{d}t}, u\right)$$

式中,M_d 为名义货币需求;f 为函数符号;Y_p 为恒常收入;W 为人力资本占非人力资本比率;r_m 为存款利率;r_b 为预期公债收益率;r_e 为预期股票收益率;$\dfrac{1}{p} \cdot \dfrac{\mathrm{d}p}{\mathrm{d}t}$ 为预期物价变动率;u 为其他随机变量;P 为一般物价水平;$\dfrac{M_d}{P}$ 为实际货币需求量。

弗里德曼不仅关心名义货币需求量,而且特别关心实际货币需求量。他把影响货币需求量的诸多因素分为3组。

第1组,恒常收入 Y_p 和财富结构 W。恒常收入来源于总财富,它是构成总财富的各种资产的预期贴现值总和。在其他条件不变的条件下,收入越多,货币需求越多。人力资本收益(W)是影响货币需求的又一因素。一个人的总财富是人力资本与非人力资本之和。在总财富中,人力资本比重越大,创造的收入越多,从而对货币的需求量就越大,反之则相反。可见,第1组因素与货币需求量呈同方向变化。

第2组,各种资产的预期收益和机会成本。它包括 r_m, r_b, r_e, $\frac{1}{p} \cdot \frac{dp}{dt}$ 四项。

r_m, r_b, r_e 是三种不同的金融资产的预期收益率。一般来说,存款、债券、股票等资产的收益越高,人们就愿意把货币转化为这些资产,货币需求量就越少。相反,资产收益越低,人们就会抛售证券,提取存款,持有货币。$\frac{1}{p} \cdot \frac{dp}{dt}$ 是物价变动因素对货币需求量的影响。从理论上分析,物价上涨意味着货币贬值、通货膨胀,那么,持有货币意味着损失,人们就会把货币迅速用于消费或变成其他财富。相反,在预期物价下降时,人们则愿意持有货币,以满足流动性偏好。可见,r_m, r_b, r_e, $\frac{1}{p} \cdot \frac{dp}{dt}$ 同货币需求量呈反方向变化。

第3组,各种随机变量 u。它包括社会富裕程度、取得信贷的难易程度、社会支付体系的状况等。

弗里德曼的货币需求函数与凯恩斯的货币需求函数的差别,主要表现在:

(1)二者强调的侧重点不同。凯恩斯的货币需求函数非常重视利率的主导作用。凯恩斯认为,利率的变动直接影响就业和国民收入的变动,最终必然影响货币需求量。而弗里德曼则强调恒常收入对货币需求量的重要影响,认为利率对货币需求量的影响是微不足道的。

(2)由于上述分歧,导致凯恩斯主义与货币主义在货币政策传导变量的选择上产生分歧。凯恩斯主义认为应是利率,货币主义坚持是货币供应量。

(3)凯恩斯认为货币需求量受未来利率不确定性的影响,因而不稳定,货币政策应"相机行事"。而弗里德曼认为,货币需求量是稳定的,可以预测的,因而"单一规则"可行。

课堂思考:你能将上述经济学家的理论简单归纳,找出其中的关键词吗?

二、货币供给

(一)货币供给与货币供给量的含义

货币供给是相对于货币需求而言的,它包括货币供给行为和货币供给量两大内容。货币供给行为是指银行体系通过自己的业务活动向再生产领域提供货币的全过程,研究的是货币供给的原理和机制。货币供给量是指金融系统根据货币需求量,通过其资金运用,注入流通中的货币量,研究的是金融系统向流通中供应了多少货币,货币流通与商品流通是否相适应等问题。

(二)货币层次的划分

虽然现金货币、存款货币和各种有价证券均属于货币范畴,由于各种货币转化为现实购买力的能力不同,从而对商品流通和经济活动的影响有差别。西方学者在长期研究中,一直主张把流动性原则作为划分货币层次的主要依据。所谓流动性是指某种金融资产转化为现金或现实购买力的能力。流动性好的金融资产,价格稳定,还原性强,可随时在金融市场上转让、出售。

各个经济体信用化程度不同,金融资产的种类也不尽相同。因而,各个经济体把货币划分为几个层次,每个层次的货币内容不完全一样。

1. 国际货币基金组织货币供给的层次划分

$M_0 =$ 流通于银行体系之外的现金

$M_1 = M_0 +$ 活期存款(包括邮政汇划制度或国库接受的私人活期存款)

$M_2 = M_1 +$ 储蓄存款 + 定期存款 + 政府债券(包括国库券)

2. 美国货币供给的层次划分

$M_0 =$ 现金 + 商业银行的活期存款

$M_1 = M_0 +$ 所有存款机构的其他支票存款

$M_2 = M_1 +$ 储蓄存款 + 所有存款机构的小额定期存款

$M_3 = M_2 +$ 所有存款机构的大额定期存款 + 商业银行、储蓄贷款机构的定期存款协议

$M_4 = M_3 +$ 其他流动性资产(股票、债券等)

3. 我国货币供给的层次划分

为了加强宏观监测,更好地制定和执行货币政策,根据我国经济、金融发展的实际情况和国际通用统计原则,1994 年 10 月 28 日,中国人民银行制定了《中国人民银行货币供应量统计和公布暂行办法》。之后根据经济的发展进行了修订,现在我国使用的货币层次划分是 2003 年中国人民银行在征求社会各界意见的情况下修订的。

(1)关于货币供应量层次划分的几点说明

第一,货币供应量,即货币存量,是指一国在某一时点承担流通手段和支付手段的货币总额,一般表现为金融机构的存款、流通中的现金,亦即金融机构和政府之外,企业、居民、机关团体等经济主体的金融资产。

第二,货币供应量按层次统计。根据国际通用原则,以货币流动性差别作为划分各层次货币供应量的标准。

第三,根据我国实际情况,将我国货币供应量划分为 M_0、M_1、M_2、M_3。

(2)各层次的货币内容

$M_0 =$ 流通中的现金

$M_1 = M_0 +$ 单位活期存款

$M_2 = M_1 +$ 个人储蓄存款 + 单位定期存款

$M_3 = M_2 +$ 商业票据 + 大额可转让定期存单

M_0、M_1 即狭义货币,M_2、M_3 即广义货币。中国人民银行 2010 年 12 月货币供应量见表 8-1。

表 8-1　　　　中国人民银行 2010 年 12 月货币供应量　　　单位：亿元

项　目	货币供应量
货币和准货币（M_2）	725 851.79
货币（M_1）	266 621.54
流通中的货币（M_0）	44 628.17

资料来源：中国人民银行网 http://www.pbc.gov.cn

我国目前只测算和公布 M_0、M_1 和 M_2 的货币供应量，M_3 只测算不公布。我国长期以来是在综合考虑经济增长、物价稳定等因素的基础上控制货币供给总量的。2011 年 6 月末，广义货币供应量 M_2 余额为 78.1 万亿元，狭义货币供应量 M_1 余额为 27.5 万亿元，流通中货币 M_0 余额为 4.4 万亿元。

（三）货币供给过程

现代信用制度下货币供应量的决定因素主要有两个：一是基础货币（B）；二是货币乘数（m）。它们之间的决定性关系可以用公式表示为：$M_s = m \cdot B$，即货币供应量等于基础货币与货币乘数的乘积。

基础货币又称高能货币、强力货币或货币基础，是非银行公众所持有的通货与银行的存款准备金之和。之所以称其为高能货币，是因为一定量的这类货币被银行作为准备金而持有后可引致数倍的存款货币。弗里德曼和施瓦兹认为，高能货币的一个典型特征是能随时转化为存款准备金，不具备这一特征就不是高能货币。

基础货币量、银行存款与其准备金的比率，存款与通货的比率都会引起货币存量的同方向变化。一般来说，这三个决定货币存量的因素是由公众、银行、货币当局三个经济主体的行为分别决定的。在信用货币制度下，基础货币量取决于政府的行为；银行存款与其准备金的比率取决于银行体系；存款与通货的比率既取决于公众的行为，同时还受到银行存款服务水平和利率的影响。

存款准备金包括商业银行持有的库存现金、在中央银行的法定存款准备金，一般用 R 表示；流通中的通货等于中央银行资产负债表中的货币发行量，一般用 C 表示。基础货币的表达式：$B = C + R =$ 流通中的通货＋存款准备金，而 R 又包括活期存款准备金 R_r，定期存款准备金 R_t，以及超额准备金 R_e。所以，全部基础货币方程式可表示为：$B = C + R_r + R_t + R_e$。

（四）影响货币供应量的因素

从理论上说，中央银行对基础货币与货币乘数都有相当的控制能力。但是，从货币供应量的形成过程来讲，它是由中央银行、商业银行和非银行经济部门等经济主体的行为共同决定的，它们的行为在不同的经济条件下又受各种不同的因素制约。因此，货币供应量并不能由中央银行绝对加以控制。从影响货币乘数的诸因素分析，中央银行决定 r（活期存款准备金率）和 t（定期存款准备金率）。活期存款准备金率和定期存款准备金率受货币政策的影响；商业银行决定 e（超额准备金率）。商业银行保留多少超额准备金，取决于保留超额准备金的机会成本、借入资金的成本以及融通资金的方便程度等。社会大众决定 C。影响 C 的主要因素一是收入水平，二是各种金融资产的收益水平。以表 8-2 为例说明影响基础货币量的主要因素。

表 8-2　　　　　　　　　　中国人民银行资产负债简表

资　产	负　债
A_a 对金融机构贷款	L_a 金融机构存款（包括法定准备金和超额准备金）
A_b 购买财政债券	L_b 财政性存款
A_c 金银外汇占款	L_c 自有资金和当年结余
	M_0 货币流通量

根据会计原理，资产必等于负债。即

$$A_a + A_b + A_c = L_a + L_b + L_c + M_0$$

将上式整理可得

$$M_0 = (A_a - L_a) + (A_b - L_b) + (A_c - L_c)$$

上式表明，影响基础货币量的主要因素有三个方面：

（1）$A_a - L_a$，其差额为人民银行再贷款净额或各金融机构存款净值。它主要受商业银行信贷收支状况的影响。

（2）$A_b - L_b$，其差额反映财政净赤字或净结余。若 $A_b > L_b$，基础货币供应量增加；若 $A_b < L_b$，则基础货币供应量减少。它主要受财政收支状况的影响。

（3）$A_c - L_c$，其差额主要反映官方储备的增加或减少。官方储备增加，基础货币供应量增加，反之则减少。它的变动主要受国际收支状况的影响。

1. 商业银行的信贷规模与货币供应量

商业银行是唯一能办理活期存款的银行，它在经营活期存款过程中具有创造存款货币的能力（在第七章的第二节已经介绍）。银行在经营活动中通过吸收原始存款，用转账方式发放贷款时创造了派生存款，存贷、贷存的反复进行，自然会派生出大量的存款，增加了流通中的货币供应量。

2. 财政收支与货币供应量

国家财政收支引起银行信贷的相应收支，不同财政收支状况对货币供应量的影响不同，财政收支平衡对货币供应量没有影响，等量财政收入从商业银行账户流入中央银行账户所产生的总量收缩效应，会与等量财政支出从中央银行账户流入商业银行账户所产生的总量扩张效应互相抵消，货币供应总量不变。

财政结余意味着从商业银行账户向中央银行账户转移的基础货币，大于从中央银行账户向商业银行账户转移的基础货币，货币供应量的总量收缩效应大于其总量扩张效应，其结果，引起货币供应总量减少。

财政支出大于财政收入，出现赤字，对货币供应量的影响主要取决于财政赤字的弥补办法。弥补财政赤字的办法，无非有动用历年结余、发行政府债券、向中央银行透支和借款等。这些方法对货币供应量的影响是不同的。

如果向中央银行借款或透支从而使银行信贷资金运用规模扩大，货币供应量必然相应增加，进而导致通胀。如果发行国债弥补财政赤字，因国债购买人不同，对货币供应量的影响也不同，其中居民、企业用闲置资金购买，货币供应量不变；银行用信贷资金购买国债，或企业单位购买国债挤占了银行信贷资金，增加货币供应量。

3. 国际储备与货币供应量

黄金外汇储备是中央银行投放基础货币的主要渠道之一。黄金虽然属于国际储备资产,但很少在国际支付中使用。因此,黄金储备的增减变化,主要取决于一个国家黄金收购量与销售量的变化。在一定时期内,黄金收购量大于销售量,黄金储备增加,中央银行投入的基础货币增加;相反,黄金销售量大于收购量,黄金储备减少,中央银行收回基础货币,使货币供应量减少。

外汇储备增减主要取决于一个国家的国际收支状况。一个国家的国际收支如果是顺差,则增加外汇储备,中央银行增加基础货币投放,货币供应量扩张;反之,国际收支如果是逆差,则减少外汇储备,中央银行收回基础货币,货币供应量缩减。

课堂思考:你能说出人民币从中国人民银行到老百姓手中的过程吗?

📱 阅读资料 8-1

2011 年 8 月金融统计数据报告

8 月末,广义货币(M_2)余额 78.07 万亿元,同比增长 13.5%,分别比上月末和上年同期低 1.2 和 5.7 个百分点;狭义货币(M_1)余额 27.33 万亿元,同比增长 11.2%,分别比上月末和上年同期低 0.4 和 10.7 个百分点;流通中货币(M_0)余额 4.58 万亿元,同比增长 14.7%。当月净投放现金 592 亿元,同比多投放 213 亿元。

8 月末,本外币贷款余额 55.69 万亿元,同比增长 16.5%。人民币贷款余额 52.44 万亿元,同比增长 16.4%,分别比上月末和上年同期低 0.2 和 2.2 个百分点。当月人民币贷款增加 5 485 亿元,同比多增 93 亿元。分部门看,住户贷款增加 1 888 亿元,其中,短期贷款增加 878 亿元,中长期贷款增加 1 010 亿元;非金融企业及其他部门贷款增加 3 602 亿元,其中,短期贷款增加 1 588 亿元,中长期贷款增加 1 011 亿元,票据融资增加 917 亿元。外币贷款余额 5 078 亿美元,同比增长 24.6%,当月外币贷款增加 59 亿美元。

8 月末,本外币存款余额 80.31 万亿元,同比增长 15.3%。人民币存款余额 78.67 万亿元,同比增长 15.5%,分别比上月末和上年同期低 0.8 和 4.1 个百分点。当月人民币存款增加 6 962 亿元,同比少增 3 736 亿元。其中,住户存款增加 265 亿元,非金融企业存款增加 3 710 亿元,财政性存款增加 1 015 亿元。外币存款余额 2 561 亿美元,同比增长 14.5%,当月外币存款增加 84 亿美元。

(资料来源:中国人民银行网 http://www.pbc.gov.cn)

三、货币均衡

(一)货币均衡的含义

货币均衡是指从某一个时期看,货币供给量与货币需求量基本相适应的货币流通状态。这种状态表现为市场繁荣,物价稳定,社会再生产过程中物质替换和价值补偿都能正常顺利地进行。货币均衡是个动态的过程,是一个由均衡到失衡,再由失衡回复到均衡的不断运动的过程。货币均衡具有相对性,货币均衡实际上是一种在经常发生的货币失衡中暂时达到的均衡状态。货币均衡并非简单的数量绝对均衡,因为这种均衡是不可能达到的。货币均衡的实际意义就是货币供给量与货币需求量大致相适应,即在一定的弹性区间内,各自变动都属于货币均衡。

（二）货币均衡的标志

货币是否均衡单从数量上是无法说明的，由于货币均衡表现为经济均衡（社会总供求的协调），所以经济均衡的标志就是货币均衡的标志。

在实践中，经常用以下标志来衡量货币是否均衡。

1. 物价水平变动

在物价可以自由浮动的条件下，可用市场物价水平作为衡量货币均衡与否的标志。利用物价水平衡量货币均衡状态的主要标志是物价指数。物价指数是报告期物价水平比基期物价水平的变动率，它与货币供应量超过货币需求量的程度有同方向、同比例的关系。

如果物价稳定，说明社会商品与服务的供给与需求平衡，也可以说没有出现货币供应过多或过少的现象，即货币基本均衡。如果物价指数在 8%，说明社会需求大于社会供给，造成需求增加的重要原因就是现实货币购买力增加，但这种有支付能力的货币购买力大于商品的可供应量，从而引起货币贬值，物价上涨。

2. 货币供应增长与生产和商品流通增长是否相适应

在一定的生产规模和商品销售规模下，总需要一定量的货币为之服务。在货币流通速度变化不大的情况下，随着生产总值和商品销售额的增大，两者的增长率应大致接近。如果货币供给量增长过快，远远超过生产的增长速度，就可能意味着货币供应存在偏多的问题。当然这是以基期货币供应量和商品生产与商品流通基本适应为前提的。

3. 商品市场供求状况

在物价水平不能灵敏地反映市场货币是否均衡的状况下，可以直接从市场商品供应是否平衡去观察。如果出现大多数商品供应紧张，说明市场货币供应量偏多，如果出现大多数商品积压，则说明市场货币供应量偏少。

上述各种衡量标志都是从某一个侧面说明货币均衡的状况，为了比较准确地判断货币是否均衡，实际上需要用多种指标相互比较才能确定。

虽然各个国家都在追求货币均衡这样的状态，但是在很多时候，货币失衡却成了不可避免的一种经济现象出现在各个国家的不同发展阶段。货币失衡有两种表现形式：一种表现为通货膨胀，一种表现为通货紧缩。

第二节　通货膨胀

一、通货膨胀的含义

通货膨胀是价值符号流通条件下的特有现象。进入 20 世纪 60 年代以后，无论是发达国家还是发展中国家，也不管是社会主义经济还是资本主义经济，都程度不同地受到通货膨胀问题的困扰。由此，当代各国把通货膨胀问题作为重要的宏观经济问题来处理，大多数国家把反通货膨胀作为中央银行的首要任务，从而使通货膨胀理论成为了当代货币银行理论体系的一个重要组成部分。

不同经济学家对通货膨胀的定义不尽相同。新剑桥学派代表人物琼·罗宾逊认为：

"通货膨胀通常指的就是物价总水平的持续上升。"货币学派代表人物弗里德曼认为:"通货膨胀在任何时空条件下都是一种货币现象。"并强调:"只有当物价水平向上移动是一个持续的过程时,这才是一种货币现象。"新古典综合学派代表人物保罗·萨缪尔森则认为:通货膨胀是"在一定时期内,商品和生产要素价格总水平的持续不断的上涨"。新自由主义者哈耶克指出:"通货膨胀一词的原意和真意是指货币数量的过度增长,这种增长会合乎规律地导致物价上涨。"

尽管西方经济学家的说法多种多样,但关于通货膨胀的定义有两点是共同的:一是有效需求大于有效供给;二是物价持续上涨。

马克思主义货币理论中关于通货膨胀性质问题的定义,是同纸币的流通及其规律联系在一起的。所谓通货膨胀,是指在纸币流通的条件下,由于纸币的发行量超过商品流通中实际需要的货币必要量,从而引起的货币贬值、一般物价水平上涨的经济现象。

无论是西方经济学还是马克思主义货币理论,均把通货膨胀与物价上涨联系在一起,将物价上涨作为通货膨胀的基本标志。因此,被大家普遍接受的通货膨胀的定义是:通货膨胀是在一定时间内一般物价水平的持续上涨的现象。对于这个定义的理解应包括以下几个方面的内容:

第一,通货膨胀所指的物价上涨并非个别商品或劳务价格的上涨,而是指一般物价水平,即全部物品及劳务的加权平均价格的上涨。在非市场经济中,通货膨胀则表现为商品短缺、凭票供应、持币待购以及强制储蓄等形式。

第二,在通货膨胀中,一般物价水平的上涨是一定时间内的持续的上涨,而不是一次性的、暂时性的上涨。部分商品因季节性或自然灾害等原因引起的物价上涨和经济萧条后恢复时期的商品价格正常上涨都不能叫做通货膨胀。

第三,通货膨胀所指的物价上涨必须超过一定的幅度。但这个幅度该如何界定,各国又有不同的标准。

📱 阅读资料 8-2

我国的物价指标——CPI 与 PPI

居民消费价格指数,简称 CPI,是度量居民生活消费品和服务价格水平随着时间变动的相对数,综合反映居民购买的生活消费品和服务价格水平的变动情况。

CPI 统计范围:涵盖全国城乡居民生活消费的食品、烟酒、衣着、家庭设备用品及维修服务、医疗保健和个人用品、交通和通信、娱乐教育文化用品及服务、居住等 8 大类 262 个基本分类的商品与服务价格。数据来源于全国 31 个省(区、市)、500 个市县、6.3 万家价格调查点,包括食杂店、百货店、超市、便利店、专业市场、专卖店、购物中心以及农贸市场与服务消费单位等。

CPI 调查方法:居民消费价格原始数据采用"定人、定点、定时"直接派人到调查网点采集。从 2011 年 1 月起,对 CPI 权数构成进行了例行调整,计算以 2010 年为对比基期的价格指数序列。这是自 2001 年计算定基价格指数以来,第二次进行例行基期更换,首轮基期为 2000 年,每五年更换一次,第二轮基期为 2005 年。

工业生产者价格指数,简称 PPI。工业生产者价格包括工业生产者出厂价格和工业生产者购进价格。工业生产者出厂价格指数反映工业企业产品第一次出售时的出厂价格的变化趋势和变动幅度。工业生产者购进价格指数反映工业企业作为中间投入产品的购进价格的变化趋势和变动幅度。

PPI统计范围：从2011年起，工业生产者出厂价格统计调查涵盖了39个工业行业大类，191个工业行业中类，525个工业行业小类，1 702个基本分类的11 000多种产品的价格；工业生产者购进价格统计调查涵盖了900多个基本分类的6 000多种工业产品的价格。

PPI调查方法：工业生产者价格调查采取重点调查与典型调查相结合的调查方法。从2011年起，年主营业务收入在2 000万元以上的企业采用重点调查方法；年主营业务收入在2 000万元以下的企业采用典型调查方法。调查涉及全国400多个城市的近6万家工业企业。

（资料来源：国家统计局网 http://www.stats.gov.cn.）

二、通货膨胀的类型

（一）按通货膨胀的程度分为爬行式、温和式、奔腾式和恶性通货膨胀

(1)爬行式通货膨胀是指价格总水平年上涨率不超过2%～3%，并且在经济生活中没有形成通货膨胀的预期。

(2)温和式通货膨胀是指价格总水平上涨比爬行式高，但又不是很快，具体百分比没有一个统一的说法。

(3)奔腾式通货膨胀是指物价总水平上涨率在2位数以上，且发展速度很快。

(4)恶性通货膨胀或称超级通货膨胀是指物价上升特别猛烈，且呈加速趋势。此时，货币已完全丧失了价值贮藏功能，部分地丧失了交易媒介功能，成为"烫土豆"，持有者都设法尽快将其花费出去。当局如不采取断然措施，货币制度将完全崩溃。

（二）按市场机制的作用分为公开型和隐蔽型通货膨胀

(1)公开型通货膨胀的前提是市场功能完全发挥，价格对供求反应灵敏，过度需求通过价格的变动得以消除，价格总水平明显地、直接地上涨。

(2)隐蔽型通货膨胀则是表面上货币工资没有下降，物价总水平也未提高，但居民实际消费水准却下降的现象。其前提是，在经济中已积累了难以消除的过度需求压力，但由于政府对商品价格和货币工资进行严格控制，过度需求不能通过物价上涨而吸收，商品供不应求的现实通过准价格形式表现出来，如黑市、排队、凭证购买、有价无货以及一些产品在价格不变的情况下质量下降等。

（三）按能否被预期分为预期性和非预期性通货膨胀

(1)预期性通货膨胀是指通货膨胀过程被经济主体预期到了，以及由于这种预期而采取各种补偿性行动引发的物价上升运动。如在工资合同中规定价格的条款，在商品定价中加进未来原料及劳动力成本上升因素。

(2)非预期性通货膨胀指未被经济主体预见的，不知不觉中出现的物价上升。

经济学家将通货膨胀分为预期性和非预期性两种，主要作用在于考察通货膨胀的效应。一般认为只有非预期性通货膨胀才有真实效应，而预期性通货膨胀没有实在性的效

果,因为经济主体已采取相应对策抵消其影响了。

(四)按成因分为需求拉上型、成本推进型和结构型通货膨胀

需求拉上型、成本推进型与结构型通货膨胀的内容在下面分析通货膨胀的成因中具体阐述。

三、通货膨胀的成因——理论分析

虽然不同时期发生通货膨胀的原因是不同的。但从总量上讲,导致通货膨胀的压力主要来自需求方面和供给方面。

(一)需求拉上

当经济中总需求的扩张超出总供给的增长时,过度需求就会拉动价格总水平持续上涨,从而引起通货膨胀。由于总需求是由具有购买和支付能力的货币量构成,总供给表现为市场上商品和服务的供给,因此需求拉上的通货膨胀可以通俗地表述为"太多的货币追求太少的商品"。当出现这种情况时,就会使对商品和服务的需求超出了现行价格条件下可得到的供给,从而导致一般物价水平的上涨。

(二)成本推进

进入20世纪70年代后,西方发达国家普通经历了高失业和高通货膨胀并存的"滞胀"局面。即在经济远未达到充分就业时,物价就会持续上涨,甚至在失业增加的同时,物价也上升,而需求拉上论无法解释这种现象。于是许多经济学家转而从供给方面寻找通货膨胀的原因,提出了成本推进论。

该理论认为,通货膨胀的根源并非总需求过度,而是由总供给方面生产成本上升所引起。因为在通常情况下,商品的价格是以生产成本为基础加上一定的利润而构成的。因此,生产成本的上升必然导致物价水平的上升。

经济学家还进一步分析了促使产品成本上升的原因:

(1)在现代经济中有组织的工会对工资成本具有操纵能力。工会要求企业提高工人的工资,迫使工资的增长率超过劳动生产率的增长率,企业则会因人力成本的加大而提高产品价格以转嫁工资成本的上升,而在物价上涨后工人又会要求提高工资,再度引起物价上涨,形成工资—物价的螺旋上升,从而导致"工资成本推进型通货膨胀"。

(2)垄断性大公司也具有对价格的操纵能力,是提高价格水平的重要力量。垄断性大公司为了获取垄断利润会人为地提高产品价格,由此引起"利润推进型通货膨胀"。

(3)汇率变动引起进出口产品和原材料成本上升,以及石油危机、资源枯竭、环境保护政策不当等造成原材料、能源生产成本的提高,都是引起成本推进型通货膨胀的原因。

(三)供求混合作用

需求拉上说撇开供给来分析通货膨胀的成因,而成本推进说则以总需求给定为前提条件来解释通货膨胀,二者都具有一定的片面性和局限性。尽管理论上可以区分需求拉上型通货膨胀与成本推进型通货膨胀,但在现实生活中,需求拉上的作用与成本推进的作用常常是混合在一起的。因此人们将这种总供给和总需求共同作用情况下的通货膨胀称之为供求混合推进型通货膨胀。实际上,单纯的需求拉上或成本推进不可能引起物价的持续上涨,只有在总需求和总供给的共同作用下,才会导致持续性的通货膨胀。

（四）经济结构变化

一些经济学家认为，在总需求和总供给处于平衡状态时，由于经济结构、部门结构的因素发生变化，也可能引起物价水平的上涨。这种通货膨胀被称为结构型通货膨胀。其基本观点是，由于不同国家的经济部门结构的某些特点，当一些产业和部门在需求方面或成本方面发生变动时，往往会通过部门之间的相互看齐过程而影响到其他部门，从而导致一般物价水平的上升。具体情况可以分为以下三种：

1. 需求转移

由于社会对产品和服务的需求不是一成不变的，在总需求不变的情况下，一部分需求转移到其他部门，而劳动力和生产要素却不能及时转移。这样，原先处于均衡状态的经济结构可能因需求的移动而出现新的失衡。那些需求增加的行业，价格和工资将上升；另一些需求减少的行业，由于价格和工资刚性的存在，却未必会发生价格和工资的下降，最终结果导致物价的总体上升。

2. 部门差异

部门差异型通货膨胀是指经济部门（如产业部门和服务部门）之间由于劳动生产率、价格弹性、收入弹性等方面存在差异，但货币工资增长率却趋于一致，加上价格和工资的向上刚性，从而引起总体物价上涨。许多西方经济学家相信，工人对相对实际工资的关心要超过对绝对实际工资的关心。因此，货币工资的整体增长水平便与较先进部门一致，结果就是落后部门的生产成本上升，并进而推动总体价格水平上升。

还有一种情况是由"瓶颈"制约而引起的部门间差异。如在有些国家，由于缺乏有效的资源配置机制，资源在各部门之间的配置严重失衡，有些行业生产能力过剩，而另一些行业如农业、能源、交通等部门却严重滞后，形成经济发展的"瓶颈"。当这些"瓶颈"部门的价格因供不应求而上涨时，便引起其他部门，包括生产过剩部门的价格上涨。

3. 国际因素

由国际因素引起的通货膨胀也叫北欧型通货膨胀，是由北欧学派提出的。它以实行开放经济的小国为研究背景，在这些国家，经济部门可以分为开放的经济部门和不开放的经济部门，由于小国一般只能在国际市场上充当价格接受者的角色，世界通货膨胀就会通过一系列机制首先传递到它们的开放经济部门，并进而带动不开放经济部门，最后导致价格总体水平上升。

四、通货膨胀的成因——现实分析

在现实经济运行中，形成通货膨胀的直接原因是货币供给过度，导致货币贬值，物价上涨。流通中的货币，无论是现金通货还是存款货币，均通过信贷程度供给。因此，过度的信用供给是造成通货膨胀的直接原因。那么，又是由什么原因导致过度的货币供给呢？

（一）财政原因

因财政原因迫使过度供给货币的情况一般有两种，即发生财政赤字，或推行赤字财政政策。财政赤字是指财政部门在执行国家财政预算过程中，因收入减少或支出增加而导致的财政收不抵支的状况；赤字财政是指政府在做财政预算时，把支出打高，留出收入缺口，形成预算赤字。赤字财政是一种宏观经济的扩张政策，目的在于刺激有效需求。

（二）信贷原因

因信贷原因迫使过度供给货币的情况主要是指银行信用提供的货币量超过了商品经济的发展对货币数量的客观需求，而导致的货币贬值、物价上涨现象，一般称之为信用膨胀。引起信用膨胀的原因很多，既有来自于财政赤字的压力和来自于社会上过热的经济增长要求的压力，也有来自于银行自身决策失误的问题。

（三）其他原因

那么，又是哪些因素会造成财政赤字或信用膨胀，导致货币供给过度呢？原因固然很多，也很复杂，主要有投资规模过大、国民经济结构比例失调、国际收支长期顺差等。应根据发生通货膨胀的实际状况来进行实证分析，以便对症下药，做出有效的决策，从而抑制通货膨胀。

阅读资料 8-3

2011 年我国物价水平持续上涨的因素分析

国际因素主要有：

一是国际大宗商品价格持续上涨。2011 年一季度，国际市场能源、原材料、金属矿价格累计分别比去年末上涨了 18.8％、13.6％和 5.2％。受全球需求恢复、流动性充裕以及地缘政治和重大自然灾害等因素影响，大宗商品价格还可能继续上涨。

二是全球通胀压力不断加大。一方面，新兴经济体通胀率继续高企。2011 年 3 月，巴西、俄罗斯、韩国和越南消费物价同比涨幅分别达到 6.3％、9.5％、4.7％和 13.9％，印度 2 月份涨幅达 8.8％。另一方面，发达经济体通胀呈抬头之势。3 月份美国消费价格同比上升 2.7％，是 2009 年 12 月以来的最高涨幅；欧元区消费价格上涨 2.6％，创 2008 年 10 月以来新高，超过欧央行 2％的警戒线。

三是主要经济体货币条件持续宽松。美联储维持联邦基金利率 0～0.25％的目标区间，继续按原计划实施第二轮量化宽松政策。4 月初，欧洲央行自 2008 年 7 月以来首次加息，将欧元区主导利率提高 0.25 个百分点至 1.25％。日本银行除了保持 0.1％的基准利率不变以外，还因地震进一步放宽了政策。

国内因素主要有：

一是能源、资源、劳动力等成本推动压力上升。随着国际大宗商品价格持续上涨，国内能源、原材料价格"水涨船高"，一季度，工业生产者出厂价格和购进价格同比分别上涨 7.1％和 10.2％，向下游传导的压力加大。随着国内劳动力成本趋升，农产品、服务业等包含人工成本较高的商品价格内在上涨压力较大。

二是投资需求拉动影响加大。2011 年是实施"十二五"规划的第一年，各地的发展热情普遍较高，投资动力较强。投资快速扩张造成对生产资料和消费品的需求增加，导致能源、原材料和交通等经济"瓶颈"部门产品和消费品价格上涨。

三是短期季节性因素和长期结构性因素交织。当前的物价上涨有短期因素，如受天气等自然灾害的影响，农产品价格上升，消费物价指数中粮食价格连续 27 个月环比上涨。但长期结构性因素如资源性产品价格的改革等，也产生了价格上涨的预期。

四是通胀预期仍然较强。目前通胀预期管理的局面十分复杂。我国部分地区出现的对一些日用品抢购的个别现象在一定程度上反映了居民通胀预期比较敏感和脆弱。

（资料来源：根据胡晓炼副行长在 2011 年经贸形势报告会上的发言整理. 2011 年 4 月 15 日）

五、通货膨胀的治理

（一）治理通货膨胀的必要性

1. 通货膨胀对社会再生产的负面影响

（1）通货膨胀不利于生产的正常发展

通货膨胀初期，会对生产有一定的刺激作用，但这种刺激作用是递减的，随之而来的就是对生产的破坏性影响。在商品和劳务价格普遍上涨的情况下，能源、原材料价格上涨尤其迅速。生产成本提高，生产性投资风险加大，生产部门的资金，尤其是周期长、投资大的生产部门的资金会转向商业部门或进行金融投机，社会生产资本总量由此而缩小。由于投资风险大，投资预期收益率下降。通货膨胀不仅使生产总量削弱，还会破坏正常的产业结构和产品结构。通货膨胀较严重的时候，投机活动猖獗、价格信号扭曲，在生产领域，投资少、周期短、产品投放市场快的加工受到很大刺激。由于货币流通速度加快，购买力强劲，市场商品供应相对短缺，企业生产单纯追求周期短、见效快，产品质量下降，最终结果是质次价高的加工产品生产过剩，而基础产业受到冷落。另外，通货膨胀使货币的价值尺度功能受到破坏，成本、收入、利润等均无法准确核算，企业的经营管理尤其是财务管理陷入困境，严重影响再生产活动的正常进行。

（2）通货膨胀打乱了正常的商品流通秩序

正常的商品流通秩序是：商品由生产企业生产后，经过必要的批发、零售环节，进入消费领域。在此过程中，生产企业和处于各流通环节的销售企业均获得正常合理的经营收入和利润，消费者也接受一个合理的价格水平。但是，在通货膨胀情况下，由于价格信号被严重扭曲，商品均朝着价格最高的方向流动，在投机利益的驱动下，商品会长期滞留在流通领域，成为倒买倒卖的对象，迟迟不能进入消费领域。由于地区间的物价上涨不平衡，商品追踪价格上涨最快和水平最高的地区，导致跨地区盲目快速地流动，加大了运输成本，一些商品从产地流向销地后，甚至又会从销地重新流回产地。由于国内市场商品价格上涨，必然会削弱其在国际市场上的竞争能力，从而使国内商品流向国际市场的通道受阻。在通货膨胀的情况下，人们重物轻钱，严重时会出现商品抢购，更有一些投机商会囤积居奇，进一步加剧市场的供需矛盾。

（3）通货膨胀是一种强制性的国民收入再分配

国民收入经过物质生产部门内部的初次分配之后，会由于税收、信贷、利息、价格等经济杠杆的作用而发生再分配。通货膨胀对每个社会成员来说，最直接的影响就是改变他们原有的收入和财富占有的实际水平。在物价普遍上升的时期，每个社会成员都必须接受已经或正在上升的价格。由于各个社会成员的收入方式和收入水平不同，消费支出的负担不同，消费领域和消费层次也不尽相同。因此，在同样的通货总水平下，有的成员损失小，有的成员损失大，有的成员则是受益者。一般来说，依靠固定薪金维持生活的职员，由于薪金的调整总是慢于物价上升，因此是主要的受害群体。工人和雇员也是受害者，其受害的程度跟他们所在的行业和企业在通货膨胀中的利润变动相关。处在产品价格上升的企业的工人或雇员,名义工资可能增加,通货膨胀损失可以得到一定补偿,受害程度就小一些。雇主一般都会使工资的增长幅度小于物价上涨幅度,以谋求最大盈利。因此,雇主尤其是从事商业活动的雇主,是通货膨胀的受益者。其中,最大的受益者是那些经营垄断性商品、从事囤积居奇的专门的投机商和不法经营者。通货膨胀降低了实际利率,使他们的实际债务减轻,因而是受益者;而那些以一定利息为报酬的债权人,则由于实际利率下降而受到损失。

（4）通货膨胀降低了人们的实际消费水平

消费是生产的目的,消费水平是衡量社会成员生活质量的标准,消费的表现形式是对商品使用价值或效用的直接占有和支配。但是,在商品货币经济条件下,人们对商品使用价值的占有和支配一般都是要首先取得货币,人们的收入首先表现为一定的货币数量,而由货币数量转换为真实的消费品还需要通过市场。因此,货币收入等于消费的前提是货币稳定。通货膨胀使币值下降,人们在分配中得到的货币收入因此打了折扣,实际消费水平也就下降了。

2.通货膨胀对金融秩序的负面影响

通货膨胀使货币贬值,当名义利率低于通货膨胀率,实际利率为负值时,贷出货币得不偿失,常常会引发居民提取存款,而企业争相贷款,将贷款所得资金用于囤积商品,赚取暴利。对经营信用业务的银行来讲,其存贷款活动承担着很大的风险,不如将资金抽回转向商业投机,因此,银行业出现危机。金融市场的融资活动也会由于通货膨胀使名义利率被迫上升,导致证券价格下降,陷于困境。至于严重的通货膨胀,则会使社会公众失去对本位币的信心,人们大量抛出纸币,甚至会出现以物易物的排斥货币的现象。到了这种程度,一国的货币制度就会走向崩溃。

3.通货膨胀对社会稳定的负面影响

通货膨胀发生时,如果收入不增加,许多以工资收入为生的人,实际生活水平下降,这必然引起人们的不满,从而导致社会的不安定;通货膨胀加剧腐败,加剧社会两极化和社会矛盾。当通货膨胀率高于银行存款利率时就会出现负利率,负利率吞食了存款者的收入,而贷款者却可以"坐吃利差"。那些存款的城乡居民、领取固定收入的社会成员,尤其是那些失业者,在通货膨胀时期所受到的打击更严重,因而社会两极分化会加剧,社会矛盾尖锐。通货膨胀有损政府的声誉和权威。纸币是国家强制发行的价值符号,如果政府纸币发行过多,不能实现其价值,就会引起社会公众对政府的不信任,在某些突发事件的影响下,就可能出现大规模的抢购与投票。当相当一部分居民不信任政府时,抢购和挤兑就难免发生。拉美的一些国家,就是因为过度的通货膨胀而引起社会动荡,导致政府下台的。

（二）治理通货膨胀的对策

综合国际国内的一般经验,常见的治理通货膨胀的措施主要有以下几种:

1.紧缩的需求政策

通货膨胀的一个基本原因在于总需求超过了总供给,因此,政府可以采取紧缩总需求的政策来治理通货膨胀。紧缩总需求的政策包括紧缩性财政政策和紧缩性货币政策。

（1）紧缩性的财政政策

紧缩性的财政政策直接从限制支出、减少需求等方面来减轻通货膨胀压力,概括地说就是增收节支、减少赤字。一般包括以下措施:①减少政府支出。减少政府支出主要包括两个方面:一是削减购买性支出,包括政府投资、行政事业费等;二是削减转移性支出,包括各种福利支出、财政补贴等。减少政府支出可以尽量消除财政赤字,控制总需求的膨胀,消除通货膨胀隐患。②增加税收。增加税收可以直接减少企业和个人的收入,降低投资支出和消费支出,以抑制总需求膨胀。同时,增加税收还可以增加政府收入,减少因财政赤字引起的货币发行。③发行公债。政府发行公债后,可以利用"挤出效应"减少民间部门的投资和消费,抑制社会总需求。

(2)紧缩性的货币政策

通货膨胀是一种货币现象,货币供给量的无限制扩张是引起通货膨胀的重要原因。因此,可以采用紧缩性的货币政策来减少社会需求,促使总需求与总供给趋向一致。紧缩性的货币政策主要有以下措施:①提高法定存款准备金率。中央银行提高法定存款准备金率、降低商业银行创造货币的能力,从而达到紧缩信贷规模、削减投资支出、减少货币供给量的目的。②提高再贴现率。提高再贴现率不仅可以抑制商业银行对中央银行的贷款需求,还可以增加商业银行借款成本,迫使商业银行提高贷款利率和贴现率,结果企业因贷款成本增加而减少投资,货币供给量也随之减少。提高再贴现率还可以影响公众的预期,达到鼓励增加储蓄、减缓通货膨胀压力的作用。③公开市场卖出业务。公开市场业务是中央银行最常使用的一种货币政策,是指中央银行在公开市场买卖政府债券以调节货币供应量的一种政策工具。在通货膨胀时期,中央银行一般会在公开市场向商业银行等金融机构出售政府债券,回笼货币,从而达到紧缩信用、减少货币供应量的目的。④直接提高利率。利率的提高会增加信贷资金的使用成本,降低借贷规模,减少货币供应量;同时,利率的提高还可以增加储蓄存款,减轻通货膨胀压力。

2.积极的供给政策

通货膨胀通常表现为物价上涨,也就是与货币购买力相比的商品供给不足。因此,在抑制总需求的同时,可以积极运用刺激生产的方法增加供给来治理通货膨胀。倡导这种政策的学派被称为供给学派,其主要措施有:

(1)减税

减税即降低边际税率(指增加的收入中必须向政府纳税的部分所占的百分比)。一方面,边际税率的降低提高了人们的工作积极性,增加了商品供给;另一方面,它提高了储蓄和投资的积极性,增加资本存量。因而,减税可同时降低失业率和增加产量,从而彻底降低和消除由供给小于需求所造成的通货膨胀。

(2)削减社会福利开支

削减社会福利开支是为了激发人们的竞争性和个人独创性,以促进生产的发展,增加有效供给。

(3)适当增加货币供给,发展生产

适当增加货币供给会产生积极的供给效应。适当增加货币供给会降低利率,从而增加投资,增加产量,导致总供给曲线向右移动,使价格水平下降,从而抑制通货膨胀。

(4)精简规章制度

精简规章制度就是给企业等微观经济主体松绑,减少政府对企业活动的限制,让企业在市场经济原则下更好地扩大商品供给。

3. 从严的收入政策

确切地说,收入政策应被称为"工资—价格政策"。收入政策主要针对成本推动型通货膨胀,通过对工资和物价上涨进行直接干预来降低通货膨胀。从发达国家的经验来看,收入政策主要采取了以下几种措施:

(1)工资—物价指导线

政府根据长期劳动生产率的平均增长率来确定工资和物价的增长标准,并要求各部门将工资—物价的增长控制在这一标准之内。只有这样才能维持整个经济中每单位产量的劳动成本的稳定,因而预定的货币收入增长就会使物价总水平保持不变。20世纪60年代,美国肯尼迪政府和约翰逊政府都相继实行过这种政策,但是由于指导线政策以自愿性为原则,仅能进行"说服"而不能以法律强制实行,所以其实际效果并不理想。

(2)以税收为基础的收入政策

政府规定一个恰当的物价和工资增长率,然后运用税收的方式来罚物价和工资超过恰当增长度的企业和个人。如果工资和物价的增长保持在规定的幅度内,政府就以减少个人所得税和企业所得税作为奖励。例如,在1977—1978年间,英国工党政府曾经许诺,如果全国的工资适度增长,政府将降低所得税。澳大利亚也于1967—1968年实行过这一政策。

(3)工资—价格管制及冻结

政府颁布法令强行规定工资、物价的上涨幅度,甚至在某些时候暂时将工资和物价加以冻结。这种严厉的管制措施一般在战争时期较为常见,但当通货膨胀非常严重、难以对付时,和平时期的政府也能求助于它。美国在1971—1974年就曾实行过工资—价格管制,特别是在1971年,尼克松政府还实行过3个月的工资—价格冻结。

4. 其他治理措施

为治理通货膨胀,在一些国家还采取了收入指数化、币制改革等政策措施。

(1)收入指数化

鉴于通货膨胀现象的普遍性,而遏制通货膨胀又是如此困难,弗里德曼等许多经济学家提出了一种旨在与通货膨胀"和平共处"的适应性政策——收入指数化政策。收入指数化政策是指将工资、利息等各种名义收入部分地或全部地与物价指数相联系,使其自动随物价指数的升降而升降。显然,收入指数化政策只能减轻通货膨胀给收入阶层带来的损失,但不能消除通货膨胀本身。

自20世纪70年代以来,多数发达国家都较为普遍地采用了收入指数化政策,尤其是工资指数化政策。实行这种政策的好处在于:第一,指数化政策可以缓解通货膨胀造成的收入再分配不公平的现象,从而消除许多不必要的扭曲。第二,指数化条款加重了作为净债务人的政府的还本付息负担,从而减少了政府从通货膨胀中获得的好处。由此可见,政府实行收入指数化政策的动机并不强烈。第三,当政府的紧缩性政策使得实际通货膨胀率低于签订劳动合同时的预期通货膨胀率时,指数化条款会使名义工资相应地下降,从而避免因实际工资上升而造成的失业增加。

（2）币制改革

为治理通货膨胀而进行的币制改革，是指政府下令废除旧币，发行新币，变更钞票面值，对货币流通秩序采取一系列强硬的保障性措施等。它一般是针对恶性通货膨胀而采取，当物价上涨已经显示出不可抑制的状态，货币制度和银行体系濒临崩溃时，政府会被迫进行币制改革。历史上，许多国家都曾实行过这种改革，但这种措施对社会震动较大，须谨慎从事。

第三节　通货紧缩

一、通货紧缩的含义与标志

（一）通货紧缩的含义

通货膨胀与通货紧缩是影响现代经济发展的两大难题。对于前者，我们已经积累了一定的经验，对于后者，我们还比较陌生。1997 年以来，国外一些权威机构和人士不断发出"全球通货紧缩"的警告，并指出今后"威胁全球经济的不再是通货膨胀，而是通货紧缩"。因此，我们必须认真面对和深入研究通货紧缩问题。

通货紧缩是一种宏观经济现象，其含义与通货膨胀相反，是指商品和服务价格的普遍持续下跌，表明单位货币所代表的商品价值在增值，货币在不断地升值。

由于引起通货紧缩的原因不同，通货紧缩还有狭义与广义之分。狭义的通货紧缩是指由于货币供应量的减少或货币供应量的增幅滞后于生产的增幅，只是对商品和劳务的总需求小于总供给，从而出现物价总水平的下降。广义的通货紧缩除了包括货币因素以外，还包括许多非货币因素，如生产能力过剩，有效需求不足，资产泡沫破裂，新技术的普及和市场开放程度的不断加快等，使商品和劳务价格下降的压力不断增大，从而可能形成物价的普遍下跌。

判断某个时期的物价下降是否是通货紧缩，一要看通货膨胀率是否由正变负；二要看这种下降是否持续了一定的时限。

关于通货紧缩的含义，我国目前有三种观点：一种观点认为，通货紧缩指物价的普遍持续下降；另一种观点认为，通货紧缩是物价持续下跌，货币供应量持续下降，并与经济衰退伴随；第三种观点认为，通货紧缩是经济衰退的货币表现，因而必须具备三种特征：一是物价持续下跌，货币供应量不断下降；二是有效性需求不足，失业率上升；三是经济全面衰退。以上三种观点，尤其是后面两种说法，只是揭示了通货紧缩的程度与后果，但我们不能倒果为因，把经济是否下滑或衰退作为判断通货紧缩是否存在的标准，更不能把通货紧缩当做经济衰退的唯一原因。

（二）通货紧缩的标志

从通货紧缩的含义可以看出，通货紧缩的基本标志应当是一般物价水平的持续下降，但由于物价水平的持续下降有一定时限（一年或半年以上），且通货紧缩还有轻度、中度和严重的程度之分，因此，通货紧缩的标志可以从以下三个方面把握：

1. 价格总水平持续下降

这是通货紧缩的基本标志。典型的例子就是发生在 1929—1933 年美国的经济危机，严重的通货紧缩与经济大萧条相伴随。危机期间，美国股市暴跌了 85％，消费价格指数下降近 25％，农副产品批发价格指数下降 45％，企业投资下降 85％，工业生产下降 47％，国民生产总值下降约 30％，货币供应量年均递减 10％。大批工厂、银行倒闭，失业人数激增，居民收入锐减。严重的通货紧缩使美国经济遭受沉重打击。

2. 货币供应量持续下降

在 20 世纪 90 年代，日本经济长期不景气。物价在低位徘徊，经济增长乏力，失业率逐年上升，货币供应量增长缓慢。因此，许多专家认为日本已经发生了一定程度的通货紧缩，见表 8-3。

表 8-3　　　　　　　　　**1990—1998 年日本主要经济指数**

年份	国内生产总值	消费物价指数	失业率	货币供应量
1990	5.1	3.1	2.1	8.2
1991	3.8	3.3	2.1	2.5
1992	1.0	1.7	2.2	−0.1
1993	0.3	1.3	2.5	2.2
1994	0.6	0.7	2.9	3.1
1995	1.5	−0.1	3.2	2.7
1996	5.1	0.1	3.4	2.3
1997	1.4	1.7	3.4	3.1
1998	−2.8	0.6	4.1	4.0

注：除失业率外，其他指数均为与上年相比的增长率。

资料来源：《金融专业知识与实务》（中级）. 中国人事出版社. 2011 年 7 月

在一定时期内，物价总水平的持续下跌可能与货币供应量（M_2）适度增长并存，这就需要进一步深入分析。一要把货币供应量增长率与经济增长率做对比，看二者的增长幅度是否相适应，如果货币供应量增长率滞后于经济增长率，就是通货紧缩的标志。二要观察货币供应量层次结构，分析货币供应的流动性（M_1/M_2）是否在下降。如果货币供应的流动性持续下降，这属于结构性的通货紧缩。三是要研究货币流通速度的变化，分析货币流量的变化情况。如果现金和存款货币的流通速度持续下降，从而引起货币流量逐年萎缩，同样是通货紧缩的一种表现形式。

3. 经济增长率持续下降

通货紧缩虽然不是经济衰退的唯一原因，但是，通货紧缩对经济增长的威胁是显而易见的。通货紧缩使商品和劳务价格变得越来越便宜，但由于这种价格下降并非源于生产效率提高和生产成本的降低，因此，势必减少企业和经营单位的收入；企业单位被迫压缩生产规模，又会导致员工失业；社会成员收入下降必然影响社会消费，消费减少又会加剧通货紧缩；由于通货紧缩，人们对经济前景看淡，反过来又影响投资；投资消费缩减最终会使社会经济陷入困境。

二、通货紧缩的成因与危害

(一)通货紧缩的成因

引发通货紧缩的原因较多,既有货币因素,又有非货币因素;既有生产方面的原因,又有管理方面的原因;既有国外的原因,也有国内的原因。根据近代世界各国发生通货紧缩的情况分析,大体有以下几个方面的原因:

1.货币紧缩

弗里德曼和舒瓦茨认为,美国 1920—1921 年出现的严重通货紧缩完全是货币紧缩的结果。在 1919 年 4 月至 1920 年 6 月间,纽约联邦储备银行曾经多次提高贴现率,先后从 4％提高到 7％。大萧条期间出现的通货紧缩也是同样的原因。当然,货币紧缩往往是货币政策从紧的结果。货币当局为追求价格稳定,中央银行往往把政策目标定为零通货膨胀,从而采取提高利率等手段减少货币供应量。这样政策效果可能从一个极端走向另一个极端(治理了通货膨胀,引起了通货紧缩)。因此,不少学者认为,把货币政策目标定为零通货膨胀是非常危险的。

2.资产泡沫破灭

导致通货紧缩的另一个原因是资产泡沫破裂。在 1986—1989 年,日本的经济泡沫泛滥成灾,股票和房地产价格扶摇直上。但当 1990 年 5 月经济泡沫破裂之后,引起股市狂泻,汇率大跌,企业和银行大量倒闭。从此,日本经济陷入长期的通货紧缩困境。

3.多种结构性因素

不少经济学家把通货紧缩归结为多种结构性因素。主要包括:全球军费支出大量削减;大国的财政支出和赤字减少;中央银行继续同通货膨胀做斗争;科技进步降低了成本,提高了生产效率;信息技术强化了竞争,贸易壁垒被打破;经济全球化不断加快等。所有这些因素,形成了全球的生产能力过剩和供给过剩,促使综合物价长期下跌。

4.流动性陷阱

凯恩斯把货币供应量的增加并未带来利率的相应降低,而只是引起人们手持现金增加的现象叫"流动性陷阱"。在正常情况下,货币供应量的增加会引起债券价格上升,人们会用多余的现金购买资产,从而使利率下降。但是一旦当人们认为目前的证券价格过高,今后可能下跌,利率也太低,今后可能升高时,人们就会放弃购买证券而保持现金。如果此时货币当局再增加货币供应量,只会使人们手持现金增加(被流动性陷阱吸收),而不能使利率改变,货币政策将不起作用。流动性陷阱的出现,使过量的现金转化为公众的手持现金或银行储备,并未使利率降低,不能刺激投资与消费增加,从而使经济萧条更趋严重。

(二)通货紧缩的危害

长期以来,通货紧缩的危害往往被人们轻视,并认为它远远小于通货膨胀对经济的威胁。然而,通货紧缩的历史教训和全球性通货紧缩的严峻现实迫使人们认识到,通货紧缩与通货膨胀一样,会对经济发展造成严重危害。而且,政策制定者很难防止通货紧缩的发生,或使通货紧缩趋势逆转。

1.加速经济衰退

通货紧缩导致的经济衰退表现在三方面:一是物价的持续、普遍下跌使得企业产品价格下跌,企业利润减少甚至亏损,这将严重打击生产者的积极性,使生产者减少生产甚至停产,结果社会的经济增长受到抑制。二是物价的持续、普遍下跌使实际利率升高,这将有利于债权人而损害债务人的利益。而社会上的债务人大多是生产者和投资者,债务负担的加重无疑会影响其生产与投资活动,从而对经济增长带来负面影响。三是物价下跌引起的企业利润减少和生产积极性降低,将使失业率上升,实际就业率低于充分就业率,实际经济增长低于自然增长。

2.导致社会财富缩水

通货紧缩发生时,全社会总物价水平下降,企业的产品价格自然也跟着下降,企业的利润随之减少。企业盈利能力的下降使得企业资产的市场价格也相应降低。而且,产品价格水平的下降使得单个企业的产品难以卖出,企业为了维持生产周转不得不增加负债,负债率的提高进一步使企业资产的价格下降。企业资产价格的下降意味着企业净值的下降,财富的减少。通货紧缩条件下,供给的相对过剩必然会使众多劳动者失业,此时劳动力市场供过于求的状况将使工人的工资降低,个人财富减少。即使工资不降低,失业人数的增多也使社会居民总体的收入减少,导致社会个体的财富缩水。

3.分配负面效应显现

通货紧缩的分配效应可以分为两个方面来考察,即社会财富在债务人和债权人之间的分配以及社会财富在政府与企业、居民之间的分配。从总体而言,经济中的债务人一般为企业,而债权人一般为居民,因此,社会财富在债务人与债权人之间的分配也就是在居民和企业之间的分配。

企业在通货紧缩的情况下,由于产品价格的降低,使企业利润减少,而实际利率升高,使作为债务人的企业的收入又进一步向债权人转移,这又加重了企业的困难。为维持生计,企业只有选择筹集更多的债务来进行周转,这样企业的债务总量势必增加,其债务负担更加沉重,由此企业在财富再分配的过程中将处于更加恶劣的位置。如此循环往复,这种财富的分配效应不断得到加强。

4.可能引发银行危机

与通货膨胀相反,通货紧缩有利于债权人而有损于债务人。通货紧缩使货币越来越昂贵,这实际上加重了借款人的债务负担,使借款人无力偿还贷款,从而导致银行形成大量不良资产,甚至使银行倒闭,金融体系崩溃。因此,许多经济学家指出:"货币升值是引起一个国家所有经济问题的共同原因。"

三、通货紧缩的治理

(一)治理通货紧缩的政策主张

一国如果出现了通货紧缩,当局应当如何解决呢?除少数经济学家相信经济的自我恢复能力外,凯恩斯主义主张政府通过赤字财政政策来刺激经济,货币主义者建议采用扩大货币供应量、降低利率等手段振兴经济。许多国家都采取了适合本国的治理措施。

1.凯恩斯主义的政策主张

20世纪30年代大危机后,针对西方世界通货紧缩、经济萧条的状况,凯恩斯主义提出了一套有效需求不足理论和相应的扩张性财政金融政策,并力求通过国家干预来解决问题。这些政策主要有：①扩张性的货币政策，即增加货币供应量，压低利率，以刺激投资与消费；②赤字财政政策，即政府要用举债的办法发展经济，扩大有效需求。不过，凯恩斯认为应以财政政策为主，以货币政策为辅。其理由是货币政策有局限性，存在流动性陷阱。

凯恩斯主义的政策主张是刺激经济增长的扩张性财政货币政策，对付因通货紧缩带来的经济萧条、失业增加十分有效。以美国为例，20 世纪 30 年代中期失业率最高曾达到24.9％，1942 年实行凯恩斯主义的膨胀性经济政策后，当年政府开支比上年增长 1 倍，而失业率则从上年的 9.9％下降到 4.7％。此后 30 年间，美国经济一直保持平衡增长势头，失业率也基本在 4％左右徘徊。于是，许多凯恩斯主义者把这段岁月称为"凯恩斯时代"。凯恩斯本人也被尊称为"战后繁荣之父"。

2. 货币主义的政策主张

货币主义产生于 20 世纪 50 年代中期，是在批判凯恩斯主义的过程中发展起来的。因此，凯恩斯主义的衰落过程，就是货币主义的兴盛时期。货币主义在猛烈抨击凯恩斯主义经济理论与政策主张的同时，提出了坚持经济自由主义，反对国家干预和货币政策的经济思想，提出以稳定货币、反对通货膨胀为中心的政策主张。

由于货币主义的政策主张是以稳定通货、反对通货膨胀为前提条件的，是以经济自由化和反对政府干预为思想基础的，因此，似乎看不出货币主义在反通货紧缩方面有何作为。但仔细分析货币主义的政策主张，有两点值得重视：其一，认为货币数量是经济中唯一起支配作用的经济变量，货币政策是一切经济政策中唯一重要的法宝；其二，扩张性的财政政策如果没有相应的货币政策配合，就只能产生"排挤效应"，不可能产生"乘数效应"。从这个意义上讲，货币主义实际上是主张通过扩大购买政府债券、降低存款准备金率等手段扩大货币供应量，从而压低市场利率，配合扩张性财政政策达到刺激消费与投资、振兴经济之目的。因而绝不能认为货币政策对付通货紧缩无能为力。

（二）治理通货紧缩的政策措施

1. 扩张性的财政政策

扩张性的财政政策主要包括减税和增加财政支出两种方法。减税涉及税法和税收制度的改变，不是一种经常性的调控手段，但在对付较严重的通货紧缩时也会被采用。财政支出还可能通过投资的乘数效应带动私人投资的增加。政府既可增加基础设施的投资和加强技术改造投资，以扩大财政支出的总量，又要注重优化财政支出的结构；既要增加中央政府投资，又要鼓励和带动地方和民间投资；既要坚持以内需为主，又要千方百计开拓国际市场，积极扩大外需；既要解决需求不足的问题，又要解决供给刚性和产业结构问题。

当然，增加财政支出只是弥补总需求缺口的临时性应急措施：一方面，政府举债能力有限，在国民经济中存在闲置资源时，财政支出虽可以扩大，但社会闲置资源毕竟有限，实行积极的财政政策也要适度，否则财政赤字会超过承受能力从而引发通货膨胀；另一方面，积极的财政政策对经济的带动作用也有限。如果通货紧缩的根本原因是缺乏有利可图的机会，那么用赤字财政政策来对付通货紧缩，就不能从根本上解决问题。

2. 扩张性的货币政策

扩张性的货币政策有多种方式，如扩大中央银行基础货币的投放、增加对中小金融机构的再贷款、加大公开市场操作的力度、适当下调利率和存款准备金率等。适当增加货币供应,促进信用的进一步扩张,从而使货币供应量与经济正常增长对货币的客观需求基本平衡。在保持币值稳定的基础上,对经济增长所必需的货币给予足够供应。货币政策的重点是:一是以间接调控为主;二是调控货币总量与调节货币层次相结合;三是在需求管理的同时兼顾供给管理;四是寻找稳定币值、增长经济和防范金融风险的结合点。

3. 加快产业结构的调整

无论是扩张性的财政政策还是扩张性的货币政策,其作用都是有限的,因为作为需求管理的宏观经济政策工具,它们的着眼点都是短期的。对于因生产能力过剩等长期因素造成的通货紧缩,短期性的需求管理政策难以从根本上解决问题,当供需矛盾突出时,在供需矛盾的背后,往往存在结构性的矛盾。因此,要治理通货紧缩,必须对产业结构进行调整。就产业结构的调整来说,主要是推进产业结构的升级,培育新的经济增长点,同时形成新的消费热点。对于生产过剩的部门或行业要控制其生产,减少产量。同时,对其他新兴行业或有发展前景的行业应采取措施鼓励其发展,以增加就业机会,提高居民收入,增强社会购买力。产业组织结构的调整也是在中长期内治理通货紧缩的有效手段。在生产能力过剩时,很多行业会出现恶性市场竞争,为了争夺市场,价格战会不断出现,行业利润率不断下降。如果价格战能在较短的时间里使一些企业退出市场,或者在行业内部出现较大范围的兼并与重组,即产业组织结构进行调整,则在调整后的产业组织结构中,恶性市场竞争会被有效制止,因恶性竞争带来的物价水平大幅度下降的情况也就有可能避免。

4. 其他措施

除了以上措施外,对工资和物价的管制政策也是治理通货紧缩的手段之一。比如,可以在通货紧缩时期制定工资增长计划或限制价格下降,这与通货膨胀时期的工资—物价指导线措施的作用方向是相反的,但作用原理是相同的。此外,通过对股票市场的干预也可以起到一定的作用,如果股票市场呈现牛市走势,则有利于形成乐观的未来预期,同时股票价格的上升使居民金融资产的账面价值上升,产生财富增加效应,也有利于提高居民的边际消费倾向。

阅读资料 8-4

9.11 事件将使我国通货紧缩压力上升

因受 1997 年东南亚金融危机的影响,1998—1999 年,我国连续两年出现通货紧缩的某些特征,物价总体水平持续下降。GDP 平减指数 1998 年比 1997 年下降 2.4%,1999年又比 1998 年下跌 2.3%。同期,居民消费价格指数分别比上一年下降 0.8%和 1.4%;消费品零售价格指数分别下跌 2.6%和 3.0%。在扩大内需方针的指引下,2000 年通货紧缩得到初步控制,物价总体水平开始回升,GDP 平减指数比 1999 年上升 0.9%,其中固定资产投资价格指数上升 1.1%,消费者价格指数上升 0.4%。但是,消费品零售价格指数却继续下跌了 1.5%。积极的财政政策刺激国内需求强劲回升,是物价总体水平回升的主要原因。国际市场石油价格大幅度上升也是我国物价回升的一个重要原因。

实际上,在 9.11 之前我国通货紧缩的压力已开始上升。9.11 后,随着全球经济进入衰退,需求下降,国际市场石油和许多其他原材料价格明显下跌。据有关统计,欧佩克原油价格在 9.11 后已连续 7 周下跌,11 月 2 日已跌破 18 美元/桶。10 月份欧佩克原油的月平均价格为 19.64 美元/桶,比 9 月下跌 4.65 美元,跌幅为 19.1%。9.11 以来,其他商品价格也下降了 6.5% 左右。根据世界银行的最新预测,今年第四季度,国际市场原油价格比三季度下降 16.8%,其他非能源产品价格下跌 5.5%。预计今年全年原油价格将比去年下降 11.3%,工业制成品出口价格下跌 4.6%。明年原油价格继续下跌 16% 左右,工业制成品价格开始缓慢地恢复性增长。统计分析表明,我国国内商品价格变动与国际市场价格走势高度相关,因此,国际市场价格下跌将会加大我国通货紧缩的压力。更重要的是,由于出口增长放缓、国内消费增长不快,国内供给大于需求的矛盾将会恶化,因此今明两年我国通货紧缩的压力将会上升。

(资料来源：梁优彩.中国经济信息网 http://www.cei.gov.cn/.2001 年 11 月 14 日)

本章小结

1.货币需求是指经济主体对执行流通手段和价值贮藏职能的货币的需求。

2.货币供给是相对于货币需求而言的,包括货币供给行为和货币供给量。货币供给行为研究货币供给的原理和机制;货币供给量研究银行系统向流通中供应了多少货币,与商品流通是否相适应等问题。

3.流动性原则是各国划分货币层次的主要依据。货币供给的主体是中央银行和商业银行。中央银行提供基础货币,商业银行通过存款货币的创造增加了流通中的货币供应量。

4.货币均衡是指从某一个时期看,货币供给量与货币需求量基本相适应的货币流通状态。这种状态表现为市场繁荣,物价稳定,社会再生产过程中物质替换和价值补偿都能正常顺利地进行。

5.通货膨胀是纸币流通条件下特有的经济现象,是指由于流通中的货币供应量过多而引起的纸币贬值和物价总水平持续普遍的上涨。通货膨胀的测定指标有居民消费价格指数、批发物价指数和国民生产总值平减指数。通货膨胀会破坏生产发展、扰乱流通秩序、引起货币信用危机。反通货膨胀的对策有控制需求和改善供给。

6.通货紧缩是指流通中的货币供应量少于实际需求量,引起货币升值,价格水平持续下降,市场疲软的一种经济现象。通货紧缩会引起经济衰退,治理通货紧缩可以采用增加需求和采取适当的货币政策相结合的方法。

重要概念

货币需求　货币需求量　货币供给　货币供给量　基础货币　货币均衡　通货膨胀
通货紧缩

基本训练

一、单选题

1.经济学意义上的货币需求是一种（　　）。

A.心理学意义上的需求　　　　　　　　B.一厢情愿的占有欲

C.有支付能力的需求　　　　　　　　　D.一种主观愿望

2.马克思货币必要量规律的理论基础是（　　）。

A.劳动价值论　　　　　　　　　　　　B.剩余价值论

C.货币金属论　　　　　　　　　　　　D.货币数量论

3.凯恩斯提出的人们货币需求的第三动机是（　　）。

A.交易动机　　　　　　　　　　　　　B.预防动机

C.投资动机　　　　　　　　　　　　　D.投机动机

4.凯恩斯的货币需求函数非常重视（　　）。

A.恒常收入的作用　　　　　　　　　　B.货币供应量的作用

C.利率的主导作用　　　　　　　　　　D.汇率的主导作用

5.弗里德曼的货币需求函数强调的是（　　）。

A.恒常收入的影响　　　　　　　　　　B.人力资本的影响

C.利率的主导作用　　　　　　　　　　D.汇率的主导作用

6.人们常考察货币需求量的角度是（　　）。

A.增量　　　　　　B.减量　　　　　　C.流量　　　　　　D.存量

7.如果人们预期利率上升,则（　　）。

A.多买债券、少存货币　　　　　　　　B.少买债券、多存货币

C.卖出债券、多存货币　　　　　　　　D.少买债券、少存货币

8.在国际收支中,如果收入小于支出,叫（　　）。

A.逆差　　　　　　B.借差　　　　　　C.贷差　　　　　　D.顺差

9.在市场经济制度下,衡量货币是否均衡的标志是（　　）。

A.货币流通速度与物价指数　　　　　　B.汇价变化率

C.货币流通速度变化率　　　　　　　　D.物价变化率

10.通货膨胀是一种（　　）。

A.社会现象　　　　B.心理现象　　　　C.政治现象　　　　D.经济现象

二、多选题

1.研究货币需求量必须解决的基本问题有（　　）。

A.人们为何需要货币　　　　　　　　　B.需要多少货币

C.货币需求受哪些因素影响　　　　　　D.货币的购买力

E.货币需求的结构

2.凯恩斯把人们持有货币的三个动机划分为两类需求,即（　　）。

A.对消费品的需求　　　　　　　　　　B.对投资品的需求

C.对奢侈品的需求　　　　　　　D.对保险品的需求

E.对资本品的需求

3.具有"流动性"的金融资产的特征是(　　)。

A.价格稳定　　　B.购买力强　　　C.不兑现　　　D.还原性强

E.可随时出售、转让

4.对货币供应量有决定性影响的因素有(　　)。

A.信贷收支　　　B.外汇收支　　　C.财政收支　　　D.贸易收支

E.国际收支

5.通货膨胀的根源是(　　)。

A.分配领域　　　B.消费领域　　　C.流通领域　　　D.交换领域

E.生产领域

6.治理通货膨胀,应从(　　)方面入手。

A.控制需求　　　B.刺激需求　　　C.调整政策　　　D.改善供给

E.发展生产

7.收入指数化方案可以收到如下效果(　　)。

A.避免工资与物价螺旋上升　　　　　B.剥夺政府收入,打消其通胀动机

C.抵消对个人收入的影响,克服分配不公　　D.提高企业素质与产品质量

E.增加财政收入,减少财政支出

8.根据物价上涨的程度,通货膨胀可划分为(　　)。

A.爬行的通货膨胀　　　　　　　　B.温和的通货膨胀

C.公开型通货膨胀　　　　　　　　D.隐蔽型通货膨胀

E.恶性的通货膨胀

三、判断题

1.货币需求就是人们持有货币的愿望,而不考虑人们是否有足够的能力来持有货币。

(　　)

2.反映一个国家通货膨胀程度的指标中,我国最常使用的是批发物价指数。 (　　)

3.通货膨胀与通货紧缩都是一种经济现象。 (　　)

4.商业银行存款总额等于派生存款总额加上原始存款总额。 (　　)

5.通货膨胀与社会制度相联系,与货币经济本身并无内在必然联系。 (　　)

6.经济衰退都是由通货紧缩造成的。 (　　)

7.货币供求完全相等称为货币均衡。 (　　)

8.中央银行是一国货币供给的源头。 (　　)

案例分析

表8-4是中国人民银行资产负债简表。

表 8-4　　　　　　　中国人民银行资产负债简表

资　产	负　债
A_a 对金融机构贷款	L_a 金融机构存款
A_b 购买政府债券	L_b 财政存款
A_c 金银外汇占款	L_c 自有资金与当年结余
	M_0 流通中的货币

1.从表 8-4 可知,影响基础货币供应的因素有(　　)。

A.信贷收支　　　　　　　　　　B.外汇收支

C.财政收支　　　　　　　　　　D.贸易收支

E.国际收支

2.如果商业银行倒逼央行增加贷款,则货币供应量(　　)。

A.增加　　　　B.收缩　　　　C.不变　　　　D.波动

3.在外汇储备大量增加的情况下,要使货币供应量不变,央行可采取(　　)。

A.本币、外币对冲　　　　　　　B.相应减少对金融机构的贷款

C.相应减持政府债券　　　　　　D.减少流通中的货币量

E.相应收回对企业的贷款

4.财政若出现赤字,采用(　　)办法弥补,不会引起货币供应量扩张。

A.发行政府债券　　B.动用结余　　　　C.向央行透支　　　D.向央行借款

5.(　　)认购国债,通常不会扩大货币供应量。

A.中央银行　　　　B.工商企业　　　　C.居民个人　　　　D.商业银行

第九章

财政政策与货币政策

章前引例

2011年夏季达沃斯论坛9月14日~16日在中国大连举行,本届论坛的主题是"关注增长质量,掌控经济格局"。中国国务院总理温家宝出席开幕式并发表题为《实现更长时期、更高水平、更好质量的发展》的致辞。

温家宝表示,目前,世界经济正在缓慢复苏,但不稳定和不确定性加大。无论发达经济体还是新兴经济体,经济增速都出现回落;一些国家主权债务风险增大,引起国际金融市场急剧动荡;主要发达经济体失业率居高不下,新兴经济体通胀压力上升。这些表明了世界经济复苏的长期性、艰巨性、复杂性。

他表示,中国当前的经济形势总体上是好的,我们将继续实施积极的财政政策和稳健的货币政策,保持物价总水平基本稳定,防止经济出现大的波动。我们将针对经济运行中的突出矛盾,继续实施积极的财政政策和稳健的货币政策,保持宏观经济政策的连续性、稳定性,根据形势变化提高政策的针对性、灵活性、前瞻性,切实把握好宏观调控的力度、节奏和重点,处理好保持经济平稳较快发展、调整经济结构、管理通胀预期三者的关系,保持物价总水平基本稳定,防止经济出现大的波动,努力实现今年经济社会发展目标。

(资料来源:温家宝在夏季达沃斯论坛上的致辞. 新华网 http://news. xinhuanet. com/ 2011年9月14日)

推一辆货车,如果用10公斤的力量推10次,车可能还是原地不动;如果用100公斤的力量推1次,车就启动起来了。风险是车有可能在启动之后,加速飞驰,失去控制,若紧急刹车,车最后不动了。但可能带来其他损失,这又事与愿违。经济就像这辆推车,由于各种内在和外在的因素,热与冷交替进行,经济过热了就要降降温,温度降下来了,可能又面临着如何启动经济的问题,要消除经济剧烈波动的不利影响还要保持住经济的平稳增长,光靠市场经济这只看不见的手调节是远远不够的,那么,用看得见的手(政府的政策调控)是不可避免的。那政府是如何调控经济的呢? 调控要达到的目标是什么呢?

本章主要介绍政府调控经济所使用的两大经济政策——财政政策与货币政策。通过本章的学习,你将了解政府宏观调控目标及各目标之间的关系,在掌握财政政策与货币政策的概念、工具与目标的基础上，明确在市场经济条件下，只有摆正财政与货币政策在宏观调控中的地位，并协调配合使用，相互补充，使之形成最佳合力，才能尽快实现政府的宏观调控目标。

第一节　宏观调控概述

无论市场经济发达的国家，还是市场经济不发达的国家，完全依靠市场机制的自发作用都不可能实现帕累托最优状态。任何一个国家都要进行宏观调控，但是每个国家的社会制度、经济状况、政治因素等不同，所以调控的手段自然不同，但希望达到的目标有些是相似的。同时，在不同时期调控目标的侧重点有所不同，但宏观调控的最终目标却是一致的。根据我国现阶段的经济发展状况，我国政府在十六大报告中提出了将促进经济增长、增加就业、稳定物价和保持国际收支平衡作为宏观调控的主要目标。经济增长率、通货膨胀率、就业率和国际收支是宏观经济最重要的四个变量，彼此相互联系、相互影响、相互制约，而且往往难以同时达到人们期望的理想状态，因此西方经济学称之为"神秘的四角"。对我国来讲，能否促进经济增长、增加就业、稳定物价和保持国际收支平衡，将直接关系到全面建设小康社会的目标能否顺利实现，具有重大的现实和历史意义。

一、宏观调控的目标

（一）经济增长

经济增长一般是指国内生产总值（GDP）的增加，即一国在一定时期内所生产的商品与劳务总量较上年同期的增加。它是一个国家维系生存的基本条件，经济不发展，社会就没有希望，国家就不能稳定。所以经济增长是世界各国政府追求的重要目标。我国是发展中国家，经济增长是实现其他一切目标的基础，这一目标在我国显得尤为重要。我国自改革开放以来，经济一直保持高速的发展势头，表 9-1 是我国 1997 年以来的经济增长状况，以 GDP 增长率来衡量其变化。

表 9-1　　　　　　　　1997—2010 年我国经济增长率

年份	GDP 增长率％	年份	GDP 增长率％
1997	9.3	2004	10.1
1998	7.8	2005	10.4
1999	7.6	2006	10.7
2000	8.4	2007	11.4
2001	8.3	2008	9.6
2002	9.1	2009	9.2
2003	10.0	2010	10.4

资料来源：国家统计局网

（二）价格稳定

价格总水平的相对稳定是经济稳定的标志，因此，它成为多数国家政府追求的一个目标。所谓价格总水平的相对稳定，不是冻结物价，而是把物价总水平的波动约束在经济稳定发展可容纳的空间内。价格总水平持续上涨称之为通货膨胀,价格总水平持续下降称之为通货紧缩。无论是通货膨胀还是通货紧缩,都会扰乱价格体系,扭曲资源配置,导致分配秩序和经济秩序的混乱,引起人民生活水平的下降,进而破坏社会的稳定,阻碍经济的正常发展。因此,价格稳定是一国经济建设和社会生活得以持续稳定发展的必要保证。经济学家一般认为,物价波动的幅度应控制在 3%～5%。

(三)充分就业

所谓充分就业是指在一般情况下,符合法定年龄、具有劳动能力并自愿参加工作者,都能在较合理的条件下,随时找到适当的工作。充分就业并不意味着消除失业。一些经济学家认为,失业率控制在 4% 左右即可视为充分就业。充分就业之所以成为各国财政政策的基本目标,一是因为劳动力是社会资源最重要的组成部分,充分就业是资源最优配置的必要前提和体现;二是因为充分就业是维持社会稳定的必要保证。绝对的或完全的充分就业是理想化的目标。

传统体制下,我国劳动就业是通过指令性计划安排的,常常不顾企业实际需要,硬性下达劳动力安置任务,造成冗员过多和隐性失业。随着市场经济体制的建立和完善,我国劳动力就业出现了新情况:一是企业有用人的自主权,不接纳不需要的劳动力,而且为追求经济效益向社会释放富余人员;二是大量农村劳动力因土地有限或因农闲无活可干,到城市寻找就业机会,形成民工潮;三是随着产业结构的调整及经济周期性波动,部分职工下岗分流,更换工作,近期内就业压力很大。安排好下岗职工的基本生活费,做好剩余劳动力转移,支持再就业工程,把失业率控制在既定目标内,受到各级政府高度关注,也成为我国宏观调控的重要目标。

(四)国际收支平衡

国际收支是指一个国家与世界上其他国家之间一定时期内全部经济交易记录,既包括涉及有外汇收支的项目,也包括不涉及货币收支而涉及实物收支的记录。具有实际意义的是国际收支基本平衡,即在短期内允许国际收支略有盈余或略有赤字,而在较长时间内以某一年份的盈余弥补某一年份的赤字以求收支平衡。一国过多的国际收支逆差或顺差,都会给货币供给形成压力,影响物价的波动,引起国际间摩擦。例如,近几年我国政府屡出政策进行调控,但贸易顺差依然顽强地居高不下,人民币升值的压力也层层加大。在贸易顺差形成外汇储备的过程中,由于外汇储备的不断增加(图 9-1),央行将被动地投放大量的人民币(即外汇占款),从而增加了市场的流动性。所以,贸易顺差的膨胀使控制流动性的压力也步步加大。同时,高额顺差会带来更多贸易摩擦。所以各国都把国际收支平衡作为宏观调控的目标之一。

二、宏观调控各目标之间的关系

宏观调控诸目标之间的关系是比较复杂的,有的在一定程度上具有一致性,如充分就业与经济增长,二者呈正相关关系;但更多地表现为目标间的冲突性,如物价稳定与充分就业的矛盾,物价稳定与经济增长的矛盾,物价稳定与国际收支平衡的矛盾,经济增长与国际收支平衡的矛盾。

图 9-1　2006—2010 年我国外汇储备及其增长速度

（一）稳定物价与充分就业的矛盾

英国经济学家菲利普斯研究了 1861—1957 年英国的失业率和物价变动的关系，发现两者之间存在此消彼长的反向置换关系，他把这种关系概括为一条曲线，即菲利普斯曲线。这条曲线表明失业率低，物价上涨率就高；失业率高，物价上涨率就低。因为要减少失业或实现充分就业，需要创造更多的就业机会，这就要求增加投资，刺激社会总需求增加，即增加货币供应量，而货币供应量的增加容易导致物价上涨；如果要降低物价上涨率，就要求减少货币供应量以抑制投资和社会总需求的增加，这意味着减少就业机会，提高失业率。稳定物价与充分就业，两者通常不能兼顾，可供的选择是：①失业率较高的物价稳定；②通货膨胀率较高的充分就业；③在物价上涨率和失业率之间权衡，相机抉择。一般是根据当时的社会经济条件，寻求物价上涨率和失业率之间的某种适当组合。

（二）稳定物价与经济增长的矛盾

现代市场经济的实践一般表现为经济的增长伴随物价的上涨。当然，从根本上说，只有经济增长了，商品丰富了，稳定物价才有物质基础。但是，经济的快速增长要求投资需求、消费需求快速增长，进而增加货币供应量，带动物价上涨。同样，调控目标只能根据当时的社会经济条件，寻求物价上涨和经济增长之间的某种适当组合。

（三）经济增长和充分就业与国际收支平衡的矛盾

经济增长和充分就业要求增加货币供应量，引起物价上涨，刺激进口增加，使国际收支出现逆差；反之，减少货币供应量，减少进口，有利于国际收支平衡，但又会增加失业和出现经济衰退。

我国政府为了实现上述目标，采用各种各样的宏观政策调节。在众多政策中最常用的两大支柱政策是财政政策和货币政策。所以上述宏观调控目标也是财政政策和货币政策的最终目标。

课堂思考：一个国家可以同时达到经济增长、物价稳定、充分就业、国际收支平衡吗？

阅读资料 9-1

达沃斯传递中国经济信号　抑通胀居宏观调控首位

发达经济体增长乏力、新兴国家现经济泡沫、欧美债务危机愈演愈烈、汇率波动起伏不定……世界经济复苏充满变数。2011 年 9 月 14 日新领军者年会传出信号：中国仍会将抑通胀置于宏观调控首位,以稳健的货币政策和经济政策"做好自己的事情",努力为全球经济作出贡献。

自 2008 年下半年世界金融危机致经济大衰退以来,中国通过出台一系列政策刺激经济,经济保持快速增长,但通胀逐渐高企,中国 CPI 最近 4 个月呈现持续攀升的局面,虽在 8 月份出现回落,但这一回落是否意味着中国经济的通胀势头出现拐点? 中国货币政策会不会由此而松动?

国家发改委副主任张晓强在会上接受新华社记者专访时表示:今年全年 CPI 涨幅预计超过 4%,中国将力争完成年初设定的通胀管理预期目标。但是,输入性通胀的压力依然存在,此外,工资上涨以及土地、资源等生产要素成本不断上涨等,也增加了管理通胀预期的难度。

与前两年中国发行大量国债,辅以低准备金率、低利率的宽松货币政策以刺激经济相对应,去年 10 月初以来,央行连续五次加息,并九次上调存款准备金率。在中国大型银行存款准备金率已达 21.5% 的历史高位下,央行自 9 月 5 日开始将准备金征缴范围扩大至保证金存款、承兑汇票、信用证、保函三部分资金纳入上缴存款准备金基数,这些都显示了中国治理通货膨胀的决心。

本届夏季达沃斯论坛传递的信号是,中国仍将抑通胀作为宏观调控首位,稳健的货币政策短期内不会轻易改变。

联合国粮农组织 8 日发布的数据显示,8 月份粮农组织食品价格指数继续保持高位,同比涨幅达 26%。澳新银行大中华区总监刘利刚认为,虽然大宗商品价格出现一定下降,但进口铁矿石价格表现平稳,近期甚至上涨,意味着未来 PPI 指数可能在数月出现反弹,并最终可能被传导至 CPI 上。在通胀压力内忧外困的背景下,中国不可能轻易放弃当前政策方向。

面对防通胀可能放大中国经济下行的风险,中国经济也在抓住增速放缓的时机做好经济的自我调整和修复。中国正在大力发展新兴产业,寻找经济新的增长点,新一代信息技术、新能源、生物医药三大领域将成重点。

（资料来源:王炳坤,齐湘辉.新华网 http://news.xinhuanet.com/.2011 年 9 月 15 日）

第二节　财政政策

一、财政政策的概念

财政政策是国家根据客观经济规律的要求,为达到一定目标而运用财政工具调节经济活动的一系列行动纲领的总称。它也是指导财政实践活动的基本方针和准则。财政政策是国家经济政策的有机组成部分,是国家宏观经济调控的重要杠杆。

二、财政政策的分类

财政政策是通过一定方式发挥作用的。根据作用方式的不同,财政政策有以下分类:

（一）根据财政政策对国民经济总量所具有的不同调节功能，财政政策划分为扩张性政策、紧缩性政策和中性政策

1. 扩张性财政政策

扩张性财政政策亦称积极的财政政策，是指通过财政分配活动来增加和刺激社会总需求、促进经济增长的政策。扩张性财政政策主要通过减少税收、增加支出的方式来实现。减税可在财政支出规模保持基本不变的情况下，通过增加企业和个人的税后可支配收入，扩大社会总需求；而增加财政支出可直接扩大政府需求。其实施结果往往导致财政赤字扩大，因而许多人认为扩张性财政政策总是与赤字财政政策相联系的。当社会总需求不足时，通过扩张性财政政策可以扩大社会总需求，缩小与总供求之间的差距，实现供求基本平衡。我国政府从1998年至2004年推行了6年积极的财政政策，通过发行国债、增加政府支出、提高退税率、税收优惠等政策刺激经济，效果显著。

2. 紧缩性财政政策

紧缩性财政政策是指通过减少财政分配活动和抑制社会总需求来减缓通货膨胀的财政政策。实施紧缩性财政政策的基本措施是增加税收和减少开支。增加税收，可以减少企业和个人的税后可支配收入，减少社会总需求；减少开支可以直接减少社会总需求。一般在总需求过旺、通货膨胀较严重时采用。我国1993—1994年采用此政策，当时国内生产总值的增长速度在1992年和1993年分别为12.8%和13.4%，开始出现经济过热的苗头。1993年至1994年全国商品零售价格指数分别上升了13.2%和21.7%，产生了较为严重的通货膨胀。为此我国政府严格控制财政支出，对具有公共产品性质的基础设施进行重点扶持。对"泡沫经济"部分，对低水平重复建设部分，对单纯外延型扩张和低效益甚至无效益的部分从紧控制。

3. 中性财政政策

中性财政政策亦称稳健的财政政策，是指通过财政收支平衡，使财政分配对社会总需求的影响保持中立的政策。对社会总需求既不产生扩张效应，也不产生紧缩效应。2005年开始至今，我国实施的是这种财政政策，被概括为十六字，即"控制赤字，调整结构，推进改革，增收节支"。

（二）按财政政策调节方式分类，可分为自动稳定政策和相机抉择政策

（1）自动稳定的财政政策，是指无须借助外力，利用财政工具变量与经济变量之间的内在联系对经济进行自动调节的财政政策。它可以自发调节经济运行，具有内在的反周期功能。

具有自动稳定功能的财政政策工具主要有累进税、社会保障、财政补贴等转移性支出。当经济处于扩张期时，税收随之增加，转移性支出随之减少，从而抑制社会总需求的膨胀；当经济处于衰退期时，税收自动减少，转移性支出自动增加，从而扩大总需求，防止经济的进一步萎缩。

（2）相机抉择的财政政策，是指政府根据对经济运行态势的判断，适时调整财政收支规模和结构，以实现预定目标的财政政策。这种政策的实施途径主要有调整预算方案、改变税种结构、调整支出结构等。

西方学者汉森提出的汲水政策和补偿性政策就是典型的相机抉择财政政策。所谓汲

水政策,是指在经济萧条时,通过财政投资来启动社会需求,使其经济恢复活力,如同水泵启动时本身缺水而无法抽水时,必须先注入少量水,才能使水泵正常运转。补偿性政策是指政府用繁荣年份的财政盈余来补偿萧条年份的财政赤字,以缓解经济的周期性波动。

三、财政政策的功能

1.导向功能

财政政策通过财政分配和管理活动,调整人们的物质利益,进而调节企业和个人的经济行为,引导国民经济运行。一方面,财政政策配合国民经济总体政策和各部门、各行业的政策,提出明确的调节目标。例如,在经济增长低迷、处于通货紧缩时,财政政策要确定支持经济增长回升的目标。另一方面,财政政策不仅要规定应该做什么,不应该做什么,还要通过利益机制引导和调整人们的经济行为。如政府为了扩大社会投资规模,就要通过折旧、补贴、贴息、税收优惠等方式,激励私人投资。

2.协调功能

财政政策的协调功能主要体现在对社会经济发展的过程中,在地区之间、行业之间、部门之间等出现的某些失衡状况的调节和制约。一方面,在国民收入分配过程中,通过财政收支改变社会成员在国民收入中的占有份额,调节社会分配关系。例如,通过财政转移性支付,协调各地区间政府提供基本公共服务均等化的能力,通过提高个人所得税免征额标准,调节个人间的收入水平。另一方面,在财政政策工具体系中,预算、税收、债务、投资等政策工具相互配合,有效发挥财政政策的协调功能。

3.控制功能

政府通过财政政策调节企业和居民等市场经济主体的经济行为,实现对经济社会的有效控制。例如,对一些高档奢侈消费品和资源性消费品征收消费税,可以达到引导消费方向、控制资源浪费和保护生态环境的目的。

4.稳定功能

稳定功能是指政府通过财政政策,调整社会总需求和总供给,实现总供需的总量平衡和结构平衡,进而实现国民经济的又好又快发展。例如,在经济过热、存在通货膨胀时,政府通过减少财政支出、增加税收等措施,控制总需求,抑制通货膨胀;在经济萧条、存在通货紧缩时,政府通过增加财政支出、减少税收等,扩大总需求,拉动经济增长。

四、财政政策的目标

财政政策的目标,是政府制定和实施财政政策要达到的预期目的。财政政策通过调节社会总需求与总供给,优化社会资源配置,实现促进充分就业、物价基本稳定、国际收支平衡和经济稳定增长的目标。

1.促进充分就业

充分就业是衡量资源充分利用的一个指标,表示生产要素的投入情况,通常用失业率表示。充分就业是各国政府普遍重视的问题。失业率高,表明社会经济资源大量闲置和浪费,社会生产规模下降,还会引发一系列社会问题,造成社会动荡。因此,控制失业率是财政政策的主要目标之一。我国正处于经济转型期,加快经济结构和深化经济体制改革,在今后一个时期不可避免地会增加就业压力；加上庞大的人口基数和每年大量新增就业劳动力，使我国促进充分就业目标的重要性更为突出。

2. 物价基本稳定

物价基本稳定是各国政府努力追求的目标之一。经济发展速度的加快往往伴随着整体物价水平的上升，但过高的通货膨胀率会引起社会收入和国民财富的再分配，扰乱价格体系，扭曲资源配置，使正常的分配秩序和经济秩序出现混乱。相反，严重的通货紧缩也会给社会和经济发展带来消极影响，使资源无法充分有效利用，造成生产能力和资源闲置浪费，失业人数增加，生活水平下降。

3. 国际收支平衡

国际收支平衡是指经常项目收支、资本项目流入流出的差额之和为零，它是国际贸易和国际资本的综合平衡。其中经常项目亦称贸易项目，是指一国的商品和劳务的进口和出口；出口大于进口，经常项目有盈余，亦称国际贸易有顺差；出口小于进口，经常项目有赤字，亦称国际贸易有逆差。资本项目平衡是指资本流入等于资本流出；资本流入大于资本流出，资本项目有盈余；资本流入小于资本流出，资本项目有赤字。国际收支是现代开放经济的重要组成部分。一国国际收支状况不仅反映该国对外交往情况，还反映该国的经济稳定程度。一国国际收支出现逆差，表明国际贸易流动的净结果使其他国家对该国储备的索取权增加，从而削弱了该国的储备地位。如果一国国际收支长期不平衡，将使该国外汇储备不断减少，外债负担逐步增加，严重削弱其在国际金融体系中的地位，并导致该国国民收入增长率下降。随着经济全球化发展，国家之间经济发展的相互依赖性不断提高，各国政府越来越重视本国的国际收支平衡

4. 经济稳定增长

经济稳定增长是指一个国家或地区在一定时期内的经济发展速度和水平保持稳定。实现经济稳定增长，是一个国家生存和发展的条件，而且是国家宏观经济政策的重要目标，也是财政政策的重要目标。经济稳定增长决定于两个源泉，一是生产要素的增长，一是生产要素的技术进步程度。财政政策要通过引导劳动、资本、技术等各项生产要素的合理配置，实现经济持续稳定的增长。

五、财政政策的工具

财政政策工具是指为实现既定的政策目标，所选择的组织方式和操作方式，它是财政政策的载体，包括各种财政分配手段、制度、措施等。财政政策工具主要有政府预算、税收、国债、购买性支出、转移性支出等。

(一) 政府预算

政府预算是国家的基本财政收支计划。从实际经济内容看，政府预算反映了政府活动的范围、方向和政策。它是财政政策的主要手段，具有综合性、计划性和法制性的特点，因此成为调控力度极强的一种政策工具。政府预算的调控作用主要表现在两个方面：

(1)通过预算收支规模的变动及收支对比关系的不同状态，可以有效地调节社会总供求的平衡关系。一般来说，在总需求大于总供给时，可以通过紧缩预算规模和实行预算收入大于支出的结余政策进行调节；当总供给大于总需求时，可以通过扩张预算规模和实行

预算支出大于收入的赤字政策进行调节;在总供求基本平衡时,为保持这种平衡状态,国家预算应实行收支平衡的中性政策与之配合。

(2)通过预算支出结构的调整,可以调节国民经济中各种比例关系,从而形成合理的经济结构。政府预算增加对某个部门的资金支出,就能促进该部门的发展;反之,政府预算削减对某部门的拨款,则会限制该部门的发展。由此它可以调节经济结构,并且这种调节具有直接、迅速的特点。

政府预算调控能力的大小,直接取决于预算收入占国民收入的比重,这一比重越大,预算调控能力就越强;反之,则越弱。

(二)税收

税收既是政府组织收入的基本手段,也是调节经济的重要杠杆。作为经济杠杆,税收的调控作用主要表现在三个方面:

(1)调节社会总供给与总需求的平衡关系。流转课税与所得课税是我国税收的主体税种,二者具有不同的征税效应,从而对总供给与总需求产生不同的调节作用。流转课税的征税效应偏重于供给方面,提高或降低税率就会限制或刺激供给总量;所得课税的征税效应偏重于需求方面,在"累进税制"下,它具有"自动稳定"效应。

(2)通过税率调整、税收减免或加征等措施调整产业结构,优化资源配置。

(3)调节收入分配,使收入分配相对公平合理。税收的这一调节作用是其他任何手段都不能替代的。税收调节收入分配的作用主要是通过征收各种所得税、财产税实现的,所得税、财产税是对企业和居民收入的直接的和最终的调节,它与按劳分配原则配合运用可以防止贫富悬殊,体现社会公平。

(三)国债

国债是具有有偿特征的一种手段,具有财政调节与金融调节的双重特征和功能。国债的调节作用主要表现在:

(1)调节国民收入的使用结构。在不改变资金所有权的条件下,使居民手中尚未使用的消费资金转化为积累资金,调整积累与消费的比例关系。

(2)调节产业结构。一般来说,企业和商业银行投资主要注重投资项目的微观效益,当它与宏观经济目标发生矛盾时,国家可将以国债形式筹集的资金投入到那些微观效益较低但社会效益和宏观经济效益较高的项目上,如农业、"瓶颈"产业、基础工业等,促进经济结构的合理化。

(3)调节资金供求和货币流通,进而影响社会总供求。在金融市场健全的条件下,通过增加或减少公债发行量,调高或调低国债利率,可以有效调节资金供求和货币流通量,对社会总供求产生影响。

(四)财政购买性支出

财政购买性支出是政府利用财政资金购买商品和劳务的支出,主要用于政府投资和政府消费。购买性支出侧重于对资源配置状况以及社会总供求的平衡状况的调节,注重经济效率。

政府投资是国家重点项目建设和大中型项目建设的主要资金来源,是形成国有资产的主要物质基础。其调节作用主要表现在:

（1）形成和调整国民经济结构。财政投资建设的项目，都是关系国民经济全局的重点建设项目，这些项目直接关系到我国经济的持续、稳定、协调发展。

（2）调节总供求。财政投资从当前看是形成社会总需求的一部分，从长远看又会增加总供给。因此它具有调节供给与需求的双重功能，主要又在于增加供给。

政府消费主要用于国防、行政和文教、科研、卫生事业等方面。通过消费性购买支出政策可以直接增加或减少社会总需求，引导私人生产的发展方向；可以调剂经济周期的波动。

（五）财政转移性支出

转移性支出又称转移支付，是指政府不直接购买，而是将财政资金转移到社会保障和财政补贴等方面，由接受转移资金的企业和个人去购买商品和劳务。

（1）社会保障支出具备"安全阀"和"减震器"的作用，当经济萧条、失业增加时，政府增加社会保障支出，可增加贫困阶层收入，增加社会购买力，有助于恢复供求平衡；当经济繁荣、失业减少时，政府减少社会保障支出，可以减缓需求过旺的势头。从 1997 年开始，中央财政连续大幅增加对养老保险的投入，主要用于补助部分省市的养老金支付缺口。同时 1999 年底，按照国务院的要求，我国所有城市和县人民政府所在地已全部建立起了居民最低生活保障制度。随着经济的发展和人们生活水平的提高，目前我国各省市都提高了最低生活保障线。

（2）财政补贴主要用于教育、农业等各个方面。如目前的助学贷款，在校期间的学生贷款利息全部由财政补贴支出。

财政转移性支付工具要正常发挥调节作用必须具备以下条件：一是补贴数额和范围要适当；二是补贴要灵活，随经济条件的发展变化而调整，不能凝固化和只增不减。

课堂思考：一个国家的财政政策一旦确定后就一成不变吗？如果要变，其依据是什么？

阅读资料 9-2

我国 1979—2004 年各历史阶段的财政政策

根据各个历史阶段的特点，我国依次采取了"促进国民经济调整的财政政策"、"宽松的财政政策"、"紧缩的财政政策"、"适度从紧的财政政策"、"积极的财政政策"、"稳健的财政政策"。

1. 促进国民经济调整的财政政策

1979 年，针对经济出现过热现象及由其引发的财政赤字严重、投资需求和消费需求双膨胀、物价持续上涨、外贸逆差增加等问题，中央提出对国民经济进行"调整、改革、整顿、提高"的八字方针。通过宏观调控，基本实现了财政收支平衡、物价稳定和信贷平衡的预期目标。但由于经济调整中紧缩的政策力度过大，经济增长率从 1980 年的 7.8％降到 1981 年的 5.2％。

2. 宽松的财政政策

1982 年，国民经济出现下滑，我国开始实行宽松的财政政策和货币政策，主要是通过放松银根，继续深化财政体制改革，对企业实行利改税，调动企业和地方的生产积极性，增加有效供给,缩小总供给与总需求之间的差距。从 1982 年开始,国内生产总值增长速度逐步回升,当年增长 9.1%,增幅较上年提高 3.9 个百分点,1983 年加快到 10.9%。

3. 紧缩的财政政策

1988 年 9 月实施。从 1984 年后期开始,经济过热逐步显现,社会总需求与总供给的差额扩大,投资消费高速增长,国家不断扩大财政赤字,银行超量发行货币,加剧了物价指数上升。中央实行了紧缩财政、紧缩信贷的"双紧"政策,经济过快增长得到了控制,物价迅速回落到正常水平,固定资产投资的结构有所调整,产业结构不合理状态有所改变。但是,企业流动资金严重短缺,生产难以正常运转,经济增长速度快速回落,居民收入的增幅也有所下降,市场不同程度地出现了疲软,财政困难也日益加剧。

4. 适度从紧的财政政策

1993 年实施。1992 年,邓小平南行讲话后,全国又掀起了新一轮的经济建设高潮。1993 年上半年,经济运行的各项指标攀升,投资增长过猛,基础产业和基础设施的"瓶颈"制约加剧,物价水平上升,经济形势严峻。中央果断进行深化改革,提出了加强调控的 16 条措施,适度从紧的财政与货币政策取得了良好的效果。1996 年,国民经济较为平稳地回落到适度增长的区间,实现"软着陆",形成了"高增长、低通胀"的良好局面,成为我国宏观调控的成功典范。

5. 积极的财政政策

1998 年实施。1997 年 7 月 2 日,亚洲金融风暴在泰国爆发,迅速席卷东南亚诸国,我国对外贸易受到严重冲击。同时,面临产业结构不合理、城乡结构不合理、区域经济发展不协调等经济结构问题,在货币政策效应呈递减之势和坚持人民币汇率稳定政策的情况下,财政政策成为宏观调控的重要工具。从 1998 年 7 月开始,国家实施了积极的财政政策,在扩大投资、刺激消费、鼓励出口、拉动经济增长、优化经济结构等方面取得了显著的成效,宏观经济运行得到根本性的改善。通货紧缩的趋势得到了有效遏制,社会需求全面回升,经济结构调整稳步推进,经济持续快速增长。

6. 稳健的财政政策

2004 年实施。扩大内需取得显著效果后,经济运行中又出现了投资需求进一步膨胀,贷款规模偏大,电力、煤炭和运输紧张状况加剧,通货膨胀压力加大,农业、交通、能源等薄弱环节以及中小企业、服务业投入严重不足等新问题,结构问题依然是我国国民经济中的深层次矛盾与问题。中央提出进一步加强宏观调控,适时实施稳健的财政政策,使我国经济运行呈现出"增长速度较快、经济效益较好、群众受惠较多"的良好格局。

资料来源:运奇.中国财政.2008(19)(总第 528 期)

第三节　货币政策

一、货币政策的概念

货币政策并不等同于金融政策,它只是金融政策的一部分,是一国金融当局制定和执行的通过货币量、利率或其他中介指标影响宏观经济运行的手段。一般包括三个方面的内容：①政策目标；②实现目标所运用的政策工具；③预期达到的政策效果。

二、货币政策目标

货币政策目标是货币政策制定者期望货币政策运行的结果，对宏观经济总体目标所能发挥的实际效应，一般可概括为：稳定物价、充分就业、经济增长、国际收支平衡和金融稳定。对于任何一个国家，上述各种目标往往不能同时兼顾。最明显的是稳定物价与充分就业之间、经济增长与国际收支平衡之间存在着相当严重的矛盾。如何在这些相互冲突的目标中作出适当的选择，是各国中央银行制定货币政策时所面临的最大难题。

1983年，我国货币政策目标为"发展经济、稳定货币"。1988年"抢购风潮"以后理论界基本形成一致观点，即要维持经济长期稳定增长。1995年颁布的《中国人民银行法》明确指出，货币政策目标是"保持货币币值稳定，并以此促进经济增长"。央行行长周小川在北京"2009中国金融论坛"上演讲时指出，货币政策作为我国宏观调控的一部分，围绕四个目标设定：第一，低通货膨胀率；第二，经济增长；第三，保持较高就业率，较多解决新增就业问题；第四，保持国际收支大体平衡。他强调，中央银行的货币政策目标应根据经济环境的变化而进行改变和切换。

三、货币政策工具

中央银行在实施货币政策、调控宏观金融方面，需借助于一些经济杠杆作为政策工具，以实现货币政策目标。一般而言，作为货币政策的工具，必须是与货币运行机制相联系的，并且具有可操作性。

（一）一般性货币政策工具

在市场经济体制下，国家普遍采用传统政策工具，其主要作用是对货币供应量进行总量调控。操作上最主要的有三大政策工具，即法定存款准备金率、再贴现政策和公开市场业务，也称为"三大法宝"。

1. 法定存款准备金率

法定存款准备金率，是指以法律形式规定商业银行等金融机构将其吸收存款的一部分上缴中央银行作为准备金的比率。作为政策工具，它必须建立在实行法定存款准备金制度的基础上。实行法定存款准备金制度的初衷是为了确保商业银行对存款提取有充足的清偿能力。20世纪30年代经济大危机之后，各国普遍实行了法定存款准备金制度。中央银行根据市场发展的需要，通过调高或调低法定存款准备金率，来增加或减少商业银行缴存的准备金数额，从而影响商业银行的贷款能力和派生存款能力，以达到调节货币供应量的目的。

法定存款准备金率通常被认为是货币政策的最猛烈的工具之一。其政策效果表现在以下几个方面：

（1）对存款乘数的影响。按存款创造原理提高法定准备金率等于降低扩张能力；反之，提高扩张能力。

（2）对超额准备金的影响。当降低存款准备金率时，即使基础货币和准备金总额不发生变化，也等于解冻了一部分存款准备金，使之转化为超额准备金，超额准备金的增加使商业银行的信用扩张能力增强;反之,则相反。

(3)宣示效果。存款准备金率上升,说明信用即将收缩,利率随之上升,公众会自动紧缩对信用的需求;反之,则相反。

法定存款准备金率的优点是中央银行具有完全的主动权,它是三大货币政策工具中最容易实施的一个工具;对货币供应量的作用迅速,一旦确定,各商业银行以及其他金融机构立即执行;对松紧信用较公平,一旦变动,能同时影响所有的金融机构。

法定存款准备金率的缺点是作用猛烈,缺乏弹性,不宜作为中央银行日常调控货币供给的工具轻易采用;政策效果在很大程度上受超额准备金的影响。如果商业银行有大量超额准备金,当中央银行提高法定存款准备金率时,商业银行用超额准备金充抵法定准备金,而不必收缩信贷。

2007年以来,我国针对经济过热现象,对大型金融机构连续35次提高法定存款准备金率,由2010年时的最低16%,到2011年6月20日存款准备金率已经提高到21.5%,见表9-2。

表 9-2　　　　　　　　　　存款准备金率历次调整一览

公布时间	生效日期	大型金融机构		
		调整前	调整后	调整幅度
2011 年 06 月 14 日	2011 年 06 月 20 日	21.00%	21.50%	0.50%
2011 年 05 月 12 日	2011 年 05 月 18 日	20.50%	21.00%	0.50%
2011 年 04 月 17 日	2011 年 04 月 21 日	20.00%	20.50%	0.50%
2011 年 03 月 18 日	2011 年 03 月 25 日	19.50%	20.00%	0.50%
2011 年 02 月 18 日	2011 年 02 月 24 日	19.00%	19.50%	0.50%
2011 年 01 月 14 日	2011 年 01 月 20 日	18.50%	19.00%	0.50%
2010 年 12 月 10 日	2010 年 12 月 20 日	18.00%	18.50%	0.50%
2010 年 11 月 19 日	2010 年 11 月 29 日	17.50%	18.00%	0.50%
2010 年 11 月 09 日	2010 年 11 月 16 日	17.00%	17.50%	0.50%
2010 年 05 月 02 日	2010 年 05 月 10 日	16.50%	17.00%	0.50%
2010 年 02 月 12 日	2010 年 02 月 25 日	16.00%	16.50%	0.50%
2010 年 01 月 12 日	2010 年 01 月 18 日	15.50%	16.00%	0.50%

资料来源:中国人民银行网 http://www.pbc.gov.cn

课堂思考:在通货膨胀居高不下的情况下,不断提高法定存款准备金率是唯一的解决方法吗?

2.再贴现政策

再贴现是商业银行以未到期、合格的客户贴现票据再向中央银行贴现。对中央银行而言,再贴现是买进票据,让渡资金;对商业银行而言,再贴现是卖出票据,获得资金。再贴现是中央银行最早拥有的也是现在一项主要的货币政策工具。

再贴现作用于经济的政策效果表现在以下几个方面:

(1)借款成本效果,即中央银行提高或降低再贴现率来影响金融机构向中央银行借款的成本,从而影响基础货币投放量,进而影响货币供应量和其他经济变量。比如,中央银行认为货币供应量过多时可提高再贴现率,这首先影响到商业银行减少向中央银行借款,中央银行基础货币投放减少,若货币乘数不变,则货币供应量相应减少;其次影响到商业银行相应提高贷款利率,从而抑制客户对信贷的需求,收缩货币供应量。

(2)宣示效果。中央银行提高再贴现率,表示货币供应量将趋于减少,市场利率将会提高,人们为了避免因利率上升所造成的收益减少,可能会自动紧缩所需信用,减少投资和消费需求。

(3)结构调节效果。中央银行不仅可用再贴现率影响货币总量,还可用区别对待的再贴现政策影响信贷结构,贯彻产业政策。一是规定再贴现票据的种类,以支持或限制不同用途的信贷,促进经济"短线"部门发展,抑制经济"长线"部门扩张;二是按国家产业政策对不同种类的再贴现票据制定差别再贴现率,以影响各类再贴现的数额,使货币供给结构符合中央银行的政策意图。

再贴现作为货币政策工具运用的前提条件是:(1)要求在金融领域以票据业务为融资的主要方式之一,因为没有普遍的客户票据贴现,就不可能有商业银行的再贴现;(2)商业银行要以再贴现方式向中央银行借款,因为商业银行解决资金短缺的办法不仅是再贴现,还可以出售有价证券、收回贷款、同业拆借等;(3)再贴现率低于市场利率。再贴现率低于市场利率,则商业银行比较借款成本后,更愿意向中央银行再贴现。

再贴现的优点主要有:有利于央行发挥最后贷款者的角色;比法定存款准备金率的调整更机动、灵活,既可以调节总量还可以调节结构;以票据融资,风险较小。其缺点是再贴现的主动权在商业银行,而不在中央银行。如果商业银行可通过其他途径筹资,而不依赖再贴现,则中央银行就不能用再贴现控制货币供应总量及其结构。

3.公开市场业务

中央银行在证券市场上公开买卖国债、发行票据的活动即为中央银行的公开市场业务。中央银行在公开市场上的证券交易活动,其对象主要是商业银行和其他金融机构,目的在于调控基础货币,进而影响货币供应量和市场利率。

公开市场业务是比较灵活的金融调控工具。与法定存款准备金率政策相比较,公开市场业务更具有弹性,更具有优越性:一是中央银行能够运用公开市场业务,影响商业银行的准备金,从而直接影响货币供应量;二是公开市场业务使中央银行能够随时根据金融市场的变化,进行经常性、连续性的操作;三是通过公开市场业务,中央银行可以主动出击;四是由于公开市场业务的规模和方向可以灵活安排,中央银行有可能用其对货币供应量进行微调。但是它的局限性也比较明显:一是金融市场不仅必须具备全国性,而且具有相当的独立性,可操作的证券种类必须齐全并达到一定的规模;二是必须有其他货币政策工具相配合,例如,如果没有法定存款准备金制度相配合,这一工具就无法发挥作用。

公开市场业务作用于经济的政策效果表现在以下几个方面:

(1)通过影响利率影响经济。中央银行在公开市场上买进证券,形成多头市场,证券价格上升,随之货币供应量扩大,利率下降,刺激投资增加,对经济产生扩张性影响。

(2)通过影响超额准备金来影响经济。中央银行若买进了商业银行的证券,则直接增加了商业银行在中央银行的超额准备金,商业银行运用这些超额准备金则使货币供应按乘数扩张,刺激经济增长。

运用公开市场业务的条件是:

(1)中央银行和商业银行都须持有相当数量的有价证券；

(2)要具有比较发达的金融市场；

(3)信用制度健全。

公开市场业务的优点有：主动权在中央银行；富有弹性，可对货币微调，也可大调，但不会像存款准备金政策那样作用猛烈；中央银行买卖证券可同时交叉进行，故很容易修正货币政策；根据证券市场供求波动，主动买卖证券可以起到稳定证券市场的作用。其缺点是时滞较长，干扰因素多。

我国公开市场业务包括人民币操作和外汇操作两部分。外汇公开市场业务操作于1994年3月启动。1996年4月9日，中国人民银行首次向14家商业银行总行买进了2.9亿元的国库券，进行了首次人民币公开市场业务操作。1998年开始建立公开市场业务一级交易商（能够承担大额债券交易的商业银行）制度。这些交易商可以运用国债、政策性金融债券等作为交易工具与中国人民银行开展公开市场业务。

中国人民银行公开市场业务债券交易主要包括回购交易、现券交易和发行中央银行票据。其中回购交易分为正回购和逆回购两种，正回购为中国人民银行向一级交易商卖出有价证券，并约定在未来特定日期买回有价证券的交易行为；逆回购为中国人民银行向一级交易商购买有价证券，并约定在未来特定日期将有价证券卖给一级交易商的交易行为。现券交易分为现券买断和现券卖断两种，前者为央行直接从二级市场买入债券，一次性地投放基础货币；后者为央行直接卖出持有债券，一次性地回笼基础货币。中央银行票据即中国人民银行发行的短期债券，央行通过发行央行票据可以回笼基础货币，央行票据到期则体现为投放基础货币。

1999年以来，公开市场业务已成为中国人民银行货币政策日常操作的重要工具，对于调控货币供应量、调节商业银行流动性水平、引导货币市场利率走势发挥了积极的作用。现阶段，货币市场操作工具呈现出以中央银行票据为主、国债和政策性金融债券为辅的局面。

（二）选择性货币政策工具

它是中央银行对某些特殊领域实施调控所采取的措施或手段，作为一种补充方式，根据需要采用。

1.证券市场信用控制

它是指中央银行控制商业银行或证券交易所对交易者的信用贷款，规定贷款额占证券交易额的比例，以控制流向证券市场的资金，抑制过度投机。主要内容包括：

(1)规定以贷款方式购买证券时，第一次付款的额度；

(2)根据金融市场状况，随时调高或调低保证金比率。

2.消费信用控制

它是指中央银行对不动产以外的各种耐用消费品的销售融资予以控制，以抑制或刺激消费需求，进而影响经济。主要内容包括：

(1)规定用分期付款购买耐用消费品时第一次付款的最低金额；

(2)规定用消费信贷购买耐用消费品的最长期限；

(3)规定用消费信贷购买耐用消费品的种类；

(4)用消费信贷购买耐用消费品时,对不同的耐用消费品规定不同的放款期限等。在通货膨胀时期,中央银行通过消费信用控制可起到抑制消费需求和物价上涨的作用。

3.不动产信用控制

它是指中央银行就金融机构对客户购买房地产等方面放款的限制措施,以抑制不动产的交易投机。主要内容包括:

(1)对金融机构的房地产贷款规定最高限额;

(2)规定房地产贷款的最长期限;

(3)规定第一次付款的最低金额等。

4.优惠利率

它是指中央银行对国家重点发展的经济部门或产业,如对农业、能源、交通等所采取的优惠措施,借以优化资源配置,调整产业结构。

(三)直接信用控制的货币政策工具

中央银行用行政命令或其他方式,直接控制金融机构尤其是商业银行的信用活动。

(1)贷款限额。即中央银行可以对各商业银行规定贷款的最高限额,以控制信贷规模和货币供应量;也可规定商业银行某类贷款的最高限额,以控制某些部门发展过热。

(2)利率限制。即中央银行规定存款利率的上限和贷款利率的下限,以限制商业银行恶性竞争。

(3)流动性比率。即中央银行规定商业银行全部资产中流动性资产所占的比重,借以限制商业银行信用扩张的直接控制措施。商业银行为了达到流动性比率,必须缩减长期放款,扩大短期放款和增加应付提现的资产。这样虽然会降低收益率,但提高了安全性,也起到了限制信用扩张、保护存款人利益的作用。

(4)直接干预。即中央银行直接对商业银行的信贷业务进行合理干预。如限制放款的额度和范围,干涉吸收活期存款,对经营管理不当者拒绝再贴现或采取较高的惩罚性利率。

(四)间接信用控制的货币政策工具

中央银行通过道义劝告、窗口指导等办法间接影响商业银行的信用创造。

(1)道义劝告。中央银行利用其在金融体系中的特殊地位和声望,以口头或书面的形式对商业银行和其他金融机构发出通告、指示,劝其遵守政策,主动合作。如房地产、证券市场投机盛行时,劝告金融机构减少对这两个市场的信贷等。

(2)窗口指导。主要内容是中央银行根据市场状况、物价的变动趋势及金融市场动向等,规定商业银行季度贷款的增减并指导执行。

四、货币政策的中介目标

货币政策的中介目标又称为货币政策的中间指标、中间变量等,它是介于货币政策工具变量(操作目标)和货币政策目标变量(最终目标)之间的变量指标,货币政策目标一经确定,中央银行可以按照可控性、可测性和相关性的三大原则选择相应的中介目标,编制具体贯彻货币政策的指标体系,以便实施具体的政策操作和检查政策的实施效果。可以作为货币政策中介目标的变量指标有:

1.利率

作为货币政策中介目标的利率,通常是指短期的市场利率,即能够反映市场资金供求状况、变动灵活的利率,在具体操作中有的使用银行间同业拆借利率,有的使用短期国库券利率。

中央银行能将短期市场利率作为货币政策的中介目标,原因包括:

(1)短期市场利率具有可控性。中央银行可以通过调整再贴现率、准备金率或在公开市场上买卖国债,改变资金供求关系,引导短期市场利率的变化。

(2)短期市场利率具有可测性。短期市场利率与各种支出变量有着较为稳定可靠的联系,中央银行能够及时收集到各方面的资料对利率进行定量分析和预测。

(3)短期市场利率具有明显的相关性。短期市场利率的变化,会影响金融机构、企业、居民的资金实际成本和机会成本,改变其行为,最终达到收紧或放松银根、抑制或刺激投资的目的。

2.货币供应量

货币供应量是整个社会的货币存量,是可以用作购买商品和支付劳务费用的货币总额。货币供应量能够成为中央银行货币政策的中介目标,就可测性而言,是因为它们都分别反映在中央银行、商业银行和非银行金融机构的资产负债表内,可以随时进行量的测算和分析;就可控性而言,基础货币(M_0)由中央银行直接控制,狭义货币(M_1)、广义货币(M_2)虽不由中央银行直接控制,但中央银行可以通过对基础货币的控制、调整准备金率及其他措施间接控制;就相关性而言,中央银行只要控制住了货币供应量,就能够控制一定时期的社会总需求,从而有利于实现总需求与总供给的平衡,实现货币政策的目标。从1996年开始,中国人民银行正式将货币供应量定为货币政策的中介目标。

3.超额准备金和基础货币

超额准备金对商业银行的资产业务规模有直接决定作用。但是,超额准备金往往因为其取决于商业银行的意愿和财务状况而不易为货币当局测度和控制。

基础货币是构成货币供应量倍数伸缩的基础,它可以满足可测性与可控性的要求,数字一目了然,数量也易于调控。

4.通货膨胀率

随着经济与金融的不断发展,货币供应量与通货膨胀率等最终目标的相关性以及货币供应量自身的可控性和可测性也受到越来越多的干扰。为此,自20世纪90年代起,一些国家相继改弦更张,把货币政策中介目标由货币供应量转为通货膨胀率,由此形成所谓的通货膨胀率目标制。即设定一个合适的通货膨胀率并且予以盯住,如果通货膨胀率处于正常范围,参考利率、货币供应量等指标状况,制定适宜的货币政策;如果通货膨胀率超出范围,暂停其他项目的调节,以控制通货膨胀率为货币政策的主要任务。

阅读资料 9-3

社会融资总量的内涵及实践意义

社会融资总量是全面反映金融与经济关系,以及金融对实体经济资金支持的总量指标。社会融资总量是指一定时期内(每月、每季或每年)实体经济从金融体系获得的全部资金总额。这里的金融体系为整体金融的概念,从机构看,包括银行、证券、保险等金融机构;从市场看,包括信贷市场、债券市场、股票市场、保险市场以及中间业务市场等。

社会融资总量的内涵主要体现在三个方面。一是金融机构通过资金运用对实体经济提供的全部资金支持,即金融机构资产的综合运用,主要包括人民币各项贷款、外币各项贷款、信托贷款、委托贷款、金融机构持有的企业债券、非金融企业股票、保险公司的赔偿和投资性房地产等。二是实体经济利用规范的金融工具,在正规金融市场,通过金融机构服务所获得的直接融资,主要包括银行承兑汇票、非金融企业股票筹资及企业债的净发行等。三是其他融资,主要包括小额贷款公司贷款、贷款公司贷款、产业基金投资等。

随着我国金融市场发展和金融创新深化,实体经济还会增加新的融资渠道,如私募股权基金、对冲基金等。未来条件成熟,可将其计入社会融资总量。

综上所述,社会融资总量=人民币各项贷款+外币各项贷款+委托贷款+信托贷款+银行承兑汇票+企业债券+非金融企业股票+保险公司赔偿+保险公司投资性房地产+其他。

随着我国经济持续快速发展,金融业发生巨大变化,金融市场和产品不断创新,直接融资比例逐步加大,非银行金融机构作用明显增强,金融调控面临新的环境和要求,迫切需要确定更为合适的统计监测指标和宏观调控中间目标。

测算结果表明,社会融资总量与 GDP 存在稳定的长期均衡关系。这说明,社会融资总量与经济增长的关系是有规律的,可以根据 GDP 和 CPI 等指标推算支持实体经济发展所需要的相应的社会融资总量。通过完善金融统计制度,加强中央银行与各金融监管部门和有关方面协调配合,可形成社会融资总量的有效调控体系。

(资料来源:盛松成.中国人民银行网 http://www.pbc.gov.cn)

第四节 财政政策与货币政策的协调配合

财政政策与货币政策是国家进行总需求管理的两大基本经济政策,是国家宏观调控的重要手段。虽然二者在宏观经济运行中都有较强的调节能力,但由于它们本身固有的特点,二者都有一定的局限性。无论是货币政策还是财政政策,仅靠某一项政策很难全面实现宏观经济的管理目标,没有双方的配合,单个政策的实施效果将会大大减弱,这就要求二者相互协调,密切配合,充分发挥它们的综合优势,共同实现宏观调控的目标。

一、财政政策与货币政策配合的必要性

(一)财政政策与货币政策调节范围的不同,要求两者必须协调配合

财政政策和货币政策都是以调节社会总需求为基点来实现社会总供求平衡的政策,但两者的调节范围却不尽相同。具体表现为:财政政策对社会总需求的影响主要是通过税收增减、国债发行、调整财政支出规模和结构来实现,其主要在分配领域实施调节;货币政策对社会总需求的影响则主要是通过影响流通中的货币量来实现,其调节行为主要发生在流通领域。正是这种调节范围的不同,使得不论财政政策还是货币政策,其对社会总供求的调节都有局限性。如财政政策为抑制需求而提高税率,压缩支出,要受到纳税人承

受能力和已形成的支出规模的限制,力度过大会挫伤微观经济主体的积极性甚至破坏正常的经济运行,这就要求货币政策从流通领域加以配合。就货币政策而言,其政策松紧能增减社会需求,但要受到已经形成的信贷规模及相应的投资规模的限制,力度过大会引起资金短缺并进而导致整个流通过程梗阻,使经济秩序紊乱,这也要求财政政策从分配领域与之配合。

(二)财政政策与货币政策目标的侧重点不同,要求两者协调配合

财政政策与货币政策都对总量和结构进行调节,但在资源配置和经济结构上,财政政策比货币政策更强调资源配置的优化和经济结构的调整,有结构特征;而货币政策的重点是调节社会需求总量,具有总量特征。

具体来说,财政政策本身的功能特点决定了它对社会需求总量的影响较之货币政策为逊。由于税负及支出规模的调整涉及面大且政策性强,直接关系到国家的财政分配关系,并受实现国家职能所需财力数量的限制。因此,由此引起的赤字或结余都不可能太大,这就决定了财政政策对需求总量调节的局限性。与调节需求总量相比,财政政策对社会供求结构的调整作用要大得多。对社会资源的配置,尽管市场机制可实现经济资源的最优配置,但要付出一定的代价。为了减少资源浪费,需要政府运用财政政策进行干预。财政政策对经济结构的调节主要表现在:用扩大或减少对某部门的财政支出,以"鼓励"或"抑制"该部门的发展。即使在支出总量不变的条件下,政府也可通过差别税率和收入政策,直接对某生产部门进行"支持"或"限制",从而达到优化资源配置和调节经济结构的效果。

货币政策对调控社会需求总量作用突出,而对供求结构的调整则有较大的局限性。货币政策是中央银行运用法定存款准备金率、再贴现率和公开市场业务等各种工具来增加或减少货币供应量,从而达到调节社会总需求的一种宏观经济调节手段。中央银行通过调整法定存款准备金率、再贴现率和公开市场业务等可以间接影响流通中的货币量和信贷总规模,因此货币政策从流通领域的调节对社会总供求矛盾的缓解作用也比较迅速、明显和有效。但在社会供求结构的调整方面,受信贷资金运动规律的制约,中央银行不可能将大量的贷款直接投入经济发展的滞后产业,特别是公共产品产业,因而货币政策在改善社会供求结构及国民经济比例关系方面的作用相对有限。

(三)财政政策与货币政策时滞性不同,要求两者协调配合

在政策制定上,财政政策的变动需要通过立法机构和立法程序,而货币政策的变动通常由中央银行决定;在政策执行上,财政政策措施通过立法之后还要交给有关执行单位具体实施,而货币政策在中央银行决策之后可以立即付诸实施。因此,财政政策的决策时滞和执行时滞一般比货币政策要长。但是从效果时滞来看,财政政策则可能优于货币政策。由于财政政策直接影响消费总量和投资总量,从而直接影响社会的有效需求。而货币政策主要是影响利率水平的变化,通过利率水平变化引导经济活动的改变,不会直接影响社会总需求。从这一点分析,出台后的货币政策比财政政策对经济运行的影响所需时间长。

正因为财政政策与货币政策之间存在共性和个性,所以在对宏观经济进行调节时,应根据当时社会经济运行态势有选择地采用,并使其达到良好的配合效果。

二、财政政策与货币政策组合的方式

各国政府同时利用两大政策干预经济时,一般可以做四种组合:(1)财政、货币"双紧";(2)财政、货币"双松";(3)"紧"货币、"松"财政;(4)"紧"财政、"松"货币。

(一)财政、货币"双紧"

所谓"双紧"是指财政政策、货币政策同时进行紧缩。其具体措施主要有:在货币政策方面,提高利率水平,提高存款准备金率,缩减货币供应量;在财政政策方面,增税,缩减财政支出,减少企业和个人可支配的收入等。"双紧"政策是在社会总需求远远大于总供给,社会供给严重不足,出现了恶性通货膨胀时采用的一种政策。但这种组合有可能导致经济萧条,所以不可长期使用。

(二)财政、货币"双松"

所谓"双松"是指财政政策、货币政策同时进行扩张。其具体措施主要有:在货币政策方面,降低利率,降低存款准备金率,增加货币供应量;在财政政策方面,减少税收,扩大财政支出,增加企业和个人可支配的收入等。"双松"政策主要运用于经济萧条,社会总需求严重不足,生产资源大量闲置的情况。这种组合可刺激经济增长,缓解就业压力,但长期使用会削弱其作用,还会诱发通货膨胀。

(三)"紧"货币、"松"财政

"紧"货币,使企业和公众的借贷数额减少和借贷成本增加,其结果是企业投资和居民的一般性投资减少。"松"财政,直接扩大了政府的支出和投资。当经济增长乏力,地区经济结构不合理,产业结构失衡时,通过扩大政府支出结构可增加社会需求。

(四)"紧"财政、"松"货币

"紧"财政,使政府的支出和投资直接减少。"松"货币,即扩大货币供应量,使公众能够以较低的成本获得较多的资金,其结果是调整了政府和私人企业的投资结构。当财政赤字偏大时,可通过控制财政支出的规模减少需求,同时货币政策适度增加货币供应量,以保持经济适度增长。

综上所述,单独使用"双松"或"双紧"主要为解决总量问题;"一松一紧"主要是解决结构问题。在这几种组合中,政府究竟采用哪一种取决于客观经济环境,实际上主要取决于政府对客观经济情况的判断。

课堂思考:某国的经济处于这样一个状态:存在严重的失业和高额的国际收支赤字,同时只有轻度的通货膨胀。请问应采用何种财政政策和货币政策的搭配形式来恢复经济平衡?

📖 阅读资料 9-4

货币政策转为稳健的意义

中共中央政治局 2010 年 12 月 3 日召开会议,分析研究 2011 年经济工作。会议指出,要实施积极的财政政策和稳健的货币政策,增强宏观调控的针对性、灵活性、有效性。

2008 年金融危机爆发,对中国经济造成了巨大冲击。面对突如其来的经济下滑威胁,中央决定实施积极的财政政策和适度宽松的货币政策。4 万亿财政刺激计划出炉,

2009 年发放 9.56 万亿历史罕见的贷款,一大批投资项目开始实施。积极的财政政策和适度宽松的货币政策发挥到了极致。这对于应对历史罕见的金融危机冲击起到了巨大作用,使得我国经济由 2009 年一季度下滑到最低点后迅速回升,使得中国成为受金融危机冲击最小、经济复苏最快的国家,令世界各国羡慕和惊叹。可以说,实施积极的财政政策和适度宽松的货币政策的决策是完全正确和十分必要的。

从 2009 年后半年特别是 2010 年以来,中国经济出现过热苗头。房地产市场泡沫泛起,住房价格非理性走高;资本市场炒作投机严重,风险凸显;农副产品市场历史上罕见地也成为游资炒作的对象。特别是 2010 年 7 月份后,通胀率不断攀升,物价持续走高,中低收入者生活负担和压力明显增加。究其原因,一个主要祸首是货币泛滥、流动性过剩、投机资金充裕。多少年来的货币被动(对冲外汇储备不得不发出的人民币)超量发行是总祸根,问题开始集中暴露。从 6 月 19 日人民币重启汇改以来的人民币大幅升值,使得国际热钱大举进入,不但助推了货币泛滥而且全部是短期投机资本,持续很久的负利率使得社会大量游资游离于金融体系以外,在市场上横冲直撞,一会儿进入房地产,一会儿进入农产品市场,一会儿又进入资本市场等。

面对热钱、流动性过剩、货币泛滥和通胀、投机炒作等,许多专家都在呼吁适度宽松的货币政策迅速转向。实际上,今年以来,货币政策已经走上稳健的轨道。先后五次上调存款准备金率,特别是 11 月中旬 9 天内两次上调,10 月 20 日突然上调人民币存贷款利率。从操作层面看,货币政策实质上已经由适度宽松转向稳健。中央政治局定调明年货币政策转向稳健是顺应我国经济发展形势做出的科学决策。

2011 年实施稳健的货币政策任务十分艰巨,主要目的在于大力回笼市场过剩的流动性,逐步消除货币泛滥的危害,这对于房地产泡沫也会起到釜底抽薪之效果,对于资本市场稳健发展都将有重要作用。广大投资者应该仔细品味"稳健的货币政策"的内涵及其影响,以防范泡沫挤干可能带来的投资风险,理性投资资本市场等。

(资料来源:余丰慧.京华时报.2010 年 12 月 4 日)

本章小结

1. 经济增长率、通货膨胀率、就业率和国际收支是宏观经济最重要的四个变量,彼此相互影响、相互制约。

2. 财政政策与货币政策作为国家重要的经济政策,是国家调控经济的重要杠杆,调控的目标是充分就业、物价稳定、经济增长和国际收支平衡。

3. 财政政策主要运用国家预算、税收、国债、财政投资、财政补贴工具调控总需求。

4. 货币政策主要通过存款准备金率、再贴现政策、公开市场业务影响货币供应量,进而调控总需求。

5. 财政政策与货币政策需要协调配合使用,它们的搭配有三种方式:"双紧"、"双松"、"一松一紧"。

重要概念

财政政策　财政政策工具　稳健的财政政策　积极的财政政策　货币政策　货币政策工具　公开市场业务　货币政策中介指标

基本训练

一、单选题

1.(　　)是评价财政政策效应的标准。

A.财政理论　　　　B.财政原则　　　　C.财政制度　　　　D.财政法律

2.可以发挥社会"安全阀"和"减震器"作用的政策工具是(　　)。

A.税收　　　　B.购买性支出　　　　C.社会保障支出　　　　D.国债

3.能够提高供给能力的财政补贴是(　　)。

A.生产性补贴　　　　B.消费性补贴　　　　C.弹性补贴　　　　D.固定补贴

4.按照(　　),财政政策可以分为扩张性政策、紧缩性政策和平衡性政策。

A.作用空间　　　　　　　　　　B.作用时间

C.调节经济周期要求　　　　　　D.调节经济总量要求

5.实施紧缩性财政政策,一般是采用(　　)的措施。

A.增加税负或增加支出　　　　　　B.增加税负或压缩支出

C.降低税负或压缩支出　　　　　　D.降低税负或增加支出

6.短期财政政策的作用主要是(　　)。

A.稳定经济　　　　　　　　　　B.增长经济

C.优化资源配置　　　　　　　　D.公平分配

7.我国的积极财政政策是从(　　)开始实施的。

A.1997 年　　　　B.1998 年　　　　C.1999 年　　　　D.2000 年

8.中央银行为实现特定的经济目标而采取的各种控制、调节货币供应量或信用量的方针、政策、措施的总称是(　　)。

A.信贷政策　　　　　　　　　　B.货币政策工具

C.货币政策　　　　　　　　　　D.货币政策目标

9.中央银行为实现其货币政策目标而采取调控外汇资金的方针和措施是(　　)。

A.信贷政策　　　　　　　　　　B.外汇政策

C.汇率政策　　　　　　　　　　D.利率政策

10.货币政策的制定者和执行者是(　　)。

A.中央政府　　　　　　　　　　B.商业银行

C.财政部　　　　　　　　　　　D.中央银行

11.在市场经济条件下,社会总需求是指(　　)。

A.各种实物需求量之和　　　　　B.有货币支付能力的总需求

C. 社会商品销售总额　　　　　　　D. 全社会固定资产投资总额

12. 扩张性货币政策的主要措施之一是（　　）。

A. 提高法定存款准备金率　　　　　B. 提高商业银行存贷款利率

C. 降低再贴现率　　　　　　　　　D. 在公开市场上卖出证券

13. 物价稳定的前提或实质是（　　）。

A. 经济增长　　　　　　　　　　　B. 充分就业

C. 币值稳定　　　　　　　　　　　D. 国际收支平衡

14. 中央银行最早拥有的货币政策工具是（　　）。

A. 存款准备金率　　　　　　　　　B. 再贴现

C. 再贷款　　　　　　　　　　　　D. 公开市场业务

二、多选题

1. 财政政策目标一般可归纳为（　　）。

A. 经济增长　　　　　　　　　　　B. 充分就业

C. 价格稳定　　　　　　　　　　　D. 货币稳定

E. 国际收支平衡

2. 运用财政政策来缩小国际收支差距，一般是通过（　　）来实现的。

A. 增值税类型的改变　　　　　　　B. 发行外债

C. 调整关税税率　　　　　　　　　D. 增加财政补贴

E. 提高出口退税率

3. 实行相机抉择财政政策时，税收主要是通过（　　）来调整社会总供求关系。

A. 累进税制调整　　　　　　　　　B. 税基调整

C. 税率调整　　　　　　　　　　　D. 税种调整

E. 优惠政策调整

4. 在经济萧条时，政府可以通过（　　）来刺激经济增长。

A. 发行短期国债　　　　　　　　　B. 发行长期国债

C. 向金融机构发债　　　　　　　　D. 向社会公众发债

5. 自动稳定的财政政策主要是通过（　　）的运行来实现的。

A. 政府采购制度　　　　　　　　　B. 累进税制

C. 短期国债　　　　　　　　　　　D. 失业救济金制度

E. 价格补贴

6. 扩张性财政政策是各国常用的宏观政策之一，下列选项中，（　　）反映了实行扩张性财政政策所必然引发的后果。

A. 财政收入增加　　　　　　　　　B. 财政支出增加

C. 财政赤字增加　　　　　　　　　D. 物价补贴增加

E. 社会总需求增加

7. 微观财政政策侧重于资源的配置和收入分配，它是通过（　　）的变化来影响需求结构和供给结构的。

A. 利率　　　　　　B. 税率　　　　　　C. 征税范围　　　　　　D. 补贴对象

E. 国债发行

8. 财政政策工具包括（　　）。

A. 窗口指导　　　　B. 购买性支出　　　　C. 转移性支出　　　　D. 国债

E. 预算

9. 宏观财政政策侧重于经济的总量调控，主要影响（　　）.

A. 总需求　　　　B. 总供给　　　　C. 总产量　　　　D. 总出口

E. 总就业

10. 微观财政政策侧重于资源配置和收入分配，主要影响（　　）。

A. 需求结构　　　　　　　　　　　B. 供给结构

C. 产业结构　　　　　　　　　　　D. 收入分配结构

E. 城乡结构

11. 积极财政政策的主要成果有（　　）。

A. 拉动经济增长　　　　　　　　　B. 促进经济结构调整

C. 加强社会保障体系　　　　　　　D. 调整中央地方财政关系

E. 调整国家与企业的分配关系

12. 调节社会总需求的两大支柱政策是（　　）。

A. 财政政策　　　　B. 产业政策　　　　C. 货币政策　　　　D. 收入政策

13. 随着利率市场化的进程，利率将逐步放开，由市场决定，中央银行将主要控制
（　　）。

A. 商业银行存款利率　　　　　　　B. 商业银行贷款利率

C. 准备金存款利率　　　　　　　　D. 再贷款利率

E. 再贴现利率

14. 紧缩性货币政策的主要措施有（　　）。

A. 提高法定准备金率　　　　　　　B. 提高再贴现率

C. 降低再贴现率　　　　　　　　　D. 公开市场上买进证券

E. 公开市场上卖出证券

15. 货币政策最终目标之间存在矛盾的是（　　）。

A. 经济增长与充分就业

B. 稳定物价与经济增长

C. 经济增长和充分就业与国际收支平衡

D. 稳定物价与充分就业

16. 货币政策中介目标承担的功能主要有（　　）。

A. 补充功能　　　　B. 测度功能　　　　C. 传导功能　　　　D. 缓冲功能

17. 一般性货币政策工具包括（　　）。

A. 存款准备金率　　　　B. 再贴现　　　　C. 优惠利率　　　　D. 道义劝告

E. 公开市场业务

三、判断题

1. 货币政策与财政政策都是通过直接改变市场的总需求来调节经济的。　　　　（　　）

2.货币政策是间接调节政策,财政政策是直接调节政策。　　　　　（　　）

3.充分就业就是具有民事行为的人完全就业。　　　　　　　　（　　）

4.物价稳定就是物价始终保持在一个固定水平。　　　　　　　（　　）

5.对中央银行而言,再贴现是出让已贴现的票据;对商业银行而言,是买进票据的活动。　　　　　　　　　　　　　　　　　　　　　　　　　　　　（　　）

6.传统货币政策工具有法定存款准备金率、再贴现政策和公开市场业务。（　　）

7.基础货币和超额准备金是货币政策的远期目标。　　　　　　　（　　）

8.货币政策中介目标是为实现货币政策最终目标而选定的中间性或传导性金融变量。　　　　　　　　　　　　　　　　　　　　　　　　　　　　　（　　）

案例分析

在我国,随着经济发展和改革的深入,"短缺经济"转变为"过剩经济",投资消费需求膨胀一度转变为投资消费需求不足。1997年下半年至2007年上半年,我国零售物价指数出现全面持续下跌,存在通货紧缩趋势。为此中国人民银行采取了一系列货币政策措施予以应对。试问:

1.中国人民银行可采取的政策措施有(　　　　)。

A.上调利率　　　　　　　　　　　B.下调存款准备金率

C.下调再贴现率　　　　　　　　　D.减少再贷款

E.增加再贴现

2.下列人民银行采取的措施中属于运用一般性货币政策工具的是(　　　　)

A.改革存款准备金制度　　　　　　B.运用中央银行再贷款

C.启动消费者信用控制工具　　　　D.加强道义劝告

3.在我国,中央银行与商业银行行长联席会议制度是货币政策工具中(　　　　)的特殊形式。

A.公开市场业务　　　　　　　　　B.优惠利率

C.窗口指导　　　　　　　　　　　D.道义劝告

4.存款准备金率作为一种货币政策工具,其优点是(　　　　)。

A.商业银行拥有自主权　　　　　　B.中央银行拥有自主权

C.对货币供应量作用迅速　　　　　D.政策效果受超额准备金的影响

5.这一时期我国信贷管理体制也进行了重大改革,目前的信贷管理体制的特点是(　　　　)。

A.总量控制　　　　B.计划指导　　　　C.自求平衡　　　　D.比例管理

E.间接调控

参考文献

[1]　朱维魁.财政与金融.北京:北京师范大学出版社,2006.8

[2]　人力资源和社会保障部人事考试中心.经济基础知识.北京:中国人事出版社,
　　2011.7

[3]　人力资源和社会保障部人事考试中心.金融专业知识与实务.北京:中国人事出
　　版社,2011.7

[4]　刘邦驰,王国清.财政与金融.4版.成都:西南财经大学出版社,2008.3

[5]　刘怡.财政学.北京:北京大学出版社,2010.3

[6]　戴罗仙.财政学.长沙:中南大学出版社,2010.1

[7]　陈共.财政学.6版.北京:中国人民大学出版社,2010.12

[8]　王曙光.财政学.北京:科学出版社,2010.2

[9]　陈共.积极财政政策及其财政风险.北京:中国人民大学出版社,2006

[10]　刘溶沧,赵志耘.中国财政理论前沿Ⅲ.北京:社会科学文献出版社,2007

[11]　原宇,夏慧.金融学基础.北京:科学出版社,2009.1

[12]　彭兴运.金融学原理.上海:格致出版社,上海三联书店,上海人民出版社,
　　2010.5

[13]　孙文基,魏晓峰.财政与金融概论.4版.北京:经济管理出版社,2009.4

[14]　张启文.金融学.北京:科学出版社,2009.5

[15]　刘澄,曹辉.金融学教程.北京:中国人民大学出版社,2009.1

[16]　王旭凤.金融理论与实务.济南:山东人民出版社,2006.9

[17]　刘建波.金融学概论.北京:清华大学出版社,2006.8

[18]　秦翠卿.新编财政与金融.3版.大连:大连理工大学出版,2005.7